Das Kosmos GartenPraxisbuch

Das Kosmos Garten Praxisbuch

Pflanzen · Pflegen · Porträts

KOSMOS

Inhalt

8 Gartenwissen

KLIMA-TIPP Diese Klimatipps, die Sie im ganzen Buch finden, machen Ihren Garten fit für's 21. Jahrhundert!

20 Planung und Gestaltung

66 Gartenpraxis

Die Autoren

Katharina Adams ist Vizepräsidentin der Gesellschaft der Staudenfreunde e.V, die mit über 3500 Mitgliedern zu den größten Pflanzenliebhabervereinigungen Deutschlands gehört. Sie ist Autorin mehrerer Gartenbücher. Katharina Adams hat die Kapitel *Stauden und Gräser* und *Zwiebelblumen* verfasst.

Dr. Helga Buchter-Weisbrodt hat am Institut für Obst-, Gemüse- und Weinbau an der Universität Hohenheim promoviert und arbeitet seit 1989 freiberuflich als Beraterin und Wissenschaftsautorin. Sie hat zahlreiche Bücher geschrieben oder an ihnen als Co-Autorin mitgewirkt sowie Hunderte von Fachartikeln verfasst. In diesem Buch schrieb sie die Kapitel *Obstgarten* und *Obst-* sowie *Ziergehölzschnitt*.

Dieke van Dieken hat nach einer Lehre zum Staudengärtner einige Jahre in verschiedenen Baumschulen und im Garten- und Landschaftsbau gearbeitet. Nach dem Studium der Landschaftsarchitektur an der Fachhochschule Osnabrück arbeitete er in einer Staudengärtnerei und als Journalist und Redakteur für die Zeitschrift „Mein schöner Garten", Europas größtes Gartenmagazin. Dieke van Dieken verfasste die Kapitel *Rasen, Blumenwiesen, Bodendecker* und *Gartenteichpflanzen*.

Wolfgang Eberts ist Mitinhaber einer der renommiertesten Baumschulen und Bambusgärtnereien Deutschlands mit Sitz in Baden-Baden. Er hat etliche Bücher über Bambus verfasst und auch in diesem Buch das Kapitel *Bambus* geschrieben.

Martin Haberer ist seit dem Studium der Landespflege mit Fachrichtung Gartengestaltung Fachlehrer für Gartenbau an der FH Göppingen und Lehrbeauftragter für Gehölzkunde an der FH Nürtingen. In seiner Freizeit begleitet er Natur-Studienreisen und -exkursionen als wissenschaftlicher Reiseleiter. Er ist Autor zahlreicher Garten- und Pflanzenbücher und hat in diesem Buch das Kapitel *Pflanzenvermehrung* geschrieben.

Prof. Dr. Hans Häckel hat in München Meteorologie studiert und war anschließend am Zentralamt des Deutschen Wetterdienstes tätig, bis er an die Agrarmeteorologische Forschungsstelle des Deutschen Wetterdienstes im Wissenschaftszentrum Weihenstephan wechselte, Landwirtschaft und Gartenbau studierte und 1974 zum Doktor der Landwirtschaft promovierte. Von 1976 bis 2003 übernahm er die Leitung der Dienststelle. Hans Häckel hat zahlreiche Publikationen und etliche Bücher veröffentlicht. Er schrieb das Kapitel *Wetterkunde für Gärtner* in diesem Buch.

Dr. Wolfgang Hensel hat Biologie und Geographie studiert. Nach Promotion, Habilitation und Lehrtätigkeit an der Universität entschied er sich, sein Fachwissen einem breiteren Publikum zu vermitteln. Seither schreibt und übersetzt er Bücher aus den Themenkreisen Garten und Biologie und hat die Kapitel *Botanik für Gärtner, Planung und Gestaltung, Nachbarschaftsrecht* und *Kräuter und Kräutergarten* verfasst.

Engelbert Kötter ist Gartenbautechniker. Er arbeitet als freier Fachjournalist für verschiedene Gartenmedien und ist Autor etlicher Gartenbücher sowie zahlreicher Fachpublikationen. Er hat die Kapitel *Gartenpraxis, Winterschutz, Balkon- und Sommerblumen, Kübelpflanzen* und *Gemüse* verfasst.

Rosi Möller beschäftigt sich seit fast 20 Jahren mit Farnen und kultiviert über 400 Vertreter dieser außergewöhnlichen Pflanzen in ihrem Garten. Sie arbeitet in einer Farngärtnerei und hat das Kapitel über *Farne* verfasst.

Rosen und Stauden – ideale Partner

Hans Heinrich Möller ist seit über 40 Jahren Baumschulmeister und arbeitete mehr als 45 Jahren bei großen renommierten Baumschulen. Er hat beim Kosmos Handbuch Gehölze mitgewirkt und für dieses Buch das Kapitel *Bäume und Sträucher* geschrieben.

Thomas Proll hat eine Lehre zum Baumschulgärtner absolviert und anschließend in Hannover Gartenbauwissenschaften studiert. Er ist heute Züchtungsleiter bei Europas größter Rosenschule, W. Kordes' Söhne, und hat das Kapitel *Rosen* verfasst.

Gisela Sartorius ist Gartenbauingenieurin und Autorin mehrerer Gartenbücher. Sie hat das Kapitel *Bodenkunde* geschrieben.

Angelika Throll war 20 Jahre als Gartenredakteurin und als Redaktionsleiterin Garten im KOSMOS Verlag tätig und ist Autorin und Herausgeberin etlicher Gartenbücher. Sie hat das Kapitel *Pflanzen von A–Z* verfasst.

Andreas Vietmeier ist Diplom-Gartenbauingenieur und Pflanzenschutzberater beim Pflanzenschutzdienst der Landwirtschaftskammer Nordrhein-Westfalen in Münster. Für den Bundesverband deutscher Gartenfreunde schreibt er regelmäßig Beiträge zum Pflanzenschutz in Haus- und Kleingarten. In diesem Buch verfasste er das Kapitel *Krankheiten und Schädlinge.*

Die Fotos stammen von renommierten Garten- und Pflanzenfotografen, darunter Hans und Nils Reinhard, Friedrich Strauß, Annette Timmermann, Alice Thinschmidt und Daniel Böswirth und Wolfgang Redeleit.

Gartenwissen

Warum brauchen Pflanzen Licht und Wasser und Nährstoffe? Weshalb wachsen Pflanzen auf verdichteten Böden schlechter? Und was kann man bei Spätfrösten tun? Ein kleines Grundwissen über die Biologie und die Botanik der Pflanzen hilft jedem Gärtner, die Vorgänge im Garten und die Ansprüche seiner Lieblinge besser zu verstehen. Und so noch beeindruckendere Resultate zu erzielen.

Botanik und Biologie für Gärtner

Wer die wichtigsten Grundlagen über Aufbau und Ansprüche seiner Pflanzen kennt und vor allem versteht, wird sie besser und nachhaltiger pflegen können. Denn nur Pflanzen, die sich wohl fühlen, wachsen und gedeihen üppig und verbessern so das Erscheinungsbild des Gartens.

Was ist eine Pflanze?

Pflanzen sind Lebensformen, die nicht auf die Zufuhr organischer Nährstoffe angewiesen sind, sondern ihre Nahrung selbst herstellen (die wenigen parasitischen Pflanzen ausgenommen). Der physiologische Prozess, der dieser wunderbaren Eigenschaft zugrunde liegt, ist die Fotosynthese. In allen grün erscheinenden Teilen einer Pflanze befindet sich der Farbstoff Chlorophyll. Er ist in komplex aufgebauten Zellkörperchen (Chloroplasten) eingeschlossen und wirkt im Zusammenspiel mit anderen Bestandteilen wie eine Art Energiewandler. Chlorophyll benutzt das energiereiche Licht der Sonne, um eine biochemische Reaktion anzutreiben: Aus Wasser und dem Kohlendioxid der Luft stellen Pflanzen Zucker und Sauerstoff her. Aus dieser Definition einer Pflanze ergeben sich zwei scheinbar selbstverständliche Folgerungen:

- Pflanzen gedeihen nur dort, wo sie Sonnenlicht empfangen und
- Pflanzen sind auf die Versorgung mit Wasser angewiesen.

Ein Garten ist eine Welt im Kleinen. Es gibt sonnige und schattige, feuchte und trockene Stellen – wie in den „großen" Ökosystemen auch.

Eine Waldpflanze hat sich im Laufe der Evolution daran angepasst, mit einem Minimum an Licht auszukommen. Dazu bildet sie besonders große Blätter aus und zeichnet sich durch eine Reihe weiterer physiologischer Besonderheiten aus. Im Garten wird eine Schattenstaude also nur an einem „Waldstandort" mit wenig Licht gedeihen; in der prallen Sonne könnte sie regelrecht verbrennen. Da ihre Wurzeln gewöhnlich von einem reichlichen Wasserangebot profitieren, verfügen sie über keine Mechanismen, sich in Mangelzeiten mit Wasser zu versorgen. Ganz anders eine Mittelmeerpflanze: Sie ist natürlicherweise der heißen Sonne ausgesetzt und hat sich daran angepasst. Ihre Blätter sind fast immer kleiner, einige glänzen silbrig. Das liegt an kleinen, weißen Härchen auf der Blattoberfläche, die viel Sonnenlicht reflektieren und Blatt und Pflanze vor Verbrennungen und Austrocknung schützen. Die Wurzeln mancher „Sonnenpflanzen" reichen tief in den Boden hinab, um Wasser führende Schichten zu erreichen, oder breiten sich flach und weit aus, um jeden Tropfen Regenwasser abzufangen, ehe er versickert oder verdunstet. Während die Pflanze an einem Sonnenstandort im Garten prächtig gedeiht, wäre sie im Schatten zum Scheitern verurteilt. Bereits die gezielte Auswahl und Platzierung standortgerechter Pflanzen erleichtert also die Pflege verbessert ihre Überlebenschancen.

Die Blütenblätter der Schwertlilien sind nicht in Kelch und Krone gegliedert (Perigon).

Aufbau einer Pflanze

So unterschiedlich das Erscheinungsbild einer Pflanze auch sein mag, ihr Aufbau folgt demselben Bauplan. Jede Pflanze besteht aus Wurzel, Spross (Stängel) und Blättern. Bei den Blütenpflanzen kommen noch Blüten und die daraus entstehenden Früchte mit den Samen hinzu. Allerdings können die Organe einer Pflanze sehr vielfältig abgewandelt sein.

■ Wurzel

Wurzeln verankern die Pflanze im Boden und versorgen sie mit Wasser und mineralischen Nährstoffen aus

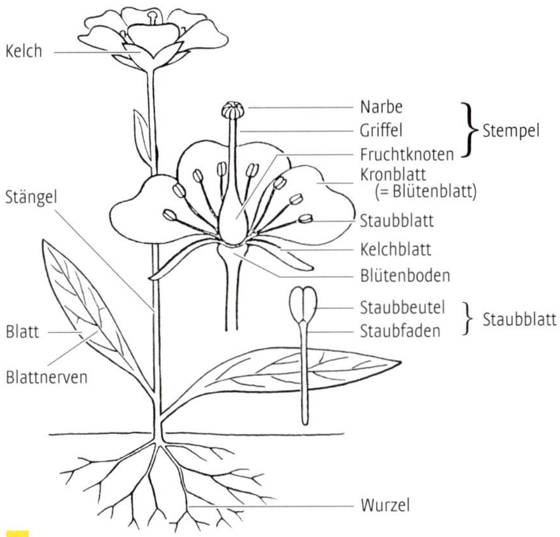

Trotz aller Verschiedenheit sind die Blüten nach dem selben Bauplan konstruiert.

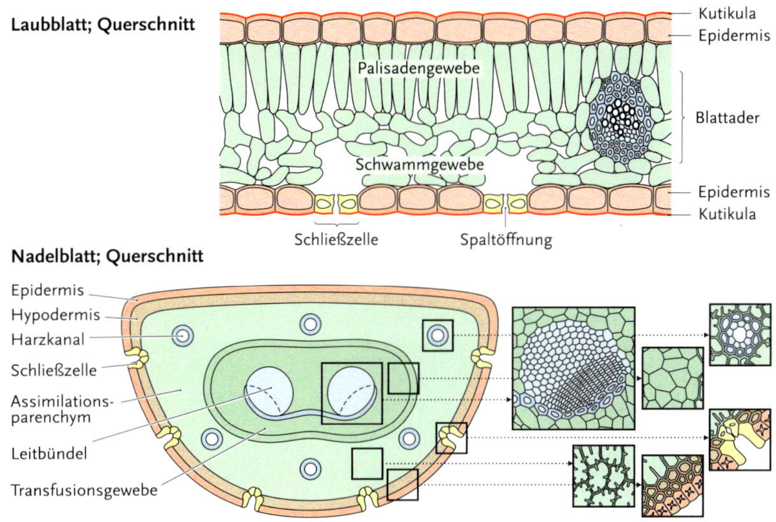

Querschnitt durch ein Laubblatt (ganz oben) und ein Nadelblatt (oben).

dem Boden. Die wichtigsten Nährstoffe sind Stickstoff, Phosphor, Kalium, Magnesium, Kalzium und Schwefel; hinzu kommen eine Reihe von Spurenelementen. Sie sind indirekt zwar auch für die Fotosynthese (Enzyme), hauptsächlich aber zum Aufbau des Pflanzenkörpers wichtig (Zellwände, Holz usw.). Während sich in der Natur auf einem bestimmten Boden nur optimal angepasste Pflanzen ansiedeln, werden für einen Garten vorrangig „schöne“ Pflanzen ausgesucht – deswegen ist fast immer eine zusätzliche und gezielte Düngung erforderlich.

Die Aufnahme von Wasser und Nährstoffen findet aber nicht durch die mit dem Auge sichtbaren Wurzeln, sondern über winzige Wurzelhärchen an den äußersten Spitzen der Feinwurzeln statt. Während eine etablierte Pflanze die Feinwurzeln selbst zwischen die Erdteilchen schiebt, muss der Gärtner beim Einpflanzen diesen Kontakt durch gute Bewässerung herstellen. Später sorgt regelmäßige Bodenlockerung dafür, dass die Wurzeln ihre Aufgabe erfüllen können.

Eine sehr wichtige Funktion übernehmen die Wurzeln als Speicherorgane. Alle mehrjährigen Pflanzen lagern Nährstoffe in ihren Wurzeln ab, damit sie im Folgejahr wieder neu austreiben können.

■ Spross

Am Spross setzen Blätter und Blüten an; im Winkel zwischen Blattstiel und Spross sitzen Seitenknospen, aus denen Seitensprosse austreiben. Der Aufbau des Sprosssystems bestimmt das Erscheinungsbild einer Pflanze. Tulpen und andere Zwiebelpflanzen haben nur einen einzigen, geraden Spross. Die meisten Stauden haben ein verzweigtes Sprosssystem. Spross und Seitensprosse können aufrecht stehen (Horste) oder dem Boden aufliegen (kriechende Pflanzen). Bei anderen Arten sind die Sprosse kurz und stark verzeigt, sodass ein flaches Polster entsteht.

Gehölze bauen besonders auffallende Sprosssysteme auf. Sie sind durch Einlagerung von Holzstoffen stabil und bleiben daher unverändert viele Jahre oder Jahrzehnte erhalten. Das Verzweigungsmuster ist im Erbgut festgelegt und bestimmt die Vorgehensweise beim Gehölzschnitt (siehe Seite 100).

Wird die Spitze eines Zweiges/Triebes abgeschnitten, wachsen aus einer oder mehreren Seitenknospen neue Triebe aus. Daher kann ein Rückschnitt starken Neuaustrieb anregen. Während manche Gehölze reichlich neue Triebe bilden (typisch bei Sträuchern für Schnitthecken), regenerieren sich andere kaum oder gar nicht, wenn sie stark zurückgeschnitten werden.

■ Blätter

An den Blättern lässt sich besonders gut ablesen, an welchem Standort sich eine Pflanze wohl fühlt. Große, weiche, lappige Blätter weisen auf Schattenpflanzen und feuchte Standorte hin. Kleine, nadelartige oder weiß behaarte Blätter dagegen auf Sonnenpflanzen. Die Nadeln der immergrünen Koniferen werden langfristig gewechselt, sodass ein Nadelgehölz dauerhaft grün erscheint. Nadeln sind so konstruiert, dass sie nur minimal Wasser verlieren. Daher finden sich Nadelgehölze in der Natur – und passen im Garten – sowohl auf sehr trockenen als auch sehr kalten Standorten. Der Wassermangel im Winter stellt dabei eine größere Gefahr dar als die Kälte.

Form des Blütenstandes, Farbe und Aufbau der Blüte erlauben eine genaue Bestimmung jeder Pflanzenart, hier die Jungfer im Grünen.

Farbiges Herbstlaub ist eine natürliche Eigenschaft. Wenn das Chlorophyll für das nächste Frühjahr in die Speicher transportiert wird, bleiben die restlichen Farben des Blattes „übrig" und werden sichtbar. Weiß oder gelb panaschierte Blätter sind dagegen fast immer die Folge von Züchtungen. In den hellen Bereichen fehlt das Chlorophyll ganz oder ist nur in geringen Mengen enthalten. Aus diesem Grund werden panaschierte Blätter im Halbschatten oder Schatten häufig wieder grün: Die Pflanze schafft damit die Voraussetzungen, unter denen die Blätter bei schlechten Lichtverhältnissen dennoch ausreichend Fotosynthese betreiben können.

■ Blüten und Früchte

Reiche und üppige Blütenpracht ist das Ziel der meisten Züchter – und der Wunsch der Gärtner. Dieses Ziel ist allerdings nicht immer mit dem „Ziel" der Pflanze vereinbar: Sie bildet Blüten, um über die Samen Nachwuchs zu erzeugen. In einer Blüte finden sich sowohl männliche (Staubblätter) als auch weibliche (Fruchtknoten) Fortpflanzungsorgane; mit Ausnahme der eingeschlechtlichen Arten. Züchter können nur die im Erbgut vorhandenen Elemente variieren. Daher gehen die gefüllten Blüten vieler Sorten auf Kosten der männlichen Fortpflanzungsorgane – die Blüten sind steril. Ein Gärtner kann den „Fortpflanzungswunsch" einer Pflanze allerdings auch zu seinen Gunsten nutzen: Werden die Blüten/-stände nämlich noch vor dem Samenansatz abgeschnitten, bilden viele Einjährige und Stauden eine zweite Blütengeneration aus (Nachblüte). Auch bei Stauden ohne Nachblüte ist das Abschneiden der Blüten von Vorteil. Statt Nährstoffe in die Bildung von Früchten und Samen zu investieren, verlagern sie die Nährstoffe in ihre Speicher für das Folgejahr.

Lebensformen

Für jede Pflanze gibt es kritische Zeiten, in unseren Breiten den Winter mit seinen kalten Temperaturen und den gelegentlichen Bodenfrösten. Im Zuge der Evolution mussten die Pflanzen daher Mechanismen entwickeln, mit dieser Härtezeit fertig zu werden.

■ Zwiebeln und Knollen

Die in diese Gruppe gehörenden Pflanzen lagern die während der wärmeren Jahreszeiten gebildeten Nährstoffe in Vorratsspeichern unter der Erde ein. Zwiebeln und Knollen sind für den Gärtner interessant, weil viele Arten und Sorten sehr früh im Jahr blühen. Manche Formen sind allerdings nicht winterhart (zum Beispiel Dahlien, Gladiolen) und müssen im Herbst ausgegraben werden.
Je nach Art des Speicherorgans unterscheiden Botaniker folgende Formen:
Zwiebeln bestehen aus fleischig verdickten Blättern an einem extrem gestauchten Spross, die sich in Kreisen wie Schuppen teilweise überdecken. Ein gutes Beispiel liefert die Küchenzwiebel, unter den Zierpflanzen bilden beispielsweise Lilien, Narzissen und Tulpen Zwiebeln aus. Während die Zwiebeln mancher Sorten empfindlicher sind, breiten sich andere freigiebig aus.
Knollen sind verdickte Speicherorgane. Sie entstehen aus Spross oder Wurzel und sind im Unterschied zu den Zwiebeln nicht in deutliche Lagen

Das Ziel eines jeden Gärtners ist eine üppige Blütenpracht. Für Pflanzen dagegen ist die Blüte ein Hilfsmittel, um Nachwuchs bekommen zu können.

geschichtet. Sprossknollen sind besonders vielfältig gestaltet. Die Zwiebelknollen (Krokus, Gladiolen) sind von trockenen Blättern umgeben; bei den Knollenbegonien oder Alpenveilchen wandelt sich nur ein bestimmter Teil des unteren Sprosses um. Wurzelknollen bestehen aus verdickten Wurzelabschnitten, wie etwa bei der Dahlie. **Rhizome** sind unterirdisch wachsende, wurzelartige Sprosse, die sich aber durch Blattansätze und Seitenknospen verraten (fehlen bei Wurzeln). Rhizompflanzen sind beispielsweise Seerosen, bestimmte Schwertlilien und Maiglöckchen.

■ Ein- und Zweijährige

Diese Lebensformen schließen innerhalb von einem oder zwei Jahren ihren Lebenszyklus ab. Sie überwintern in Form von Samen, während die Mutterpflanze vollständig abstirbt. Ein- und Zweijährige werden als Samen angeboten, die beliebten „Sommerblumen" oft auch vorgezogen aus der Gärtnerei. Solange man sich genau an die Angaben auf den Samentütchen hält, bestehen gute Chancen auf erfolgreiche Aufzucht. Theoretisch kann man die Samen auch sammeln und im nächsten Jahr selbst wieder aussäen. Bei den sogenannten F1-Hybriden ist das allerdings nicht möglich. Diese Samen gehen aus der Kreuzung von artfremden Eltern hervor. F1-Hybriden zeichnen sich durch besonders schöne Blüten aus, lassen sich aber nicht weitervermehren: Sie sind entweder steril oder bilden unvorhergesehene Nachkommen aus.

■ Stauden

Die Stauden stellen den größten Anteil unter den Gartenpflanzen. Sie sterben vor der kalten Jahreszeit oberirdisch ab und treiben im nächsten Frühling aus den Wurzeln wieder aus. Viele Stauden besitzen verdickte Wurzeln, die allerdings nicht das Ausmaß typischer Wurzelknollen erreichen. Das absolute Alter von Stauden ist recht variabel. Manche Arten sterben nach wenigen Jahren ab, andere sind langlebiger. Sobald eine Staude im Beet zu kümmern beginnt, wird sie ausgraben (die beste Zeit ist der Vorfrühling, weil sich dann die ersten Triebspitzen zeigen) und das Wurzelsystem in Abschnitte mit mindestens einer Triebspitze zerteilt – sofort wieder einpflanzen. Fragen Sie beim Kauf nach der Winterhärte; einige Arten und Sorten (auch manche Ziergräser) profitieren von einer leichten Abdeckung.

■ Gehölze

Bei den Gehölzen unterscheidet man zwischen **Bäumen** (ein deutlich sichtbarer Stamm, von dem im oberen Bereich Äste abzweigen) und **Sträuchern** (mehrere, gleichwertige Triebe bauen den Strauch auf). Alle Gehölze lagern Nährstoffe in Speichergeweben ein, die über das gesamte Gehölz verteilt sind. Bei den Laub abwerfenden Gehölzen müssen die Reserven zumindest ausreichen, um im nächsten Jahr erste neue Blätter zu bilden. Die in den Baumschulen angebotenen Arten und Sorten sind an unsere Breiten angepasst (Ausnahmen sollten angegeben sein) und brauchen allenfalls in den ersten Jahren nach der Pflanzung etwas Winterschutz: Bei empfindlichen Laubbäumen wird der Stamm zum Schutz vor Frost mit Stroh oder Vlies umwickelt, bei den Nadelbäumen baut man einen Windschutz auf, um die Verdunstung zu senken. Gut angewachsene Bäume kommen ohne weitere Maßnahmen über den Winter; nur Immergrüne werden in frostfreien Perioden gegossen.

KLIMA-TIPP

Obwohl sich das Wetter lokal sehr unterschiedlich entwickeln dürfte, werden die Sommer heißer und die Winter wärmer und feuchter. In diesem „Mittelmeerklima" fühlen sich mediterrane oder Steppenpflanzen wohl, sofern der Boden durchlässig genug ist.

Weigelien gehören zu den pflegeleichten Blütensträuchern. Es gibt viele Sorten von Zartrosa bis Dunkelpink.

Bodenkunde

Der Boden ist die Grundlage allen Wachstums. Er ist quasi die Investitionsgrundlage des Gärtners. Man unterscheidet verschiedene Bodenarten – sandig, lehmig oder humos –, zu einem gesunden Bodengefüge gehören aber viel mehr als diese Eigenschaften. Auch das Bodenleben und viele andere Faktoren beeinflussen das Pflanzenwachstum.

An diesem Bodenprofil erkennt man die unterschiedlichen Bodenschichten: der humusreiche, dunkle Oberboden und die darunter liegende helle Schicht.

Der Boden

Der Gartenboden ist ursprünglich durch Verwitterungsvorgänge aus Gestein entstanden. Je nach Größe der Mineralkörner im Boden unterscheidet man verschiedene Bodenarten. Ein Sandboden enthält die gröbsten Teilchen, ein toniger Boden die feinsten. Sandböden werden auch als leichte, Lehmböden als mittelschwere und tonige Böden als schwere Böden bezeichnet. Anhand der „Fingerprobe" ist eine schnelle, wenn auch nur grobe Bestimmung der Bodenart möglich. Hierzu wird der feuchte Boden in der Hand zerbröselt (siehe Tabelle). Sandböden sind zwar auch nach Regenfällen gut zu bearbeiten, besitzen jedoch nur eine geringe Speicherfähigkeit für Nährstoffe und neigen zum Austrocknen. Dagegen leiden schwere Böden eher unter Staunässe und mangelnder Durchlüftung, sind aber nährstoffreicher.

■ Organische Bestandteile und Bodenleben

Die obere Bodenschicht enthält neben mineralischen Bestandteilen auch organische Substanz (Humus), die aus abgestorbenen pflanzlichen und tierischen Teilen entsteht. Die Humusschicht zieht Bodenflora (Bakterien, Pilze) und Bodenfauna (Bodentiere) an. Die Bodenlebewesen bauen organische Stoffe zu einfachen chemischen Verbindungen ab (Mineralisierung) oder wandeln sie in andere organische Stoffe um (Humifizierung). So werden erst die Nährstoffe für die Pflanzen verfügbar. Bei grünen Pflanzenteilen (zum Beispiel Ernteabfällen, Gründüngung) geht die Zersetzung schnell, bei verholzten Teilen wesentlich langsamer. Die Erklärung hierfür liegt im Kohlenstoff-Stickstoff-Verhältnis (C:N) der Stoffe. Je höher der Kohlenstoffanteil, desto langsamer verläuft die Mineralisierung (siehe Tabelle).
Außer dem C:N-Verhältnis spielen auch eine ausgeglichene Temperatur, gleichmäßige Feuchtigkeit und eine gute Durchlüftung für die Tätigkeit der Mikroorganismen eine entscheidende Rolle. So erfolgt bei zu tiefer Einarbeitung von Ernterückständen wegen des geringeren Sauerstoffgehalts in der Bodenluft praktisch keine Mineralisierung mehr. Generell sollte der Gartenbesitzer bei allen Kulturmaßnahmen bedenken, dass es sich beim Boden nicht einfach um totes Material, sondern einen lebendigen Organismus handelt: Ein Gramm Gartenboden kann über zwei Milliarden Kleinstlebewesen enthalten!

Unterscheidung von Bodenarten mittels Fingerprobe

Sand (S)	nicht formbar, hartkörnig, nicht schmierend
lehmiger Sand (lS)	bindig, aber wenig formbar; bröckelnd
sandiger Lehm (sL)	ausrollbar auf Bleistiftstärke
Lehm (L)	ausrollbar auf halbe Bleistiftstärke; schmierend
Ton (T)	formbar ohne Bröckeln, schmierend, glänzende Oberfläche

C:N-Verhältnis verschiedener organischer Dünger

Rasenschnittgut	12:1
Gründüngung	15-25:1
Stallmist	15-30:1
Laubstreu	40:1
Nadelstreu	50:1
Weizenstroh	125:1
Sägemehl	500:1

Die Zufuhr organischer Substanz und Förderung des Bodenlebens sind für die Stabilität des Bodengefüges und die Pflanzenernährung sehr wichtig. Die Huminstoffe können sich mit Tonteilchen zu sogenannten Ton-Humus-Komplexen verbinden. Es entsteht dabei eine stabile Krümelstruktur, und die pflanzlichen Nährstoffe sind dauerhaft vor Auswaschung geschützt.

Bodengefüge und Porenvolumen

Die mineralischen und organischen Bodenbestandteilchen bilden ein Gefüge aus Festkörpern und Hohlräumen (Poren). Je größer die Poren, desto schneller läuft aus ihnen das Sickerwasser nach Niederschlägen ab und sie versorgen die Pflanzenwurzeln wieder mit Luft. Bei einem hohen Anteil feiner Poren wird dagegen das Wasser festgehalten und der Boden neigt zu Staunässe. Ein günstiges Porenvolumen trifft man vor allem auf Böden mit einem sogenannten Aggregatgefüge an, z.B. dem Krümel- oder Wurmlosungsgefüge. Solche Gefüge entstehen durch intensive Tätigkeit von Bodenorganismen, vor allem dem Regenwurm. Die Stabilität der Krümel wird durch verschiedene „Klebstoffe" in Form von Ausscheidungen von Mikroorganismen und Regenwürmern gefördert („Lebendverbauung"). Dagegen erreicht man durch mechanische Bodenbearbeitung nur ein instabiles Krümelgefüge, das nach starken Regenfällen sofort wieder zusammenbricht.

Bodenverdichtung

Vorbeugend gegen Bodenverdichtungen sollten nasse Böden nicht betreten oder bearbeitet werden. Sonst werden Durchlüftung und Wasserführung gestört, Bodenleben und Wurzelwachstum gehemmt, und als Folge stellt sich oft Kümmerwuchs ein. Ein verdichteter Oberboden kann durch die Grabtätigkeit von Bodentieren, Durchwurzelung von Pflanzen, mechanische Bodenbearbeitung oder Frosteinwirkung wieder aufgelockert werden („Frostgare" nach Umgraben im Herbst). Auch Untergrundverdichtungen wirken sich negativ auf das Pflanzenwachstum aus. Eine typische Zeigerpflanze für verdichtete Böden ist übrigens der Ackerschachtelhalm.

Das Bodenwasser

Ein Teil des Regen- oder Gießwassers wird in Abhängigkeit von der Porengröße durch die Saugkräfte des Bodens festgehalten (Haftwasser), während der andere Teil versickert und auf wasserundurchlässigen Bodenschichten das Grundwasser bildet. Das Haftwasser wird in haarfeinen Röhrchen, den Kapillaren, festgehalten. Durch die ständige Wasserabgabe des Bodens an die Atmosphäre und den Wasserentzug durch die Pflanzen entsteht in der oberen Bodenschicht eine Saugspannung, die bewirkt, dass Grundwasser als Kapillarwasser nach oben aufsteigt. Auf diese Weise werden die Pflanzen auch bei Trockenheit noch mit Wasser versorgt. Bei einer Bodenbearbeitung werden die Kapillaren unterbrochen; dadurch wird die Verdunstung vermindert und die Wasserversorgung der Pflanzen in der Wurzelzone verbessert. Die Versorgung der obersten Bodenschicht ist jedoch vorübergehend gestört; daher sollten Aussaaten nie auf frisch bearbeiteten, sondern nur auf gut abgesetzten Böden erfolgen.

pH-Wert und Bodenuntersuchung

Der optimale pH-Wert eines Bodens liegt für das Pflanzenwachstum im leicht sauren bis neutralen Bereich (etwa 6,0-7,0). Ausnahme sind Moorbeetpflanzen, die einen stark sauren Boden bevorzugen. Bei extrem hohen oder niedrigen pH-Werten werden Spurenelemente im Boden festgelegt. Ein bekanntes Beispiel hierfür ist die Eisenmangel-Chlorose bei Rhododendren. Zu niedrige pH-Werte können durch Kalkgaben angehoben werden, während das Absenken zu hoher Werte schwieriger ist. Zur Kontrolle des pH-Wertes und der wichtigsten Pflanzennährstoffe (Phosphor, Kalium, Magnesium) empfiehlt sich eine Bodenprobenahme und Laboruntersuchung alle drei bis vier Jahre.

Schrumpfungsrisse nach Niederschlägen sind ein Hinweis auf Bodenverdichtungen

Dieser Boden ist der Traum eines Gärtners: feinkrümelig und humusreich und dabei nicht zu leicht.

Wetterkunde für Gärtner

Seit gut 30 Jahren bereitet den Klimawissenschaftlern die zunehmende Erderwärmung stetige Sorge. Die Konzentration des Kohlendioxids in der Atmosphäre ist seit dem 18. Jahrhundert fast auf das Eineinhalbfache angestiegen. Doch was ist der Treibhauseffekt? Wie kommt er zustande und welche Auswirkungen könnte er haben?

Gewächshäuser und der Treibhauseffekt

Anhand der nebenstehenden Abbildung wird der Treibhauseffekt deutlich. Die Sonnenstrahlung, in Form von blauen Schlangenlinien **(1)**, kann praktisch ungehindert in das Innere des Hauses eindringen. Die mit ihr ins Haus gelangende Energie wird dort vom Boden, den Pflanzen und allen anderen Gegenständen absorbiert. Dadurch erwärmen sie sich und senden nun – einem fundamentalen physikalischen Gesetz entsprechend – selbst zunehmend Strahlung aus. Eine Strahlung, die in der Meteorologie als Wärmestrahlung bezeichnet wird. Die Abbildung zeigt sie als rote Schlangenlinien **(2)**.

Gegenüber der vom Innern des Hauses ausgesandten Wärmestrahlung **(2)** verhält sich das Glas jedoch völlig anders als gegenüber der Sonnenstrahlung **(1)**. Für die Wärmestrahlung wird es zur undurchdringlichen Barriere. Damit kann die Wärmestrahlung das Haus nicht verlassen, wird stattdessen in den Innenraum zurückgelenkt, wie die roten Schlangenlinien zeigen. Die in der Wärmestrahlung steckende Energie wird somit im Haus festgehalten und bewirkt dort die gewünschte Erwärmung. Diesen Vorgang, der das Gewächshaus und den Wintergarten sozusagen zur „Wärmefalle" macht, nennt man den „Treibhauseffekt".

Zur Erklärung des Treibhauseffekts:

Der atmosphärische Treibhauseffekt

Das Treibhaus hält – anschaulich gesprochen – die Wärme gefangen. Und ganz ähnlich verhalten sich auch bestimmte Gase in unserer Atmosphäre. Die beiden wichtigsten sind Wasserdampf und Kohlendioxid. Im Durchschnitt halten sie über 80 % der von der Erdoberfläche ausgesandten Wärmestrahlung zurück. Obwohl Wasserdampf bestenfalls 3 Vol-%, das Kohlendioxid sogar nur knapp 0,04 Vol-% der Atmosphärengase ausmachen, bewirken sie doch eine Temperaturerhöhung von nicht weniger als 32 °C. Gäbe es in der Atmosphäre keinen Wasserdampf und kein Kohlendioxid, so wäre die mittlere Temperatur der Erdoberfläche nicht +14 °C sondern –18 °C. Die Erde wäre also sehr wahrscheinlich ein völlig vereister, unbelebter Brocken Materie.

Dieser natürliche atmosphärische Treibhauseffekt wird aber noch um einen nicht unerheblichen Betrag verstärkt, der auf Aktivitäten der Menschheit zurückgeht, bei denen klimarelevante Gase unkontrolliert in die Atmosphäre abgelassen werden. In erster Linie ist hierbei das Kohlendioxid zu nennen, das aus Industrieprozessen, Heizungen und dem Kraftverkehr stammt. Dazu kommen das Methan, das bei Reisanbau und Tierhaltung anfällt, und das Distickstoffoxid, das aus Düngemitteln und bei Bränden freigesetzt wird. Schließlich zählen dazu das Ozon, das sich aus Autoabgasen bildet, und die sogenannten FCKWs (Fluor-Chlor-Kohlenwasserstoffe), die als Kühl-, Schäum- und Reinigungsmittel benutzt wurden und teilweise auch noch heute benutzt werden.

Klimaänderungen als Folge

Es ist nicht schwer einzusehen, dass eine Zunahme der klimarelevanten Atmosphärengase zu einer Verstär-

Nach dem Klimawandel: Deutschland ein Palmengarten? – Irrtum!

kung des atmosphärischen Treibhauseffektes führen wird. Und genau eine solche Zunahme wird in den letzten Jahrzehnten beobachtet. Fast alle am Treibhauseffekt beteiligten Gase reichern sich in der Atmosphäre in zunehmendem Maße an. Lediglich bei den besonders gefährlichen FCKWs hat man durch internationale Vereinbarung eine spürbare Verringerung der Produktion erreichen können.
Unser Klimasystem reagiert äußerst sensibel auf den atmosphärischen Glashauseffekt: Würde nur 1 % mehr Wärmestrahlung zur Erdoberfläche zurückgeworfen werden, würde die Temperatur weltweit um 2 Grad ansteigen. Das mag wenig erscheinen. Doch wenn man sich klarmacht, dass während der letzten Eiszeit, bei der halb Europa unter Schnee- und Eismassen verschwunden war, die Durchschnittstemperatur nur um etwa 10 Grad tiefer lagen als heute, dann erscheinen 2 Grad Temperaturanstieg doch in einem ganz anderen Licht.
Insgesamt machen die Treibhausgase in der Atmosphäre (ohne den Wasserdampf) noch nicht einmal 0,05 Vol-% aus, und doch würde nach Berechnungen von Klimafachleuten eine Verdoppelung ihrer Konzentration (gegenüber dem vorindustriellen Wert) die Temperatur in Mitteleuropa im Jahresmittel um bis zu 4,5 Grad ansteigen lassen.
Für solche Berechnungen bedient man sich sogenannter „Klimamodelle".
Und was sagen diese sonst noch voraus? Die Winterniederschläge werden zunehmen, die Sommerniederschläge dagegen deutlich zurückgehen. Die Schneegrenze wird steigen, Gletscher, Eiskappen und das Grönlandeis werden sich weiter zurückziehen. Der Meeresspiegel kann zwischen 10 und 60 cm steigen. Ursachen sind sowohl die Wärmeausdehnung des Wassers als auch Schmelzwasser. Vor allem aber wird die Wahrscheinlichkeit für das Auftreten von extremen Wettererscheinungen zunehmen. Heißere Tage, mehr Hitzewellen, wärmere Nächte, weniger Frosttage aber dennoch häufigere Früh- und Spätfröste, heftigere Starkregen, Gewitter und Unwetter, häufigere und höhere Hochwasser, mehr Dürreperioden und heftigere Stürme, mehr Tornados.

Auswirkungen auf unsere Gartenpflanzen

Natürlich wird man sich als Hobbygärtner fragen, welche Auswirkungen ein verändertes Klima auf die Vegetation und ganz besonders auf die Pflanzen in unseren Gärten haben wird.
Zunächst einmal ist man geneigt, an Vorteile zu denken. Haben wir nicht immer wieder unsere Probleme mit verregneten, kühlen Sommern? Vielerorts kann man wärmeliebende Pflanzenarten ohnehin nur unter Glas kultivieren – für sie würden sich die Zeiten bessern. Ein Vorteil wäre auch, dass die Vegetationszeit, in der Wachstum und Fruchtbildung stattfinden, länger wird. Nach einer Faustregel verlängert jedes Grad Temperaturanstieg im Sommer die Vegetationszeit um zehn Tage. Danach dürften wir mit einer weit über einen Monat längeren Wachstumszeit rechnen. Auf das Vorziehen von Jungpflanzen auf dem Fensterbrett sollte man dann verzichten können, und den ersten frischen Salat aus dem Mistbeet oder aus dem Gewächshaus werden wir erheblich früher ernten können. Paradiesische Zeiten? Keineswegs, denn damit ist es auch schon vorbei mit den schönen Seiten der Klima-

Eiszapfen an Pflanzen nach einer nächtlichen Frostschutzberegung

Frosttemperaturen hinterlassen an Pflanzen oft filigrane Eisspuren

änderungen. Das beginnt damit, dass man mehr wässern muss. Wissen wir denn, ob dann überhaupt noch genügend brauchbares Wasser zur Verfügung steht? Es ist zu befürchten, dass zumindest in besonders betroffenen Gegenden verboten wird, Trinkwasser zum Gartengießen zu verwenden. Regenwasser, welches in Zisternen oder Tonnen gespeichert wird, ist dann die einzige Alternative.

Die Klimarechnungen sagen ja eine Extremisierung des Wetters voraus. Das heißt, man muss mit krasseren Wetterwechseln rechnen, insbesondere schärferen Kaltlufteinbrüchen. Damit verbunden wird es vermehrt Stürme und Tornados geben, und sie werden heftiger sein als bislang. Auch die Zahl und Intensität der Hagelschläge und der Gewitter wird zunehmen. Extremwetterlagen wie Hitze- und Kältewellen, Dürreperioden und Wolkenbrüche mit Erosion und Überschwemmungskatastrophen werden häufiger auftreten als heute. Darüber hinaus ergeben sich zunächst völlig unerwartete Folgerungen. So ist zum Beispiel zu befürchten, dass die Spätfrostschäden nicht seltener sondern sogar häufiger werden könnten. Aufgrund des insgesamt milderen Klimas wird nämlich die winterliche Frostfestigkeit zum Frühjahr hin früher und schneller abgebaut als heute, so dass die Bäume und Stauden in einem weniger frostresistenten Zustand von teilweise heftigeren Spätfrösten überrascht werden könnten. Das Wetterrisiko für unsere Pflanzen wird erheblich steigen.

Ob die Hochwasserkatastrophen von 1997, 1999, 2002 und 2005 schon erste Hinweise auf eine sich abzeichnende Klimaänderung sind, ist zwar unter den Experten noch umstritten. Eines steht jedoch fest, die Klimarechnungen sagen eine Häufung genau der Wetterlagen voraus, die in den letzten Jahren zu katastrophalen Hochwassersituationen geführt haben. Auffällig ist auch, dass die letzten 20 Jahre – weltweit betrachtet – ausnahmslos überdurchschnittlich warm waren. Die sechs wärmsten Jahre des vergangenen Jahrhunderts lagen alle in den 1990-er Jahren. Und dieser Trend hat sich in unserem Jahrhundert kontinuierlich fortgesetzt: 2000 war das wärmste Jahr seit Beginn regelmäßiger meteorologischer Messungen.

Natürlich wird man sich angesichts solcher Perspektiven und möglicher erster Anzeichen für eine Veränderung fragen, ob es wirklich unausweichlich dazu kommen muss und wann das alles passieren wird. Gelingt es, den Ausstoß an klimaverändernden Gasen drastisch zu verringern, dann können wir Klimaänderungen zwar vielleicht nicht mehr ganz verhindern, aber wenigstens abmildern. Machen wir jedoch so verantwortungslos weiter wie bisher, dann dürfte es nur noch eine Frage von Jahrzehnten sein.

Spätfröste

„... nachts Wolkenauflockerung und Temperaturrückgang auf –2 bis –4 Grad, in ungünstigen Lagen noch tiefer.“ Ein solcher Wetterbericht während oder nach der Blütezeit kann Hobbygärtnern einen gehörigen Schrecken einjagen. Denn wenn es zu einem solchen „Spätfrost“ kommt, ist seine Hoffnung auf eine gute Obsternte dahin.

Der Grund dafür ist, dass sich zu dieser Zeit häufig eine Wetterlage einstellt, die der nordischen Kaltluft den Weg bis nach Mitteleuropa ebnet. Typisch für eine solche „Spätfrostlage" sind ein Hoch mit Schwerpunkt über den Britischen Inseln und ein Tief über Skandinavien. Zwischen den beiden Druckgebilden kann kalte Polarluft wie auf einem Förderband bis in das Herz Europas vorstoßen. Erst die Alpen und die Pyrenäen stellen sich als Barriere in den Weg und halten so den Kaltluftschwall vom Mittelmeerraum fern.

In vielen Fällen kommt aber die Polarluft gar nicht mit Minustemperaturen bei uns an. Erst ihre Abkühlung während sternenklarer, windstiller Nächte lässt das Quecksilber unter die 0-°C-Marke sinken. Bei bewölktem Himmel und in windigen Nächten braucht man dagegen keine so große Angst zu haben. Ob es wirklich zu Frost kommt, hängt von der Wärme im Erdboden ab. Damit ist gemeint, dass ein von mildem Wetter in den Vortagen durchwärmter Boden die Kälte einer Frostnacht auszugleichen vermag. Voraussetzung ist aber, dass genügend Wärme aus dem Boden in die Luft übertreten kann.

Gerade daran aber scheitert oft die „Frostabwehr aus dem Boden". Je humusreicher, trockener und lockerer der Boden ist, desto weniger Wärme stellt er zur Verfügung. Unkrautwuchs, Rasen oder die sonst so wertvolle Mulchabdeckung stellen zudem Wärmebarrieren dar. Sie enthalten viel Luft, die ja eine hohe Isolationswirkung besitzt.

In vielen Fällen ist aber ein Spätfrost überhaupt nicht „hausgemacht". Dann nämlich, wenn Kaltluft aus der Umgebung zufließt. Sie hat die bemerkenswerte Eigenschaft, sich wie ein zäher Brei hangabwärts zu wälzen. Der Grund dafür ist, dass sie schwerer als warme Luft und deswegen immer bestrebt ist, in die tiefsten Stellen im Gelände zu fließen, also in Niederungen, Talböden oder Mulden. Dort bilden sich dann regelrechte Kaltluftseen. Solche Geländeformen sind auch gemeint, wenn es im Wetterbericht heißt, „in ungünstigen Lagen noch kälter". Kaltluftseen werden um so mächtiger, je enger die Geländevertiefung und je weitläufiger das Einzugsgebiet für die Kaltluft ist. Oft erkennt man ihre Obergrenze an der Höhe der Talnebel.

In vielen Fällen wird ein Kaltluftstrom auf seinem Weg durch das Gelände aufgestaut, umgelenkt oder thermisch verändert. Jede quer oder schräg zur Strömungsrichtung verlaufende Baumreihe, Hecke, Mauer oder Häuserzeile, jeder Straßen- oder Eisenbahndamm beeinflusst seine Bewegung. Dieses Verhalten eröffnet aber auch die Möglichkeit, die Kaltluft geschickt um gefährdete Kulturen herumzulenken. Schauen Sie sich einmal das hangaufwärts ihres Gartens gelegene Gelände kritisch an und versuchen Sie sich vorzustellen, wie sich ein möglicher Kaltluftstrom ins Tal wälzt. Sie können dann schnell erkennen, ob Ihr Garten gefährdet ist.

Am besten ist es natürlich, Kaltluft gar nicht erst entstehen zu lassen. Das erreicht man durch Aufforsten benachbarter Hügelkuppen und Hochflächen.

Maßnahmen

Welche Maßnahmen kann man kurzfristig gegen einen Spätfrost ergreifen? Für den Hobbygarten kommt praktisch nur das Abdecken niederwüchsiger Kulturen in Frage. Man sollte deshalb während der Spätfrostsaison stets Abdeckmaterial bereithalten. Dafür kommt Stoffgewebe, Zeitungs- oder Packpapier und Kunststofffolie (nicht aus Polyethylen!) in Frage. Leichte Materialien muss man mit Steinen oder anderen Gegenständen vor Wind sichern, undurchsichtige müssen am Tag wieder entfernt werden.

Wettervorhersage beachten

Und dann sollte man immer auf die Wettervorhersage achten. Wer regelmäßig das Wetter beobachtet, oder vielleicht sogar selbst die Temperatur misst, wird ein Gespür dafür bekommen, ob sein Garten schon bei der geringsten Frostneigung gefährdet ist, oder ob er als relativ frostsicher gelten kann. Achten Sie gegen Abend darauf, ob sich die Wolken auflösen und der Wind einschläft. Die Frostgefahr steigt. Erwerbsgärtner und Winzer wenden noch ein anderes, sehr professionelles und außerordentlich erfolgreiches Verfahren an: Die Frostschutzberegnung. Da dieses Verfahren etwas widersprüchlich erscheint, soll kurz darauf eingegangen werden. Bei der Frostschutzberegnung werden die Pflanzen die ganze Nacht hindurch von einer Beregnungsanlage im Rhythmus von wenigen Minuten mit Wasser besprüht. Während das Wasser gefriert, wird die sogenannte „Erstarrungswärme" freigesetzt. Solange Eis und flüssiges Wasser gleichzeitig vorhanden sind, sinkt die Temperatur nicht unter 0 °C. Wir kennen diesen Effekt vom Sektkühler her, allerdings im umgekehrten Sinne: Dort steigt die Temperatur nicht **über** 0 °C, solange schmelzende Eisbrocken im Wasser schwimmen. Da also die „Heizung durch Erstarrungswärme" nur während des Gefriervorganges wirksam ist, muss dafür gesorgt werden, dass ständig flüssiges Wasser nachgeliefert wird. Die Beregnungsanlage muss also ununterbrochen laufen, sonst funktioniert das Verfahren nicht. Beim Gefrieren des versprühten Wassers bilden sich an den Pflanzen mächtige Eispanzer, die die Pflanzen schwer belasten. Dafür lassen sich aber Fröste bis zu –6 °C erfolgreich bekämpfen.

Planung und Gestaltung

Gartengestaltung hat etwas von Kochen: Man beginnt mit einem Standardrezept, probiert neue Zutaten und Gewürze aus und nach einiger Zeit schmeckt das Gericht perfekt. Auch bei der Gartengestaltung gibt es Rezepte und Zutaten, doch erst mit zunehmender Erfahrung wird der Garten jene Gestalt annehmen, die man sich immer gewünscht hat. Die im Folgenden vorgestellten Rezepte zur Gartengestaltung bauen nicht ohne Grund auf der „Papiergestaltung“ auf. Wer schon in der Theorie so viele Fehler wie möglich bemerkt und ausmerzt, spart sich viel Ärger und Mühen: Dann macht Gartengestaltung Spaß und nicht Stress!

Bestandsaufnahme

Die Gestaltung des eigenen Gartens ist eine äußerst befriedigende Freizeitbeschäftigung – wenn man es richtig macht! Im Unterschied zu einer Wohnung, ist ein Garten niemals „fertig". Man kann seine festen und pflanzlichen Elemente auch nicht wie Möbelstücke beliebig umräumen. So brauchen Gehölze Jahre, bis sie ihre endgültige Form und Größe erreicht haben.

So groß die Begeisterung auch sein mag, endlich ein eigenes Stück Grün zu besitzen, einfach „Loslegen" kann die Lust am Garten nur für kurze Zeit befriedigen. Damit ein Garten mittel- und langfristig begeistert, lohnt sich etwas mehr Aufwand und Geduld – und am Anfang jeder Planung steht die Bestandsaufnahme.

Alt oder neu?

Bei der Gartenplanung für einen Neubau ist die Versuchung groß, endlich auf Grün statt auf Schmutz und nackte Erde zu blicken. Leider ist die freudige Erwartung meist größer als sorgfältige Vorausschau. Warten Sie bei neuen Gärten ab, säen Sie nicht gleich Rasen und pflanzen Bäume. Eine sinnvolle Übergangslösung sind die sogenannten Gründüngerpflanzen: Sie decken den Boden, verbessern die Bodenstruktur und sehen zudem gut aus. Setzen Sie sich mit Block und Bleistift auf die Terrasse, genießen Sie die Blumen und lassen Sie sich möglichst viel Zeit für die Planung. Bei einem neuen Garten beschränkt sich die Bestandsaufnahme auf formale Kriterien, wie Größe, Form und Lage – das Hauptaugenmerk liegt auf der Neugestaltung des Gartens.

Wer ein Haus mit einem gewachsenen, älteren Garten kauft oder den eigenen Garten umgestalten möchte, sollte sich zunächst kritisch mit der bestehenden Gliederung und den vorhandenen Pflanzen auseinandersetzen. Das geht in fremden Gärten gewöhnlich leichter, weil darin die „Lieblinge" fehlen, an denen man besonders hängt. Versuchen Sie aber auch im eigenen Garten, den Bestand so objektiv und neutral wie möglich zu bewerten.

Von der Größe zur Form

Ausgangspunkt jeglicher Planung ist ein Plan (Katasterplan oder eigene Messungen) des Grundstückes. Legen Sie mehrere Kopien bereit, damit Sie unterschiedliche Aspekte eintragen und Fehlversuche im Papierkorb entsorgen können.

Größe des Gartengrundstücks Während man großzügig geschnittene Grundstücke ruhig durch innere Abgrenzungen in mehrere separate Räume untergliedern kann, sollten die Binnengrenzen in kleinen Gärten eher angedeutet bleiben. In jedem Fall sind wenige, aber prägnante Abteilungen wirkungsvoller als ein Sammelsurium unterschiedlichster Aspekte.

Der Charakter des Grundstücks wirkt sich auf die Gestaltung der äußeren Abgrenzungen und des Sichtschutzes

Geschwungene Wege durch Beete mit üppig blühenden Pflanzen – der Traum aller Gärtner.

aus. In einem Reihenhausgarten wird es darauf ankommen, Terrasse und andere Sitzplätze vor nachbarlichen Einblicken zu schützen. Bei frei stehenden Häusern könnten sich weitere mögliche Einblicke (Nachbarn, Straße) ergeben. Zum Charakter eines Grundstücks gehört auch die Bodenneigung des Geländes, denn statt eine schräge Fläche einzuebnen, könnte ein Hanggarten eine interessante Alternative darstellen. Bei unregelmäßigen Gartengrundstücken kann die **Form** bedeutsam sein. Hat es Winkel, Ecken oder Anhängsel, die sich vielleicht in die Gestaltung einbinden ließen? Oftmals ergeben sich daraus interessante Planungsideen, wie ein intimer Sitzplatz, ein abgetrennter Nutz- oder Kräutergarten oder eine „wilde" Ecke zum Träumen. Vermerken Sie alles in Form von Anmerkungen oder Pfeilen (mögliche Einblicke) auf dem Plan.

Von innen nach außen

Kein Garten ist eine isolierte Insel, sondern der Blick reicht immer über den Gartenzaun hinweg. Suchen Sie nach hübschen Ausblicken (als Pfeile in den Plan eintragen). Berücksichtigen Sie in Neubaugebieten den Bebauungsplan. In den großen Gärten der Vergangenheit wurde stets darauf geachtet, ferne Blickpunkte einzubeziehen. Eine von Gehölzen eingerahmte Dorfkirche oder ein hübscher Landschaftsausblick verleihen Ihrem Garten Weite.
Tragen Sie auf jeden Fall auch unschöne Ausblicke ein. Der Blick auf ein Fabrikgelände wird sich zwar nicht ändern, aber man kann ihn durch dichte Bepflanzung oder einen zusätzlichen Sitzplatz mit dem Rücken zur unschönen Aussicht verstellen.

Boden, Wetter und Wasser

Als Nächstes kommen die Standortbedingungen an die Reihe. Bei einem Neubau empfiehlt sich eine **Bodenanalyse**, denn in diesem Stadium könnte beispielsweise ein sehr feuchter Boden noch durch eine Dränage ausgetrocknet werden. In gewachsenen Gärten sieht auch der Laie, ob der Boden eher fruchtbar oder karg ist. Natürlich liefert auch hier nur eine Analyse ein objektives Ergebnis. Wer die Kosten für ein professionelles Bodengutachten durch ein Fachlabor scheut, sollte zumindest auf ein Set zur Bodenanalyse zurückgreifen. Damit lassen sich der pH-Wert, Nährstoffgehalt und einige andere Kriterien bestimmen (siehe S. 14).
Das Pflanzenwachstum wird maßgeblich durch die **Sonnenscheindauer** beeinflusst. Verfolgen Sie – möglichst im Sommer – wie sich Sonnen- und Schattenflächen im Tageslauf über die Gartenfläche verteilen. Im Schlagschatten von Bäumen oder Nachbarhäusern wird sich niemals ein üppiges Staudenbeet entfalten – ein hübsches Schattenbeet mit Farnen und anderen Blattschmuckpflanzen dagegen sehr wohl. Die Lage zur Sonne hat auch Auswirkungen auf Sitzplätze: Sitzen Sie lieber in der Sonne oder im Schatten? Außerhalb von Urlaub und Wochenende können Sie nur Nachmittage und Abende im Garten verbringen.
Dass in unseren Mittelbreiten **Wind** (und Regenwolken) aus westlicher Richtung kommen, wirkt sich zweifach aus: Bei nach Westen orientierten, offenen Flächen lohnen sich Windbrecher, während der Boden im Windschatten von Mauern und Gebäuden häufig sehr trocken ist. Schließlich sollten Sie alte Gärten auf feuchten Boden untersuchen: Moos im Rasen oder sumpfige Stellen sind sichere Anzeichen. Richten Sie mit der Wasserwaage eine Schnur aus, um Senken und Geländeneigungen zu erkennen.

Aus dem Wechsel gerader Linien und geschwungenen Konturen ergibt sich ein spannungsreiches Bild.

Infrastruktur

Schließlich werden die festen Elemente aufgenommen, wie große Gehölze, Platten, Holzdecks, Tore, Wege, Kantsteine, Schuppen, Brunnen, Steinhaufen, kurz alle unbeweglichen Elemente. Tragen Sie im Plan ein, was Sie auf jeden Fall und was Sie keinesfalls behalten möchten.

Welcher Garten passt zu mir?

Der vermutlich schwierigste Teil der Gartengestaltung ist die Berücksichtigung persönlicher Wünsche und Vorstellungen. Comedians pflegen in solchen Fällen zu sagen: „Ich bin mit der Gesamtsituation unzufrieden." Wer mit seinem Garten unzufrieden ist, kann in der Tat oft nicht konkret bestimmen, woher diese Unzufriedenheit kommt. Was genau ist „falsch"? Was muss entfernt, was eingerichtet werden, um den „richtigen" Gartentyp zu finden?

Das persönliche Profil

Nach der Bestandsaufnahme steht fest, welche Möglichkeiten das Gartengrundstück bietet. Aber welche Optionen sollen umgesetzt werden? Fragen Sie sich kritisch, was Sie von Ihrem Garten erwarten: Wollen Sie den Garten wie eine wachsende Skulptur nur **von außen** (vom Wohnzimmerfenster, Terrasse, Sitzplatz) betrachten oder möchten Sie **im Garten** wirken und leben?

▶ Im ersten Fall werden Flächen und Beete so angelegt, dass sie sich von bestimmten Blickpunkten aus in aller Pracht präsentieren. Der Schwerpunkt der Gestaltung wird also auf der Bildung von Sichtachsen und Durchblicken, auf interessanten Blüten- und Blattfarben, Wuchsformen und ausgewählten Gehölzen liegen. Selbstverständlich erfordern Gärten dieser Art sehr viel Arbeit.

▶ Im zweiten Fall liegt der Schwerpunkt auf der Nutzung. Partygärten brauchen einen Grill, feste Sitzplätze, breite Wege und eine gute Beleuchtung, während die Bepflanzung ruhig etwas „robuster" mit Bodendeckern und pflegeleichten Sträuchern ausfallen darf. Gärten für Kinder verlangen nach mehr Sicherheit. Giftige und Pflanzen mit Stacheln oder Dornen werden verbannt und der Spielplatz muss vom Haus aus gut einsehbar sein; Teiche und tiefe Wasserläufe kommen nicht in Frage. In dieselbe Kategorie gehören auch Gemüse-, Kräuter- und Obstgärten sowie die Gärten zum Faulenzen mit viel Raum für Stühle, Sessel und Liegen. Geben Sie Ihrem Garten ein persönliches Profil. Diskutieren Sie mit der Familie, was Sie vom Garten erwarten und überlegen Sie sich, ob und wie diese Erwartungen umsetzbar sind. Das Geheimnis eines guten Gartens liegt nicht darin, einen Mustergarten wie aus dem Lehrbuch zu gestalten, sondern er sollte zum Haus und seinen Bewohnern passen. Sie sollen sich in dem Garten rundum wohl fühlen!

In diesem Garten spielen feste Elemente (Platten, Mauern, Wassergraben) die Hauptrolle.

■ Pflegeleicht oder arbeitsintensiv?

Zum persönlichen Profil gehört auch die Bereitschaft, den Garten angemessen zu pflegen und zu unterhalten – hier tut sich gewöhnlich die größte Lücke zwischen Anspruch und Realität auf! Im Fernsehen, in Zeitschriften und Büchern werden Gärten gezeigt, die den Puls jedes Gartenfreundes in die Höhe treiben: So einen will ich auch haben! Aber was geschieht, wenn die Fläche verplant, die Pflanzen gekauft und eingesetzt wurden? Das Unkraut muss gejätet, der Rasen gemäht und gedüngt, die Sträucher beschnitten, die Stauden geteilt werden, und, und, und ... Wer in der Gartenarbeit keine Erfüllung findet und nicht bereit ist, Stunden um Stunden darin zu wirken, dessen „Traumgarten" verwandelt sich rasch in einen Alptraumgarten! Lustvoll im Garten zu arbeiten, ist entspannend, die Arbeiten widerwillig zu erledigen, bedeutet dagegen Stress. Fragen Sie sich also kritisch, wie viel Zeit Sie gerne bei der Gartenarbeit verbringen möchten – ehrlich! Ein pflegeleichter Garten muss nicht langweilig sein: Viele festen Oberflächen, Blatt-

Durch geeignete Sitzplätze gewinnt jeder Garten an Struktur. Außerdem bieten sie die beste Möglichkeit, die Vorzüge des Gartens zu genießen.

Auch mit wenigen Blütenpflanzen wirkt dieses Beet keinesfalls langweilig! Blattformen und –farben sorgen für Abwechslung.

schmuckstauden und nicht wuchernde Bodendecker, in Kombination mit Sträuchern und Gartenschmuck, machen wenig Arbeit und sehen sehr attraktiv aus. Erkundigen Sie sich in einem guten Gartencenter/Gärtnerei nach pflegeleichten Arten, die an die Bedingungen Ihres Gartens angepasst sind (daher die Bestandsaufnahme). Lösen Sie sich von der Vorstellung, ein schöner Garten müsse so aussehen wie in Hochglanzbroschüren. Denken Sie an das persönliche Profil. Mit dieser Gewissheit im Hinterkopf können Sie sich an die nächste Frage wagen.

Themengarten – ja oder nein?

Je kleiner das Gartengrundstück ist, desto mehr sollten Sie darüber nachdenken, ob Sie Ihrem Garten nicht ein einheitliches Thema geben wollen. Am einfachsten fällt die Antwort, wenn Sie sich – wie oben erwähnt – für einen Partygarten entschieden haben. Diesem Thema lassen sich alle anderen Einrichtungen des Gartens unterordnen. Wenn Sitz- und Grillplatz, Zuwege und eine Unterstellmöglichkeit für Bänke, Stühle und Sitzkissen geplant sind, bleibt in einem Reihenhausgarten nicht mehr viel Platz. Setzen Sie einige Sträucher als Sichtschutz an die Grenze, legen Sie Beete mit robusten Stauden an und genießen Sie die Party.

■ Wasser im Garten

Andere, gut umzusetzende Themen sind beispielsweise Wassergärten mit Teich und Bachlandschaft (nicht in Gärten, in denen Kinder spielen!), Kräutergärten im Stil von Bauerngärten, pflegeleichte Kiesgärten mit Bambus und Gräsern (mit einigen geschickt platzierten japanisch/asiatischen Elementen bekommt er ein fernöstliches Flair), Rosengärten (für Enthusiasten) oder Strauchgärten, die überwiegend mit Gehölzen bepflanzt werden.

■ Grundstücksgröße

Da in einem Themengarten Gliederung, Bepflanzung und feste Elemente einem einheitlichen Thema untergeordnet werden, wirken sie geschlossener als Gärten ohne roten Faden. Außerdem sind die anfallenden Arbeiten besser planbar. Auf großen Gartengrundstücken lassen sich durchaus mehrere Themen miteinander kombinieren, sofern sie voneinander abgegrenzt werden: Bauerngarten hinter einer Hecke aus Buchsbaum oder Beerensträuchern; Wassergärten, die sich hinter Bambus oder Schilf verbergen; sowie die zahlreichen Möglichkeiten, separate Gartenräume durch Hecken, Gehölzgruppen oder Zäune zu schaffen.

■ Themenvielfalt

Selbstverständlich bietet auch ein Garten ohne einheitliches Thema Vorteile, da man bei der Gestaltung flexibel bleibt. Allerdings sollte man nicht versuchen, zu viel hineinzupacken. Die einzelnen Elemente dürfen sich nicht gegenseitig Konkurrenz machen, sonst wirkt das Gartenbild rasch überladen. Ordnen Sie beispielsweise Beete so an, dass sie sich in Farben oder Formen ergänzen oder sogar verstärken – richten Sie andernfalls optische Trennungen ein. Spezialkulturen wie Rosen oder Dahlien kommen in der Regel besser zur Geltung, wenn sie für sich in einem eigenen Beet stehen.

Die Grundplanung

Wenn die Bestandsaufnahme erledigt ist und das „persönliche Profil" des Gartens – Ansprüche, Aufwand und Thema – geklärt ist, geht es an die eigentliche Planung. Ein erfolgreicher Plan schreitet vom Großen zum Kleinen fort; beginnen Sie also nicht mit den Pflanzen, sondern mit grundlegenden Ideen und der Gliederung.

Beete mit nur einem Blütenfarbton in den unterschiedlichsten Hell- und Dunkelvarianten wirken sehr elegant.

Was braucht man?

Der technische Apparat hält sich in Grenzen. Sie brauchen den Grundstücksplan mit den Eintragungen aus der Bestandsaufnahme, einen Bleistift (Kreative arbeiten mit Buntstiften) und einige Blanko-Kopien des Plans. Computer sind sehr verführerisch: Die Pläne sehen sauber und präzise aus und lassen sich auch mit den geeigneten Programmen relativ leicht erstellen. Dennoch rate ich in diesem Stadium vom Gebrauch des Computers ab. Ein paar lockere Bleistiftstriche, Korrekturen, Schraffuren erlauben kreatives Arbeiten, ohne dass man sich von der Technik blenden lässt. Eine Grundidee entwickeln die meisten Menschen leichter in echter „Handarbeit". Der fertige Gartenplan kann später immer noch in den Computer übertragen und sauber ausgearbeitet werden.

Ein hilfreiches Arbeitsmittel ist eine Overhead-Folie mit einem quadratischen Raster (dünne, wasserfeste Overhead-Stifte und ein Parallellineal verwenden). Die Rasterquadrate werden im selben Maßstab wie der Gartenplan angelegt (in kleinen Gärten bieten sich 1 × 1 m oder 1,50 × 1,50 m an). Das Raster wird ab und zu über den Plan gelegt, sodass man eine direkte Kontrolle über die Größe der gewünschten Elemente hat.

Die ersten Schritte

Die festen Elemente aus der Bestandsaufnahme sind im Plan eingetragen und gute und schlechte Ausblicke markiert.

Nun werden weitere „sichere" Elemente eingetragen, die Sie unbedingt im Garten haben möchten.

Beispiel Sitzplatz: Schneiden Sie den Sitzplatz maßstabsgerecht aus dünner Pappe aus und verschieben Sie ihn so lange auf dem Plan (wie ein Möbelstück auf einem Wohnungsplan), bis er optimal passt. Sitzplätze müssen übrigens nicht rechteckig, nicht einmal rechtwinklig sein! Übertragen Sie einige gute Ideen mit Bleistift auf den Plan – wenn Sie ganz sicher sind, können sie ihn im Garten abstecken.

Beispiel Beet: Bei allen Arten von Beeten (von der Staudenrabatte bis zum gemischten Strauchbeet) ist die Verschiebemethode nur begrenzt geeignet, liefert aber erste Ideen. Zeichnen Sie die Beete dünn mit dem Bleistift in den Plan ein und prüfen Sie, welche Blickrichtungen sich ergeben. Ein von mehreren Stellen sichtbares Beet hat einen anderen Stellenwert als ein Beet, das sich nur von einem Sitzplatz zeigt. Bei der Form der Beete darf und sollte man kreativ sein. Es gibt kaum etwas

KLIMA-TIPP

Damit Mittelmeerpflanzen in feuchten Wintern nicht von der Wurzel her verfaulen, empfiehlt es sich, den Boden mittelfristig durch Sand und Kies durchlässiger zu machen.

Langweiligeres als ein U-förmiges Beet in immer gleicher Breite, das sich rund um eine zentrale Rasenfläche zieht. Konstruieren Sie abgewinkelte, runde, ovale oder unregelmäßig geformte Beete, lassen Sie Ihrer Fantasie freien Lauf. Denken Sie daran: Der Pflegeaufwand nimmt mit jedem Bogen zu. Legen Sie ab und zu das Raster über Ihre Entwürfe.

Beispiel Nutzgarten: Hier kommt ein weiterer Faktor hinzu, die Zugänglichkeit durch kurze Wege. Ein Kräutergarten, der mit wenigen Schritten von der Küche aus erreichbar ist, wird häufiger besucht, als ein ebenso schönes Kräuterbeet in der hintersten Ecke des Gartens. Auch Wege zum Komposthaufen und ggf. zum Geräteschuppen sollten so kurz wie möglich sein. Gehen Sie bei allen anderen Themengärten und Gestaltungselementen entsprechend vor. Suchen Sie nach dem besten Platz und einer optimalen Orientierung relativ zum Betrachter, dann werden die „sicheren“ Elemente in den Plan eingetragen.

Ein erster Feinschliff

Jetzt kann der Garten Gestalt annehmen, denn noch gähnen zwischen den Elementen weiße Flächen. Selbstverständlich haben sie sehr unterschiedliche Wertigkeit. Für den Bereich neben einem Sitzplatz bieten sich andere Optionen als für die Flächen direkt neben einem Staudenbeet oder im Umfeld eines Nutzgartens.

Dennoch sollten Sie zunächst keine konkrete Bepflanzung bzw. feste Oberflächen planen, sondern zunächst die weitere Gliederung des Gartens vorbereiten. Ziehen Sie, ausgehend von der Terrasse und den eingetragenen Elementen, Bleistiftlinien bis zu den Gartengrenzen. Diese Linien können parallel zu den Grenzen oder im Winkel dazu verlaufen. Je mehr Elemente Sie bereits eingezeichnet haben, desto mehr gleichen diese Linien einem Spinnennetz. Tatsächlich geben die Striche dem Garten nun eine Art „logische“ Binnengliederung, die sich an Ihren Lieblingselementen orientiert. Sie werden zu Grenzlinien der Gartenräume, zeigen aber auch an, welche Wege durch den Garten möglichst viele Blicke auf die Highlights erlauben.

■ Künstlerische Gestaltung

Gärtner mit Lust am kreativen Experiment sollten zumindest während der Papierplanung einige ungewöhnliche Wege riskieren. Überziehen Sie den Garten mit einem Liniennetz, das zunächst noch keine konkrete Bedeutung hat (also nicht „Sitzplatz“, „Rasenfläche“ oder „Gartenteich“).
Sie können sich beispielsweise Pappkreise nach dem Rastermaß ausschneiden und auf dem Grundstücksplan verteilen. Wenn Sie mit dem Bleistift die Umfänge nachziehen, ergeben sich die unterschiedlichsten geschwungenen Linien (zum Beispiel als Grenzlinien für Rasen, Sitzplatz oder Teich). Das Gleiche geht auch mit Rechtecken, Quadraten oder L-förmigen Mustern, die nebeneinander oder überlappend angeordnet werden. Sogar der goldene Schnitt in einer etwas vereinfachten Form lässt sich realisieren: Teilen Sie in einem rechteckigen Garten (auf dem Plan natürlich) ein Quadrat mit der Seitenlänge der Schmalseite ab. Dabei bleibt ein Rechteck übrig, von dem wieder ein Quadrat abgetrennt wird usw. Die entstehenden Quadrate stehen in einer ausgewogenen Proportion zum Garten und können als Grundfläche für Sitzplätze, Rasenflächen oder Beete, selbst für Brunnen in verschiedenen Höhen realisiert werden.

Die Mauer um das Hochbeet verleiht dem Sitzplatz einen zimmerartigen Charakter.

Die Gliederung des Gartens

Erst durch eine wohlüberlegte Gliederung bekommt der Garten Spannung und wirkt lebendig. Damit bestimmt die Gliederung das weitere Vorgehen. Ist man den oben aufgeführten Schritten gefolgt, hat sich bereits eine Grundgliederung des Gartens ergeben, die nun mit Leben gefüllt wird. Selbstverständlich wäre auch der umgekehrte Weg denkbar: Man gliedert zunächst die Fläche und entscheidet anschließend, wie die entstandenen Flächenelemente gestaltet werden.

Für die Planung ist es hilfreich, die Flächengliederung (zweidimensional) zunächst von der Raumgliederung mit Höhenelementen (dreidimensional) zu trennen – beides bildet in der Realität später eine Einheit.

■ Klare Linien statt „Häkeldeckchen"

Die Überschrift soll provokativ klingen, denn Gärten leiden oft darunter, dass zu viele Einzelelemente auf zu kleinem Raum miteinander kombiniert werden: Steingarten neben einem Teich, neben einem Bach, neben einem geschwungenen Beet, neben einer Rasenfläche. Wenige, aber deutlich voneinander abgegrenzte Bereiche mit klar definierten Grenzen sind viel wirkungsvoller als solch ein verwirrendes Sammelsurium. Dabei bedeutet Klarheit keineswegs Kargheit: Ein im Blickfeld der Terrasse gelegenes, einfach und prägnant geschnittenes Beet wird im üppigen Stil eines Cottage-Gartens oder mit einer Mischung aus Blütensträuchern und Stauden bepflanzt. Gerade die klare Form des Beetes bringt die verspielte Bepflanzung optimal zur Geltung. Nicht ohne Grund empfinden wir klassische Bauerngärten als ästhetisch: Das Wegekreuz mit betonter Mitte ist ein wunderbares Beispiel für eine konsequent klare Gliederung.

Durch die Mauer erhält die „grüne Wand" eine horizontale Komponente.

In diesem Zusammenhang kommen die Sichtachsen und Wege ins Spiel. Ein schmaler, gewundener Weg gibt dem Betrachter das Gefühl, der Weg verliere sich in der Ferne. Mit derselben Berechtigung lässt sich auch ein schnurgerader Weg inszenieren, der auf einen Blickpunkt zuläuft. Die weichen Formen der rechts und links des Weges über die Wegplatten kriechenden Stauden brechen die geraden Linien – der Weg wird zur perspektivischen Achse.

Spielen Sie auf dem Papier verschiedene Möglichkeiten durch. Die „sicheren" Elemente und das Gitternetz aus Bleistiftstrichen dienen als Leitlinien. Streichen Sie zu kleine Abteilungen oder fassen Sie mehrere zusammen. Nutzen Sie die Möglichkeit, Wege als Elemente der Gliederung einzubeziehen.

Gartenräume – die dritte Dimension

Erst die Trennung der zweidimensionalen Flächen durch Zäune, Hecken und andere Barrieren verwandelt die Gliederungselemente in echte Gartenräume. Solche trennenden Elemente sind auch in kleinen Gärten unverzichtbar. Es ist ein weit verbreiteter Irrtum, dass ein Garten, den man gut überblicken kann, auch besonders groß wirkt. Wenn Teile des Gartens dem direkten Blick entzogen sind, entsteht eine gewisse Unsicherheit über die wahren Dimensionen – und Spannung.

■ Gartengrenzen

Natürlich sollten Höhe und Dichte der Grenzlinien an die Gartengröße angepasst werden, damit man sich in den einzelnen „Räumen" nicht beengt fühlt. Eine Grenzlinie muss nur angedeutet werden, denn ein Gartenraum braucht keine umlaufende „Wand", son-

Der gepflasterte Weg wirkt als Leitlinie. Er verbindet die durch hohe Hecken abgetrennten Gartenräume.

Der Kübel und die Bank schaffen perspektivische Tiefe.

dern wird nur optisch von den Nachbarabteilungen getrennt. Verstehen Sie die Trennlinien als Rahmen um ein Gartenbild. Wie ein Bilderrahmen sollte auch die Barriere zum Gartenraum passen. Je harmonischer Rahmen und Raumbild aufeinander abgestimmt sind, desto besser.

Jede Grenze kann entweder als pflanzliche oder künstliche Barriere gestaltet werden.

- ▶ Dicht wachsende, immergrüne Sträucher (Eiben und andere Koniferen) schirmen – wie Mauern oder undurchsichtige Holzzäune mit oder ohne Kletterpflanzenbewuchs – die Sicht vollständig ab. Solange sie zungenförmig in den Garten ragen oder wie kurze Querriegel konstruiert sind, passen sie auch in kleinere Gärten, sind aber eigentlich typische Trennelemente für große Grundstücke.
- ▶ Lockere Strauchgruppen mit Sträuchern in gestaffelten Höhen – entsprechend offene Holzzäune – trennen einen Raum zwar optisch ab, wirken aber dennoch leicht, weil man zwischen ihnen durchsehen kann. Sie kommen vor allem in kleinen Gärten zum Einsatz.
- ▶ Spaliere und Rankgitter wirken sehr elegant. Das eigentliche Trennelement ist das Gitter, das zusammen mit Kletterpflanzen einen durchlässigen, grünen Schirm mit Farbtupfern bildet.
- ▶ Bei den kaum kniehohen Grenzhecken (klassische Buchsbaum- oder Lavendelhecken, in Blumenbeeten eine Reihe Polsterstauden) ist die optische Trennung nur noch angedeutet. Dennoch bilden auch sie ein wesentliches Element der Untergliederung, weil sie die Trennung von Räumen sinnlich erfahrbar machen.

Tiefenwirkung durch Gliederung

Trennungslinien geben einem Garten auch mehr Tiefe. Oben wurde bereits angedeutet, dass eine verborgene Gartengrenze Weite schafft. Dieser Effekt lässt sich durch Gliederung verstärken: Pflanzen Sie nahe der Terrasse einen kleinen Hausbaum oder einen Großstrauch. Etwas versetzt – nicht genau auf der Hälfte des Gartens, sondern je nach Gliederung etwas davor oder dahinter – folgt als Blickpunkt eine kleine Strauchgruppe. Die Sträucher sind in der Endhöhe niedriger als der Hausbaum, aber in sich abwechslungsreich in der Höhe. Am Ende des Gartens fällt der Blick auf noch niedrigere Sträucher. So wie ein Maler künstliche Perspektive durch gestaffelte Höhen erreicht, scheint sich der Garten in die Ferne auszudehnen.

Raumwirkung entsteht auch, wenn die Grenzen mit geschickten Durchlässen versehen werden: beispielsweise mit Bögen, Toren, Pergolen oder einem Paar Ranksäulen. Die Blickachsen sollten auf eine Gartenplastik, eine Bank, einen besonders schönen Strauch, Vogeltränke, Sonnenuhr oder ein anderes Highlight ausgerichtet sein. Werden die Durchblicke in größeren Gärten in einer Flucht ausgerichtet, entsteht eine ausgeprägt perspektivische Wirkung. Ordnet man sie versetzt an, eröffnen sich bei jedem Durchgang neue Aspekte.

Interessante Perspektiven ergeben sich, wenn Grenzlinien mit Höhenwechseln kombiniert werden. Selbst in einem ebenen Garten lässt sich eine Höhenstufe aufschütten, die über eine oder zwei Stufen zugänglich ist. Versenkte Sitzplätze, Rabatten als Hochbeete oder ein Rasen auf zwei Ebenen sorgen für Spannung.

Wege und Sitzplätze

Wege sind mehr als eine Verbindung zwischen zwei Punkten. Da Wege, Treppen und Sitzplätze auch in der kalten Jahreszeit sichtbar bleiben, kommt ihnen eine wichtige ästhetische Rolle zu.

Eine kleine Philosophie des Gartenweges

Man muss keine Sprüche bemühen („Der Weg ist das Ziel"), um die Rolle von Wegen zu würdigen. Jeder Gartenweg erfüllt eine doppelte Aufgabe: Er führt den Benutzer von A nach B (praktische Bedeutung) und er ist sichtbar (gestalterische Bedeutung). In ihrer Funktion als Leitlinien ziehen Wege den Betrachter optisch in den Garten hinein, sie machen ihn neugierig auf das, was kommt. Wege können

- ► enthüllen, wenn sie den Blick auf einen Blickpunkt oder in einen bestimmten Bereich des Gartens lenken, oder
- ► verhüllen, wenn sie das Ziel durch eine Windung oder Knick dem direkten Blick entziehen.

Damit werden Wege, insbesondere in Verbindung mit Elementen zur Steigerung der Raumwirkung – Tore, Pergolen, Spaliere, Bögen durch Hecken, alleeartig gepflanzte, säulenförmige Sträuchern oder Kübelpflanzen – zu zentralen Elementen der Gliederung. Sitzplätze sind dagegen Anfangs- und Endpunkte von Wegen. Sie sind Orte der Ruhe und Entspannung, von hier aus lässt sich der Garten bewundern und größere Sitzplätze laden zur geselligen Runde ein. Wenn Sie noch keinen Sitzplatz als „sicheres" Element vorgesehen hatten, bietet die Wegeplanung die beste Gelegenheit, einen zusätzlichen Sitzplatz einzuplanen.

■ Von der Philosophie zur Praxis

Durch die Gliederung des Gartens ist festgelegt, welche Gartenräume durch Wege verbunden werden. Die üblichen Gärten schließen sich an die Terrasse hinter dem Haus an. Damit ist der logische Startpunkt des Wegenetzes gesetzt: Die Wege beginnen an der Terrasse und führen in die einzelnen Gartenräume. In großen Gärten dienen diese dann ihrerseits als Startpunkte für weitere Wege.
Planen Sie das Wegenetz zunächst auf dem Papier und übertragen Sie das Ergebnis in die reale Gartenfläche. Gerade Wege lassen sich am besten mit Bambusstäben und gespannter Schnur, geschwungene Wege mit Gartenschlauch oder einem dicken Seil auslegen.
Betrachten Sie Ihren „Weg" vom Start und vom Ziel aus und gehen Sie ihn ab. Auf diese Weise bekommen Sie einen recht guten Eindruck von Verlauf und Wirkung des Weges.

KLIMA-TIPP

Durch anhaltende Trockenheit ändert sich auch die Zusammensetzung der Unkrautflora. Da sich viele Unkräuter von Trockenstandorten durch besonders tief reichende Wurzeln auszeichnen, hilft nur sorgfältiges und rechtzeitiges Jäten im Beet, an Wegerändern und in Fugen, bevor sie sich festsetzen.

Wegeführung

Für den Wegeführung gelten einige einfache Regeln, die auch bei notwendigen Wegen (Beet zum Komposthaufen, Gartentor zum Haus, Nutzgarten zum Geräteschuppen usw.) zum Tragen kommen.
Ein Weg, der, **mittig von der Terrasse,** in gerader Linie durch den Garten führt, teilt die Fläche in zwei Hälften und lenkt den Blick zwangsläufig entlang der Mittelachse bis zum Ende des Gartens. Ohne weitere Maßnahmen macht diese Lösung den Garten kleiner als er tatsächlich ist. Dennoch kann auch eine zentrale Wegführung durchaus attraktiv aussehen, wenn der Blick auf die Bereiche rechts und links des Weges teilweise durch Sträucher verstellt wird. Wird der zentrale Weg dann noch mit einem Sitzplatz oder Blickpunkt an seinem Ende aufgewertet (siehe oben), verwandelt er sich in eine perspektivische Leitlinie: Von der Terrasse aus sind nur Weg und Ziel, nicht aber die Gartenräume sichtbar. Sie öffnen sich erst, wenn man den Weg abschreitet.
Eine **seitliche Wegeführung** verhindert diese Teilung. Durch geschickt im Garten verteilte Elemente (Sträucher oder Strauchgruppen, Begrenzungen

von Gartenräumen, gebaute Elemente) unterschiedlicher Höhe findet das schweifende Auge genügend Ruhepunkte. Seitliche Wege lassen sich entweder hinter Pflanzen versteckt anlegen (sogar mit kaschiertem Zugang) oder durch bewachsene Pergolen, Galerien und Spaliere als einseitige Begrenzungen des Grundstücks in den Garten integrieren. Eine Verbreiterung verwandelt einen Abschnitt in einen Sitzplatz mit neuer Blickperspektive auf den Garten.

Schräge oder diagonale Wegeführungen lassen einen Garten größer und aufgelockert erscheinen. Sind sie jedoch in ganzer Länge sichtbar, tritt wieder der oben erwähnte Teilungseffekt ein.

In kleineren Gärten, die wenig begangen werden, kann man sogar ganz **auf Wege verzichten.** Ein schmaler Rasen, der sich wie ein grüner Fluss durch den Garten zieht, übernimmt diese Aufgabe bestens.

Durch die bewachsenen Bögen bekommt der Weg fast einen tunnelartigen Charakter.

Form des Weges

Ein weiteres Kriterium für die Wirkung von Wegen ist ihre Form – gerade, gewinkelt oder gebogen.

Gerade Wege bieten dem Blick keinen Widerstand; da sie zum Ende hin perspektivisch zusammenlaufen, entsteht allerdings – mit den oben genannten Einschränkungen – ein gewisses Gefühl der Weite.

Abgewinkelte Wege (gerade Wegführungen, im Winkel aneinander gesetzt) vermeiden diesen Eindruck. Versuchen Sie, den direkten Blick auf das nächste Wegestück zu verstellen: mit einem Strauch, einem Beet, Tor, einer Pergola (auch mit einer Bank) oder einem säulenförmigen Rankgitter, dann erschließt sich der Garten immer nur von Wegestück zu Wegestück und erscheint spannender.

Geschwungene Linien schließlich wirken sehr natürlich und aufgelockert, weil die Richtungsänderung nicht so hart verläuft wie beim abgeknickten Weg. Auch hier dienen pflanzliche oder gebaute Elemente als Spannungselemente. Bauen Sie nicht zu viele und zu kleine Biegungen ein, sonst wirkt der Garten unruhig. Versuchen Sie es auf Ihrem Plan und später bei der Simulation im Garten mit einem einzigen, großen Bogen, vielleicht auch einem „S". Betrachten Sie die Wegeführung von Start und Ziel und verändern Sie die Form, bis Sie eine optimale Lösung gefunden haben.

Material für Wege und Sitzplätze

Je häufiger ein Weg begangen wird, desto stabiler muss sein Belag sein und desto breiter sollte er angelegt werden. Wer einen Rasenweg regelmäßig nutzt, um mit der Schubkarre vom Gemüsebeet zum Komposthaufen zu fahren, wird nicht viel Spaß daran haben!

Die Erfahrung sagt, dass ein einmal angelegter – selbst gestalterisch misslungener – Weg kaum mehr verändert wird. Umso mehr lohnt es sich im Vorfeld, in Mustergärten, Baumärkten mit Gartenausstellungen oder größeren Gartencentern nach dem passenden Material zu suchen. Wege und Sitzplätze sollten möglichst einheitlich gestaltet werden. Materialwechsel, Ornamente oder Mosaike sorgen zwar für attraktive Abwechslung, lenken aber leicht von den Pflanzen ab. Am besten wirken linienhafte Wechsel (zum Beispiel eine Reihe Pflastersteine zwischen Ziegeln) oder begrenzte Objekte (zum Beispiel ein Feldsteinmosaik zwischen Natursteinen).

Wenig begangene oder Nebenwege brauchen nicht unbedingt komplett abgedeckt sein. Naturstein- oder Betonplatten, Holzscheiben oder quadratische Holzelemente lassen sich in den Rasen, zwischen Sträucher oder in Beeten verlegen. Sie machen den jeweiligen Bereich zugänglich, ohne von den Pflanzen abzulenken und sind nicht so dominant wie ein „echter" Weg.

Der abwechslungsreiche Belag macht den Gartenweg zu einem wesentlichen Gestaltungselement.

Natürliche Materialien

Abgesehen vom Rasenweg bieten sich hier die verschiedenen Formen von **Mulch** an. Wenn durch den Einbau einer Wegekante verhindert wird, dass der Mulch seitlich „auswandert", machen Mulchwege nur wenig Arbeit. Ebenso wichtig ist eine gute Dränage aus Kies und Sand (Vernässungsgefahr). Mulchwege wirken natürlich und fügen sich bestens in alle Arten von naturnahen Gärten ein. Das Laufen auf den weichen Mulchwegen ist sehr angenehm. Mulch passt am besten auf geschwungene Wegeführungen, die sich zwischen Sträuchern verlieren. Neben dem preiswerteren, einfachen Rindenmulch wird auch sogenannter Dekomulch aus feiner geschnittenen und attraktiv gefärbten Rinden angeboten.

Leider sind Mulchwege nicht besonders widerstandsfähig und müssen wegen der Verrottung regelmäßig erneuert werden. Entscheiden Sie sich daher nur dann für einen Mulchweg, wenn er vorwiegend dekorativen Zwecken dient und nur wenig begangen wird. Für permanente Sitzplätze ist Mulch nicht geeignet.

Holz passt sich allen Pflanzen und Gartenstilen an. Allerdings besteht die Gefahr, dass es von unten her verfault. Verbauen Sie daher ausschließlich druckimprägniertes Holz für den Außenbereich. Hier lohnt sich der Gang zum Fachhandel und eine etwas höhere Ausgabe, denn der Anstrich mit einer Imprägnierung dringt nicht tief genug in das Holz ein, um es dauerhaft zu schützen. Wenn Sie unbedingt zu wetterfestem Tropenholz greifen möchten, entscheiden Sie sich wenigstens für Holz aus nachhaltigem Plantagenanbau.

Für Sitzplätze und Terrassen ist Holz sehr gut geeignet, vor allem, wenn es unter Dach verlegt wird. Grundsätzlich sollten größere Holzdecks nicht direkt auf den Boden, sondern auf eine Unterkonstruktion montiert werden. Darunter kann die Luft zirkulieren und verhindert die Fäulnisbildung.

Ist das Holz dem Wetter ausgesetzt, ergibt sich ein weiteres Problem: Bei Regen verwandeln sich glatte Holzdecks und -wege in eine ziemlich schlüpfrige Angelegenheit – sehr gefährlich bei Treppen! Im Laufe der Zeit siedeln sich außerdem Algen an. Hier hilft nur eine regelmäßige Grundreinigung im Frühling und sorgfältige Pflege.

Mit Holzbohlen oder -brettern lassen sich interessante perspektivische Effekte erzielen: Der Blick in Richtung der Bretter verlängert, der Blick quer dazu staucht eine Fläche. Schräg verlegte Bretter – auch in Kombination mit offenen Pflanztaschen oder Steinplatten – sorgen für sehr abwechslungsreiche Oberflächen.

Lockermaterial

Kies aus runden und Splitt aus kantigen Steinen sind nicht nur attraktiv und widerstandsfähig, sie stellen auch eine gute Zwischenlösung dar. Sie können später durch eine Pflasterung ersetzt werden und dienen dann als Untergrund für den Belag.

Kies und Splitt sind in einer Vielzahl von Korngrößen und Farben erhältlich. Lassen Sie sich beim Kauf beraten, denn nicht alle Produkte eignen sich gleichermaßen gut als Belag für Wege und/oder Sitzplätze. Einige Steine wurden künstlich eingefärbt und bleichen mit der Zeit aus. Wählen Sie sich daher möglichst Produkte in natürlichen Farben (je nach Gesteinsart von weiß über rot und braun bis fast schwarz) aus. Wie beim Mulch muss eine stabile

KLIMA-TIPP

Der Klimawandel ist bereits da! Auch ein erfahrener Gärtner sollte daher die lokalen Wetterberichte besonders sorgfältig verfolgen. Nur so ist eine rasche Reaktion auf unvorhersehbare, für die Jahreszeit untypische Wetterphänomene möglich.

Mit Mulch gestaltete, geschwungene Wege passen in naturnahe Gärten.

Experimentierfreudige und künsterlich begabte Gartenbesitzer können sich einen Weg mit Mosaik gestalten. Abstrakte oder gegenständliche Motive passen gut zu geschwungenen Formen.

Randbegrenzung eingebaut werden, damit das Gestein an Ort und Stelle verbleibt. Der Untergrund wird mit einer Kies- und Sandschicht befestigt und mit dem Kies oder Split bestreut. Lockermaterial passt sowohl zu geraden wie geschwungenen Wegen und eignet sich auf stabilem Untergrund auch für Sitzplätze. Kies ist der klassische Belag für Bauerngärten und barocke Parterregärten und damit auch im modernen Garten äußerst vielseitig verwendbar.

Halten Sie sich möglichst an eine Grundfarbe. Auf die Dauer sind kontrastreiche Farbmischungen zu unruhig. Andererseits sorgt ein Wechsel in der Korngröße für Abwechslung: Einige große Feldsteine am Knick eines Kiesweges oder ein Trockenbach aus größeren Kieseln, der sich im Randbereich durch eine Kiesfläche zieht, machen die einheitliche Fläche abwechslungsreicher.

■ Natursteine und Beton

Die sicherste und dauerhafteste Lösung für Gartenwege, Terrassen und Treppen sind Natursteine und Beton (als Platten oder Formsteine). Hier ist das Angebot fast unüberschaubar groß; entscheiden Sie erst, wenn Sie sich eine Übersicht verschafft haben. Die Wahl des Gesteins ist eine Frage des persönlichen Geschmacks und des Geldbeutels.

Natursteine (als Platten oder in der Art von Pflastersteinen) sind die teuerste, aber auch edelste Lösung. Für Wege und Treppen eignen sich Gesteine mit strukturierter Oberfläche, da sie auch bei schlechtem Wetter Halt geben. Sie sollten regelmäßig gereinigt und von Algen befreit werden. Entscheiden Sie sich bei Sitzplätzen für Steine mit glatter Oberfläche, damit Tisch und Stühle nicht ständig wackeln. Versuchen Sie, wo das möglich ist, zwischen den Steinen unregelmäßige Pflanztaschen frei zu lassen. Hier dürfen sich kriechende Pflanzen über den Rand der Steine ausbreiten.

Betonformsteine sind preiswerter, robust und durch Einfärbung sehr vielseitig. Die raue Oberfläche von Betonsteinen macht die Wege relativ sicher; sie sind bei professioneller Verlegung auch eben genug für Tische und Stühle. Viele Firmen bieten Steine in vorsortierten Sortimenten an, die in bestimmten Mustern ausgelegt werden. Verlegen Sie die Steine möglichst nach einem einheitlichen und nicht in wechselnden Mustern, sonst wirkt die Fläche schnell zu unruhig. Für Abwechslung sorgt ein gezielter Materialwechsel (beispielsweise Pflastersteine aus Basalt, eine Holzplanke oder ein einfaches Mosaik).

Feste Gartenelemente

Unter festen Gartenelementen versteht man – neben den Sitzplätzen, Wegen und Treppen – alle in die dritte Dimension gebauten Objekte. Gewächshäuser, Geräteschuppen oder Dächer über einem Sitzplatz haben eine vorwiegend praktische Bedeutung; Pergolen, Spaliere und andere Bauten erfüllen dagegen in erster Linie eine ästhetische Aufgabe. In der Tat sollte ein attraktiver Garten so gestaltet werden, dass sich die nüchternen Zweckbauten ebenso harmonisch in das Ganze einfügen wie die reinen Schmuckelemente.

Alle festen Elemente werden zusammen mit oder nach dem Wegenetz eingebaut – auf jeden Fall aber vor der Bepflanzung. Der Transport von Material und Geräten, auch die notwendigen Betonarbeiten, um die Elemente sicher im Boden zu verankern (auch Fundamente für Garten- oder Gewächshäuser, Frühbeete, Wasserbecken oder Mauern), lassen sich viel leichter bewerkstelligen, wenn nicht auf die empfindlichen Pflanzen geachtet werden muss.

Natursteinmauer, Pergola und der Kontrast zwischen Betonstufen und groben Steinen verleihen dem Garten südliches Flair.

Gartenelemente

Ein einigermaßen geschickter Heimwerker kann die meisten Bauten in Eigenarbeit errichten. Wer sich allerdings die Beton- und Holzarbeiten (auch mit vorgefertigten Bausätzen) nicht zutraut, sollte aus Gründen der Stabilität und Sicherheit eine Fachfirma beauftragen.

In den Angebotskatalogen der einschlägigen Firmen werden gebaute Elemente unter unterschiedlichen Bezeichnungen angeboten. Um die Verwirrung nicht zu vergrößern, hier zunächst die im Folgenden behandelten Elemente und ihre Charakteristik:

Säulen sind einzeln stehende, senkrechte Elemente. Sie sind meist als Unterlage für rankende Pflanzen konzipiert. Hierunter fallen auch die schmalen Obelisken aus Holz- oder Metallgitter.

Tore bestehen aus zwei senkrechten und einem Querbalken, oder schließen oben mit einem Bogen ab. Sie können innerhalb einer Abgrenzung als Durchlass dienen oder werden als isolierte Blickpunkte eingesetzt (die niedrigen Gartentörchen in einem Zaun sind in diesem Zusammenhang nicht gemeint).

Pergolen sind allseits offene Konstruktionen aus senkrechten Trägern und Querbalken (häufig mit kurzen Reitern); die Übergänge zu Lauben oder Laubengängen sind fließend. Eine Pergola im eigentlichen Sinn trägt zwar kein Dach, Sitzplätze werden aber häufig von Pergolen mit Glas- oder Plexiglasdächern geschützt.

Lauben sind in der Regel kompakter

Die Laube fügt sich wie gewachsen in die Blumen ein, bildet gleichzeitig aber einen attraktiven Blickpunkt.

gebaut als Pergolen, bei ihnen sind eine oder mehrere Seiten verschlossen und andere offen. In Prospekten werden sie wie manche Gartenhäuser auch als „Gartenpavillons" angeboten. Die sogenannten **Laubengänge** sind eigentlich eine Abfolge von Toren bzw. eine lang gestreckte Pergola.
Spaliere oder Rankgitter dienen als Unterlage für Kletterpflanzen. Sie können als Sichtschutzelement oder in Verbindung mit Toren und Pergolen eingesetzt werden.
Gartenhäuser sind rundum geschlossene Bauten mit festen Wänden und Fenstern, die zur Aufbewahrung von Geräten oder als Aufenthaltsraum dienen.
Auch **Gewächshäuser** oder Glashäuser sind allseits geschlossen, im Unterschied zu den Gartenhäusern aber aus Glas erbaut. Die viel niedrigeren Frühbeete sind die „kleineren Geschwister" der Gewächshäuser; sie werden durch ein verglastes, aufklappbares Dach verschlossen.

Säulen und Tore

Beide Elemente dienen dazu, den Blick des Betrachters in die Höhe zu leiten, Tore – oder ein Säulenpaar – fungieren zusätzlich als Rahmen für das Gartenbild dahinter. Während architektonisch interessante Tore auch ohne Bewuchs attraktiv aussehen können, wirkt eine Säule ohne Bewuchs eher deplatziert.
Passen Sie die Größe der Elemente dem Garten an: Ein ausladendes Tor aus schweren, nicht behandelten Rundhölzern wirkt zwar sehr nostalgisch-rustikal, kann aber den Gesamteindruck eines kleinen Gartens empfindlich stören. Hier kämen zierliche Konstruktionen aus gehobeltem Holz (ggf. mit einem Anstrich) oder Metallbögen viel besser zur Geltung.
Das Gleiche gilt für Säulen. Eine schwere Holzsäule mit Querriegeln, die unter Efeubewuchs kaum mehr zu sehen ist, erzeugt zusammen mit einigen Sträuchern und dichtem Unterwuchs das Flair eines verwunschenen Gartens. Im kleinen Garten wäre eine zierliche Metallkonstruktion als Stütze für einjährige Kletterpflanzen eher angebracht, beispielsweise eine Rosensäule in historischem Stil. Setzen Sie Säulen sparsam und gezielt als Blickpunkte ein. Sie passen optimal in den Hintergrund oder ins Zentrum eines Pflanzarrangements mit niedrigen Arten oder paarweise als „Wächter" neben den Eingang in einen Weg.
Tore werden so platziert, dass sie den Blick des Betrachters anziehen (durch Konstruktion, Material und/oder Bewuchs). Besonders attraktiv wirken Tore, wenn sie einen Durchblick auf eine hübsche Gartensituation oder einen Blickpunkt gestatten. In großen Gärten lassen sich mehrere Tore in einer Flucht oder versetzt anordnen, sodass sich beim Durchschreiten immer wieder neue Aspekte auftun.
Für den Bewuchs von Säulen und Toren eignen sich alle Arten von ein- und mehrjährigen Kletterpflanzen. Da manche Arten, wie Efeu, Waldrebe oder Glyzinen mit den Jahren recht schwer werden, sollten Sie entweder die Pflanzen dem gebauten Element anpassen oder für eine bestimmte Kletterpflanze das passende Tor/Säule suchen.

Pergolen

Eine Pergola gehört zu den flexibelsten Elementen der Gartengestaltung. In ihrer einfachsten Form (ein Querbalken mit Reitern über zwei senkrechten Stützen) gleicht sie einem Tor, während komplizierte Pergolen mit Dach, die einen Sitzplatz schützen, fast den Charakter einer Laube annehmen.
Eine offene Pergola eignet sich besonders gut, um entlang eines Wegs einen Akzent in der dritten Dimension zu setzen. Wenn der Weg an dieser Stelle etwas erweitert wird, schaffen Sie einen kleinen, abgeschlossenen Sitzplatz, von dem sich vielleicht ein besonderer Bereich des Gartens (ein Teich, Steingarten oder Staudenbeet) in aller Ruhe betrachten lässt. Kleine Pergolen passen auch bestens über die Stellen, an denen Wege ihre Richtung ändern.

Halten Sie für eine verglaste Pergola über dem Sitzplatz unbedingt eine Zugangsmöglichkeit frei, um das Dach zu reinigen. Wenn sich erst Schmutz und Algen auf dem Glas festsetzen, wirkt das Dach unansehnlich. An heißen Sommertagen können Sie ein Stoffsegel in Haken an den Balken einhängen und so für lichten Schatten sorgen.
Für die Gesamtwirkung einer Pergola ist die Bepflanzung von großer Bedeutung: Dichter Bewuchs, der zudem durch Rankgitter unterstützt wird, verwandelt eine offene Pergola rasch in ein kompaktes, grünes Haus (Efeu, Pfeifenwinde). Die Leichtigkeit bleibt erhalten, wenn Sie stattdessen beispielsweise Kletterrosen und/oder eine schwach wachsende Sorte der Waldrebe pflanzen. Selbstverständlich erscheint eine locker bewachsene Pergola auch viel heller als der düstere Innenraum einer Efeuhöhle.

Filigrane Lauben wie diese erscheinen trotz ihrer Größe sehr leicht.

Lauben

Im Unterschied zu einer Pergola sind Lauben mit Gitterwänden teilweise geschlossene und stets überdachte Bauten. Bei den meisten Konstruktionen tritt der Bewuchs gegenüber dem Material in den Hintergrund: Lauben sind von starker architektonischer Wirkung. Sie ziehen den Blick auf sich und sollten nur dort eingebaut werden, wo sie gezielt als Blickpunkte wirken. Vertrauen Sie nicht nur den Abbildungen in den Katalogen, sondern sehen Sie sich die aufgebauten Modelle an. Die Wirkung im eigenen Garten lässt sich bewerten, wenn Sie die Laubenmaße mit Bambusstäben abstecken und aus verschiedenen Richtungen betrachten.
In kleinen Gärten sehen Eigenbau-Lauben – wie eine leichte Pergola mit Rankgittern als Wände – häufig hübscher aus als fertige Modelle; außerdem lassen sie sich maßschneidern.

Spaliere und Rankgitter

Spaliere und Rankgitter werden leider viel zu selten eingesetzt. Man bekommt sie für relativ wenig Geld in vielen Ausführungen. Leichte Modelle eignen sich bestens als Unterlage für einjährige Kletterpflanzen. Man kann sich jedes Jahr neu entscheiden – für Standort und Bewuchs. Kletterrosen und andere kletternde Sträucher brauchen dagegen eine stabilere Ausführung und dauerhafte Position.
Direkt vor der Terrasse platzierte Rankgitter wirken wie grüne Schirme und halten die Blicke neugieriger Nachbarn und Passanten ab. In vielen Gartensituationen erfüllen sie diese Aufgabe weit besser und eleganter als dichte Zäune oder Hecken an den Außengrenzen.
Mit blühenden Pflanzen lassen sich Rankgitter auch als dekorative Elemente verwenden: als gegeneinander versetzte Barrieren, um einem Durchblick mehr Tiefe zu geben; rechts und links neben einem Weg; mit Brombeeren oder Obstgehölzen als Abgrenzung eines Bauerngartens oder um einen kleinen Sitzplatz zum Relaxen abzutrennen.

Gartenhäuser

Das Angebot an Gartenhäusern ist ähnlich vielfältig wie das der Lauben. Von der einfachen Holzhütte bis zur Gartenvilla mit Vordach und mit Schnitzereien verziert, lässt der Fachhandel kaum einen Wunsch offen. Fast alle Gartenhäuser werden als kompletter Bausatz geliefert.
Allerdings zerstört ein unangemessenes Gartenhaus den gesamten Eindruck des Gartens. Ein Gartenhaus, sofern es überhaupt notwendig ist, darf keinesfalls wie ein Fremdkörper zwischen den gebauten und pflanzlichen Elementen eines Gartens stehen, sondern muss sich in Größe, Bau-

art, Farbe und Position harmonisch in den Gartenplan einfügen (siehe oben). Entscheiden Sie sich für ein stabiles Modell in der geeigneten Größe und setzen Sie das Gartenhaus auf ein stabiles Fundament (gute Fachgeschäfte bieten Beratung). Versuchen Sie, das Umfeld des Gartenhauses ansprechend zu gestalten, etwa mit einem gepflasterten Vorplatz oder einem Holzdeck für ein paar Stühle. Um die kantigen Formen zu brechen, bieten sich zwischen Terrasse bzw. Hauptsitzplatz und Gartenhaus eine Strauchgruppe oder lockere Hecke an, hinter der Teile des Hauses verschwinden. Eine gute Alternative sind auch Rankgitter oder eine Pergola, die auf das Haus zuläuft und es teilweise den Blicken entzieht.
Wenn im Gartenhaus große Gartengeräte (Schredder, Rasenmäher, Vertikutierer, Schubkarre) lagern, sollte es über stabile Wege an den Rest des Gartens angebunden werden.

Gewächshäuser und Frühbeete

Wer regelmäßig viele Pflanzen selbst aussät und vorkultiviert, wer empfindliche subtropische bis tropische Pflanzen liebt und ein Winterquartier für sie braucht, wird wohl kaum um ein Gewächshaus herumkommen.
Gewächshäuser werden als fertige Modelle („Kleingewächshäuser") angeboten; dank der Rahmenkonstruktion aus Metall (Aluminium, verzinkter Stahl) sind sie stabil und können von handwerklich geschickten Laien selbst aufgebaut werden. Die Wände bestehen meist aus Glas. Die Dachfenster können teilweise aufgeklappt werden; sie sind ebenfalls aus Glas oder aus Kunststoffplatten in Hohlkammerbauweise gefertigt.
Gewächshäuser fügen sich wegen der durchsichtigen Wände und Dächer fast immer besser in einen Garten ein als ein Gartenhaus. Mit einem bepflanzten Vordergrund oder einigen schwach wachsenden Kletterpflanzen über dem Dach, um die geraden Linien zu brechen, eignen sie sich sogar als Blickpunkte für einen Nutz- oder Bauerngarten.
Grundsätzlich unterscheidet man zwischen unbeheizten und beheizten Gewächshäusern. Beide brauchen einen Platz, der möglichst lange am Tag von der Sonne beschienen wird. Die einfachen, unbeheizten Häuser reichen aus, wenn man nur eigene Saaten vorkultivieren möchte. Bei den beheizten Gewächshäusern gibt es ein breites Spektrum: Die „Kalthäuser" werden mit kleinen Heizkörpern frostfrei gehalten (für unempfindliche Kübelpflanzen). „Temperierte" oder „Warmhäuser" besitzen eine richtige Gas-, Öl- oder Elektroheizung; in ihnen kann man ganzjährig kälteempfindliche Kübelpflanzen halten. Der Bau und Unterhalt eines Warmhauses ist jedoch relativ teuer und lohnt nur für Liebhaber.
Ein guter Kompromiss mit geringem Raumbedarf sind Frühbeete. Man bekommt sie als fertige Modelle oder kann sie aus einem schrägen Holzrahmen (Randhöhe vorn 30 bis 40 cm, hinten 10 bis 20 cm höher) und Fenstern selbst bauen. Mit einem Frühbeet gewinnt man bei der Vorkultur von Nutz- und Zierpflanzen je nach Wetterlage mehrere Wochen, da sich unter dem Glas ein wärmeres Mikroklima aufbaut. Frühbeete brauchen einen sonnigen Standort und werden so aufgestellt, dass die Dachschräge nach Süden zeigt.

KLIMA-TIPP

Die heftigen Sommerstürme können zum Problem werden. Sichern Sie bei Sturmwarnung Kübel und Gartenmöbel. Räumen Sie auch vor dem Urlaub alle Stühle, Kübel und losen Teile so weg, dass sie bei einem Sturm weder umfallen noch zu Geschossen werden können.

Gewächshäuser werden in unterschiedlichen Größen angeboten: von semi-professionellen Glashäusern bis kleinen Modellen.

Die Grenze nach außen

Die Abgrenzung des Gartens nach außen ist eine legitime und notwendige Angelegenheit. Leider wird dieser Zweck oft – unter dem Sammelbegriff „Sichtschutz“ – mit optischem Totalabschluss verwechselt. Wer seinen Garten mit einer echten oder grünen Mauer in eine Art Gefängnishof verwandelt, darf sich nicht wundern, wenn das Ergebnis unbefriedigend ausfällt. Je nach den örtlichen Gegebenheiten wird eine feste oder pflanzliche, dichte oder offene Abgrenzung erforderlich sein. Ziel der Gestaltung sollte es sein, die Begrenzung harmonisch in das Gartenbild einzufügen.

Wo und was?

Nicht immer muss das gesamte Gartengrundstück von einer dichten Abgrenzung umschlossen werden. Die Grenze sollte sinnvoll, an der richtigen Stelle und in der geeigneten Ausführung eingerichtet werden – und zudem noch attraktiv aussehen.

Im Plan der Bestandsaufnahme wurde bereits eingetragen, welche Blickrichtungen geöffnet (Sehenswertes) und welche besser versperrt werden (Unschönes). Planen Sie die Grenze aufgrund dieser Informationen und berücksichtigen Sie auch zusätzliche Sitzplätze: Markieren Sie mit Stäben und Schnur alle Abschnitte an der Außengrenze, an denen Sichtschutz unbedingt erforderlich ist. Für alle übrigen Grenzlinien reichen lockere Barrieren in Form von Sträuchern.

Bei schmalen Einblickswinkeln bietet sich eine alternative Lösung an. Zum Sichtschutz der Terrasse reichen ein Spalier oder eine relativ niedrige Strauchgruppe direkt vor dem Sitzplatz aus (wenn Sie sitzend keinen Augenkontakt mit Außenstehenden aufnehmen können, sind Sie von außen unsichtbar). Um dieselbe Wirkung mit einer Hecke an der Außengrenze zu erreichen, muss sie nicht nur dicht sein, sondern auch über Augenhöhe der Passanten/Nachbarn liegen. Ein „naher“ Sichtschutz fällt in den meisten Fällen auch attraktiver aus als eine völlig blickdichte Koniferenhecke.

Feste Grenzen

Mauern in jeder Form stellen die „dichteste“ Lösung für den Sichtschutz dar. Tatsächlich sind Mauern pflegeleicht und äußerst attraktiv, sofern sie das Grundstück nicht komplett umgeben: Frostfeste Ziegel oder Klinker, Kalksteine (unbehandelt oder angestrichen) oder Betonmauern (mit Anstrich oder eingelassenen Zierelementen) sehen gut aus und werden durch Rankgitter und Pflanzenbewuchs zusätzlich aufgewertet. Natürlich sieht ein 2 m langes und hohes Mauerstück, das den Blick auf einen Parkplatz versperrt, etwas verloren aus. Das ändert sich, sobald die Mauer in die Gartengestaltung eingebunden wird: Sträucher brechen die harten Seitenkanten, Hängeampeln mit Sommerblumen (viel Arbeit) oder robuste Kletterpflanzen (weniger Arbeit) lockern die Mauerfläche auf, in die Mauer eingebaute Elemente, wie kleine Plastiken oder ein Wandbrunnen, machen sie zum Blickpunkt. Werden die Seitenflanken der Mauer bogenförmig nach vorn gezogen und der Platz davor gepflastert, entsteht sogar ein schöner Sitzplatz (auch mit einer an die Wand angelehnten Pergola). Lassen Sie Ihre Kreativität spielen!

Holzzäune bieten sehr viele Möglichkeiten. Alle Formen **blickdichter Holzzäune**, von Flechtelementen bis zu selbst konstruierten Lamellenzäunen, kommen der Wirkung einer Mauer recht nahe. Sie werden entsprechend platziert und behandelt.

Die breite Vielfalt **offener Holzzäune** lässt sich jeder Gestaltungsidee und jedem Gartentyp anpassen. Rustikale Lattenzäune, Jägerzäune oder Farmerzäune aus breiten, waagerechten Brettern passen in ein ländliches Umfeld. Gehobelte, weiß oder farbig angestrichene Zäune mit Zierelementen auf den Pfosten passen besser in städtische Gärten. Offene Zäune werden durch Bewuchs stärker in den Garten eingebunden.

Metallzäune sind stabil, allerdings noch offener als Holzzäune. Sie werden üblicherweise auf einen Sockel aus Steinen oder Beton gesetzt. Stabgitterzäune in historischen Formen eignen sich vor allem für Vorgärten. Maschendraht schließt einen Garten zwar sicher ein, sieht aber nicht besonders attraktiv aus und sollte durch Sträucher verdeckt werden.

■ Hecken

Bei den Hecken unterscheidet man immergrüne und Laub abwerfende, Schnitt- und lockere Hecken. Schnitthecken brauchen viel Pflege, sind aber dicht und nehmen relativ wenig Gartenraum ein. Lockere Hecken aus Laubgehölzen lassen sich besser in einen Pflanzplan integrieren, brauchen aber mehr Platz.

Schnitthecken aus immergrünen Sträuchern sind ein zweischneidiges Schwert. Sie bieten optimalen Sichtschutz, lassen den Garten aber eintönig und düster erscheinen. Versuchen Sie daher, eine Schnitthecke nur dort zu pflanzen, wo der Sichtschutz unbedingt erforderlich ist. Binden Sie das glatte Heckenstück in eine lockere Bepflanzung ein. Oder wie wäre es mit einem historischen Zitat? Pflanzen Sie das Heckenstück so, dass die beiden Flanken in den Garten ragen und beschneiden Sie die Innenfläche zu einer runden Apsis – mit einer hübschen Bank ein romantischer Sitzplatz und wirkungsvoller Blickpunkt.

Die erste Wahl bei den Sträuchern für eine Schnitthecke ist die Eibe *(Taxus baccata)*, sie wächst dicht, aber sehr langsam und ist in großen Exemplaren nicht billig; der Lebensbaum *(Thuja occidentalis)* wäre eine preiswertere Alternative. Immergrüner Kirschlorbeer *(Prunus laurocerasus)* und der wintergrüne Liguster *(Ligustrum vulgare)* sind gut geeignete Laubgehölze. Die Hainbuche *(Carpinus betulus)* nimmt eine Zwischenstellung ein, da sie ihre braunen Herbstblätter den ganzen Winter über behält.

Für eine **lockere Hecke** werden die Sträucher in einer oder mehreren Reihen gepflanzt. Sie sind in größeren Gärten die bessere Wahl. Zusammen mit Immergrünen (beispielsweise *Ilex aquifolium*; eine ungewöhnliche Lösung ist horstig wachsender Bambus, wie *Fargesia*) verwandeln sie sich nicht nur in absolut blickdichte Grenzen, sondern sehen auch sehr abwechslungsreich aus. Kombinieren Sie Sträucher mit unterschiedlicher Wuchsform, Höhe und Blütezeiten. Stöbern Sie in Katalogen und Gartencentern, um Sträucher mit hübschen Früchten zu finden, dann verwandelt sich die Hecke – zusammen mit einem geeigneten Unterwuchs aus kriechenden Sträuchern oder Stauden – in ein Schmuckstück, das zu jeder Jahreszeit etwas zu bieten hat. Lockere Hecken geben einen guten Hintergrund für Staudenrabatten ab. Natürlich lässt sich auch eine lockere Hecke zu einer Nische für einen kleinen Sitzplatz erziehen.

Niedrige Mauern mit Pflanzlücken verwandeln sich durch Bepflanzung in „vertikale“ Beete.

Durch Kombination von Heckenpflanzen mit farbigen Blättern entstehen Teppichhecken.

Formen und Strukturen

Die Gartenfläche ist untergliedert, die festen Elemente eingebaut und die Abgrenzung zumindest geplant, nun wird der Rahmen mit dem eigentlichen Gartenbild gefüllt. In der Tat ist der Vergleich mit einem dreidimensionalen Bild hilfreich: Ein guter Garten sollte das Auge ansprechen und den Betrachter je nach Wunsch beruhigen oder anregen. Dafür stehen dem Gärtner als „Meißel" für die „Gartenplastik" Pflanzen und Accessoires zur Verfügung. Formen und Strukturen zeigen sich sowohl im Großen (Anordnung von Elementen) wie im Kleinen (Details der einzelnen Pflanzen).

Harmonie durch Symmetrie

Obwohl auch feste Elemente die Gesamtwirkung des Gartens beeinflussen, liegt der Schwerpunkt der Formgebung auf der Verteilung der bepflanzten Flächen (Muster) und der Einzelpflanzen.

Durch symmetrisch angeordnete Formschnittsträucher wird ein Heckendurchgang zum Blickpunkt.

In den großen Gärten der Vergangenheit galt die Symmetrie der Teile als Voraussetzung für ein harmonisches Gesamtbild. Von bestimmten Punkten aus blickte der Betrachter auf symmetrisch angeordnete Elemente wie Rasenflächen, alleeartige Gehölzreihen, Rabatten, Teiche, Wege oder Plastiken. An der harmonischen Wirkung von Symmetrie hat sich bis heute nichts geändert. Selbst im kleinen Garten kann man mit symmetrischen Effekten spielen:

- Zwei gleichartig geformte Beete rechts und links einer Blickachse (die Bepflanzung sollte in den Formen ähnlich oder sogar identisch sein).
- Ein Paar säulenförmiger Sträucher oder kleine Bäumchen mit Kugelkrone wirken wie ein Tor.
- Statt einer breiten Treppe zur Überwindung einer Höhenstufe spiegeln sich zwei schmalere an einem Beet oder einem Strauch dazwischen.

Auch im kleinsten Garten ergeben sich Möglichkeiten, Harmonie durch Symmetrie zu erzeugen.

Rhythmik durch Wiederholungen

Symmetrie ist nur möglich durch Wiederholung. Andererseits ist Wiederholung aber auch für sich genommen ein starkes Gestaltungsmittel. Pflanzen, die einzeln oder gruppenweise mehrfach im Garten oder in einem Beet auftauchen, halten das Gesamtbild zusammen.

Formschnittsträucher – Kugeln, Quader, Kegel usw. – verkörpern das Element der Wiederholung auf nahezu perfekte Weise, weil ihre regelmäßigen Formen sofort ins Auge fallen. Allerdings verlangt ihre Pflege viel Hingabe und Zeit.

Weniger aufwändig ist die Wiederholung von Pflanzen mit markanten Formen. Bei den Stauden reicht das Spektrum von kuppelförmig wachsenden Polsterpflanzen über Arten mit auffallenden Blütenständen (Rittersporn, Königskerze) bis hin zu den typischen Blattschmuckstauden (Farne, Funkien, Frauenmantel). Unter den Gehölzen eignen sich kompakte Blütensträucher mit auffallenden Blüten, Nadelgehölze in Säulenform oder Kleinbäume mit Kugelkrone.

Ohne gute Planung könnte allerdings ein ungewollt unruhiger Eindruck entstehen. Schätzen Sie vor dem Kauf von Sträuchern die Wirkung mit „Pappkameraden" ab: Schneiden Sie den Umriss der Sträucher aus Pappe aus und stellen Sie die Pappe an die vorgesehene Stelle (mit Bambusstab stützen). Nun können Sie so lange verschieben, bis Sie zufrieden sind – oder den Plan aufgeben.

In diesem Garten entsteht Harmonie durch Symmetrie und die Wiederholung identischer Elemente.

Durch den abwechslungsreichen Bewuchs wirkt die Schattenfläche unter dem Baum sehr lebendig.

Kontrast durch Asymmetrie

Anderen Gartenbesitzern erscheint zu viel Harmonie vielleicht langweilig – sie wollen mehr Spannung. Ein einziges, markant geformtes Gehölz (bzw. Großstaude im Staudenbeet) erfüllt diesen Zweck. Ein solcher Solitär zieht die Blicke auf sich und wertet eine ansonsten gleichförmige Fläche auf. Allerdings darf der Solitär nicht genau im Fluchtpunkt einer Achse stehen, sonst unterstreicht er die Symmetrie. Erst wenn er aus der Blickachse gerückt wird, entsteht der Eindruck einer anregenden Störung.
Schmale, aufrechte Formen lenken den Blick nach oben, sie geben auch einer kleinen Gartenfläche Höhe.
Runde, kugelige Formen wirken geschlossen und ruhig bis neutral, sie passen besser in Gartenbereiche, die der Entspannung dienen.
Stauden oder Gehölze mit überhängenden Trieben („Trauergehölze") binden ihre Nachbarn sehr gut ein und lockern das Bild der Bepflanzung auf.
Pflanzen mit sehr unregelmäßiger Wuchsform erscheinen unruhig, sie ziehen immer wieder den Blick auf sich. Denken Sie bei solchen Elementen auch an Sträucher mit farbigen oder korkenzieherförmigen Trieben, denn sie bleiben auch im Winter attraktive Blickpunkte.

Einzelpflanzen: Wuchs- und Blattformen

Bei der Planung eines Beetes werden die Wuchs- und Blattformen noch immer viel zu selten berücksichtigt. Während sich die Blüten nach höchstens einigen Wochen verabschieden, bleiben Form und Blätter während der gesamten Vegetationsperiode erhalten. Es lohnt sich also durchaus, eine Staude nicht nur nach der Blütenfarbe, sondern auch nach ihren grünen Teilen auszusuchen.
Ein lebendiges Blumenbeet verdankt seine Wirkung einer guten Kombination unterschiedlicher Formen. Viele Zwiebelpflanzen (zum Beispiel Narzissen, Tulpen), Einjährige (zum Beispiel Stockrosen) und einige Stauden (zum Beispiel Fingerhut, Königskerze) wachsen nur mit einem Trieb. Sie bilden schöne Kontraste zu polsterförmigen oder kriechenden Arten. Besonders vielseitig sind horstartig wachsende Stauden (zum Beispiel Astern, Phlox, Rittersporn), weil sie in sehr unterschiedlichen Höhen angeboten werden und dem Vorder-, Mittel- und Hintergrund Charakter geben.
Die Form der Blätter wirkt vor allem im Detail: Weiche, große oder breite Blätter (Bergenien, Funkien, Frauenmantel und viele andere) bilden einen scharfen Kontrast zu filigran zerteilten oder geschlitzten Blättern (zum Beispiel Sorten von *Artemisia*, die meisten Farne, Studentenblume).
Alle Arten von Gräsern mit ihren schmalen, überhängenden Blättern (ähnlich auch die Taglilie) oder Stauden mit überhängenden Trieben (zum Beispiel Tränendes Herz) binden die Elemente eines Beetes zusammen, während die schwertförmigen Blätter von Iris-Arten und -sorten wie spitze Fremdkörper wirken.
Pflanzen mit interessanten Blattformen werden an halbschattigen bis schattigen Standorten sogar zu den Stars im Beet. Da hier nicht sehr viele attraktiv blühende Stauden gedeihen, übernehmen Farne und Schattengräser – mit Hilfe einiger Waldstauden – die Schmuckfunktion beinahe allein.

Farbe im Garten

Die bunten Farben eines blühenden Beetes sind für die meisten Gärtner der schönste Lohn für die Arbeit. Der Maler Claude Monet wusste genau, was er seinem Garten zu verdanken hatte. Er komponierte seine Bilder zunächst in der Natur und übertrug Formen- und Farbspiele anschließend auf die Leinwand. Es wäre sicher vermessen, wollte man sich bei der Gestaltung seines Gartens auf Monet berufen, aber der Vergleich mit einem Bild greift in jedem Garten: Arbeiten Sie bei der Auswahl der Blütenfarben wie bei einem Gemälde und mit Farbkontrasten und Harmonien, Spannung und Ruhe.

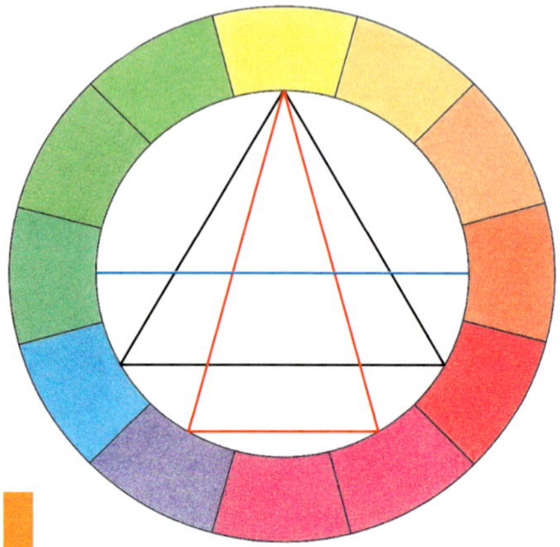

Mit dem Farbenkreis lassen sich alle möglichen Farbkombinationen ausprobieren.

Der Hintergrund

Grün ist die beherrschende Hintergrundfarbe jedes Gartens, da die Masse der Blätter (auch die Blätter des Rasens) die Menge der Blüten stets weit übertrifft. Die Blattfarben umfassen alle Töne und Nuancen vom zartesten Hellgrün bis zum satten Dunkelgrün. Wir empfinden Farben in der Kombination mit Grün grundsätzlich als angenehm, vermutlich weil dies die Natur widerspiegelt.
Natürlich bilden auch die Farben der festen Elemente (Wege, Mauern und Zäune, Pfosten, Gartenhäuser) einen Hintergrund für die Blütenfarben.
Zu grelle Farben – auch das leuchtende Weiß einer Mauer – können im Vergleich mit zarten Blütenfarben sehr dominant wirken oder sie sogar erdrücken. Daher sollte man überall dort, wo Blumen direkt an feste Strukturen grenzen, auf gedeckte oder natürliche Farben achten: Das Braun von Holz, Dunkelgrün, unauffällige Blautöne fügen sich beispielsweise gut in die pflanzliche Umgebung ein. Weiße Mauern lassen sich besser in ein Pflanzkonzept einbinden, wenn sie mit Kletterpflanzen oder durch Sträucher etwas kaschiert werden.
Selbstverständlich kann man die Gesetze der Farblehre (siehe unten) auch dann beherzigen, wenn eine feste Oberfläche direkt an ein Beet stößt: Setzen Sie die Farbe einer Wand kontrastreich oder Ton-in-Ton gegen die Farben des Beetes ab.

Ein kleiner Exkurs in die Gesetze der Optik

Das weiße Licht der Sonne setzt sich aus allen Farben (Wellenlängen) des Regenbogens (Farbspektrum) zusammen. Wir sehen nur die Farben, die ein Objekt reflektiert. Eine weiße Blüte reflektiert alle Farben, sie „verschluckt" (absorbiert) nichts. Weiß ist also keine Farbe im eigentlichen Sinne, sondern eine Summe aller Wellenlängen. Bei einer roten Blüte werden alle Farbanteile des Sonnenlichts bis auf die roten Wellenlängen absorbiert: Wir sehen das reflektierte Rot. Beim Schwarz werden alle Farben absorbiert und nichts reflektiert – echtes Schwarz kommt aber bei Blüten nicht vor.
In der Netzhaut unseres Auges sind drei Typen von Farbrezeptoren vertreten, für die Grundfarben Rot, Grün und Blau. Aus diesen drei Farben setzt unser Gehirn durch Kombination alle übrigen Farben zusammen. Die optischen Gesetze bzw. die Physiologie der Wahrnehmung wirken sich darauf aus, wie wir Farben empfinden: Die kräftigen Grundfarben (starke Reaktion unserer Netzhaut) erscheinen uns leuchtender als Mischfarben und wir nehmen Kontraste besser wahr als Übergänge. Außerdem kommen Grundfarben auch aus der Entfernung deutlicher zur Geltung.
Diese Kenntnisse sind hilfreich, wenn es um die „Sichtbarkeit" von Blütenfarben in der Nähe und in der Ferne geht. Sie bestimmen aber auch über die Gestaltung und Zusammensetzung von Farbkombinationen.

Der Farbkreis

Wenn man die Farben des Spektrums in einem Kreis darstellt, erhält man den sogenannten Farbkreis. Im Unterschied zu den physiologisch bedingten Grundfarben basiert der Farbkreis auf den drei „Primärfarben" Rot, Gelb und Blau. Auf einer Malerpalette lassen sich aus diesen Primärfarben alle Farben mischen. Der Farbenkreis benutzt diesen Effekt: Auf Rot folgen die blauroten Mischfarben bis zum Blau. Blau und Gelb werden zu blaugrünen bis grünen Töne gemischt; bis zum reinen Gelb. Auf das Gelb folgen dann die gelben und orange Mischfarben bis zum reinen Rot. Gelb, Orange und Rot werden auch als „warme", Grün und Blau als „kalte" Farben bezeichnet. Dieser Farbkreis (siehe Abbildung links) ist ein wunderbares und sehr wirkungsvolles Hilfsmittel, um attraktive Farbkombinationen, Harmonien und Kontraste zu finden.

Kontrastreiche Kombinationen

Kontraste erscheinen lebhaft und leuchtend, Sie machen ein Beet aufregend und spannend. Kontrastreich bedeutet keineswegs beliebig bunt: Bereits zwei Farben, die im Farbkreis gegenüber stehen (Komplementärfarben), reichen aus, um sich gegenseitig zu verstärken. Häufig verwendete Kombinationen sind Gelb bis Orange mit Blau oder ein leuchtendes Rot mit Sattgrün. Wirklich „bunt" sind Beete, in denen alle drei Primärfarben (Rot, Gelb, Blau) vertreten sind.

Die Kontrastwirkung hängt auch vom Anteil der jeweiligen Farbe ab. Ein blauer Klecks in einem leuchtend gelben Blütenmeer (Traubenhyazinthen inmitten von gelben Narzissen) unterstreicht den hellen, freundlichen Eindruck der gelben Fläche. Wird dagegen eine blaue Fläche mit gelber Insel (Glockenblumen und gelber Kalifornischer Mohn) verziert, scheint das ruhige Blau noch intensiver zu strahlen. Beide Farben mit demselben Flächenanteil wirken dagegen schnell langweilig und eintönig.

Sanfte Farbkombinationen

Durch die Verwendung von Pastellfarben, die allerdings nur in der Nähe des Betrachters optimal zur Geltung kommen, wird die Leuchtkraft der Farben abgemildert, sie wirken ruhiger, selbst wenn sie kontrastreich kombiniert werden (Rosa mit Zartblau). Weiß ist zwar keine Pastellfarbe, erfüllt aber in Verbindung mit hellen Tönen oder silbrig schimmernden Blättern denselben Zweck. Weiß oder Pastell dämpfen alle oben beschriebenen Kontraste, ohne jedoch deren Wirkung völlig aufzuheben.

Ganz ohne Kontrast kommen die Farbverläufe aus: Gelb bis Orange erscheinen warm und leuchtend (gut aus der Entfernung zu sehen), Violett bis Blau wirkt beruhigend und kontemplativ. Bei der Auswahl für ein bestimmtes Beet sollte man berücksichtigen, dass Blautöne ohne direkte Sonne etwas stumpf wirken, während Rot, Orange und Gelb sogar im leichten Schatten noch leuchten.

Rot, in Form der kuppligen Blütenstände, und grün sind Komplementärfarben. Alle übrigen Farbtöne treten in den Hintergrund.

Das Grau des Schiefers bildet einen farblich neutralen Hintergrund für das Grün der Pflanzen.

Gestalten mit Pflanzen

Es scheint so leicht zu sein: Man verteilt seine Lieblingspflanzen auf den vorgesehenen Beeten, bis alle Flächen gefüllt sind, und wartet einfach nur ab. Mit ein bisschen Pflege gedeihen Pflanzen von allein und man darf sich endlich zurücklehnen und den lange geplanten Garten genießen – leider ist das nur ein schöner Traum!

Die Gestaltung mit Pflanzen ist der letzte Schritt auf dem langen Weg zum Traumgarten. Wurden allerdings die bisherigen Schritte, von der ersten Grobgliederung bis zum Einbau fester Elemente, der äußeren und inneren Abgrenzungen sorgfältig geplant und ausgeführt, geben die Pflanzen dem Garten in der Tat nur den letzten aber entscheidenden Schliff.

Gehölze im Garten

In einem kleinen Reihenhausgarten ist höchstens Platz für einen kleinwüchsigen Hausbaum. Tatsächlich kann sogar ein Großstrauch die Aufgabe eines Hausbaums übernehmen. Kleinere Straucharten und -sorten lassen sich flexibler einsetzen: in Strauch- oder gemischten Beeten aus Blütensträuchern und Stauden. Da Gehölze ein langes Leben haben und einen Garten auch im Winter durch Wuchsform und Farbe prägen, müssen Art und Position des Gehölzes wohl überlegt sein.

Zwei kleine Bäume mit kugeliger Krone übernehmen hier die Funktion des „Hausbaumes".

Das wichtigste Kriterium für die Auswahl geeigneter Gehölze ist die an den Garten angepasste Endgröße. Es macht wenig Sinn, Bäume und Sträucher ausschließlich nach dem optischen Eindruck zu kaufen. Überprüfen Sie immer, wie groß und wie breit das ausgewachsene Gehölz sein wird. Es ist zwar möglich, den Wuchs durch Schnitt etwas einzudämmen, aber damit greift man stark in die natürliche Regulation ein und schafft sich unschöne Gehölzgestalten. An zweiter Stelle steht die Entscheidung für oder gegen immergrüne Nadelgehölze. So praktisch und hübsch Dauergrün auch ist, allzu viel davon lässt einen Garten streng und düster erscheinen. Als Faustregel sollte man seinem Garten höchstens einen Gehölzanteil von einem Drittel Immergrünen zumuten. Erst dann folgen Kriterien wie Wuchsform, Blattform und -farbe, Blütenfarbe und -zeit.

■ Der Hausbaum

Ein Gang durch die Reihen einer Baumschule belegt es überdeutlich: Das Angebot an Bäumen für den kleinen Garten wächst. Zu den Klassikern gehören die zahlreichen Sorten des Japanischen Fächerahorns *(Acer palmatum)*. Die Bäume wachsen langsam, bilden ohne Schnitt eine attraktive Krone aus und überzeugen durch

Auch Rosen gehören zu den Gehölzen – hier in einer farblich ausgewogenen Kombination.

wunderschöne Blattfarben und -formen. Lassen Sie sich gut beraten und entscheiden Sie sich nicht gleich in der ersten Baumschule oder einem Gartencenter, sondern verschaffen Sie sich zunächst einen Überblick über das Angebot. Ein Fächerahorn fügt sich in jeden Garten ein und bleibt ganzjährig als Blickpunkt attraktiv (die grünblättrigen Formen überzeugen durch farbiges Herbstlaub). Platzieren Sie einen Fächerahorn gut sichtbar als Endpunkt einer Blickachse (symmetrisch) oder seitlich versetzt (asymmetrisch) im hinteren Drittel des Gartens. Zwergsorten mit delikat zerschlitzten Blättern passen auch direkt neben einen Sitzplatz (beim Pflanzen den ausladenden Wuchs des erwachsenen Gehölzes berücksichtigen).

Bäume, die nur zu bestimmten Zeiten des Jahres den Höhepunkt ihrer Schönheit erreichen (beispielsweise alle Arten von Zierkirschen) werden so platziert, dass sie sich zur Zeit ihrer größten Schauwirkung optimal präsentieren. Ein Frühblüher muss vom Fenster aus sichtbar sein, während er im Sommer von der Terrasse oder einem anderen Sitzplatz aus ruhig in den Hintergrund treten darf.

Ist der Garten groß genug für mehrere Bäume, werden sie nach Größe und Form zueinander passend ausgewählt. Ein Baum zusammen mit mittelhohen und niedrigen Sträuchern, der sich wie eine (Halb)Insel in den Garten schiebt, gibt dem Raum mehr Tiefe. In der Blickrichtung in der Höhe gestaffelte Bäume erscheinen wie die Kulissen in einem Theater. Steigt die Höhe von vorn nach hinten an, wird der Raum gestaucht, nimmt sie ab, erscheint der Garten größer. Achten Sie bei dieser Form der Bepflanzung darauf, dass nicht zu viele nackte Baumstämme sichtbar sind. Greifen Sie auf Arten mit tief reichenden oder hängenden Ästen bzw. auf Unterwuchs zurück.

Kleine Obstbäume passen wunderbar in die Ecken von Bauern- oder Nutzgärten; zusammen mit Beerensträuchern bilden sie innere Grenzen. Entscheiden Sie sich aber nur dann für einen Obstbaum, wenn Sie die Früchte wirklich mögen. Reife, nicht geerntete Früchte fallen auf den Boden, faulen und machen dann viel Arbeit.

Königskerzen fallen sowohl durch Wuchsform als auch durch Höhe, Blüten und die silbernen Blätter auf.

■ Sträucher

Wie Bäume können auch **Sträucher als Solitäre** eingesetzt werden, die zu einer bestimmten Zeit des Jahres einen Gartenbereich prägen. Auch hier gibt es einen Klassiker – die vielen Formen der Magnolie. Eine ausgewachsene Magnolie in voller Blütenpracht ist ein spektakuläres Ereignis, verwandelt sich nach der Blüte aber in einen „normalen", lockeren Strauch. Die Schauwirkung übernehmen dann andere Sträucher oder später blühende Stauden.

Preiswerter und ähnlich wirkungsvoll im Frühling ist eine kleine Gruppe von Forsythien (die nach der Blüte ebenfalls ziemlich langweilig aussehen). Sie kommen bestens innerhalb einer blühenden Hecke zur Geltung.

Leider gibt es nicht so etwas wie eine Faustregel – welcher Solitär für welchen Garten? –, dazu sind die Kombinationsmöglichkeiten zu groß. Stellen Sie sich vor dem Kauf eines Solitärs aber folgende Fragen:

- ▶ Welcher Strauch erfüllt die Standortansprüche meines Gartens?
- ▶ Zu welcher Jahreszeit und an welcher Position des Gartens soll er als Blickpunkt dienen?
- ▶ Wie fügt er sich außerhalb seiner „besten Zeit" in den Garten ein?

Berücksichtigen Sie nicht nur die Blüten, sondern auch Früchte, Blattfarbe und Farbe des Herbstlaubes, Form und Farbe der Zweige sowie die allgemeine Wuchsform.

Die größte Kreativität kann ein Gärtner bei der **Gestaltung von Strauchgruppen** entfalten. Natürlich müssen die Sträucher einer Gruppe dieselben Standortansprüche haben (beispielsweise lieben Rhododendren und Azaleen sauren Boden und gedeihen nicht zusammen mit Sträuchern für neutralen oder Kalkboden), aber ansonsten kommt es nur auf die Kombination von interessanten Formen und Farben an.

Versuchen Sie, die Gruppe um einen markanten Strauch zu planen. Das kann eine früh oder im Sommer blühende Art sein, ein Strauch mit besonders attraktiven Früchten oder Herbstlaub oder mit einem interessanten Gerüst aus nackten Zweigen im Winter. Natürlich können Sie auch ein immergrünes Nadel- oder Laubgehölz als Kern der Strauchgruppe vorsehen. Als Partner bieten sich Sträucher an, die zu einer anderen Zeit blühen oder fruchten. Versuchen Sie Kombinationen zu finden, die bereits durch ihre Wuchsformen Spannung erzeugen: breit und buschig wachsende Arten zusammen mit Säulen oder kompakten, kugeligen Formen; Sträucher mit überhängenden Zweigen in Kombination mit straff aufrechten oder kriechenden Arten – lassen Sie Ihre Fantasie spielen.

Setzen Sie zur Vorplanung ruhig wieder die Pappkameraden ein (diesmal reicht auch ein maßstabgerechtes Planspiel) und schätzen Sie die Wirkung der Formen ab.

Eine perfekte Strauchgruppe beginnt früh im Jahr zu blühen, dann folgen die Sommerblüher, vielleicht auch Früchte, bis das Herbstlaub die Vegetationsperiode abschließt. Im Winter sorgen Immergrüne oder Sträucher mit interessantem Geäst für Blickpunkte.

Pflanzen Sie die ausgewählten Arten in ausreichendem Abstand voneinander ein, damit sie sich individuell entfalten können. Zwiebelpflanzen, Einjährige und Stauden schließen die Lücken während der ersten Jahre.

■ Ein Ausflug in die Höhe – Klettergehölze

Auf die wichtige Rolle der Klettergehölze wurde schon mehrfach verwiesen; sie sollten in der Tat in keinem Garten fehlen. Klettergehölze begrünen Wände, umranken Säulen und Tore oder schützen einen Sitzplatz vor neugierigen Blicken.

Kletterpflanzen eignen sich auch sehr gut als Hintergrund für eine Strauchgruppe, beispielsweise Kletterrosen oder Waldreben. Über eine Säule gezogene, blühende Klettergehölze können sogar die Funktion des zentralen Strauches in einer Gruppe übernehmen.

Beetgestaltung

Über die Gestaltung von Beeten wurde im Laufe der Gartengeschichte so viele Bücher geschrieben, dass man damit Bibliotheken füllen kann. Davon sollten Sie sich aber nicht entmutigen lassen – es gibt nicht **das** „richtige" Beet –, sondern Ihre ganz persönliche Lösung finden!
Statt von der theoretischen Verteilung idealer Pflanzen auszugehen, beginnen Sie mit Ihren Lieblingspflanzen (sie sollten natürlich standortgerecht sein) und planen Sie das Beet gewissermaßen um die Lieblinge herum. Wenn Sie dann noch bei der Auswahl von passenden Begleitpflanzen die oben ausgeführten Regeln zur Farb- und Formenlehre beachten, kann eigentlich nichts mehr schief gehen.

■ Die Höhenstaffelung im Beet

Es leuchtet unmittelbar ein, dass höhere Stauden eher hinten, kleinere eher vorn im Beet platziert werden. Diese Form der Staffelung, bei der die Höhe der Pflanzen von vorn nach hinten zunimmt, wird als **pultförmiges Beet** bezeichnet. Sie bietet sich immer dann an, wenn das Beet an eine Mauer oder einen Zaun grenzt oder nur von einer Seite aus betrachtet werden kann. Da sich die Blüten auf einer schrägen Fläche präsentieren, wird die Beetfläche optisch vergrößert.
Entsprechend gestaltet man Beete, die von mehreren oder allen Seiten betrachtet werden können, mit einem hohen Zentrum. Die kleineren Pflanzen werden nach der Höhe **kegelförmig** um das Zentrum angeordnet.
Das Zentrum kann übrigens auch von einem attraktiven Strauch, etwa einer Rose, eingenommen werden.
Bei einer dritten Form der Höhenstaffelung werden in etwa gleich hohe Pflanzen so angeordnet, dass sie eine **wellenförmige** Oberfläche bilden.
Die Spannung gewinnen solche Beete durch dazwischen gepflanzte Gräser, höhere Stauden oder einen Wechsel der Blüten- und Laubfarben. Solche wellenförmigen Beete mit Polsterpflanzen sind charakteristisch für Stein- oder Heidegärten, sehen aber auch in einem kleinen, unregelmäßig geformten Pflanzbereich neben einem Sitzplatz oder entlang eines Weges attraktiv aus.
Machen Sie die Höhenstaffelung von Ihren Lieblingspflanzen abhängig. Ob die höchsten Stauden 2 m oder nur 60 cm hoch sind, richtet sich dann nach Ihrer Vorauswahl. Bedenken Sie jedoch, dass die Wahrnehmung mit zunehmender Entfernung des Betrachters abnimmt. Es macht gestalterisch nur wenig Sinn, delikate Pflanzen mit 10 cm Höhenunterschied in 8 m Entfernung von der Terrasse miteinander zu kombinieren.
Pflanzen Sie Arten und Sorten nie einzeln, sondern stets in kleinen, ungeraden Gruppen, dann kommen sie zur Blütezeit besser zur Geltung. Kompakte Gruppen wirken wie Farbkleckse, Streifen oder Schwünge scheinen sich wie farbige Flüsse durch das Beet zu ziehen. Da eine sehr strenge Höhenstaffelung schnell langweilig wirkt, sollte die Geometrie allerdings geschickt gebrochen werden. Pflanzen Sie kleine Gruppen aus etwas höheren Stauden wie Inseln in eine niedrigere Stufe. Auch schmale, hohe Stauden (Fingerhut, Rittersporn) brechen den regelmäßigen Anstieg des Pults/Kegels, ohne den Blick auf die anderen Pflanzen zu versperren. Pflanzen Sie die Bänder mit wellenförmigen Kanten oder lassen Sie ein höheres Band zungenartig zwischen die niedrigeren Stauden einschwenken (bzw. ein niedriges Band zwischen höhere Stauden). Es kommt darauf an, eine spannende

Die Kombination einer Höhenstaffelung mit dem Farbkontrast ergibt eine tolle Beetgestaltung.

KLIMA-TIPP

Stellen Sie ihre Staudenrabatten neu zusammen. Alle Pflanzen mit mediterranem Charakter, beispielsweise Fetthenne, Lavendel, Salbei, Rosmarin, Taglilien, Ysop oder Yucca, kommen auch mit weniger Wasser aus.

Mischung zwischen Regelmäßigkeit und Auflockerung zu finden.
Es schadet nichts, wenn Sie im Rahmen der ersten Pflanzaktion das Beet nicht perfekt hinbekommen. Wenn Sie Zug um Zug vorgehen, wächst das Beet zusammen mit Ihrer Erfahrung und wird von Jahr zu Jahr schöner. Bei der bandförmigen Bepflanzung ist es in den ersten Jahren lohnend, Einjährige einzusäen (Samen sind relativ preiswert). Probieren Sie aus, bis sie die beste Farbe und Höhe gefunden haben und suchen Sie dann nach entsprechenden Stauden – selbstverständlich können Sie es auch bei den Einjährigen belassen.

■ Ein Beet für alle Jahreszeiten

Mit der Staffelung nach der Höhe wird zwar der formale Rahmen vorgegeben, was man jedoch eigentlich anstrebt, ist der Blick auf dauerhaft blühende Beete. Vor allem bei den wellenförmigen Beeten in der Nähe von Sitzplätzen ist eine möglichst lange Blühperiode erwünscht.
Durch die Auswahl Ihrer Lieblingspflanzen haben Sie bereits eine oder sogar mehrere Blühperioden abgedeckt. Nun gilt es, Arten zu finden, die vorher und nachher blühen. In pult- und kegelförmigen Beeten werden die Pflanzen so verteilt, dass zu einem bestimmten Zeitpunkt in allen Höhenstufen Blüten zu sehen sind. Die Gruppierung stellt sicher, dass die Blütenfarben auffallen. Versuchen Sie im Lauf der Jahre, „unpassende" Arten auszutauschen, um diesem Idealbild so nahe wie möglich zu kommen.
Auch im wellenförmigen Beet plant man praktischerweise um seine Lieblingspflanzen herum. Hierbei ist das Konzept der Leit- und Begleitstauden hilfreich: Leitstauden sollten sich durch ihr Erscheinungsbild von den anderen Pflanzen abheben. Sie sind gewissermaßen die Stars, denen sich die Begleitstauden unterordnen. Die gleichzeitig blühenden Begleitpflanzen werden in der Blütenfarbe auf die Leitstaude abgestimmt (kontrastreich, Farbverlauf). In die Zwischenräume pflanzt man Arten, die früher oder später blühen. Achten Sie wie bei den pultförmigen Beeten darauf, keine Einzelexemplare, sondern kleine Gruppen zu pflanzen. Lassen Sie etwas Raum für Zwiebel- und Knollenpflanzen. Mit ihrer besonders frühen Blütezeit leiten sie den Blütenreigen ein. Das größte Problem solcher jahreszeitlich gestaffelten Beete ist das Aussehen der Stauden vor und nach der Blüte. Die Frühblüher machen es dem Gärtner einfach: Sie ziehen sich zurück und die austreibenden Stauden füllen die Lücken mit ihren Blättern. Ansonsten kann man sich damit behelfen, früh blühende Arten etwas in den Hintergrund zu rücken; die Blüten der anderen lenken dann von der verblühten Staude ab. Auch Gräser oder Stauden, die ohne Blüten hübsch aussehen (zum Beispiel Taglilien, silberblättrige Sorten, Polster) erhalten die Attraktivität eines Staudenbeetes außerhalb der Blütezeit.

Rasen und Wiesen

Ein glatt gemähter Zierrasen ist eigentlich nur eine grüne Fläche. In ein Element der Gestaltung verwandelt er sich erst durch die Umrissform und im Wechselspiel mit seiner Umgebung. Eine Wiese ist dagegen eine Art Beet mit Gräsern und Wildblumen als prägenden Pflanzen. Während ein Rasenstück in beinahe jedem Garten zu finden ist, werden die wilderen Wiesen nur selten realisiert.

■ Der Zierrasen

Ein Zierrasen ist relativ pflegeaufwändig: Er muss gedüngt, gewässert, gemäht, der Boden gelockert und die verfilzten Graswurzeln vertikutiert werden. Damit sich dieser Aufwand lohnt, sollte man Form und Einbindung der Rasenfläche sehr ernst nehmen.
Die gestalterisch schlechteste – wenn auch vom Arbeitsaufwand günstigste – aller Lösungen ist ein rechteckiges Rasenstück mitten im Garten.
Wird die Fläche quer zur Längsachse geteilt, entsteht mehr Spannung. Eine Strauchgruppe oder ein Staudenbeet,

Dank der geschwungenen Rasenkanten bilden Beet und Rasen eine Einheit.

Welche Arten sich in einer „wilden“ Wiese ansiedeln, ist auch vom Zufall abhängig.

das vom Rand in die Mitte vorspringt, reicht bereits aus. Möglich wäre auch ein Höhenwechsel mit einer Treppenstufe vom „unteren“ zum „oberen“ Rasen. Trennt man den Rasen durch ein Querbeet ab, sorgen ein oder zwei Tore (Bögen oder rechteckig) mit blühenden Kletterpflanzen für die Verbindung der beiden Gärten. Der Querriegel muss sich nicht unbedingt mit geraden Kanten quer über den Rasen ziehen. Warum nicht die vordere Rasenfläche in einem Halbkreis enden lassen, in dessen Scheitelpunkt eine kleine, von Kletterrosen oder Waldreben überwucherte Pergola als Durchgang den Blick in den hinteren Garten und in die Höhe lenkt?
Jede Veränderung der Grenzlinien ändert auch das Erscheinungsbild des Rasens. Eine parallel und eine schräg zur Grundstücksgrenze verlaufende Seitenkante geben dem Rasen durch die Seitenbepflanzung mehr Tiefe. Rasenflächen mit geschwungenen Rändern sehen natürlich aus und wirken, da die Randbepflanzung ein- und wieder ausschwingt, auch sehr abwechslungsreich. Leider erkauft man sich diese Beschwingtheit der Form mit Mehrarbeit beim Beschneiden der Kanten. Den Verlauf der Kanten kann man auf dem Zeichenbrett oder im Computer konstruieren, im Garten kommen wieder Gartenschlauch oder Seil zum Einsatz. Wenige aber weite Bögen (großer Kreisradius) sind wirkungsvoller als enge Bögen (kleiner Kreisradius). Vermeiden Sie symmetrische Formen, die von oben an einen Schneemann erinnern. Die Grenzen wirken beschwingter, wenn sie rechts und links der Blickrichtung gegeneinander versetzt werden. Übrigens können in sehr kleinen Gärten ein Vollkreis oder zwei einander überlappende Kreise ungewöhnlich attraktiv aussehen (oder ein Rasenkreis, in den ein gepflasterter Kreis als Sitzplatz hineinragt). In seiner extremen Form verwandelt sich der Rasen mit geschwungenem Rand in einen Rasenweg.

Die wilde Wiese

Für eine echte Wiese mit Wildblumen ist in den meisten Gärten zu wenig Platz. Wem jedoch genügend Raum zur Verfügung steht, könnte eine solche „wilde“ Wiese durch Sträucher vom formaleren Teil des Gartens abtrennen und einen Weg zu einem Sitzplatz hindurchmähen. Einige frei in der Wiese stehende Obstbäume gäben diesem Gartenraum das Flair einer alten Streuobstwiese. Dennoch muss man auch in den üblichen Gärten nicht unbedingt auf ein bisschen Wiesenatmosphäre verzichten. Die einfachste Lösung ist die Umgestaltung des Rasenrandes. Dazu müssen Sie mindestens 4 bis 5 m^2 Rasen opfern (je mehr desto besser). Entfernen Sie zunächst die dichten, verfilzten Rasenpflanzen. Durch die Düngung enthält der Boden unter einem Zierrasen viele Nährstoffe, daher wird der Boden durch Beimischung von reichlich Sand verarmt. Die schönsten Wildblumenwiesen in der Natur wachsen auf sehr mageren Böden. Das Ergebnis im Garten wird nie einer solchen Wiese gleichen, aber darauf kommt es nicht an.
Säen Sie dann eine Wildblumenmischung aus. Damit die Wildblumen einen besseren Start haben, wird eine Rasenkante eingegraben. Sie verhindert, dass das Wurzelwerk der Rasengräser auf den wilden Bereich übergreift. Unterstützen Sie den Charakter der Wiese durch Zwiebelpflanzen (Traubenhyazinthen, Krokusse, Herbstzeitlose, einfache Narzissen und Wildtulpen) und Stauden (beispielsweise Wiesenmargeriten, Wiesenflockenblumen oder Glockenblumen). Besonders hübsch wirken diese Rasenrand-Wiesen, wenn sie in ein Strauchbeet oder eine Hecke übergehen. Während die einjährigen Wildblumen jedes Jahr neu gesät werden müssen, dürfen Stauden und Zwiebelpflanzen verwildern.
Auch wenn es merkwürdig klingt: Die wilde Wiese wird nur dann zum Erfolg, wenn sehr hartnäckiges Unkraut entfernt wird. Gegen die üblichen Gartenunkräuter haben Wiesenkräuter nämlich kaum eine Chance.

Wasser im Garten

Während Pflanzen vor allem den Seh- und Geruchssinn ansprechen, regt plätscherndes Wasser zusätzlich den Hörsinn an. Ruhiges oder bewegtes Wasser ist eine Bereicherung für jeden Garten – mit einer Ausnahme! So lange kleine Kinder im Garten spielen, sollte man auf größere Wasseranlagen verzichten. Kinder können schon in einem sehr flachen Gewässer ertrinken und niemand kann garantieren, in jeder Sekunde aufzupassen. Wer dennoch nicht auf Wasser verzichten möchte, sollte für die Übergangszeit auf einen Sprudelstein zurückgreifen.

Der Gartenteich

Der Zauber eines Gartenteiches besteht darin, dass er ein faszinierendes Eigenleben entwickelt: Kleine Insekten stellen sich ein, Libellen jagen über dem Wasser, Frösche oder Molche finden jeden neuen Tümpel und die einmal eingesetzten Wasser- und Sumpfpflanzen erobern im Laufe der Zeit jeden Winkel. In dieser Üppigkeit steckt aber auch ein Problem. Wer nicht bereit ist, Arbeitszeit in den Teich zu investieren, lernt rasch die Kehrseite kennen: Der Teich verschlammt, Algen siedeln sich an, die Uferpflanzen scheinen sich mit tausend Armen überall festzukrallen – aus dem hübschen Teich ist eine Horrorlandschaft geworden. Daher lautet der wichtigste Tipp für die Gestaltung jeder Wasserlandschaft: Wer seinen Teich genießen möchte, muss bereit seit, jede Woche etwas dafür zu tun.

Teichlandschaften dieser Größe brauchen selbstverständlichen Platz – für kleine Gärten gibt es andere Lösungen.

Natur oder Kunst?

Das Teichbild in unseren Köpfen sieht fast immer wie ein Gewässer aus, auf dem die Seerosen schwimmen und Flachwasser und Ufer im Wechsel der Jahreszeiten erblühen. Solche naturnahen Teiche brauchen eine angemessene Größe (mindestens 15 bis 20 m^2) und Tiefe (80 bis 100 cm), sowie eine geschwungene Uferzone, die sich bis in die Bepflanzung des Restgartens fortsetzt. Ideal für diesen Zweck sind Folienteiche, die sich völlig frei gestalten lassen. Auch feste Teichelemente lassen sich zu Teichlandschaften zusammenstecken. Ihr Vorteil sind die bereits eingebauten Tiefenstufen; ihr Nachteil eine gewisse Starre, die aber durch die Bepflanzung gebrochen werden kann.

In kleinen Gärten und für Gärtner mit dem Hang zu Wellness-Bereichen (um „faule" Gärtner zu vermeiden) bietet sich als Alternative ein deutlich kleinerer, flacher Teich mit geraden Kanten an. Bei solchen Teichen wird die Künstlichkeit zum Prinzip erhoben, im Grunde sind es ungewöhnliche Pflanzkübel, in denen Wasserpflanzen wachsen. Formale Teiche machen merklich weniger Arbeit und lassen sich auch flexibler positionieren. Im Folgenden werden die beiden Formen gesondert behandelt.

■ Der naturnahe Teich

Um den Eindruck einer natürlichen Teichlandschaft zu erzeugen, muss der Teich an der tiefsten Stelle des Gartens liegen. In ebenen Gärten behilft man sich mit einem Trick: Formen Sie aus einem Teil des Aushubs einen möglichst natürlich aussehenden Hügel direkt am Teichrand oder hinter der Sumpfzone. Vom Hügel kann sich ein plätschernder Mini-Wasserfall oder ein Bach in den Teich ergießen. Dahinter lassen sich technische Einrichtungen verbergen, wie beispielsweise Zuleitungen oder Stromversorgung.

Ein gut zugängliches Ufer bleibt ohne Bepflanzung. Dort schließt der Teich an eine Steinkante im Rasen, ein Holzdeck oder eine gepflasterte Fläche an. Von hier werden Pflanzen ausgetauscht, Algen und Blätter entfernt und hier sitzt man, um den Teich zu betrachten. Vom Betrachterufer fällt die Wassertiefe steil ab. Die übrigen Ufer fallen in Tiefenstufen ab und werden bepflanzt. Wenn Sie keinen Sitzplatz direkt am Teich anlegen möchten, sollte der Teich von einem der anderen Sitzplätze aus gut sichtbar sein. In kleinen Gärten sehen Teiche in einer Ecke hübsch aus; die Randbepflanzung geht in die Hecke über. Naturteiche direkt vor einer nackten Mauer oder einem Zaun wirken dagegen deplatziert. Damit die Pflanzen gut gedeihen, braucht der Teich einige Stunden Sonne, im Idealfall morgens oder am Nachmittag, während er mittags möglichst im Schatten liegt. Dann heizt sich das Wasser im Sommer nicht zu stark auf.

Lassen Sie die Umrissform eines Folienteiches großzügig vor und zurückschwingen – zu kleine Buchten wachsen zu. Gehen Sie von einem Kreis oder

Schwertlilien eignen sich gut für die Teichrandbepflanzung, je nach Art. feucht bis trocken.

einem Oval als Grundform aus und dellen Sie ihn an einer Seite ein. Sie können auch von einem L oder einem C ausgehen und die Kanten vorsichtig verändern. Nach dem Papier folgen wieder Gartenschlauch oder Seil, um die Form an Ort und Stelle auszulegen. Hersteller von festen Teichsystemen stellen oft maßstabgerechte Grundrisse aus Pappe zur Verfügung, die man nach Belieben zusammenlegen kann.

Ein Naturteich braucht zwei oder drei Tiefenstufen (gemessen von der Oberkante des Substrates bis zur Wasseroberfläche: 80–100 cm; 10–40 cm; 0–10 cm), wobei die letzte Stufe in die Sumpfzone übergeht. Lassen Sie sich bei der Auswahl der Pflanzen in einem Fachgeschäft beraten, denn Teichpflanzen gedeihen nur am optimalen Standort (manche Seerosen sind nicht winterhart oder heikel). Im freien Wasser wachsen untergetauchte, Sauerstoff erzeugende Pflanzen (Hornkraut, Tausendblatt) und die beliebten Schwimmblattpflanzen. Ihre Blätter sollten etwa ein Drittel der Oberfläche bedecken, die übrige Wasserfläche dient als Spiegel für Himmel und Wolken. Setzen Sie die Pflanzen für die Stufen in offene Körbe; das erleichtert spätere Pflege. Konzentrieren Sie die Bepflanzung vor allem auf diese Bereiche – hier wachsen die schönsten Pflanzen. Beschränken Sie sich auf wenige, ausgesuchte Arten und vermeiden Sie regelmäßige Grenzlinien. Naturteiche werden mit Hilfe der Bepflanzung gut in den Garten integriert. Sträucher eignen sich gut für den Übergang von der Wasser- in die Gartenlandschaft. Auch Bambus eignet sich bestens als Hintergrund für Teiche.

■ Formale Teiche

Formale Teiche werden in den Grundformen Kreis, Quadrat und Rechteck angelegt – am Terrassenrand auch zwei Rechtecke zum L. Sie lassen sich stärker in die Gliederung des Gartens einbinden als ein Naturteich: Ein schmales, langes Teichrechteck könnte statt eines Weges zur Blickachse werden, die mit einem Pavillon oder einem Brunnen endet. Runde oder quadratische Teiche in der Mitte eines runden/quadratischen Sitzplatzes; Rechteckteiche mit gemauerten Rändern, auf denen

KLIMA-TIPP

Durch die warmen Winter nimmt die Zahl der Schädlinge zu, weil der Frost als Ausgleich ausfällt. Besonders augenfällig ist diese Folge der Klimaänderung bei den Schnecken und Blattläusen. Noch ist nicht abzusehen, welche neuen Pflanzenschädlinge aus wärmeren Breiten den Weg bis nach Mitteleuropa finden. Hier bleibt nur: wachsam sein und rechtzeitig reagieren. Ein vorausschauender Gartenbesitzer sollte auf entsprechende Berichte in Gartenzeitschriften und Medien achten.

Die dichte Bepflanzung verwischt völlig die Grenze zwischen Land und Wasser.

man sitzen oder Kübel platzieren kann; paarweise Teiche zur Betonung der Symmetrie; Trittsteine, die mitten durch ein Teichbecken führen oder ein gepflegter Teich mit Koi-Karpfen direkt neben der Terrasse – formale Teiche sind keineswegs verstaubte Relikte aus der Gartengeschichte. Formale Teiche mit ansprechend gestaltetem Rand (Natursteine, Ziegel, Holzbohlen) kommen auch ganz ohne Pflanzen aus. Die Wasseroberfläche fungiert dann als Spiegel für Himmel und Wolken. Wenn Sie nicht auf eine Bepflanzung verzichten möchten, sollten Sie eine oder wenige Arten einsetzen, die zur Strenge eines formalen Beckens passen: zum Beispiel Seerosen, Zwergrohrkolben, Schwertlilie, Krebsschere oder Hechtkraut.

Bewegtes Wasser

■ Sprudelsteine und Brunnen

Die einfachste Form bewegten Wassers sind Bausätze für **Sprudelsteine**. Sie bieten auf kleinstem Raum den Klang und Anblick von Wasser, sind kindersicher und pflegeleicht. Die Wasserleitung führt entweder durch einen Stein hindurch (das Wasser fließt breit über die Oberfläche ab) oder quillt sprudelnd zwischen Feldsteinen hervor. Es handelt sich um geschlossene Kreisläufe: das Wasser fließt in ein Reservoir und wird hochgepumpt.

Mit stärkeren Pumpen werden echte **Springbrunnen** mit frei steigendem Wasserstrahl angetrieben. Springbrunnen sind wirkungsvolle Blickpunkte, daher sollten Stil des Brunnens, Höhe und Art des Strahls an den Stil des Gartens angepasst sein. So verleiht ein Springbrunnen innerhalb der grünen Apsis einer Hecke einem Gartenbereich das Flair eines barocken Fürstengartens.

Eine Sonderstellung nehmen **Wandbrunnen** ein. Auch dabei handelt es sich um geschlossene Systeme. Sie können zwar nachträglich installiert werden, sehen aber besonders schön aus, wenn sie speziell für eine Mauer geplant wurden. Wandbrunnen bereichern Sitzplätze und bilden wirkungsvolle Blickpunkte am Ende einer Sichtachse.

■ Bäche und Wasserfälle

Fließendes Wasser kann eine Teichlandschaft bereichern: Ein Wasserlauf oder eine kleine Kaskade ergießt ihr Wasser in den Teich, eine Tauchpumpe pumpt das Wasser durch eine unterirdische Leitung zurück zur Quelle. Zu starke Bewegung der Wasseroberfläche wirkt sich allerdings negativ auf Schwimmblattpflanzen aus.

Ein Bachlauf kann in Verbindung mit einem Wasserreservoir einen Teich sogar vollständig ersetzen. Bäche mit geringem Gefälle (ca. 10 cm auf 1 m) ziehen sich wie Wiesenbäche in Mäandern durch den Garten. Wenige, große Bögen sind wirkungsvoller als zahl-

KLIMA-TIPP

Die Aussicht auf höhere Temperaturen im Herbst erhöht die Chancen auf Nachblüte bei den Stauden. Lassen Sie die Stauden stehen (nur Blüten-/Fruchtstände abschneiden) statt die Stängel als Winterschutz zu früh in Bodennähe abzuschneiden.

reiche kleine Windungen. Bauen Sie Weitungen in den Wasserlauf ein. Hier wachsen Pflanzen wie in der Natur in größeren Gruppen. Da das Wasser in den breiteren Randbereichen kaum strömt, eignen sich fast alle Teichpflanzen für das Flachwasser und die Sumpfzone. Steine als Barrieren zwingen den Wasserlauf zu Umwegen und Wirbeln, die einen Bach lebendiger erscheinen lassen.

Legen Sie großen Wert auf die Quelle: Das Wasser kann zwischen Steinen aber auch verborgen hinter dichten Pflanzen entspringen (dann ist nur der Quellbach sichtbar). Der Betrachter sollte auf jeden Fall den Eindruck einer natürlichen Quelle haben.

In Hanggärten wird das steilere Gefälle durch Wasserfälle überwunden. Bauen Sie Kaskaden und weitgehend hangparallele Flachstrecken ein. Besonders natürlich erscheinen solche Bäche, wenn sie teilweise hinter Sträuchern verborgen bleiben, um an anderer Stelle wieder hervorzubrechen. Die Konstruktion eines wirkungsvollen „Gebirgsbaches" ist schwieriger als bei Flachstrecken, da feste Bachelemente oft künstlich wirken. Gießen Sie die Kaskaden als Betonschwellen und drücken Sie passende Natursteine in den weichen Beton ein. Wie beim flachen Bach sollte sich die Fließstrecke weiten und wieder verengen und der Bachlauf durch eingebaute Hindernisse unregelmäßig fließen. Lassen Sie sich vor dem Bau unbedingt in einem Fachgeschäft beraten, da alles vom Zusammenspiel von Reservoirvolumen, Pumpendurchlauf, dem fließenden Wasservolumen sowie der Steighöhe zwischen Pumpe und Quelle abhängt. Am besten fragen Sie beim Kauf der Pumpe nach; dort wird man Sie nach den entsprechenden Kennziffern fragen und Sie mit den nötigen Informationen versehen.

Schwimmteich

Auch beim Schwimmteich ist die Beratung durch eine renommierte Fachfirma unbedingt erforderlich. Einige Firmen haben sich sogar auf Schwimmteiche spezialisiert und bieten integrierte Systeme für den Eigenbau an. Versierte Heimwerker mit dem entsprechenden Handwerkszeug – und einem Feeling für Bagger und Rohrleitungen – bekommen den Schwimmteich vielleicht tatsächlich alleine hin, alle übrigen Gartenbesitzer sollten sich den Teich von einer Spezialfirma einrichten lassen. Hauptprobleme sind das ausgewogene Verhältnis von Schwimmwasser und Reinigungspflanzen, die Frage der Filtersysteme sowie die Abdichtung. Jeder Gartenbesitzer sollte sich fragen, was er möchte. Überwiegt der Wunsch nach sportlicher Betätigung, wäre ein echter Pool sicher besser geeignet; wer andererseits so gut wie nie ins Wasser geht, entscheidet sich besser für einen Naturteich und bekämpft Hitzeattacken mit einem Gartenschlauch.

Im Unterschied zu einem Swimmingpool übernehmen im Schwimmteich Wasserpflanzen die Wasserreinigung. Entsprechend muss die Fläche eines Schwimmteiches mindestens doppelt so groß sein wie das eigentliche Schwimmbecken. Der tiefe Schwimmbereich wird durch durchlässige Mauern oder sogenannte Faschinen vom Filterbereich abgetrennt. Im flachen Wasser des Filterbereiches wachsen auf nährstoffarmem Kies und Sand beispielsweise *Carex*-, *Phalaris*- oder *Scirpus*-Arten, die dem Wasser Schadstoffe entziehen.

Inzwischen werden auch kombinierte Systeme angeboten, bei denen Teile des Wassers durch eine biologische Filteranlage gereinigt werden. Schwimmteiche wirken natürlicher als ein Swimmingpool. Da die Grenze zwischen Schwimm- und Filterbereich unter Wasser verläuft, wirken Schwimmteiche wie Naturteiche; ein Eindruck, der durch die Schwebeteilchen im Wasser noch verstärkt wird. Der Schwimmteich wird durch die Randbepflanzung in den Garten eingebunden.

Im Unterschied zum klassischen Swimmingpool erfolgt die Reinigung des Wassers durch Pflanzen – Dank der Randbepflanzung.

Spezialgärten

Nicht immer ist man bei der Gestaltung seines Gartens völlig frei. Sachzwänge für eine bestimmte Gartenform ergeben sich sowohl aufgrund natürlicher Ursachen (Neigung des Geländes, Bodenverhältnisse) als auch familiärer Umstände (Kinder, Haustiere). Hinzu kommen Gartenbereiche, die aus anderen Gründen eine spezielle Form der Gestaltung erforderlich machen (Innenhofgärten, Vorgärten, Dachbegrünung).

Die Natur bestimmt den Garten

Sonnenscheindauer und Bodenverhältnisse bestimmen auch im normalen Garten darüber, welche Arten für die Bepflanzung in Frage kommen. Jeder gute Garten wird nur mit und nicht gegen die Natur geplant. Allerdings können es besondere Verhältnisse erforderlich machen, die gesamte Gartengestaltung den natürlichen Bedingungen unterzuordnen.

Der Hanggarten

Wie ein Hanggrundstück gestaltet wird, hängt von der Hangneigung und der Stabilität des Untergrundes ab.
Das Bodengutachten für einen Neubau untersucht die Stabilität des Hanges. Sollte Rutschungsgefahr bestehen, muss der Hang professionell befestigt und gesichert werden – in einem solchen Fall richtet sich die Gestaltung nach den Vorgaben des Architekten/Statikers. Bei alten, durch Gehölze oder Baumaßnahmen bereits gesicherten Hängen sollte man keinesfalls massiv in die Stützmaßnahmen eingreifen. Dort muss sich die Gartenplanung gewissermaßen um die Stützelemente herum entfalten.
Es gibt keine wirklich scharfe Grenze zwischen steilen und sanften Hängen, aber ab einer Hangneigung zwischen 5 und 10% Gefälle sollte der Hang durch Stützmauern gesichert werden. Darüber ist der Hang „steil", darunter „sanft" geneigt.
Die Art der Gestaltung hängt von der Lage der Terrasse relativ zum Gefälle ab. Blickt man von der Terrasse in den Garten hinunter, scheinen die Blicke über den Garten hinwegzustreifen. Je steiler das Gefälle, desto weniger ist vom Garten zu sehen. In flach geneigten Gärten ist ein perspektivischer Trick hilfreich: Pflanzen Sie einige markante Pflanzen, die den Vordergrund definieren und dem Auge Halt geben. In den hinteren Bereich des Gartens kommen höhere Gehölze – sie scheinen die Schräge etwas einzuebnen. Bei steilem Gefälle reicht eine Veränderung der Perspektive nicht aus. Hier wird der Hang durch Stufen und Verebnungen (kleine Sitzplätze oder Bänke) gegliedert. Der Hanggarten präsentiert sich dem Betrachter dann nicht als Einheit von oben, sondern harmonisch von Ebene zu Ebene.
Blickt man von der Terrasse dagegen auf den ansteigenden Hang, scheint die Länge des Gartens perspektivisch verkürzt. Sowohl bei flachen wie bei steilen Hängen kommt es darauf an, den Hang attraktiv zu untergliedern. Bauen Sie beispielsweise die Terrasse weiter in den Hang hinein (stabile Stützmauer) und schließen Sie die Hangfläche über Stufen an. Wie die Hecken im ebenen Garten definieren im Hanggarten die Stützelemente die Gartenräume. Polsterpflanzen, kriechende Gehölze, Bachläufe, Stauden oder Sträucher mit überhängenden Zweigen verwischen die Grenzen zwischen den Höhenstufen. Wie beim abfallenden Garten werden auch hier Verebnungen mit Sitzgelegenheiten eingebaut, sodass der Blick zurück auf das Haus bzw. den Hang fallen kann.

■ Schräge oder Terrassierung?

Wird der Hanggarten hinter einem Neubau angelegt, hat der Gartenbesitzer mehr Optionen als der Käufer oder Besitzer eines gewachsenen Hanggartens. Solange die Baumaschinen greifbar sind, ist es kein Problem, einen Hang in eine oder mehrere Stufen zu terrassieren.
Hanggärten mit leichtem Gefälle wirken am natürlichsten, wenn die **Hangneigung** nur aufgelockert wird. Bauen Sie große Feldsteine oder flache Stützmauern ein. Schräge Wege überwinden die Höhe direkt, hangparallele Wegen über Stufen. Wie in der Ebene werden Richtungsänderungen durch Bepflanzung kaschiert. Es muss nicht einmal eine komplette Treppe sein: Natursteine als Trittsteine, Holzbohlen

Hanggärten auf solch steilen Hängen müssen professionell gesichert und befestigt werden.

oder Palisaden als Stufen fügen sich sehr harmonisch in eine leichte Steigung ein. Flächenmäßig kleine Hänge lassen sich in ein gestuftes Blumen- oder Strauchbeet verwandeln. Pflanzen Sie farblich und von der Blühperiode zueinander passende Arten, damit der Hang zu jeder Jahreszeit Blickpunkte bietet. Polsterpflanzen (beispielsweise Blaukissen, Schleifenblume, Teppich-Phlox), Sträucher mit überhängenden Zweigen (beispielsweise Ginster- und Zwergmispelarten) oder alle Arten von Kletterpflanzen vermitteln zwischen den Höhenstufen. Nach Süden geneigte Hanggärten sind perfekte Standorte für Steingärten. Liegt der Hang dagegen im Schatten, greift man auf Gehölze und Stauden (Farne, Funkien, Gräser und Waldstauden) zurück – ein munter plätschernder Bach sorgt für Wald-Feeling. Für den Halbschatten eignen sich Rhododendren und Azaleen. Sie werden nach Blütezeit gestaffelt gepflanzt und schmücken den Hang mit wechselnden Farbinseln.
Die Alternative sind **Stufen und Terrassen**. Bei leichtem Gefälle reicht eine einzige Stufe aus, um den Hang in einen Garten auf zwei Ebenen zu verwandeln. Die Stützmauer braucht den Garten nicht wie ein Querriegel symmetrisch zu halbieren, sondern kann vor- und zurückspringen oder durch Treppen gegliedert sein. Ungewöhnlicher sind bogenförmige Mauern, die wie eine Apsis in den Hang hineingebaut oder vorspringend angelegt werden. Stützmauern können sogar als Sitzbänke dienen.
Achten Sie in jedem Fall auf Stabilität der Mauern. So hübsch eine bewachsene Trockenmauer auch aussieht, sie kann den Druck eines Hanges nur bedingt abfangen (Faustregel: maximal 80 bis 100 cm Höhe).

Ein steilerer Hang wird mit mehreren Höhenstufen terrassiert, wobei auch hier die Stützmauern zum Gestaltungselement werden. Die Kombination aus Stützelementen und bepflanzten Ebenen soll den Hanggarten attraktiv auflockern. Die Übergänge zwischen den Höhenstufen werden als Treppe gestaltet. Die Art der Treppe richtet sich nach dem angestrebten Stil des Gartens. Gerade oder als Kreisabschnitte konzipierte Treppen in einer Flucht wirken formal. Kübelpflanzen, Stauden oder kleine Gehölze rechts und links der Treppen verstärken den Eindruck von Ordnung und Symmetrie. Gegeneinander versetzte Treppen und Stützmauern in unterschiedlichen Höhen erscheinen – insbesondere in Verbindung mit Bewuchs – viel entspannter und lockerer. Auch das Material der Stützmauern trägt zum Gesamteindruck bei. Regelmäßig gemauerte Betonformsteine oder Ziegel wirken formal, während Natursteine den Hang stärker auflockern. Setzen Sie Wechsel im Material – heller Kalksandstein, warmer Sandstein, Basalt, Granit, Ziegelsteine, Schiefer und anderes mehr – sparsam und gezielt ein: ideal sind Hanggärten, die wie gewachsen aussehen.

Mit einem Sitzplatz lassen sich stark verdichtete Flächen nutzen.

Obwohl jede Ebene eigenständig bepflanzt wird, sollten sie durch die Farbgebung (beispielsweise Gruppen aus gelb blühenden Stauden auf jeder Ebene) und/oder Wuchsformen (Gräser, kriechende Immergrüne) miteinander harmonieren. Auch ein Bach, der sich in Kaskaden von Ebene zu Ebene ergießt, stellt ein starkes Verbindungsglied dar.

Auf Sand gebaut

Wohl niemand käme ernsthaft auf die Idee, ein Haus in die Sanddünen zu bauen. Manche Siedlungen stehen aber auf den sandigen Ablagerungen von Seen, Flüssen oder Meeren. In solchen Böden versickern Wasser und Nährstoffe rasch. Statt die Erde mit viel Humus und Muttererde zu verbessern, kann man seinem Garten auch ein „sandiges Thema" geben.

Ein Klassiker für Sandböden ist der **Heidegarten**, sofern der Boden keinen Kalk enthält. Besenheide *(Calluna vulgaris)*, *Erica*-Arten und die Irische Glanzheide *(Daboecia cantabrica)* sind robuste Zwergsträucher mit polsterförmigem Wuchs. Inzwischen bieten Gärtnereien derart viele Sorten mit bunten Blattfarben und Blüten an, dass der Heidegarten das ganze Jahr über prachtvoll aussieht (bis auf den Rückschnitt sind Heiden übrigens pflegeleicht). Pflanzen Sie Sorten gleicher Farbe in unregelmäßig geformten Gruppen (unregelmäßige Kreise, Ovale, Kommas, weit offene U's oder schmale Bänder) und setzen Sie Wacholder, kleine Kiefern (Arten und Sorten von *Pinus*), Birken, Ginster, Ebereschen dazwischen und in den Hintergrund. Gehölze und an trockenen Boden angepasste Stauden beleben die welligen Farbflächen der Heiden. Kies- oder Sandwege, große Feldsteine („Findlinge") und rustikale Bänke geben dem Garten den letzten Schliff.

Einen ganz anderen Charakter haben die **Prärie- oder Steppengärten**. In den Gartencenter findet man neben Ziergräsern immer häufiger Stauden, die sich in einen solchen Garten für trockene Standorte eingliedern lassen. Pflanzen Sie mittelhohe Gräser in kompakten Gruppen oder Schwüngen und lockern Sie die Fläche mit Horsten hoch wachsender Ziergräser auf. In die Zwischenräume werden – wiederum in gut sichtbaren Gruppen – die Präriestauden gepflanzt.

KLIMA-TIPP

Gerade in trockenen Sommern können plötzliche Sturzregen verheerend wirken. Legen Sie in leicht geneigten Grundstücken Terrassen an, damit die Erde nicht weggespült wird, sorgen Sie für einen effektiven Wasserabzug (Dränage) und stäben sie hohe Stauden.

Feucht oder verdichtet

Feuchte Böden findet man in Grundstücken mit Tonschichten im Untergrund, in Gärten unterhalb von Hängen oder im starken Schatten. Verdichtete Böden sind selten naturgemacht, sondern die Folge von Verbauungen, Sitz- oder Kinderspielplätzen. In beiden Fällen ist eine sinnvolle Nutzung als Ziergarten nur möglich, wenn die Fläche tiefgründig verbessert wird.

Feuchte Gärten können über eine Dränage in das örtliche Kanalnetz entwässert werden. Sollte das nicht möglich sein, macht man mit einem Wassergarten aus der Not eine Tugend. Das muss nicht unbedingt ein großer Teich sein; ein Sumpfbeet mit einigen Wassertümpeln wirkt genauso authentisch. Hier wachsen die Stauden der Sumpfzone und Uferbepflanzung eines Teiches. Für den Hintergrund bieten sich Birken, Gagelstrauch, Hortensien, Japanischer Fächerahorn, Porst, Seidelbast, sogar Rhododendren und Bambus an – ganz nach Stimmung.

Verlegen Sie in Sumpfgärten Stege und Holzdecks, die bis über den Sumpf und das flache Wasser reichen. Damit das Holz nicht fault, wird es in einbetonierten Metallschuhen gelagert.

Kindern spielen gerne im Garten. Wenn Sie bereits bei der Planung auf Kinderfreundlichkeit achten, haben alle Familienmitglieder Spaß dabei.

Stark verdichteter Boden ist kaum noch zu retten. Am sichersten hilft tiefgründiges Ausgraben mit dem Minibagger und der Austausch der obersten 20 bis 40 cm Schicht gegen neuen Mutterboden. Da zum Glück aber fast immer nur Teile des Gartens verdichtet sind, bietet sich mit einem Kiesgarten eine völlig andere Lösung an: Der verdichtete Boden wird mit einer Lage Kies überschichtet. Für das erwünschte Grün sorgen in versenkten Töpfen wachsende Pflanzen. Sie können sich auch für Zierkübel entscheiden, die mit passender Bepflanzung auf dem Kies stehen. Terrakottakübel (mit Zitrusfrüchten, Feigen, Oleander, Rosmarin) und Pinienzapfen schaffen eine mediterrane Atmosphäre. Glasierte Kübel mit Bambus oder Ziergras und passende Accessoires verleihen dem Kiesgarten ein fernöstliches Flair.
Als letzte Möglichkeit bieten sich mit Kompost gefüllte Hochbeete an. Im Grunde sind Hochbeete nichts weiter als überdimensionale Blumenkübel. Sie werden nützlich mit Gemüse oder üppiger mit Zierblumen bepflanzt.

Gärten für Familie & Co

Solange Kinder im Garten spielen, muss sich das Design den Bedürfnissen der Kinder unterordnen. Wer versucht, seinen Garten gegen Kinder zu planen, verbietet ihnen am besten gleich das Spielen im Garten. Nehmen wir als Beispiel einen Weg, der sich im Bogen durch den Garten windet. Welches Kind folgt dem Weg, wenn es über den Rasen viel schneller geht (Trampelpfade)? Selbstverständlich können Sie mit Verboten und Strafandrohungen arbeiten, aber das belastet alle Mitglieder der Familie – die kleinen, weil sie sich unterdrückt fühlen, die großen, weil sie ständig aufpassen müssen. Der Garten, der doch eigentlich Spaß machen sollte, wird zur Last. Wie sollte ein kinderfreundlicher Garten aussehen?

▶ Richten Sie den Kindern einen eigenen Bereich ein.
▶ Bauen Sie die Spielgeräte dort auf (verdichteter Boden!), wo Sie später einen zusätzlichen Sitzplatz, einen Teich oder ein Gartenhaus anlegen möchten. Wenn die Spielgeräte abgebaut sind, müssen Sie nicht erst den Boden austauschen.
▶ Behelfen Sie sich für den Übergang mit Wegen aus Mulch; sie lassen sich später leicht wieder entfernen und beugen Verletzungen vor.
▶ Legen Sie Wege mit reichlich Abstand zu den empfindlichen Pflanzen im Staudenbeet an (wenn Sie Ballspiele erlauben, verzichten Sie besser ganz auf empfindliche Pflanzen!).
▶ Geben Sie Kindern ein kleines Beet für die Aussaat von Radieschen oder narrensicheren Blumen (Ringelblumen). Ärgern Sie sich aber nicht, wenn sich dieses Beet nach anfänglichem Enthusiasmus in eine Unkrautwüste verwandelt. Kinder sehen so etwas erstaunlich gelassen, warum nicht auch Sie?
▶ Vermeiden Sie alles, was Kindern schaden könnte. Das reicht von tiefem Wasser über spitze Zaunpfähle und Gitter bis hin zu giftigen Pflanzen. Leider gibt es eine Reihe von giftigen Pflanzen mit „lecker“ aussehenden Früchten. Fragen Sie beim Kauf nach oder ziehen Sie eines der vielen Fachbücher zu Rate. Zu den Giftpflanzen gehören u. a. Eibe, Eisenhut, Fingerhut, Goldregen, Maiglöckchen, Pfaffenhütchen, Seidelbast und Wacholder.

Gräser sind für viele Standorte die erste Wahl – und attraktive Gartenpflanzen.

Für kleine Kinder sind Teiche sehr gefährlich. Sie sollten niemals unbeaufsichtigt am Wasser spielen dürfen.

Durch den Sandkasten im Holzdeck wird der Kinderspielplatz in die Terrasse integriert.

Ein Garten für Tiere

Für Hund und Katze braucht der Garten üblicherweise nicht völlig umgestaltet zu werden. Katzen, die ins Freie dürfen, schaffen sich rasch ein Revier und bewegen sich zwischen den Pflanzen, ohne sie zu beschädigen; Ausnahmen sind Katzenminze *(Nepeta)* und Baldrian *(Valeriana)*, in denen sich Katzen gerne wälzen. Auch Hunde, die zusammen mit Herrchen/Frauchen in den Garten dürfen, sollten sich friedlich verhalten. Wird der Garten allerdings als eine Art Freiluftzwinger zur Aufbewahrung des Hundes benutzt, könnte der Hund beschließen, ein wenig zu buddeln oder einem Maulwurf oder einer Wühlmaus nachzujagen. In diesem Fall empfiehlt sich eine robuste, auf Gehölzen basierende Bepflanzung und ein sicherer Zaun um das gesamte Grundstück.
Hühner im Garten erfordern größere Umbauarbeiten (Stall und Freigehege); ziehen Sie hier Spezialliteratur zu Rate. Das Gleiche gilt für fest installierte Kaninchenställe, selbst wenn auf einen Auslauf verzichtet wird.
Für die Haustiere von Kindern (Meerschweinchen, Zwergkaninchen) brauchen Sie keine besonderen Baumaßnahmen. Die Tiere fühlen sich an warmen Sommertagen und trockenem Boden auf dem Rasen wohl. Allerdings dürfen sie nicht frei laufen, sondern müssen in ein Gehege gesperrt werden, sonst verschwinden sie auf Nimmerwiedersehen. Zimmern Sie einen stabilen Rahmen aus Holz und bespannen Sie ihn mit engmaschigem Maschendraht. Geschickte Bastler bauen Scharniere ein, dann nimmt das zusammengeklappte Gehege weniger Platz weg. Es wird am Boden befestigt. Damit sich die Meerschweinchen und Kaninchen wohl fühlen, sollte das Freigehege einen Unterstand, Wasser, etwas von dem gewohnten Futter und einen Sonnenschutz enthalten. Die Tiere knabbern am Gras herum und genießen den Auslauf. Abends kommen sie wieder in ihren gewohnten Käfig im Haus. Wenn das Gehege regelmäßig umgesetzt wird, finden die Tiere stets frisches Futter. Dass der Rasen nicht frisch gedüngt oder mit den üblichen Spritzmitteln behandelt sein darf, dürfte für einen verantwortungsvollen Tierhalter selbstverständlich sein.

Minigärten und Innenhöfe

Auf vielen Grundstücken ergeben sich „tote" Ecken, die scheinbar ungeeignet für einen Garten sind. Das kann der Durchgang zwischen zwei Hauswänden, der Winkel zwischen Garage und Zaun oder ein echter Innenhof (Patio) sein, der von den Fenstern des Hauses aus sichtbar ist.
Viele dieser Standorte liegen im Schatten oder bekommen den ganzen Tag über keine direkte Sonne. Die Bepflanzung muss mit diesen Bedingungen fertig werden. Wie man im Einzelfall vorgeht, hängt hauptsächlich davon ab, von wo aus der Minigarten sichtbar ist und wie häufig er tatsächlich genutzt wird.
Versuchen Sie nicht, den Raum mit zu vielen Elementen zu überladen, sondern geben Sie dem Minigarten

Durch helle Wände werden auch schattige Bereiche optisch aufgehellt.

ein Thema. Unterstreichen Sie es mit wenigen, aber prägnanten Elementen. Beginnen Sie mit der Gestaltung der Bodenfläche: Rasen hat im Schatten keine Chance. Entscheiden Sie sich stattdessen für möglichst hellen Bodenbelag (beispielsweise Kies, Granit, Sandstein oder helle Betonformsteine), um den Raum zu weiten. Mit hellen Farben gestrichene Wände unterstreichen diesen Eindruck. Setzen Sie Materialwechsel als Begrenzungen, Längs- oder Querriegel nur sparsam und gezielt ein. Der Wechsel sollte Spannung erzeugen und nicht verwirren. Der Belag kann die gesamte Fläche ausfüllen (Pflanzen in Kübeln) oder Pflanzlücken lassen. Einfache Grundrisse sind in den meisten Fällen am wirkungsvollsten: Quadrate, Rechtecke, Kreise oder Ovale (einzeln, im Wechsel oder überlappend). Gerade Kanten, die nicht parallel, sondern im Winkel zu den Grenzen verlaufen, geben der kleinen Fläche mehr Bewegung. Das Gleiche gilt für klare, geometrische Formen (Kreisbögen, Rechtecke, Rauten), die von außen in Form von Pflanzflächen oder Miniteichen in den Bodenbelag „schneiden".

Viel Bewegung bringen als Hochbeete angelegte Pflanzflächen (auch auf zwei Ebenen); die Stützmauern dienen als Sitzbänke. Die Wandflächen werden mit Spalieren und Kletterpflanzen aufgelockert. Sollte der obere Teil der Begrenzungsmauer besonnt sein, können Sie es sogar mit einer Kletterrose versuchen. Sie wird allerdings im unteren, beschatteten Bereich verkahlen und sollte mit Blattschmuckstauden kaschiert werden.

Wegen des beengten Raumes und des Schattens liegt das Schwergewicht der Pflanzenauswahl auf schattenverträglichen Gehölzen, Blattschmuckstauden und Gräsern. Neben den Klassikern wie Farnen, Funkien und Efeu fühlen sich auch Bambus, Bergenien, Christrosen, Elfenblumen, Hortensien, Mahonien, Skimmien und andere Stauden und Gehölze im Halbschatten bis Schatten wohl – lassen Sie sich bei der Auswahl beraten. Für etwas mehr Leuchtkraft sorgen an sonnigen Standorten vorgezogene Stauden oder Einjährige: Sie werden in Kübeln/Töpfen zur Blütezeit in den Minigarten gestellt und nach der Blüte wieder entfernt.

Als permanente Blickpunkte dienen Wandbrunnen, Keramik- oder Steinobjekte, Stühle und Bänke oder ein Spiegel mit perspektivischem Gitterwerk, der den Garten in die Ferne zu verlängern scheint.

Der Vorgarten

Vorgärten stellen in gestalterischer Hinsicht eine Herausforderung dar. Sie sollen Passanten und Besuchern einen ersten Eindruck von den Bewohnern des Hauses geben („Visitenkarte"), also besonders einladend wirken. Andererseits markieren Vorgärten den Übergang zwischen Öffentlichkeit und Privatsphäre, bilden also auch eine Art Grenze. Hinzu kommt, dass die meisten Vorgärten, bzw. Teile davon, sehr profane Aufgaben erfüllen müssen: Hier sind die Mülleimer untergebracht und eine Einfahrt für den/die Wagen führt zum Carport oder der Garage. Zu guter Letzt bestehen manche Gemeinden auf bestimmten formalen Kriterien, die ein einheitliches Gesamtbild der Wohnstraße garantieren sollen.

■ Geschlossen bis offen

Das bekannte englische Sprichwort „My home is my castle" lässt sich gut auf den Vorgarten anwenden. Mit einer Mauer, die nur von einem Tor durchbrochen wird, schafft sich der Hausbesitzer ein Höchstmaß an Privatsphäre. Der Schutz vor neugierigen Blicken bedeutet andererseits aber – von innen betrachtet – eine starke Abgrenzung gegen die Außenwelt. Damit insbesondere schmale Vorgärten nicht bedrückend wirken, müssen sie mit viel Sorgfalt gestaltet werden (siehe oben Innenhofgärten). Durchbrüche, ein breiteres Tor oder wechselnde Mauerhöhen öffnen den Vorgarten in beide Richtungen. Unerwünschte Einsichten kann man mit strategisch platzierten Sträuchern unterbinden. Der Wechsel

von einer Mauer zu einer immergrünen, dichten Schnitthecke ändert nichts Entscheidendes: Die komplette Abgrenzung bleibt bestehen.
Einen sinnvollen Kompromiss stellen Vorgärten dar, die durch niedrige Hecken, offene Zäune aus Holz oder Metall oder eine lockere Reihe aus Blütensträuchern nur symbolisch abgegrenzt werden. Zäune lassen sich besonders gut dem Stil des Hauses anpassen. Möglichkeiten gibt es viele: ein freundlicher, mit lebhaften Farben gestrichener Lattenzaun, rustikale Farmerzäune, kühles Metall, Metallgitterzaun in altem Stil usw. Durch die Kombination von Zaun und gepflanzter Hecke hält man neugierige Hunde vom Vorgarten fern, symbolisiert aber dennoch Offenheit. Übrigens dringen Hunde auch nicht durch Hecken aus dornigen oder stacheligen Sträuchern (unter anderem Berberitze, Heckenrosen).
Völlig offene, weder durch Gitter noch Hecken gesicherte Vorgärten sind nur in reinen Wohngegenden möglich. Sie wirken sehr einladend.

Der Vorgarten kann als Stauden-, Strauch- oder gemischtes Beet angelegt werden, wobei geschickt platzierte Sträucher einen direkten Blick auf den Eingang versperren. Ein einzelner, kleiner Baum oder Großstrauch mit markanter Kronenform dient als Blickpunkt und vermittelt zwischen Straße und Haustür.

Dieser völlig offene Vorgarten wirkt einladend, trennt aber dennoch das Haus vom Gehweg ab.

Vom Tor zur Tür

Der Weg von der Grundstücksgrenze zur Haustür ist ein gestalterisch heikles Element eines Vorgartens. Ein **gerader Weg** erlaubt den direkten Blick auf die Haustür. Damit wird der Weg zur Achse mit der Haustür als Blickpunkt. Ein Paar gleichartiger Gehölze (beispielsweise Kugelahorn, in Form geschnittener Buchsbaum) unterstreicht die Symmetrie. Ersetzt man das Paar durch eine Reihe (spiegelbildlich rechts und links des Wegs), entsteht der Eindruck einer Allee. Den gleichen Zweck erfüllen korrespondierende Beete beiderseits des Weges.

Wer seinen Vorgarten romantischer mag, entscheidet sich für Kletterpflanzen (mehrfach blühende Rosen bei genügend Sonne) über eckigen oder halbrunden Bögen bis hin zum Laubengang. Zur Blütezeit der Rosen verwandelt sich der Weg in ein Farb- und Dufterlebnis.
Unregelmäßig verlaufende Wege (in Bögen oder gewinkelt) brechen die Symmetrie und wirken lockerer. Unterstreichen Sie Richtungsänderungen durch Sträucher oder Blumenbeete. Auch solche Wege profitieren von paarweise gepflanzten bzw. in Kübeln wachsenden Sträuchern. So könnten Heckensträucher rechts und links des Zugangs etwas höher ausfallen als die übrige Hecke (in Schnitthecken als Kugeln, Säulen oder Kegel) und direkt neben der Haustür ein einladendes Pärchen blühender Pflanzen platziert werden.
Führt ein zweiter Weg von Garage oder Carport zur Haustür, sollte er sich in Ausführung und Stil dem Hauptweg anpassen. Je nach Grundstück können die beiden Wege auch symmetrisch zueinander angelegt werden.

Die Bepflanzung

Wie auch immer die Gliederung Ihres Vorgartens ausfällt, streben Sie eine ganzjährig attraktive Bepflanzung an. Meiden Sie zu wuchtige oder hohe Gehölze. Mit gruppenweise gepflanzten kleinen bis mittelhohen Sträu-

KLIMA-TIPP

Wenn Sie nicht sicher sind, welche Stauden sich auch bei zunehmend trockenen Sommern in Ihrem Vorgarten wohlfühlen, sehen Sie sich in einem Gartencenter in der Abteilung für Steingartenpflanzen um: Dort finden Sie eine große Auswahl.

chern nutzen Sie den vorhandenen Raum besser. Gestaffelte Blütezeiten, Früchte oder farbiges Herbstlaub sorgen dauerhaft für Abwechslung und Blickpunkte. Planen Sie einige Immergrüne, die dem Vorgarten im Winter Farbe geben, und viele früh blühende Knollen- und Zwiebelpflanzen ein, die mit leuchtenden Farben das neue Gartenjahr einläuten. Frühblüher kommen auch auf einem Rasen im Vorgarten bestens zur Geltung – gemäht wird aber erst, wenn die Blätter eingezogen sind. Für die Gestaltung der Beete gelten die oben genannten Kriterien. Bei sehr kleinen oder schmalen Vorgärten lohnt sich die Überlegung, sie vollständig zu pflastern und die Bepflanzung auf Inseln zu beschränken – auch als Hochbeete.

■ Carport und Mülltonnen

Während eine Garage üblicherweise als Bestandteil des Hauses empfunden wird, lässt sich ein Carport durch Kletterpflanzen eher in den Vorgarten einbinden. Dank der stabilen Bauweise können selbst würgende Pflanzen, wie die reich blühenden Glyzinen, gepflanzt werden. Denken Sie beim Bau des Carports auch an die Mülltonnen. Sie können hinter einer Holzverkleidung in derselben Bauweise wie die Pergola verschwinden und werden ebenfalls mit rankenden Pflanzen verziert. Sowohl beim Carport wie beim Mülltonnenplatz muss die Gestaltung der Praxis untergeordnet werden: Die Tonnen müssen gut erreichbar und leicht beweglich sein; bei der Ein- und Ausfahrt mit dem Auto darf nichts den Blick verstellen oder den Fahrer zu komplizierten Slalomfahrten zwingen. Die Zufahrt zur Garage oder zum Carport liegt in der Regel an einer Seite des Vorgartens und wirkt ohne weitere Maßnahmen wie ein Fremdkörper. Kaschieren Sie die Zufahrt mit Sträuchern oder verlängern Sie die Außengrenze in den Garten hinein, sodass Straße und Zufahrt zur Garage gleichartig gestaltet sind. Rasengittersteine sind keine wirkliche Lösung, da der Rasen auf einer häufig befahrenen Einfahrt auf die Dauer leidet.

Die dichte, sehr abwechslungsreiche Bepflanzung auch direkt am Haus und die gewinkelte Treppe kaschieren den direkten Blick auf den Hauseingang.

Das gewisse Extra

Möbel, Dekorationselemente und die Beleuchtung geben einem Garten den letzten Schliff. Sie können entweder als kontrastreiche Ausrufezeichen platziert oder harmonisch in die Gestaltung eingefügt werden. Wird beispielsweise eine barocke Flora mit Füllhorn in einem modernen Kiesgarten mit klaren Linien und sparsamer Bepflanzung wirkungsvoll inszeniert, wirkt sie wie ein ironisches Zitat auf eine vergangene Zeit (Kontrast). Lugt dieselbe Flora zwischen den hängenden Trieben eines Efeus oder aus Farnwedeln hervor, oder steht sie zwischen glatt geschnittenen, formalen Buchsbaumhecken, wird sie zum harmonischen Bestandteil des Gesamtbildes. Steht sie aber andererseits „einfach nur herum", wirkt sie störend.

Schon dieses kleine Beispiel zeigt, dass der Umgang mit den Extras in einem Garten stark durch die Persönlichkeit des Besitzers geprägt wird. Verstehen Sie daher die folgenden Abschnitte nur als Anregungen.

Gartenmöbel

Es gibt vermutlich keinen Garten, der völlig ohne Möbel auskäme: Tische und Stühle, um im Garten zu essen, Liegestühle, Bänke, um einen Ausblick zu genießen und leichte Sitzmöbel, die je nach Bedarf umgestellt werden. Bei der Auswahl der passenden Möbel kommt es vorrangig auf die vorgesehene Nutzung und den Standort an.

■ Gartenmöbel mit festem Platz

Auf der Terrasse oder für einen permanenten Sitzplatz braucht man Sitzgelegenheiten und eine Ablage – wenn regelmäßig draußen gegessen wird, natürlich auch einen Tisch. Eine einheitliche Möblierung aus qualitätsvollen Stücken sieht besser aus, als ein zusammengewürfeltes Ensemble. Daher sollten Sie wegen der üblichen Geldknappheit nach einem Neubau zunächst auf eine „Billiglösung" setzen. Später, wenn der Garten eine gewisse Reife hat, werden sie durch Qualitätsmöbel ersetzt. Beim Neubau von Terrasse und Sitzplätzen lohnt sich die Überlegung, ob nicht eine Begrenzungsmauer als Sitzbank gestaltet werden kann (bei Bedarf mit hübschen Polstern belegen). Eine Mauer sieht immer hübsch aus und wirkt nicht so leer wie unbesetzte Stühle.

Möbel aus Holz passen zu jedem Gartenstil. Leichte Modelle werden im Winter im Gartenhaus/Keller verstaut, schwere Modelle bleiben im Garten stehen. Herbst- und Winterwetter setzen dem Holz zu, d.h. Sie brauchen entweder Möbel aus wetterfestem Holz oder Sie müssen die Oberfläche regelmäßig mit einem Schutzanstrich behandeln; der Blick auf eine Abdeckfolie sieht im Winter ziemlich unschön aus. Sollten Sie sich für Möbel aus Teakholz entscheiden – der Klassiker der englischen Gärten –, kaufen Sie möglichst Holz aus nachhaltigem Plantagenanbau. Der Fachhandel bietet Repliken historischer Bänke und Stühle an, die im Winter sogar die Funktion von Blickpunkten übernehmen. Den gleichen Zweck erfüllen farbig lackierte oder lasierte Holzbänke. Während leuchtende Farben (Rot oder helles Blau) auch im Sommer deutlich sichtbar bleiben, fügen sich gedeckte Töne (Braun, Dunkelgrün, Dunkelblau) besser in den Pflanzenwuchs ein. Stimmen Sie die Farben aufeinander ab: Rot vor einer dunkelgrünen Koniferenhecke bildet beispielsweise einen starken Kontrast.

Möbel aus Metall wirken leichter als Holzmöbel und passen daher sehr gut in kleine Gärten. Da Metall unbegrenzt formbar ist, bietet der Handel

KLIMA-TIPP

Warme Winter haben auch Vorteile: Nicht alle Kübelpflanzen müssen ins Winterquartier. So lange das Substrat mit Styropor (als Untersatz) und Noppenfolie (um den Kübel) geschützt bleibt, kommen viele mediterrane Pflanzen auch draußen gut durch einen milden Winter.

Eine moderne Bank knüpft an ein klassisches englisches Design an.

Pflanzkübel und -töpfe lassen sich in immer wieder neuen Kombinationen arrangieren.

eine kaum überschaubare Vielfalt von Modellen an. Für einen kleinen Sitzplatz eignen sich beispielsweise zierliche, verspielte Stühle im Caféhaus-Stil, während auf einer modernen Terrasse Möbel in kühlem Edelstahl besser zur Geltung kommen. Auch hier spielen persönliche Vorlieben die entscheidende Rolle. Rostgefährdete Metallmöbel brauchen Winterschutz. Einen Sonderfall stellen Möbel aus Metalldrähten dar, die zum Schutz vor dem Wind und Wetter mit Kunststoff überzogen sind.

Möbel aus Kunststoff und anderem Material Kunststoffmöbel, insbesondere, wenn sie stapelbar sind, eignen sich bestens, um auf eine größere Zahl von Gästen reagieren zu können. Sie werden nach Gebrauch wieder verstaut. Als Dauerlösung eignen sich zwar nur wenige Plastikmöbel, dafür sind sie als preiswerte Einsteigermodelle unschlagbar!

Sind Sitzplatz oder Terrasse vor Regen geschützt, kann man auch über Möbel aus Korb oder Rattan nachdenken. Sie sind zwar im Sommer sehr dekorativ, vertragen aber keine Feuchtigkeit. Im Winter gehören sie daher an einen trockenen Platz. Das Gleiche gilt für Metall- oder Holzgestelle mit eingehängtem Segeltuch.

■ Mobile Gartenmöbel

Zu den mobilen Gartenmöbeln gehören die bereits erwähnten Stapelstühle aus Plastik, Klappstühle aus Holz, die sogenannten Regiestühle aus Metall und Segeltuch und alle Formen von Liegen – vom Liegestuhl mit Segeltuch über Campingliegen bis hin zu sorgfältig gearbeiteten Holzliegen.

In der Tat braucht man in jedem Garten mindestens (!) eine bewegliche Liege, die je nach Vorliebe auf dem Rasen, in der Sonne oder im Schatten steht. Selbstverständlich kann eine attraktive Holzliege (Deck-Chair) auch Teil eines permanenten Sitzplatzes sein. Klassische Holzliegen oder Designerstücke aus Metall, die nur bei Bedarf mit einem Polster belegt werden, bilden gut sichtbare Blickpunkte und werden damit zum Bestandteil der Gestaltung: innerhalb einer Strauchgruppe; auf einem Holzdeck über dem Teich; auf Natursteinpflaster neben dem Rasen usw.

Für eine spontane Kaffeetafel darf man ruhig seine Caféhausstühle auf den Rasen stellen, sollte aber bedenken, dass die relativ schmalen Füße in den Boden einsinken können (nicht stehen lassen und regelmäßig den Standort wechseln).

Töpfe, Kübel & Co

Ohne Blumentöpfe geht im Garten (fast) gar nichts! Sie bringen Grün und Farbe auf Terrasse und Sitzplätze, dienen als Torersatz neben Wegen, nehmen Gewürzpflanzen auf, füllen

Lücken im Beet und bereichern das Pflanzenspektrum um nicht winterharte Arten.

Schon die einfachen erdbraunen **Blumentöpfe aus Terrakotta** verwandeln sich in ein Gestaltungselement, wenn sie nicht in Einzahl sondern gruppenweise mit thematisch zusammengehörenden Pflanzen eingesetzt werden: bepflanzt mit verschiedenen Gewürzen auf einem Gestell, mit Hängepflanzen oder duftenden Blumen auf einer Treppe oder als Anzuchttöpfe für ausgesäte Sommerblumen. Sie können sogar farbig angestrichen werden. Besonders dekorativ sehen schmale, hohe Modelle aus.

Terrakottatöpfe mit Ornamenten oder in ungewöhnlichen Formen (Urnen, Amphoren) erinnern beinahe zwangsläufig an Italien und das Mittelmeer. Da sie bereits ohne Bepflanzung echte „Hingucker" sind, stehen sie an der Grenze zur Gartenplastik. Die Bepflanzung kann das mediterrane Thema aufnehmen (Palmen, Zitronenbäumchen, Rosmarin, Salbei usw.) oder bewusst variieren (beispielsweise durch in Form geschnittene Buchsbäume oder locker überhängende Blumen). Setzen Sie verzierte Töpfe als wirkungsvolle Blickpunkte ein: auf der Terrasse, am Ende einer Blickachse, als Paar neben einer Treppe, mitten in einem Blumen- oder Strauchbeet oder im Vorgarten bzw. rechts und links neben der Haustür. Ihre Wirkung wird sogar noch gesteigert, wenn die Töpfe auf Mauerabsätzen oder Podesten stehen.

Farbig glasierte Töpfe ziehen noch stärker die Blicke auf sich. Achten Sie auf ein harmonisches oder kontrastreiches Zusammenspiel zwischen den Farben der Blumen und des Topfes. Fast immer sind zurückhaltende Farbtöne besser geeignet, da sie nicht von den Pflanzen ablenken. Farbig glasierte Töpfe aus asiatischer Produktion eignen sich bestens, um einem Bereich des Gartens das Flair des Fernen Ostens zu verleihen.

Andere Blumenkübel. Mit einem geeigneten Innentopf aus Terrakotta lässt sich jeder Hohlkörper in einen Blumenkübel umfunktionieren. Verzinkte Metallgefäße muss man innen lackieren oder darf sie nur als Übertopf verwenden. Allerdings sollte man bedenken, dass ein auffälliger Kübel von der Bepflanzung ablenkt. Alte Metalltrommeln oder -eimer (bemalt oder im Urzustand), Schubkarren, Steintröge, Tränken usw. erzielen daher nur in passender Umgebung die geplante Wirkung. Ein üppig bepflanzter, alter Leiterwagen verwandelt sich im Hintergrund eines Bauerngartens zum nostalgisch-rustikalen Blickpunkt, mitten auf einer Rasenfläche wirkte er dagegen zu dominierend.

Die beiden Ammoniten bilden zusammen mit dem grauen Split einen ungewöhnlichen Blickpunkt.

Gartenplastik

Im Unterschied zu bepflanzten Kübeln wirkt eine Plastik auch für sich. Was für die einleitend besprochene Flora gilt, trifft auch auf eine barocke Putte als Blickpunkt in einem formal gestalteten Garten oder eine abstrakte Edelstahlplastik im modernistischen Designergarten zu. Eine wirkungsvoll platzierte, gegenständliche Gartenplastik sollte sich dem Thema des Gartenbereichs anpassen: Frösche, Fische oder Wasservögel gehören an den Teich, Pinienzapfen in ein mediterranes Arrangement, ein Buddha oder eine Steinampel zwischen Bambusstauden und witzige Figuren in die Nähe eines Grillplatzes. Allerdings sollte man das harmonische Zusam-

menspiel der Elemente nicht seinen persönlichen Vorlieben opfern. Wer Gartenzwerge liebt, braucht nicht darauf zu verzichten, nur weil die Nachbarn vielleicht die Nase rümpfen. Immerhin sollte er versuchen, seine Zwerge so zu präsentieren, dass sie innerhalb des Gartenraumes optimal zur Geltung kommen.
Es gibt auch eine Reihe von nützlichen Objekten, die sich wie eine Gartenplastik präsentieren lassen. Zu den absoluten Klassikern gehören Vogeltränken und Sonnenuhren, die neu oder als Repliken klassischer Modelle angeboten werden. Selbstverständlich können Sie auch statt eines Wasserhahns eine alte Pumpe installieren, deren Wasser in einen Trog fließt. So verwandelt sich eine einfache Zapfstelle zum Schmuckstück eines Nutzgartens. Ob Sonnenschirm oder Aufbewahrungskiste für Sitzpolster, Windräder für Kinder oder Metallstützen für Blumen, lassen Sie Ihrer Fantasie ruhig freien Lauf.

Beleuchtung im Garten

Licht ist ein machtvolles Gestaltungselement – und notwendige Voraussetzung für die sichere Benutzung des Gartens am Abend. An oberster Stelle steht jedoch die Sicherheit! Elektrische Leitungen und Anschlüsse im Freiland sind gefährlich, wenn sie nicht fachgerecht mit den vorgeschriebenen Sicherungen installiert werden. Verwenden Sie ausschließlich Leuchten und Leitungen, die für den Gebrauch im Freiland zugelassen sind (auf Tüv- und GS-Zeichen achten).

■ Beleuchtung von Wegen und Sitzplätzen

Da der Vorgarten eines Hauses auch von Fremden begangen wird, müssen die Beleuchtungseinrichtungen hier besonders sorgfältig geplant werden. Jede Änderung der Höhenstufe (Treppen, Stufen) und der Wegrichtung wird durch eine ausreichend helle Lampe angestrahlt. Der Lampentyp sollte sich nach dem Gartenstil richten und mit der Außenlampe neben der Haustür harmonieren. Lampen erhöhen aber nicht nur die Sicherheit, sondern unterstreichen auch das Design – sie zeichnen im Dunkeln den Verlauf der Wege nach (Punktstrahler könnten besondere Blickpunkte erhellen).
Im eigentlichen Garten werden alle Wege, Treppenstufen und Sitzplätze beleuchtet. Streben Sie einen guten Kompromiss an: Das Licht darf weder blenden noch zu trübe sein. Dabei spielt auch die Nutzung der Fläche eine gewichtige Rolle. Ein Essplatz muss heller und gleichmäßiger ausgeleuchtet werden als ein Ruheplatz. Für Treppen eignen sich Leuchten, deren Lichtstrahl nach unten gerichtet ist, ohne zu blenden.
Verlassen Sie sich auf keinen Fall ausschließlich auf Gartenfackeln. Sie sind zwar dekorativ für eine Gartenparty, eignen sich aber nicht für die permanente und sichere Beleuchtung.

KLIMA-TIPP

Lassen Sie sich durch warme Frühlingstemperaturen nicht dazu verführen, empfindliche Kübelpflanzen aus dem Winterquartier zu früh ins Freie zu stellen. Ihre Triebe und Knospen reagieren extrem empfindlich auf Nachtfröste.

■ Beleuchtung als Gestaltungselement

Geschickt platzierte Strahler oder Lampen bringen wichtige Elemente des Gartens auch abends und nachts zur Geltung (für Vergessliche gibt es Zeitschaltuhren). Ein Punktstrahler hebt ein einziges Element aus der Dunkelheit hervor. Das kann eine Plastik, ein Sitzplatz aber auch eine Pflanzengruppe sein, die aus dem Dunkeln auftaucht. Wählen Sie die angestrahlten Objekte mit Bedacht aus: Weniger ist mehr! Der Garten bekommt nachts mehr Tiefe, wenn die Strahler ein Objekt aus Vorder-, Mittel- und/oder Hintergrund erhellen. Strahler, die auch am Tag sichtbar sind, könnten das Gesamtbild stören. Sie werden daher im Idealfall so angebracht, dass sie bei Licht nicht ins Auge fallen. Indirekte Leuchten spenden weicheres, etwas weiter streuendes Licht als Strahler und bleiben tagsüber hinter Büschen, Steinen oder anderen Objekten unsichtbar.
In Gärten mit fließendem Wasser sollte das Wasser auch abends optisch in Erscheinung treten. Bringen Sie einen Punktstrahler an, der eine Kaskade oder Springbrunnen erhellt. Für Teiche gibt es auf dem Wasser treibende Schwimmleuchten. Ihr Anblick und der Schattenwurf ändern sich bei jedem Windzug.

Mit brennende Leuchtern dieser Art schaffen Sie ein stimmungsvolles Ambiente.

Gartenpraxis

Eine Grundausstattung an Gartengeräten und Werkzeugen gehört genauso zum Gärtnern wie das Wissen über Pflanzen und Pflegen, Pflanzenkrankheiten und Schädlinge sowie über den richtigen Schnitt und die Vermehrung von Pflanzen. Und zu guter Letzt sollte man sich auch etwas mit dem Garten- und Nachbarschaftsrecht auskennen, damit man Ärger mit dem Nachbarn von vornherein vermeidet.

Motor-Gartengeräte und Werkzeuge

Motorgeräte machen die Gartenarbeit leichter. Bei all ihrer am Markt angebotenen Vielfalt ist allerdings Transparenz gefragt: Welches Gerät ist das für mich am besten geeignete?

Welches Gerät für welchen Zweck?

Entscheiden Sie das zunächst anhand des Anwendungsbereiches und der Anwendungshäufigkeit. Wählen Sie eine Gerätegröße immer passend für Ihre Zwecke aus. Sie brauchen keine Vollprofi-Heckenschere für den alljährlich zweimaligen Schnitt einer 80 cm hohen 10-m-Hecke! Und nicht immer muss es ein eigenes Gerät sein! Auch ein Leihgerät, etwa ein weniger oft benötigter Vertikutierer, kann bei seltenem Gebrauch bereits ausreichen. Dann muss den Anschaffungskosten für ein gekauftes Gerät aber eine Vollkostenrechnung gegenübergestellt werden, welche zusätzlich zu den reinen Leihgebühren auch die Abhol- und Rückbringkosten berücksichtigt, bezogen auf die Nutzungsdauer eines eigenen Gerätes von etwa fünf bis zehn Jahren. Bei guter Nachbarschaft und einvernehmlicher Kostenaufteilung, die auch den Schadensfall berücksichtigt, kann alternativ dazu die gemeinschaftliche Anschaffung eines Motorgerätes interessant sein.

Motorgeräte

Heckenscheren, Vertikutierer, Rasenmäher – all das gibt es auch für den Handbetrieb. Solche Bauweisen reichen für seltenen Einsatz auf kleiner Fläche aus! In der nächsten Nutzungsstufe sind Elektrogeräte sinnvoll – besser noch solche mit Akku-Antrieb, weil die ohne lästige Schnurführung auskommen. Lithium-Ionen-Akkus sind hierbei die teureren, machen sich aber im Vergleich zu den alten Nickel-Cadmium-Aggregaten besser bezahlt, weil sie im Rahmen des Gerätegesamtgewichts leichter sind und damit Kraft sparender sowie weniger ermüdend zu bedienen sind. Und sie laden ohne Memory-Effekt auf, das heißt immer in voller Leistungsaufnahme! Denn Memory-Effekt bedeutet ja: Werden nicht gänzlich leere Nickel-Cadmium-Akkus aufgeladen, „erinnern" die sich mitunter an den niedrigeren Ladestand, definieren den als maximal erreichbaren Ladestand. Die Folge: Sie arbeiten mit einem vergleichsweise wenig aufgeladenen Akku und müssen also permanent kleine Energiemengen nachladen.
Selbstverständlich spielen auch Ergonomie, Handlichkeit, Materialverwendung (zum Beispiel Kunststoffchassis oder eines aus Metall), Verarbeitung, Sicherheitsausstattungen, Reparaturfähigkeit und die leichte Erreichbarkeit eventueller Services eine Rolle bei der Kaufentscheidung. Qualität und Preis stehen daher immer in einem realistischen Verhältnis zueinander, weswegen billiger manchmal teurer sein kann, wenn die Qualität nicht zu Ihren Erfordernissen passt. Marken können hier Orientierung geben.
Details zu allen Motorgeräten am Gartenmarkt würden den Rahmen eines Buchs sprengen – gleichsam stellvertretend dafür folgen aber hilfreiche Informationen zum bedeutendsten Motorgartengerät, dem Rasenmäher.

Rasenmäher

Diese werden in drei Kategorien unterteilt. Spindelmäher haben mehrere Messer auf einer horizontalen Spindel. Sie erzeugen das optisch beste Schnittbild. Fransige Halme hinterlassen dagegen die Sichelmäher, die den Halm nicht wie Spindelmäher abschneiden, sondern abschlagen. Freischneider (mit stählernen Schlägeln) und Trimmer (mit Mähfaden) sind weniger für den flächigen Einsatz gedachte sogenannte Motorsensen. Mäher mit kleineren Schnittbreiten spielen auf verwinkelten Flächen mit Strauchwuchs und Blumenrabatten ihre wendige Stärke aus. Hügelige Rasenflächen lassen sich Kraft sparend mit radgetriebenen Mähern pflegen. Wer es sportlich mag und nur wenig zu mähen hat, der ist mit einem Handrasenmäher gut bedient. Aufsitzmäher und Rasentraktoren stehen für viel Freizeitspaß – sind aber nur etwas für richtig große Rasenflächen. Mitentscheidend sind die technischen Bauarten:

■ **Elektromäher**
Sie sind die meist verbreiteten. Sie sind leichter als Geräte mit Verbrennungsmotor, leiser und mit geringe-

KOSMOS TIPP

Wintern Sie Gartengeräte mit Zweitakt-Verbrennungsmotoren nur mit leerem Tank ein. Andernfalls kann es während der längeren Standzeit im Treibstoff-Mix zur Entmischung von Öl und Treibstoff kommen. Dann verstopft das schwerere Öl den Vergaser – das Gerät springt im Frühjahr nicht an.

rer Motorleistung als diese. E-Mäher starten leicht und sind wartungsarm: Das Messerschärfen reicht zumeist. Das Mitführen des Elektrokabels kann lästig sein.

Akkumäher

Akkumäher sind da vergleichsweise angenehmer zu bedienen. Lithium-Ionen-Akkus laden binnen etwa einer Stunde auf, alte Bauweisen (Nickel-Cadmium) brauchten dazu acht bis zehn Stunden Zeit! Lithium-Ionen-Akkumäher sind, je nach Mäher/Bauweise, rund zehn Kilogramm leichter als solche mit Ni-Cd-Akkus, reichen aber dennoch an die Leistungsfähigkeit von Benzinmähern heran!

Mäher mit Verbrennungsmotoren

Sie werden mit Zweitakt- oder Viertaktmotoren gebaut. Zweitakter sind häufiger bei älteren Baureihen von Motorsensen verbreitet, bei neueren und bei Rasenmähern sind es meist Viertaktmotoren. Beide Motortypen müssen Sie warten, das bedeutet zum Beispiel Zündkerzenwechsel, bei Viertaktern auch Ölwechsel. Weil Zweitakter ihre Motorschmierung durch den hohen Ölgehalt des Treibstoff-Mixes erhalten, können sie in jeder Haltung bzw. Lage (also auch Hanglage) angewendet werden. Viertaktermotoren sind ölgeschmiert und es kann bei ihnen unter ungünstigen Bedingungen (Hanglage, niedriger Ölstand) zum Abreißen des Ölfilms und damit zu Motorschäden („Kolbenfresser") kommen. Ansonsten sind Viertaktmotoren die geeignete Wahl für Mäher mit größerer Schnittbreite für größere Rasenflächen, inklusive Radantrieb.

Luftkissenmäher

Diese gleiten statt auf Rädern auf einem erzeugten Luftpolster. Sie gibt es mit E- und mit Verbrennungsmotor (Zweitakter). Sie sind vorteilhaft auf kleinen Rasenflächen – besonders auf unebenem, stark modelliertem Gelände, wie zum Beispiel Hanglagen mit

Gediegene Gartengeräte erleichtern das zügige Arbeiten – aber nicht jeder Garten benötigt alle Gerätschaften (siehe Tabelle Seite 71)

mehr als 50 Prozent Steigung. Hier lassen sich die leichten Mäher ohne hinderliche starre Radführung besonders komfortabel bewegen.

■ Mulchmäher

Mit diesem Gerät mulchen Sie das Mähgut gleich auf der Rasenfläche. Das verlangt häufigeres Mähen, damit die kurzen Halme zwischen der Grasnarbe hindurch auf den Boden fallen und dort rasch verrotten. Tun sie das nicht, sammelt sich nicht verrottetes Mähgut im Rasen. verfilzt ihn und fördert die Moosbildung.

■ Mähroboter

Mähroboter arbeiten vollkommen selbstständig. Sie orientieren sich dabei innerhalb eines zuvor abgesteckten Rahmens, den sie nach dem Zufallsprinzip durchfahren und dabei früher oder später jeden Halm erwischen. Weil Mähroboter wie Mulchmäher arbeiten (Schnittgut verbleibt auf der Fläche), gilt diesbezüglich das dort Gesagte. Alternative: Fläche abharken.

Gartenscheren

Anwendungsbereich und der Anwendungshäufigkeit – diese beiden Überlegungen sind nicht nur bei der Auswahl eines geeigneten Motor-Gartengerätes mitentscheidend (siehe Seite 68), sondern auch bei der von Handgeräten. Am Geräteklassiker Gartenschere wird das beispielhaft deutlich. Sofern Sie häufiger Totholz als lebende Gehölze schneiden, ist für diesen Zweck eine Ambossschere besser als eine Bypassschere geeignet. Bei der Ambossschere stoßen die beiden Klingen aufeinander, bei der Bypassschere laufen sie aneinander vorbei. Entscheidend für den Kauf kann die Optik einer Schere letzen Endes nicht sein, wie die Ähnlichkeit fast aller Angebote am Markt beweist. Gerne wird daher nach dem augenscheinlichen Merkmal Preis gekauft. Preis und Qualität hängen aber zumeist voneinander ab: Billigscheren sind in der Regel Importe, die dann häufig weder aus besonders hochwertigen Materialien gefertigt, noch besonders aufwändig verarbeitet sind. Praxisbeispiel: Zwar sind billigere Bypassscheren inzwischen ebenso wie höherwertige in der Klinge fein justierbar (d. h., der Klingenabstand und damit der saubere Schnitt sind exakt einstellbar), aber bei Billigscheren zumeist nicht sehr lange. Das verhindern dann die aus weicherem Material (bis hin zu Kunststoff!) gearbeiteten Bauteile Zahnrad und Feststeller (beide sind oben auf der Schere leicht erkennbar). Weiches Material leiert recht bald aus oder bekommt sogar schon beim Verstellen im Gewinde Riefen. Die Folge: Scheren, die sich nur schwer öffnen und schließen lassen, Klingen, die von der Feder nicht mehr auseinandergedrückt werden, und zu weite (teils sogar wackelnde) Klingenabstände, die einen sauberen oder gar jeglichen Schnitt unmöglich machen. Solche Scheren, wie sie in Discountern häufig angeboten werden, reichen für Ihre Zwecke dann vollkommen aus, wenn Sie nur wenige Schnitte im Jahr zu erledigen haben (das sind etwa einige hundert). Arbeiten Sie häufig mit einem solchen Gerät (viele hundert Schnitte pro Jahr aufwärts) oder legen Sie Wert auf besondere ergonomische Merkmale (siehe unten), dann lohnt es sich, ein höherwertiges oder sogar Profigerät zu wählen. Das Preisverhältnis zwischen billigem und besserem Gerät liegt bei etwa 1:10, aber entsprechend seltener müssen Sie ein besseres Gerät ersetzen.

Dieses Beispiel der Gartenschere knüpft daran an, wie sich Gartengeräte weiterentwickeln: Galt es noch vor wenigen Jahren als Novum, die Griffe statt aus schwererem Stahl aus leichterem Aluminiumguss herzustellen, um die Handhabung damit buchstäblich zu erleichtern, hat sich die Ergonomie der Gartenscheren in jüngster Zeit noch weiter verbessert. So gibt es inzwischen Scheren auch mit gebogenen, besonders gut greifbaren Griffen. Zudem solche mit auf die eigene Handlänge verstellbaren Grifflängen. Und Geräte mit Rollgriffen, die sich während der Arbeit in der Hand mitbewegen, wodurch verhindert wird, dass der Griff auf der Haut reibt und dort Blasen bilden kann. Auch Linkshänderscheren sind längst am Markt. Und dass eine Qualitätsschere komplett demontierbar und zu reinigen und zu fetten ist, dass es Ersatzteile wie zum Beispiel Klingen für sie gibt – das zeichnet sie aus.

Was tun, wenn ... die Gartenarbeit überhand nimmt?

Sie darf zwar anstrengend sein, sie muss aber leistbar bleiben – die Arbeit im Garten. Drei Dinge helfen, Arbeitszeit einzusparen: Wechsel auf größer dimensioniertes oder sogar Profiwerkzeug, Umwidmung von Flächen (zum Beispiel arbeitssparendes Staudenbeet statt arbeitsintensivem Rasen) und die Inanspruchnahme von professioneller Hilfe eines ausgebildeten Gärtners.

■ Anwendung und Ergonomie

Anwendungsbereich, Anwendungshäufigkeit, Ergonomie – der Hinweis auf die arbeitserleichternden Aluminiumgriffe einer Gartenschere hat den Blick auf Material und Verarbeitung gelenkt. Neben selteneren Beispielen von Kunststoff oder Holz (bei zum Beispiel Harken), sind die Gartengeräte üblicherweise aus Metall gearbeitet. Aber

Für häufige Anwendung Profigeräte verwenden. Für Gelegenheitsarbeiten reichen Preiseinstiegs-Gerätschaften.

Damit Kreuz und Knochen geschont werden: Achten Sie auf ergonomisch geformte Gartengeräte im Fachhandel.

hier liegen bereits die wesentlichen Unterschiede. Billigere Geräte sind aus Blech gestanzt, je billiger, desto dünner ist dann üblicherweise das Blech. Da kann es Ihnen leicht passieren, dass bei beherztem Hinlangen die Pflanzkelle komplett verbiegt oder sogar das Blatt Ihrer Schaufel.

Höherwertige Geräte sind aus dickerem (mitunter sogar gehärtetem) Stahlblech gestanzt oder aber, in der Premiumklasse, aus (ebenfalls gehärtetem) Stahl geschmiedet. Ob ein Gartengerät aus gehärtetem Stahl besteht, können Sie in etwa an der Klangprobe einschätzen: Wenn Sie die Zinken einer Gartenharke oder das Blatt eines Spatens wie eine Stimmgabel anschlagen, dann soll ein hoher Ton hörbar sein – je höher der Ton, desto besser der Stahl. Hochwertige Geräte sind entsprechend langlebig: Für sie geben Sie kein Geld aus, sondern investieren in sie. Das dann aber – beim Gros der Geräte – in der Regel auch nur einmal oder doch nur wenige Male im Leben.

Weitere Gartengeräte

Dabei gehen die Entwicklungen noch immer weiter, denn Gartengeräte sind nicht etwa alle schon längst erfunden. Das beweisen Handgeräte wie spezielle Erdschaufeln, mit denen es leichter als mit herkömmlichen Pflanzschaufeln gelingt, Pflanzsubstrat aus einem Erdsack zu entnehmen, weil das Blatt breiter und kürzer, zudem an den Rändern stärker gewölbt ist. Eine günstige Entwicklung, weil das Bepflanzen von Kästen, Kübeln und Co. eine zunehmend häufige Gartenarbeit ist. Auch der Spork ist hier zu nennen, eine praktische Entwicklung aus dem gartenverrückten England, wie die Wortneuschöpfung „Spork“ (entstanden aus „spade“, also „Spaten“ und „fork“, also „Grabegabel“) beweist. Ein Vielseitigkeitsgerät, mit dem das Unkrautentfernen, Umgraben und Pflanzen leichter gelingt. Und das sogar zügiger, weil mit einem Gerät – ohne Wechseln – zu erledigen. Selbst Kleinstgeräte wie der Kräuterknipper fallen in diese Kategorie der Neuentwicklungen. Diese gleichsam Minischere verfügt über einen Ring, der über den Ringfinger gezogen wird. Dadurch liegt die Schere in der Hand verborgen und die Schneide lässt sich nutzen wie ein Scherenfinger, weil beim Ernten von zum Beispiel Blumen oder Kräutern die Scherenblätter genau zwischen greifendem Zeigefinger und Daumen liegen.

Es lohnt also für ambitioniertere Freizeitgärtner, auch hier die Garten(geräte)entwicklungen im Auge zu behalten und so zu den eigenen Anwendungsbereichen und seine individueller Anwendungshäufigkeit immer das jeweils passende Gerät schnell und griffbereit zur Hand zu haben.

Werkzeuggrundausstattung

unbedingt	nach Bedarf	nicht unbedingt
Besen	Astsäge	elektrischer Rasenkantenschneider
Eimer	Astschneider	Kompostsieb
Gartenmesser	Grubber	Kultivator
Gartenschere	Häcksler	Laubsauger
Gartenschlauch	Heckenschere	Motor-Heckenschere
Gießkanne	Knieschoner	Motorsäge
Grabegabel	Leiter	Rasenvertikulierer
Hacke	Rasenmäher	Reihenziehgerät
Handschaufel	Schubkarre	Sauzahn
Handschuhe	Schürze	Veredlungsmesser
Spaten		Wetterstation

Pflanzenauswahl und Erwerb

Gute Qualität macht sich schnell bezahlt. Denn nur gesunde, gut gepflegte Pflanzen, die nicht an Krankheiten oder unter Schädlingen leiden, wachsen schnell an und bereiten dem Gärtner Freude.

Wo kauft man Pflanzen?

Die letztendliche Einkaufsstätte für Pflanzen ist eigentlich egal, solange dort die Pflanzenqualität stimmt, die fachliche Pflege der Pflanzen bis zum Verkaufszeitpunkt passt und die Beratungskompetenz rund um die Pflanze gegeben ist – am besten zusammen mit hilfreichem Service wie Liefer- und Pflanzservice und womöglich Anwachsgarantie. Genau diese ist im Handel jedoch oft ein Streitpunkt, denn in dem Moment, da die Pflanze die Einkaufsstätte verlässt, verlässt sie auch den Einflussbereich des Gärtners. Und ob die Pflanze danach tatsächlich fachgerecht gepflanzt und in der Phase des Anwachsens pflanzengerecht behandelt wurde, das obliegt dann dem Eigentümer. Daher ist verständlich, wenn Gärtner Anwuchsgarantien zunächst einmal ablehnen. Und es ist umso serviceorientierter, wenn sie es trotz allem anbieten.

Auswahl macht Spaß: Fach-Gartencenter und Garten-Baumschulen sind auf Pflanzen und ihr Zubehör spezialisiert.

■ Beim Gärtner

Die Erfahrung zeigt, dass eine Einkaufsstätte umso geeigneter ist, je gärtnerischer es dort zugeht. Pflanzen aus dem Lebensmittelmarkt können ein schnelles Schnäppchen bedeuten – oder den Reinfall dann, wenn der billige Preis angesichts der erhaltenen Qualität dennoch zu teuer war.
Achten Sie mal darauf: Gerade bei Beet- und Balkonpflanzen wie zum Beispiel Geranien oder bei Kübelpflanzen wie zum Beispiel Oleander werden Ihnen in Lebensmittelmärkten oder Discountern oft Jungpflanzen angeboten oder sogenannte „Halbfertig-Ware". Die ist preislich verlockend, aber doch mit dem Makel versehen, dass Sie nun selbst den Aufwand in die Hand nehmen müssen, diese Pflanzen zu Ende zu kultivieren. Fertigware, die sofort „voll da" ist, kann – verglichen dazu – sogar (mindestens) ebenso günstig sein!

Qualitätsbetriebe unter den Gartencentern und Gärtnereien erkennen Sie anhand von Zertifizierungsurkunden in den Betrieben, etwa als „Anerkannte Markenbaumschule", „Anerkannte GartenBaumschule", als „FachGarten-Center" oder am grünen „G" der qualifizierten Einzelhandelsgärtnereien.

■ Spezialgärtnereien, Versand und Internet

Für den ambitionierten Pflanzenfreund empfehlen sich über den nahe gelegenen Fachbetrieb hinaus auch Spezialgärtnereien, Spezialversender und Pflanzenbörsen, wie sie im Internet, in den Adressteilen von Gartenbüchern und in den Inseraten der Gartenzeitschriften leicht zu finden sind. Diese haben sich mitunter auf spezielle, bisweilen sogar einzigartige Sortimente konzentriert, etwa nur auf Kräuter, Rosen, Fuchsien, Duftgeranien, Bonsai, Seerosen, Kübelpflanzen oder sogar winterharte Kakteen. Hier finden Sie nicht nur ausgefallene Arten und Sorten, sondern darüber hinaus auch besonders detaillierte Fachkenntnisse sowie den Kontakt zu anderen von Spezialitäten begeisterten Pflanzenfreunden und sogar Sammlern. Hier treffen Sie neben Einkaufs- auch Tauschmöglichkeiten an.

Angebotsformen

■ Nackt – oder nicht nackt, das ist hier die Frage

Im Fachhandel finden Sie Pflanzen in verschiedenen Angebotsformen vor. Der wesentliche Unterschied dabei:

Gartenrosen gibt es (von links) wurzelnackt, wurzelverpackt, im Pflanztopf und im Container.

Wird die Pflanze mit Erde an den Wurzeln angeboten oder nicht? Ist es nicht der Fall, dann spricht der Gärtner von so genannten „wurzelnackten Pflanzen". Das ist eine traditionelle Handelsform, die aber immer seltener wird, weil sich die getopfte Pflanze mehr und mehr als Standard etabliert. Wurzelnackte Pflanzen sind leichter zu tragen und zu transportieren. Und sie sind etwa ein Drittel billiger zu bekommen als getopfte Pflanzen, die ja aufwändiger produziert und transportiert werden müssen.
Für wurzelnackte Pflanzen ergibt sich aber zwangsläufig ein engeres Angebots- und Pflanzzeit-Fenster, das von Anfang/Mitte Oktober bis Anfang, spätestens Mitte April reicht.

■ Ballenware

Den Übergang zu den getopften Pflanzen stellen die Pflanzen mit Wurzelballen dar. Sie sind mit Erde aus dem gewachsenen Boden genommen worden, dem Wurzelballen, der von einem Leinen oder/und Drahtgeflecht gestützt ist. Achten Sie darauf, dass der Wurzelballen den Wurzeln rundum gleichmäßig fest anliegt. Ein perfekter Wurzelballen ist stets stramm und dabei mehr oder minder rund- bzw. flachkugelig. Mit (Draht)Wurzelballen werden noch immer etliche Laub- und Nadelgehölze angeboten, vor allem Großgehölze und stärkere Bäume. Das Angebots- und Pflanzzeit-Fenster der Ballenware reicht von Ende August bis spätestens Anfang/Mitte Mai.

■ Containerpflanzen

Im Segment der kleineren Gehölze spielen Ballenpflanzen eine zunehmend geringere Rolle. Getopfte Pflanzen mit Topfballen bzw. Container (so nennt man Pflanztöpfe über etwa zwei Liter Volumen) bestimmen dagegen mehr und mehr den Pflanzenhandel. Für nur kurze Zeit im Herbst und Frühjahr werden speziell Rosen, manchmal auch Obstgehölze, unter der Bezeichnung „wurzelverpackt" angeboten. Sie gelten dann weder als wurzelnackt noch als getopft – ihre Wurzeln sind lediglich mit etwas Erde umgeben, umhüllt durch meist eine Folie, wahlweise ein Netzgewebe oder sogar einen – dann aber kleinvolumigen – Topf.

Pflanzzeit

Das mittlerweile ganzjährig erhältliche Angebot an Pflanzen im Pflanztopf hat es mit sich gebracht, dass sie gleichsam rund ums Jahr gepflanzt werden können. Das verleitet dazu, es auch zu tun. Gleichwohl macht es Sinn, Folgendes zu beachten:
Der Herbst bleibt nach wie vor für das Gros der Pflanzen die beste Pflanzzeit. Der Vergleich von Anwuchsergebnissen hat gezeigt, dass Herbstpflanzungen gegenüber Frühjahrspflanzungen zu Jahresbeginn schneller in Schwung kommen, besser einwurzeln und längere Triebe bilden.
Herbstpflanzung bedeutet konkret: Koniferen mit Wurzelballen können Sie, bei ausreichend Feuchte, bereits ab Anfang September setzen, wurzelnackte Laubgehölze ab Mitte/Ende Oktober. Lediglich frostempfindliche Gehölze wie zum Beispiel Japanahorne oder Halbsträucher wie Bartblume oder Säckelblume, auch Mediterranes wie Salbei, Lavendel und Rosmarin, pflanzen Sie besser nach dem Winter. So sparen Sie sich die Mühe des Einwinterns bzw. Winterschutzes (siehe Seite 98 f.). Und Sie umgehen die Gefahr des Erfrierens dieser Pflanzen.
Auch Stauden können praktisch ganzjährig gepflanzt werden, solange der Boden offen, also nicht gefroren ist.

KLIMA-TIPP

Viele Gartencenter reagieren bereits auf den Klimawandel und bieten Gräser und Stauden für Präriegärten oder Steppenheiden an. Die Pflanzenauswahl ist zwar geringer als für eine Stauderabatte, dafür vertragen die Arten Trockenheit und sind relativ pflegeleicht.

In der Praxis verzichtet man jedoch zumeist darauf, von etwa Oktober bis Februar zu pflanzen, sofern der Winter nicht sehr mild ist. Zu spät gesetzte Stauden, die dann nicht mehr einwurzeln konnten, können bei Frost hochfrieren. Das kann sie umbringen, allemal aber müssen Sie die betroffenen Pflanzen im Frühjahr nachpflanzen, damit sie dem Erdboden nicht obenauf liegen und (Trocken)Schaden nehmen.
Für Kräuter, in ihrem botanischen Übergang von den krautigen zu den (teil)verholzenden Pflanzen, gilt das Gleiche wie für Stauden und die oben genannten Halbsträucher. Bei allen nicht frostharten Pflanzen (viele Beet- und Balkonblumen, einige Gemüse wie Tomaten, Paprika, Auberginen) müssen Sie mit dem Pflanzen ins Freie warten, bis nach Mitte Mai die Frostgefahr gebannt ist. Sofern Sie getopfte Ware für späte Pflanzungen bis in den Sommer hinein nutzen möchten: Sommerpflanzungen sollen so rechtzeitig gesetzt werden, dass die Pflanzen bis zum Winterbeginn stabil eingewurzelt sind und damit sicherer durch den ersten Winter kommen können.
Bei der Pflanzung von Blumenzwiebeln werden Frühjahrsblumenzwiebeln und Sommerblumenzwiebeln unterschieden, was die Knollenpflanzen wie Anemonen, Begonien, Canna und Dahlien miteinbezieht. Frühjahrsblumenzwiebeln sollen im September/Oktober in die Erde, Sommerblumenzwiebeln im April/Mai, wobei Sie die Frostempfindlichkeit betreffender Arten beachten müssen.
Die „beste Pflanzzeit" bedeutet übrigens auch dies: Gerade teure Gehölze lohnt es, vergleichsweise jung zu kaufen und früh zu pflanzen, damit nach einigen Jahren, wenn ihr voller Nutzen von ihnen erwartet wird, die Pflanzen ihre entsprechende Größe erreicht haben und dann nicht als Großpflanzen teurer zugekauft werden müssen.

Qualitätskriterien beim Einkauf

Neben der oftmals sogar zertifizierten Qualität der Einkaufsstätte ist die Qualität der Pflanze selbst einkaufsentscheidend. Diese soll mit ihrem korrekten Arten- bzw. Sortennamen identifizierbar sein, arttypisch bzw. sortentypisch gewachsen sein. Sie muss unkraut-, krankheits- und schädlingsfrei sein. So sollen Kernobst- (zum Beispiel Äpfel, Birnen) und Steinobstgehölze (zum Beispiel Pflaumen, Renekloden) aus virusfreiem bzw. virusgetestetem Ausgangsmaterial erzeugt sein, was laut Pflanzenverkehrsgesetz heute die Regel ist. Achten Sie bei der Obstsortenwahl generell auf solche, die ausgewiesene Toleranzen oder gar Resistenzen gegenüber arttypischen Krankheiten haben, etwa Schorf und Mehltau an Äpfeln.
Toleranzen oder Resistenzen sind auch auf Samentütchen für Gemüsesamen ausgewiesen, zum Beispiel blattlausfeste Kopfsalate, pilzfeste Tomaten, mehltaufeste Feldsalate oder Spinate.
Bei Rosen ist es günstig, Sorten mit dem Prädikat „ADR"-Rose zu kaufen. Diese Sorten sind an verschiedenen Stellen im Bundesgebiet an unterschiedlichen Standorten und bei unterschiedlichen Standortbedingungen über Jahre getestet worden. Nur diejenigen, die sich gegen Rosenkrankheiten robust erwiesen haben und gesund blieben, bekamen im Anschluss an die „härteste Rosenprüfung der Welt", wie sie auch genannt wird, das Gütesiegel „ADR" und haben die Allgemeine Deutsche Rosenneuheitenprüfung bestanden.
Kräuter, oft auch Stauden allgemein, seltener Gehölze, werden inzwischen in Bio-Qualität angeboten, dann kenntlich gemacht mit dem sechseckigen Bio-Siegel.
Ebenfalls gut zu wissen: Es gibt spezielle Pflanzenserien und -sorten auch unter den Balkonpflanzen, zum Beispiel besonders regenfeste Petunien („Shock Wave"-Petunien), die bei schlechtem Wetter durchblühen und nicht durchgeputzt werden müssen.
Nicht nur die Pflanzenqualität allein, auch die vom Händler bzw. Gärtner gegebenen Hilfestellungen und Ein-

Zehn Punkte, die bei guter Pflanzenqualität stimmen müssen:

Die Pflanze
- ist mit korrektem Namen, einschließlich Sortennamen, ausgezeichnet;
- ist in ihrem Wuchs art- und sortentypisch ausgeprägt;
- ist fachgerecht herangezogen worden und hat entsprechend, bei Bäumen und Stämmchen, einen geraden Stamm sowie ggf. einen durchgehenden Leittrieb;
- wird, entsprechend ihrer Größensortierung, in der korrekten Preisklasse geführt;
- ist ohne erkennbare Schäden wie zum Beispiel Totholz, Rindenverletzungen, Zweigbruch oder schadhafte Belaubung;
- ist frei von Schädlingsbefall;
- hat keine erkennbaren Krankheiten;
- wird ohne Unkräuter, einschließlich Lebermoose, angeboten;
- hat eine entsprechend ihrer Größe ausreichende Bewurzelung, dazu wächst sie ggf. in einem ausreichend großen Topf bzw. Container oder hat einen angemessen großen, rundum fest den Wurzeln anliegenden Wurzelballen;
- ist in gutem Ernährungszustand, einschließlich der Wasserversorgung.

Lust am Besonderen: Kräutervielfalt (hier von links, Pfefferminze, Chinesische Minze und Thai-Minze) laden zum Entdecken von Nuancen ein.

kaufsbequemlichkeiten entscheiden beim Einkauf mit, denn sie entscheiden letztlich darüber, ob eine Pflanze, ein Produkt nur billig oder aber tatsächlich preiswert ist. So bieten Fachbetriebe neben allen erforderlichen Einkaufs- und Verpackungshilfen vor Ort zum Beispiel auch an, die Pflanzen fachgerecht nach Hause zu transportieren (zum Beispiel auf dem Anhänger mit Plane vollständig bedeckt, um Austrocknung durch den Fahrtwind zu vermeiden). Und/oder sie im Garten so auszulegen, dass Sie die Neulinge korrekt in richtigem Abstand zueinander sowie in optisch ansprechender Abfolge setzen. So kann bei der Gestaltung nichts schief gehen.

Der Ballen spricht Bände: Ist die Pflanze mit gesunden Wurzeln gut durchgewurzelt? Oder finden sich Schädlinge, zum Beispiel Wurzelläuse?

Pflanzzeiten – Was wird wann gepflanzt?

	Bäume und Ziergehölze*	Obstgehölze	Halbsträucher und frostempfindliche Ziergehölze, Obstgehölze, Kräuter und Stauden	Stauden	Kräuter**	Beet- und Balkonpflanzen**	Blumenzwiebeln**	Gemüsejungpflanzen**
Januar	●	●						
Februar	●	●						
März	●	●	○	●	○			
April	●	●	○	●	○		● Sommerblumenzwiebeln**	
Mai	●	●	●	●	●	●	●	●
Juni	●	●	●	●	●	●		●
Juli	●	●	●	●	●	●		●
August	●	●	●	●	●	●		●
September	●	●	●	●	●	●	● Frühjahrsblumenzwiebeln	●
Oktober	●	●		●		●	●	
November	●	●						
Dezember	●	●						

Farblegende: ○ erste Pflanzungen unter Umständen möglich; ● Hauptpflanzzeit
* solange der Boden frostfrei ist; gilt für nicht wurzelnackte Ware – diese nur von Oktober bis April
** ggf. das Ende der Frostperiode nach den Eisheiligen (ca. 15. Mai) abwarten

Pflanzung

Die Pflanzung ist der Startschuss für das langfristige Gedeihen der Gehölze und Stauden im Garten. Deswegen gilt es, ihr bereits im Vorfeld einige Aufmerksamkeit zu widmen.

KOSMOS TIPP

Stellen Sie wurzelnackte Rosen am Abend vor dem Pflanzen bis zur Veredelungsstelle in Wasser. Sie wachsen besser an, wenn sie sich vor dem Setzen mit Wasser vollsaugen können. Das ist gerade bei der Pflanzung im Frühjahr mit seinen häufig trockenen Wetterperioden wichtig.

Vor dem Pflanzen steht die allgemeinen Pflanzplanung. Sie denkt die ästhetische Gartengestaltung und ihre Stilistik (zum Beispiel Japangarten oder Bauerngarten) ebenso voraus wie die Raum- und Flächenaufteilung des Gartens. Sie berücksichtigt aber auch ganz praktische Aspekte wie den einzuhaltenden Grenzabstand, das Freihalten von zum Beispiel Blickachsen, Lauf- und Spielflächen, die Vorbereitungen von Wasser- und Stromleitungen etc. Weil es dabei um so komplexe Dinge wie Farb- und Formgestaltung, um die jahreszeitliche Abfolge von optischen Pflanzeneffekten, aber auch um Praktisches wie Pollenflug und Laubfall, Wuchshöhen und -breiten oder sogar um die mögliche Gefährdung durch Giftpflanzen oder Stromleitungen geht, lohnt es in dieser Phase, einen Fachmann zu Rate zu ziehen: einen Gartenplaner, kompetenten Landschafts- oder Baumschulgärtner bzw. einen Elektriker.

Vorbereitungen

Auch das Pflanzen selbst verlangt nach Vorbereitungen. Achten Sie darauf, dass alle Bodenvorbereitungen (Seite 78) komplett abgeschlossen und die Pflanzflächen komplett vorbereitet sind: tiefgründig locker, unkraut- und unratfrei, fertig modelliert und feinkrümelig glatt geharkt. Halten Sie das Wetter im Auge und planen Sie für den Pflanztag nur so viel Arbeit ein, wie Sie (und ggf. Ihre Helfer) bewältigen können. Denn am Ende des Tages müssen alle Pflanzen versorgt sein, um Ausfällen vorzubeugen. Lagern Sie die Pflanzen nicht in der prallen Sonne oder an zugigen Stellen. Besonders die wurzelnackte Ware (Seite 73) müssen Sie während der Wartezeit bis zum Setzen mit einer Gießkanne überbrausen, gut feucht halten und mit einer Plane abdecken. Getopfte Pflanzen und solche mit Erdballen sollen ebenfalls in ausreichend feuchter Erde stehen, gießen Sie diese Pflanzen ggf. vor

Beim Pflanzen gilt es, gründlich zu arbeiten: Alle Bodenverdichtungen müssen großzügig beseitigt werden, damit die Pflanze nicht nach einiger Zeit in Wachstumsstockungen verfällt.

Erst den Pfahl setzen, dann den Baum. So stehen beide stabil.

Damit die Erde an die Wurzeln geschwemmt wird: Wasser marsch!

dem Einsetzen. Pflanzen Sie bei umfangreicheren Gartenbepflanzungen zunächst die Strukturpflanzen: zuerst die Bäume, dann die Groß- und danach die Kleinsträucher, gefolgt von den Stauden, Blumenzwiebeln, Beet- und Balkonblumen. Denn die nachfolgenden Pflanzen richten sich in ihrer exakten Positionierung nach den Strukturgebern. Setzen Sie in einem solchen Fall zusammen mit den Bäumen und Großgehölzen auch die großen Koniferen und Immergrünen, denn sie bestimmen die optische Struktur im winterkahlen Garten. Das lässt sich beim Pflanzen bereits gut simulieren.

Geht es statt um den großen Wurf „nur" um die Einzelbeetbepflanzung, so gelten dennoch diese Hinweise vergleichsweise auch: Auch in einem Staudenbeet werden zunächst die Leitstauden wie Rittersporn, Königskerzen oder Großgräser gesetzt, dann die Begleitstauden und letztlich die flächig eingesetzten Pflanzen. Im Rosenbeet ist die Abfolge entsprechend: zunächst die Kletterrosen des Hintergrundes, dann die Strauchrosen und Rosenstämme, danach die höher werdenden Rosensorten, letztlich die niedrigeren Sorten und Kleinstrauchrosen.

Legen Sie die Pflanzen zunächst aus. So bekommen Sie einen besseren Überblick, ein sicheres Gefühl für die optische Wirkung und können die exakten Ausrichtungen ebenso korrigieren wie die letztlichen Pflanzabstände. Stehen so zum Beispiel die Leitpflanzen exakt positioniert, lassen sich die Begleitpflanzen problemlos zuordnen. Und es ist danach ein Leichtes, das verbleibende Beet mit den flächig gesetzten Pflanzen aufzufüllen. Wenn Sie sich nicht sicher sind, wie sich die Pflanzen langfristig entwickeln und wie sie daher an Ort und Stelle zu positionieren sind: Kaufen Sie Ihre Pflanzen dann am besten dort ein, wo sie zusätzlich die Dienstleistung erhalten, dass Ihnen ein Fachmann die Pflanzen im Garten passend auslegt. Pflanzungen vorzubereiten, verlangt einige Handgriffe, die sich aber letztlich durch das bessere Ergebnis lohnen. Der Akt des Pflanzens selbst ist danach vergleichsweise unkompliziert.

Pflanzen

Graben Sie für die jeweilige Pflanze ein ausreichend großes Pflanzloch. Das soll um ein Drittel bis die Hälfte größer als das Wurzelvolumen sein. Für Bäume wird nun zunächst der Pflanzpfahl gesetzt, der dem Gehölz in der Phase des Anwachsens für etwa zwei Jahre mehr Standfestigkeit gibt. Der Pfahl muss fest und stabil stehen, erst danach wird die Pflanze an ihn gestellt und fertig gepflanzt. Großsträucher und Koniferen fixiert man erst nach dem Pflanzen, indem der Pfahl schräg zur Pflanze mit einer Pfahlramme (beim Gärtner ausleihen) oder einem Vorschlaghammer in den Boden getrieben wird.

Füllen Sie beim Pflanzen das Pflanzloch zunächst bis zur Hälfte mit Erde, schlämmen Sie dann mit etwas Wasser die Erde an die Wurzeln und füllen Sie danach die Erde ganz auf und treten Sie sie leicht fest.

Bei veredelten Gehölzen, zum Beispiel Obstgehölzen, muss die Veredelungsstelle nach dem Pflanzen über dem Boden liegen. Bei Rosen aber soll sie etwa fünf Zentimeter tief (ca. drei Finger breit) im Boden sein. An Ballenpflanzen müssen Sie das Ballenleinen nur dann aufknoten, wenn es um den Stamm der Pflanze gewickelt ist – sonst nicht! Lösen Sie das Leinen auch erst dann, wenn der Ballen bereits zu zwei Dritteln fertig gepflanzt ist – sonst laufen Sie Gefahr, dass der Wurzelballen auseinanderbricht.

... und einen Baum pflanzen. Obstbäume haben ihren Nutzen oft für drei Generationen.

Setzen Sie die Pflanzen nicht zu hoch und nicht zu tief – etwa so, wie sie zuvor in der Erde (bzw. im Topf oder Container) gestanden haben, plus etwa zwei Zentimeter. Schneller geht das Pflanzen von der Hand, wenn Sie das Pflanzloch der einen Pflanze mit dem Aushub des Pflanzlochs der nächsten Pflanze auffüllen, das gilt speziell bei Heckenpflanzungen.

Was tun, wenn ... Rosen im Pflanztopf nicht recht gedeihen?

Die Königin der Gartenblumen ist ein Tiefwurzler und benötigt deswegen statt flacher Pflanzgefäße solche, die mindestens 40, besser 60 cm und höher sind. Auch ist sie auf einen eher kalkhaltigen Boden angewiesen, meidet die saure Erde. Spezielle Rosenpflanzerde oder ton- und mineralreiche Kübelpflanzenerde lassen sie besser wachsen. Jährlich Düngekalk geben!

Bodenbearbeitung

Tiere tun sich leicht – sie können ihren Standort wechseln, wenn er ihnen nicht behagt. Pflanzen müssen hingegen ein ganzes Leben lang dort mit den Gegebenheiten klarkommen, wo sie einmal gekeimt haben oder gepflanzt worden sind. Das macht ebenso deutlich, wie sehr die gründliche Vorbereitung des Bodens buchstäblich über langfristigen Gedeih und Verderb der Gartenpflanzen entscheidet.

Der Boden – Pflanzenstandort für lange Zeit

Praxisbeispiel: Gerade bei Gartenneuanlagen wird um der schnellen Begrünung willen, des kurzfristigen Erfolges wegen, lediglich der Oberboden hergerichtet – ohne den Unterboden zu beachten. Oberboden, das ist der Bereich von gut Spatenstich-Tiefe. Im ungünstigsten Fall wird der Boden nur gefräst, was die Fläche zwar optisch reinigt (Unkraut zerstört, grobe Erdklumpen zerkleinert), aber nur 15 cm tief in den Boden eindringt und somit den Unterboden nicht wirksam lockert. Die „schnellen Maßnahmen“ sind also ein trügerischer Erfolg, denn wenn Pflanzen in (auf ehemaligen Baustellen oft anzutreffendem!) verdichteten Boden gesetzt werden, kommen sie jahrelang nicht in Schwung. Und wird Rasen über verdichtetem Boden gesät, sind Staunässe, schütterer Rasen, Moos in Massen und Wildkräuter, welche die Bodenverdichtung anzeigen (zum Beispiel Kamille, breitblättriger Wegerich) die zwangsläufige Folge. Vergleichen Sie einmal: Sie würden es nie zulassen, auf marodem Putz einen Anstrich oder eine Tapete anzubringen, nur der schnellen optischen Erfolge wegen. Aus Pflanzensicht gedacht, ist die gründliche Bodenvorbereitung unerlässlich. Irgendwann müssen Sie diese Arbeit sowieso leisten. Sie im Nachhinein leisten zu müssen, kommt teurer. Am besten also den Boden gleich herrichten – auch, wenn Ungeduld und Kosten drücken mögen ...

So bereiten Sie den Gartenboden richtig vor: Überall wo Baumaterialien, Aushuberde, Baumaschinen und Baustellenverkehr den Boden verdichtet haben, lassen Sie ihn mit einer Raupe oder dem Bagger tiefgründig (bis ca. 1,5 Meter tief, nicht nur die oberen 30 cm!) so lockern, dass alle Bodenverdichtungen zuverlässig beseitigt sind. Anschließend alle Steine und Unrat entfernen, den Oberboden ggf. fräsen, und ein Jahr lang mit Gründüngungspflanzen zwischenbegrünen, zum Beispiel Lupinen, Bienenweide, Raps. Lupinen haben den Vorteil, mit starken Wurzeln tief in den Boden einzudringen und ihm überdies zusätzlichen Stickstoff zuzuführen. Als Wildwuchs eindämmende Pflanzen sind auf kleinerer Fläche auch Kartoffeln ausgesprochen wirksam!

Es muss nicht imm er Sandkasten sein: Hier kommt zum genüsslichen Buddeln das wachsen sehen hinzu.

Pflanzen wie Lupine und Bienenweide erfrieren bei Frost und können, wie abgemähte andere Gründüngung dann auch, im Vorfrühling eingefräst werden. Danach das verbliebene Unkraut, alle verbliebenen Steine und allen Unrat entfernen, den Oberboden ggf. noch mal fräsen, besser umgraben. Vor dem Bepflanzen gibt Ihnen eine Bodenanalyse (sie wird in vielen Gartencentern als Service angeboten) Auskunft über Kalk- und Düngergehalt bzw. -bedarf Ihres Gartenbodens, so dass Sie den Boden gezielt ansäuern (geht mit Torf- bzw. Torfersatzstoffen) oder aufkalken sowie aufdüngen können – passend zu der von Ihnen geplanten Bepflanzung.

Bodenarten

Ob sandiger Boden oder lehmiger Boden – ein jeder Gartenboden hat seine Vor- und Nachteile. Welche Bodenart Sie in Ihrem Garten haben, können Sie in etwa mit einer sogenannten Fühlprobe ermitteln. Nehmen Sie dazu etwas feuchten Gartenboden in die Hand und kneten Sie ihn. Versuchen Sie, aus ihm eine Kugel zu drehen oder eine Wurstform zu rollen. Behalten diese leicht ihre Form, so haben Sie einen eher lehmigen Boden, lassen sich die Formen hingegen nicht gestalten, weil sie auseinanderkrümeln, dann liegt ein eher sandiger Boden vor. Ist das Ergebnis irgendwo dazwischen angesiedelt, so haben Sie tendenziell einen sandigen Lehm oder aber lehmigen Sand vor sich. Für den Fall, dass Sie es genau wissen müssen oder wollen: Im Rahmen einer Bodenprobe (links) können Sie die Bodenart gleich mitbestimmen lassen.

■ Lehmböden

Lehmige Böden sind wüchsige Gehölzböden, sind zum Beispiel für Rosen und Obstbäume gut geeignet, aber auch für Ziergehölze wie Spireen, Flieder, Goldregen, Mahonien und einige Hartriegelarten. Günstige Heckenpflanzen auf Lehm: Hainbuche und Liguster. Im Gemüsegarten wächst beispielsweise Kohl recht gut auf solchen Böden. Und während etwa Bleichspargel auf ihm nicht gedeiht, gelingt hingegen Grünspargel hier recht gut. Lehmige Böden, auch schwere Böden genannt, sind aber schwerer zu bearbeiten – je lehm- und tonhaltiger, desto schwieriger. Sie sind nach Regen und Schnee lange nass oder schmierig, kleben unangenehm an Gartengeräten und -schuhen. Sie sind wegen der engen, oft wassergefüllten Bodenzwischenräume (Kapillaren genannt) schlecht belüftet, weswegen Bodenverdichtungen schwerer Böden besonders problematisch sind, weil die Pflanzenwurzeln hierin ersticken. Allerdings haben diese Böden eine gute Nährstoff- und Wasserhaltekraft sowie zumeist eine bessere Grundversorgung mit Kalk. Bei Humusgaben dürfen diese nicht zu tief (nicht tiefer als einen Spatenstich, ca. 30 cm) eingearbeitet werden, um Fäulnis und Vertorfung zu vermeiden.

Die richtige Bodenbearbeitung und -pflege danken die Pflanzen durch üppiges Gedeihen.

KLIMA-TIPP

Mulchen ist zwar kein Allheilmittel, kann aber dennoch die Bodenfeuchte im Sommer bewahren helfen. Decken sie im Frühling die Beete mit Mulch ab und gießen Sie ausschließlich abends, damit die Feuchte in den Boden einsickern kann.

■ Sandböden

Sandige Böden, auch leichte Böden genannt, sind leicht zu bearbeiten, erwärmen sich im Frühjahr beizeiten, neigen aber zum baldigen Austrocknen, zu Kalk- und Humusmangel sowie zum Auswaschen von Nährstoffen, weswegen sie häufiger, aber mit dann kleineren Mengen gedüngt werden sollten (siehe Seiten 82 bis 85). Etliche Stauden (zum Beispiel Bergenie, Heidenelke, Pfeifengras und Wurmfarn) und einige Gemüse (zum Beispiel

Möhren), aber auch Gehölze wie Feldahorn, Ginster und einige Hartriegel gedeihen gut auf Sand.
Am besten aber, vor allem als Boden im Gemüsegarten, sind mittelschwere Böden geeignet (lehmiger Sand, sandiger Lehm). Mittelschwere Böden bieten im Garten die breitesten Nutzungsmöglichkeiten.

Bodenverbesserung

Ein jeder Gartenboden lässt sich für die Pflanzen, die in ihm gedeihen sollen, noch verbessern. Verbessern heißt hier: Den Boden den speziellen Anforderungen der Pflanzen an diesen Gartenplatz noch genauer anpassen. Der Hintergrund, zu Ihrem besseren Verständnis: Verschiedene Bodenarten haben unterschiedliche Eigenschaften (siehe Seite 79), meist gedeihen die Pflanzen auf abweichenden als den für sie optimalen Böden entsprechend weniger gut. Pflanzen die an saure Bedingungen eines Moorbodens angepasst sind, das sind zum Beispiel Rhododendren, Azaleen, Heidekräuter, Skimmien, Heidelbeeren und dergleichen, gedeihen nicht recht auf humusarmen Lehmböden, die ihre feinen Wurzeln ohnehin kaum durchwandern können. Hier müssen Sie vor dem Pflanzen eingreifen.

■ Problemböden

Zumeist geht es im Garten in erster Linie darum, „Problemböden" wie einen zu leichten oder zu schweren Boden zu verbessern. Das gelingt recht gut auf diese Weisen:
Sehr sandige Böden werden in ihrer Wasserhaltekraft und in ihrem Nährstofffluss stabiler, wenn Sie sie mit reichlich Humus und womöglich eingearbeitetem Lehm oder Ton anreichern. Beide, Humus und Lehm oder Ton, verbessern Nährstofffluss und Wasserhaltevermögen im Sandboden.

KOSMOS TIPP

Es muss nicht immer Torf sein! Er besteht aus humifizierten, aber nicht zersetzten *Sphagnum*-Moosen und ist ein beliebtes Material zur Bodenverbesserung. Dem Erhalt der hochsensiblen Hochmoore kommt es entgegen, wenn Sie Torf nur in Maßen verwenden und ihn, wo möglich, durch Torfersatzprodukte, wie Holzfasersubstrate, ersetzen.

Pro Quadratmeter Sandboden dürfen es je gut eine Schubkarre voll (ca. 80-100 Liter) sein, wahlweise zugekaufte Säcke mit Pflanzhumus, Komposterde und Bentonit, einem pulverförmigen Ton. Gut sortierte Gartencenter führen diese Bodenhilfsstoffe oder können sie Ihnen besorgen.
Schwere Böden hingegen werden mit – je nach Schwere – ein bis zwei Karren Sand und einer halben Karre Humus pro Quadratmeter geschmeidiger gemacht. Schwere Böden gräbt man zudem vor dem Frost grob um und lässt die Schollen vom Frost brechen. Hier macht man sich die Physik zunutze: Da gefrorenes Wasser sich ausdehnt, drückt das Wasser in den Kapillaren des Lehmbodens (siehe Seite 79), sobald es zu Eis erstarrt, die lehmige Scholle auseinander. So entsteht Jahr um Jahr ein geschmeidigerer Gartenboden.
Beide Böden, schwere wie leichte, benötigen die jährliche Kalkung. Auf Lehmböden reicht meist eine Erhaltungskalkung von 50 Gramm/Quadratmeter, bei Sandböden sind es eher 100 bis 150 Gramm Düngekalk/Quadratmeter.
Geht es letztlich um die Bodenverbesserung als Pflanzvorbereitung für „Spezialisten", wie die oben bereits angeführten Moorbeetpflanzen, die einen sauren Boden mit einem pH-Wert um 5,5 brauchen, dann wird der Oberboden für diese Pflanzen am vorgesehenen Standort etwa 50 cm tief sehr stark mit Torf oder Torfersatzstoffen angereichert (ca. 120 Liter/Quadratmeter).
Doch auch der umgekehrte Fall kann erforderlich sein: Soll zum Beispiel ein Steingarten als Alpinum ausgeführt werden, so benötigen die dort wachsenden Hochgebirgspflanzen, wie Edelweiß oder Enzian, je nach Art eher alkalischen, also kalkhaltigen Boden. Dann ist es erforderlich, den Boden durch die Zugabe von Düngekalk oder Kalkschotter bzw. Kalksplitt auf einen pH-Wert von 7 bis 8 anzuheben.
Zur genauen „Einstellung" Ihres Gartenbodens auf spezielle Pflanzenbedürfnisse ist eine Bodenanalyse (siehe Seite 79) oder der Rat eines Gärtners vor Ort hilfreich.

Böden richtig pflegen

Ein Boden, das ist weit mehr als ein Haufen Sand und Steine. Der Boden als ein lebendiges Gefüge von Bodenmineralien, Humus und Bodenlebewesen ist ein dynamisches System – es verändert sich immerfort. Ein gesunder Gartenboden will daher gepflegt – und

Was tun, wenn ... man der Wurzelunkräuter nicht Herr wird?

Es gibt zwar Spritzmittel gegen hartnäckige Unkräuter, wie Giersch, Quecke und Co, ihr Einsatz im Garten ist aber immer mehr eingeschränkt. Ständiges, oft Jahre langes intensives Abhacken der grünen Pflanzenteile hungert die Wurzeln auf Dauer aus. Schnellverfahren: Betroffenes Beet vom Frühjahr bis zum Spätsommer mit schwarzer Folie überziehen, dann gehen die Pflanzen ein und das Beet kann neu aufgebaut werden.

pfleglich behandelt werden! Achten Sie folglich darauf, dass Sie dem Boden jährlich zufügen, was er durch Humusabbau und Nährstoffentzug verloren hat (dazu zählen auch Ihre Ernteentnahmen in Form von z. B. Obst, Gemüse, Vasenschmuck, aber auch das vom Gelände abgefahrene Schnittgut). Vermeiden Sie dabei einseitig mineralische Düngung mit „Kunstdüngern“ (siehe Seiten 82 bis 85), weil sie zwar Nährstoffe ersetzen, nicht aber den abgebauten Humus.

Die wichtigste Bodenpflege im Garten ist das Hacken der Böden. Es belüftet die sehr stoffwechselaktive oberste Bodenschicht mit ihren Bodenbakterien, vermindert unerwünschten Wildwuchs und dient nach Regen oder Beregnen dazu, die Kapillaren (siehe Seite 79) des oberen Bodens zu brechen, damit das erhaltene Wasser deutlich langsamer wieder verdunstet.

Den Boden zu mulchen, dient einem solchen Schutz vor Verdunstung ebenso, wie der speziellen Bodenpflege, die einen humosen, lockeren, feinkrümeligen Boden zum Ziel hat. Entfernen Sie aber vor dem Mulchen alle Wurzelunkräuter wie Giersch oder Ackerwinde, Löwenzahn oder Quecke. Und tragen Sie Mulchmaterialien nur drei bis fünf Zentimeter hoch auf, damit sich keine Fäulnis einschleicht. Diese entsteht nämlich zwangsläufig, wenn zu dick aufgebrachte Mulche nass wird und zusammenpappt, keine Luft mehr hineinkommt und statt der gewünschten Verrottung die unerwünschte Fäulnis einsetzt. Fäulnis macht sich durch üble Gerüche bemerkbar, wogegen zielführend verrottende Mulchmaterialien einen angenehm erdigen Geruch annehmen.

Nicht vergessen: Vor dem Mulchen den Boden für einen besseren Bodenanschluss der Mulchmaterialien mit dem Kultivator aufeggen und mit 100 Gramm Hornspänen pro Quadratmeter aufdüngen. Wenn Sie diese Extraportion Stickstoffdünger nicht verteilen, droht durch den Umsetzungsprozess der Mulche für die Pflanzen im Beet ein Stickstoffmangel! Denn die an der Rotte beteiligten Bodenorganismen vermehren sich eifrig und benötigen zur Bildung der Eiweiße, aus denen ihr Körper besteht, Stickstoff. Den entziehen sie dem Boden, wo er dann den Pflanzen fehlt.

Ob letztlich das Umgraben der Bodenpflege dienlich ist, darüber scheiden sich noch die Geister. Zur Bodenlockerung und -lüftung allein reicht das Durchziehen mit dem Sauzahn, sofern dabei keine Wurzeln von Gartenpflanzen (etwa in Gehölz- und Staudenbeeten) zerrissen werden. Das Umgraben bietet den Vorteil, Beete „sauber aufzuräumen“ und Pflanzenreste in den Boden zu bringen – wenngleich dabei, was Kritiker monieren, untere und obere Bodenschichten vertauscht und durcheinander gebracht werden.

Der Spork ist ein neues Gartengerät aus England – die Kombination aus Spaten (spade) und Grabegabel (fork).

Die Ackerwinde breitet sich rasch aus und gehört zu den lästigsten Unkräutern im Garten.

Kompost, Düngung und Gründüngung

Organische Dünger sind natürliche Dünger, die nicht nur den Pflanzen wichtige Nährstoffe zuführen, sondern auch das Bodenleben anregen und so zur Bodengesundheit beitragen. Und ein gesunder Boden bedeutet immer auch gesundes Pflanzenwachstum.

KOSMOS TIPP

Eierschalen – auf den Kompost damit, oder nicht?
Nein, sie gehören nicht auf den Kompost. Zwei Gründe: Es können sich in anhaftenden Eiresten Salmonellen entwickeln, im Kompost ausbreiten und so mit Kompostgaben ins Gemüsebeet an Erntegut gelangen. Zum anderen verrotten sie nicht wirklich, sondern zerbröseln lediglich.

Kompost

Kompost wird auch als „Schwarzes Gold des Gartens" bezeichnet, denn reifer Kompost gibt dem Boden nicht allein die Nährstoffe zurück, welche die Pflanzen ihm zuvor entzogen haben. Er reichert mit seinen Mikroorganismen das Bodenleben an und fügt ihm den erforderlichen Humus zu, der mithilft, den Boden feinkrümelig und geschmeidig zu halten, ihm eine bessere Struktur für bessere Durchlüftung und gesteigerte Wasserhaltekraft zu geben. Und selbst das Kohlendioxyd, das bei der endgültigen Zersetzung des Kompostes im Boden entsteht, kann vom Blätterdach über dem Boden unmittelbar aufgenommen und von der Pflanze in der Fotosynthese zu Zuckerstoffen verarbeitet werden.

■ Kompost ist kein Abfall

Grundsätzlich gilt: Ein Komposthaufen ist kein Abfallhaufen. Er nimmt zwar Abfälle auf, aber nur solche, die tatsächlich sinnvoll verrottbar sind (siehe Tabelle unten). Dazu gehören praktisch alle im Garten und in der Küche anfallenden Pflanzenreste. Allerdings sieht man inzwischen davon ab, erkranktes oder mit Schädlingen behaftetes Pflanzenmaterial auf den Kompost zu geben, ebenso wie Wurzelunkräuter (zum Beispiel Quecke, Giersch) und solche, die bereits in Samen gegangen sind. Diese alle wären zwar grundsätzlich kompostierbar, dazu müsste aber der Komposthaufen eine heiße Rottephase durchlaufen, bei der die Temperatur im Kompost bis zu 70 °C erreicht. Dadurch würden alle Samen, Unkrautwurzeln, Schädlinge und Krankheitserreger zuverlässig abgetötet. Die von den Bakterien bei der Grüngutzersetzung erzeugte Hitze entweicht aus dem kleinen Hauskompost in der Regel allerdings zu schnell. Geben Sie solche Gartenabfälle besser in die Biotonne.

■ Auf die Mischung kommt es an

Andere, oftmals für kritisch erklärte Gartenabfälle wie Eichen- oder Walnusslaub, aber auch Nadelstreu, dürfen durchaus auf den Kompost gegeben werden. Sie sollen lediglich immer wieder in kleinen Mengen untergemischt werden. Und das ist auch schon das Geheimrezept, um duftende, feinkrümelige reife Komposterde zu erreichen. Und um Fäulnis und Gestank zu verhindern. Es lautet: zerkleinern, vermengen und dünnschichtig auftragen. Zwei Praxisbeispiele: Rasenschnittgut und Obstabfälle – beide bestehen zu gut 90 % aus Wasser. Dicke Schichten

Was darf auf den Kompost?

kompostierbar	bedingt kompostierbar*	besser in die Biotonne geben	für den Komposthaufen nicht geeignet
▸ Gartenabfälle (fast) aller Art (vgl. Spalten rechts) ▸ Obst- und Gemösereste aus der Küche	▸ Tee- und Kaffeesatz ▸ Papier ▸ behandelte Schalen von Südfrüchten ▸ Schnitt- und Topfblumen	▸ Essensreste ▸ Wurzelunkräuter ▸ Samenunkräuter mit Samenansatz ▸ Pflanzen mit Anhaftungen von Krankheiten oder Schädlingen	▸ Eierschalen ▸ ganze Kohlstrünke ▸ Holzaschen ▸ Kehricht aller Art ▸ Einstreu aus Kleintiergehegen und Haustiermist ▸ alle nicht schadstofffrei verrottenden Materialien

* bedeutet: in geringen Mengen beimischbar

Ein korrekt angelegter Kompost stinkt nicht. Und liefert das begehrte „schwarze Gartengold".

Brennnesseln – nicht nur ein Wildgemüse, sondern auch die Zutat für Pflanzen stärkende Jauchen und Brühen.

davon belüften also schlecht, verrotten daher nicht, faulen folglich und muffeln. Mischen Sie daher immer feuchtes Kompostgut mit trockenem wie Stroh-, Stauden- oder Holzhäcksel, das (Stroh ausgenommen) als zerkleinertes Schnittgut sowieso im Garten anfällt. Dieses Häckselgut lässt sich gut in Säcken trocken aufbewahren und dann, gemeinsam mit nassem Kompostgut, bei Bedarf in abwechselnden, dünnen Schichten auftragen. So lassen die trockenen Bereiche Luft an die nassen, und die nassen befeuchten die trockenen so, dass sie der Rotte zugeführt werden. Außerdem werden in diesem Verfahren Kohlenstoff und Stickstoff besser zusammengebracht. Kurze Erläuterung, warum das wichtig ist: Ist viel Stickstoff im Kompost, aber wenig Kohlenstoff, verläuft die Rotte schnell – es entstehen aber keine stabilen Humusverbindungen und der Stickstoff (sowieso ein Mangelelement im Gartenboden) ist vergleichsweise flüchtig. Ist andererseits wenig Stickstoff im Kompost, aber viel Kohlenstoff, dann erfolgt eine nur langsame Rotte, weil den Bakterien für raschere Rotte der Stickstoff fehlt, mit dem sie diejenigen Proteine erzeugen, die sie benötigen, um sich vielfach vermehren zu können. Der Gärtner spricht hier vom Kohlenstoff (C)/Stickstoff (N)-Verhältnis. Es soll idealerweise bei rund 30:1 liegen. Küchenabfälle liegen etwa bei 15:1, benötigen also kohlenstoffhaltige Abfälle wie das oben genannte Stroh-, Stauden- oder Holzhäcksel. Diese wiederum (C/N-Verhältnis Weizenstroh 100:1, Haferstroh 60:1, Holzhäcksel 100 bis 150:1)

Was tun wenn ... der Nachbar sich beklagt?

Nachbarn können keine grundsätzlichen Einwände gegen einen Kompost im Garten, auch nicht an der Grundstücksgrenze, erheben. Sie als Eigentümer müssen aber durch sachgerechtes Kompostieren gewährleisten, dass davon keine Belästigungen ausgehen. Ungeziefer (Mäuse, Ratten, Scharen von Fliegen), aber auch üble Gerüche (bei Fäulnis statt Rotte) haben Sie zu verhindern bzw. zu beseitigen.

brauchen zur besseren Verrottung Stickstoffhaltiges wie Küchenabfälle, Rasenschnittgut oder Gemüseabfälle (C/N-Verhältnis je ca. 15:1).
Also noch einmal: zerkleinern, vermengen und dünnschichtig auftragen – das erzeugt einen leicht verrottenden Kompost, stabilen Humus, ein erdig duftendes Endergebnis.
Um die Verrottung zügiger in Gang zu bringen, ist zweierlei hilfreich: Zum einen können Sie Kompoststarter mit aufbringen, das sind Bodenorganismen im Überdauerungszustand. Den gleichen Zweck erfüllen, alle paar Kompostschichten aufgebracht, einige Schaufeln guten Gartenbodens oder bereits fertigen Komposts. Auch sie beimpfen den Rottehaufen mit Mikroorganismen. Thermokomposter haben den Vorteil, dass sie durch ihre Isolationsfähigkeit die Wärme ein wenig besser im Gemenge halten, was der Rottegeschwindigkeit zuträglich ist. Zwingend erforderlich sind sie nicht: Theoretisch reicht ein Rottehaufen ohne Rahmen aus – mit klassischer Holzrahmung, oder aber eben als Thermokomposter wirkt der Kompost im

Mit einer Gartenkralle lassen sich Dünger (hier Hornmehl) leicht in den Oberboden einarbeiten.

Garten lediglich sauberer und aufgeräumter. Ein dichtes System ist zudem mäuse- und rattensicherer. Bei solchen ist es jedoch günstig, wenn der Kompostboden aus engmaschigem Drahtgeflecht besteht, so dass Bodenorganismen bis hin zu Regenwürmern als gern gesehene Rottehelfer von unten in den Behälter einwandern können.
Eigentlich sind zwei Komposte im Garten sinnvoll: Einer wird gerade nach und nach befüllt, der andere arbeitet still dem Ende der Rotte entgegen. Danach wird er entleert, gegebenenfalls gesiebt (was bei richtiger Bestückung und korrekter Rotte nicht erforderlich ist) und entweder direkt auf die Beete ausgebracht oder aber bis zur Verwendung aufbewahrt.

Düngung

Muss man den Garten düngen? Ja, man muss. Und zwar in dem Maße, in dem man dem Garten Pflanzliches entnimmt – seien es Obst, Gemüse, Schnittblumen oder auch nur entsorgtes Grüngut. Denn all das ist aus Nährstoffen zusammengefügt, welche die Pflanzen dem Gartenboden entzogen haben. Ständige Nährstoffentnahme endet also im Nährstoffmangel, wenn nicht nachgespeist wird.

■ Mineralisch oder organisch?

Es ist eine lang gehegte Streitfrage, ob denn der Gartenboden besser mineralisch, also mit sogenanntem Kunstdünger, besser organisch, also mit Düngemitteln wie natürlichen Pflanzen- und Tierabfällen, oder aber mit einer Kombination beider Varianten gedüngt werden sollte.
Hier greifen oftmals grundsätzliche persönliche Überzeugungen in die Sachentscheidung ein. Aus gärtnerischer Beurteilung ist anzumerken, dass der Pflanze zunächst einmal egal ist, aus welcher Quelle der Nährstoff stammt. Sie kann letztlich nur das Abbauprodukt aufnehmen. Gleichwohl steht fest, dass einseitig mineralisch gedüngte Böden weniger Bodenleben und bald eine Abnahme des Humus aufweisen. Organisch gedüngte Böden hingegen sind zwar belebter und humusreicher, aber müssen dadurch nicht zwangsläufig auch ausreichend mit Nährstoffen versorgt sein. Das hängt nämlich von der Zusammensetzung des gewählten organischen Düngers ab. Und eine exakte Nährstoffzusammensetzung ist bei mineralischen Düngern in aller Regel leichter herzustellen. Werden sie dann allerdings unsachgemäß verwendet, kann es auch bei ihrer Anwendung zu Nährstoffmangel, eher noch zu Nährstoffüberfluss, also Überdüngung kommen. Gartenböden sind heute, zumindest im Durchschnitt, vor allem mit Phosphor überversorgt.

Bodenanalyse

Wie es um die Nährstoffgehalte Ihres eigenen Gartenbodens bestellt ist, können Sie durch eine Bodenprobe testen lassen. Sie hilft Ihnen auch, entsprechend den Empfehlungen der Bodenanalyse, Ihre Gartenpflanzen passend zu düngen. Faustregel: Stark Masse bildende Gartenpflanzen benötigen mehr, schwächer wachsende weniger Dünger. Beim Gemüse werden stark und mittelstark zehrende Arten wie Kohl, Gurken, Kartoffeln, Porree, Sellerie, Tomaten von schwach zehrenden wie Bohnen, Erbsen, Feldsalat oder Radieschen unterschieden. Im gesamten Garten gehen Spezialdünger aus dem Fachhandel in ihrer Zusammensetzung auf die besonderen Bedürfnisse einzelner Pflanzenarten ein (zum Beispiel benötigen Tomaten mehr Kalium).

Düngezeitpunkt

Der beste Düngezeitpunkt ist, wenn die Pflanzen die Nährstoffe tatsächlich aufnehmen und auch verwerten können. Laub- und Nadelgehölze haben etwas unterschiedliche Haupt-Aufnahmezeiten für Dünger: Das Optimum für Laubgehölze liegt um Mitte Juni und Mitte Juli, für Nadelgehölze Mitte Mai und Mitte Juli/Mitte August.
Dabei ist zu beachten, dass organische Düngemittel (zum Beispiel Hornspäne) etwa drei Wochen Zeit benötigen, um von Bodenorganismen zu ersten pflanzenverfügbaren Nährsalzen abgebaut zu werden. Entsprechend frühzeitig müssen sie ausgebracht werden.
Auch bei Mineraldüngern kennt man Düngesalze, die zunächst zersetzt werden müssen, die also erst mittelfristig wirken. So muss Ammonium-Stickstoff im Boden erst zu pflanzenverfügbarem Nitrat-Stickstoff abgebaut werden.
Düngen Sie nicht zu spät im Jahr (bis spätestens Ende August), damit die Pflanzen vor Frostbeginn ausreifen. Lediglich Rasen erhält bei dauerhaften Temperaturen unter 10 °C eine Herbst-

düngung mit einem dazu geeigneten Spezialdünger, um besser durch den Winter und im Frühjahr besser in Schwung zu kommen.

Gründüngung

Unter Gründüngung versteht man die Aussaat oder auch Kultur von Pflanzen, die im Laufe ihres Wachstums bzw. danach mit ihren Resten in den Boden eingearbeitet werden. Damit verfolgt der Gärtner verschiedene Absichten: Wo eine Gründüngungspflanze steht, kann keine andere wachsen – Gründüngung dämmt folglich den unerwünschten Wildkrautwuchs wirksam ein. Das leistet sie buchstäblich weit reichend, denn wo weniger Wildwuchs aufkommt, kann dieser auch weniger Samen bilden. Beeindruckende Beispiel dazu: Weißer Gänsefuß ist ein häufiges Unkraut auf Brachflächen. Eine Pflanze kann etwa 3000 Samen entwickeln, die im Boden mehr als 40 Jahre lang keimfähig bleiben.
Selbst die Wurzeln von Gründüngungspflanzen haben eine bedeutende Rolle im Boden: Sie durchwandern den Boden nach Nährstoffen, lockern ihn dabei tiefgründig und hinterlassen bei ihrem Absterben Freiräume, die der besseren Wasserableitung, aber auch der besseren Belüftung des Bodens dienen. Besonders wirksam leisten das Steinklee und Lupine, welche in Bodenschichten um zwei Meter Tiefe vordringen können. Lupinen können – wie alle Schmetterlingsblütler – Stickstoff aus der Luft binden und dem Boden zuführen. Das leisten sie im Zusammenleben (der sogenannten Symbiose) mit speziellen Bodenbakterien (Knöllchenbakterien oder Rhizobien). Diese leben in speziellen Wurzelwucherungen dieser Pflanzen, den Wurzelknöllchen, die Sie an den Wurzeln von Schmetterlingsblütlern mit bloßem Auge erkennen können.

Gründüngung trägt nach dem Einarbeiten in den Boden zum Humuseintrag bei, zu ihren Lebzeiten aber zur sogenannten Gare des Bodens, jenem Idealzustand eines feuchten, feinkrümeligen, humusreichen Bodens, wie er sich durch intensive Bearbeitung, aber auch auf schattierten Flächen bald einstellt. Denn sie lassen intensiveres Bodenleben zu, als zu sehr sonnenbeschienene: Gründüngung dient der Schattengare.
Insgesamt ist die Gründüngung eine kostengünstige und effiziente Maßnahme der Bodenverbesserung, der Bodenpflege brach liegender Flächen und der Vorbereitung von Flächen, die in Kultur genommen werden sollen.
Gründüngung, das ist nicht nur etwas für das Sommerhalbjahr. Auch im Winterhalbjahr hat sie ihren Nutzen, weil sie den Boden vor Erosion bewahrt.
So gibt es denn die überwinternden und frostfesten Gründüngungspflanzen, die Stickstoff sammelnden und die nicht Stickstoff sammelnden. Je nach Frostempfindlichkeit können sie schon zeitig im Frühjahr oder aber nach den Eisheiligen Mitte Mai ausgesät werden. Natürlich auch den Sommer über und im Spätsommer bis etwa September – etwa noch zur Winterpflege von ungenutzten Gemüsebeeten. Üblicherweise bringen Sie die Saat auf den gut vorbereiteten Boden auf, entsprechend den Mengenangaben auf den Verpackungen. Arbeiten Sie die frostempfindlichen Gründüngungspflanzen nach ihrem Absterben in den Boden ein oder mähen Sie den Bestand zu einem passenden Zeitpunkt ab (am besten vor der Samenreife!) und arbeiten ihn dann ein, zum Beispiel durch Einfräsen oder Eingrubbern.

Saatgutmischungen für die Gründüngung

Der gärtnerische Samenhandel bietet bewährte Gründüngungsmischungen an, die auf verschiedene Bodenarten und Verwendungszwecke abgestimmt sind. Deshalb werden Eigenmischungen nur noch selten angewandt. Beispielsweise enthält „Grünaktiv“ für schwere Böden die Pflanzenarten Ölrettich, Lupinen, Ackerbohnen und Saatwicken, „Bodenkur-Grünhumus“ neben Lupinen Inkarnatklee und Phazelia und „Schnellgrüner“ Klee, Weidelgras und Lupinen. Das Rotenburger-Kombi-Gemenge besteht dagegen nur aus Samen stickstoffsammelnder Pflanzenarten. Den Kleinpackungen sind ausführliche Kulturanleitungen beigefügt.
Alexandriner-Perserklee ist für alle Bodenarten geeignet. Dieses Gemenge lassen wir im Sommer sich bis zur Blüte entwickeln, bevor erstmals geschnitten wird. Dadurch ist ein Höchstmaß an Stickstoffgewinn erreichbar.
Landsberger Gemenge mit Winterwicken und Zottelwicke (40%), Inkarnatklee (30%) sowie Weidelgras (30%) ist für nahezu alle Bodenarten geeignet und kann ab Frühjahr gesät werden. Zur Überwinterung genügen Aussaaten ab August.

Lupinen sind nicht nur hübsch anzusehen – nach dem Absterben reichern sie den Gartenboden auch mit Stickstoff an.

Gießen und Bewässern

Ohne Wasser wächst keine Pflanze. Und da vor allem der Gemüse- und Obstgarten, aber auch das dicht bepflanzte Sommerblumenbeet intensiv genutzte Gartenbereiche sind, ist eine Zusatzbewässerung vor allem im Sommer bei Trockenperioden unerlässlich.

Regenwasser nutzen

Sie haben die freie Auswahl zwischen quasi kostenfreiem und kostenpflichtigem Gießwasser. Pro Quadratmeter Dachfläche oder befestigter Bodenfläche fallen in Ihrem Garten jährlich etwa 500 bis 800 Millimeter (= Liter) Niederschlag an. Bei einer Dachfläche von zum Beispiel 150 Quadratmetern sind das am Ende des Jahres drei bis sechs Tankwagen voll!
Wenn Sie davon nur einige Tausend Liter in Bodenzisternen oder Regenfässern auffangen, sparen sie über die Jahre bares Geld. Es gibt sogar flache, rechteckige, befahrbare Zisternen, die Sie unmittelbar unter das Pflaster einer Einfahrt oder unter einen Carport bauen können, ohne tiefe Löcher im Garten graben zu müssen. Aber selbst das würde sich auszahlen. Im Fachhandel finden Sie das volle Equipment, von der Regentonne und Zisterne bis zur Pumpe und zum Wasserhahn, um Regenwasser im Garten nutzen zu können. Mit handwerklichem Geschick lassen sich solche Anlagen selbst installieren. Aus Gründen der Gewährleistungshaftung, aber auch der Ausführungssicherheit (Baugrubenabsicherung! Verschüttungsgefahr!), empfiehlt es sich, mit den Arbeiten eine Fachfirma zu beauftragen.

Wer die ästhetische Variante will: Auch ein großvolumiger Gartenteich, bei dem Sie dann aber einen schwankenden Pegelstand tolerieren müssen und die Uferbepflanzung entsprechend planen müssen, kann Ihnen als Regenwasserspeicher dienen.
Wichtig: Achten Sie bei allen Regenwassersystemen, auch bei Zisternen- und Fasssystemen, auf Kindersicherheit, also fest verschließbare Gerätschaften und sicher verwehrten Wasserzugang! Man sieht ihnen ihre Gefährlichkeit nicht an, aber selbst offene stehende Regenfässer werden für Kinder immer wieder zu tödlichen Fallen!

■ Leitungswasser

Mit Leitungswasser, also mit kostbarem, aufwändig aufbereitetem Trinkwasser zu gießen, kommt hingegen doppelt teuer: Sie zahlen dafür nicht nur Ihre Kubikmetertarife an den Wasserversorger, sondern für dieselbe Entnahmemenge auch noch die Abwassergebühren an Ihre Kommune!

Brunnen und Bohrlöcher

Bohrlöcher zur Wasserentnahme für private Gießzwecke sind in den meisten deutschen Bundesländern nur melde-, nicht aber genehmigungspflichtig. Nähere Auskünfte dazu erteilt Ihr Landratsamt bzw. Ihre Kreisbehörde. Es steht zu vermuten, dass bei mittelfristig möglicherweise eintretender Wasserknappheit solche Wasserentnahmen aus privaten Bohrlöchern von den Aufsichtsbehörden stärker reglementiert werden. Insofern dürfte es günstig sein, ein geplantes privates Bohrloch möglichst frühzeitig in Angriff zu nehmen, um damit von einem Bestandsschutz für diejenigen Anlagen zu profitieren, die vor einer etwaigen Gesetzesänderung erstellt worden sind. Dadurch könnten Sie die derzeit geltenden Rechtsbedingungen voraussichtlich auch langfristig für sich nutzen.

Der Gießzeitpunkt – Stunde der Frühaufsteher und Spätheimkehrer

Nicht erschrecken: Der beste Zeitpunkt zum Bewässern von Garten, Balkon und Terrasse ist frühmorgens gegen 4 Uhr, so haben wissenschaftliche Untersuchungen zur optimalen Gießwasser-Effizienz ergeben. Der Grund: Das Wasser verdunstet dann nicht so schnell durch die Erwärmung des Tages.
Praxisbeispiel: Wird ein Rasen in Mitteleuropa im Hochsommer mit einem Regner um die Mittagszeit bewässert, genau dann, wenn der Boden sehr stark aufgeheizt ist, so verdunsten dabei bis zu 90 Prozent des Wassers. Wird abends zwischen 21.00 und 22.00 Uhr bewässert, verdunsten immer noch 25 bis 30 Prozent. Versorgt der

KLIMA-TIPP

Unter den trockenen Sommern leiden alle Gartenpflanzen. Richten Sie vor der Urlaubsreise eine automatische Tröpfchenbewässerung ein oder organisieren Sie mit ihren Nachbarn eine wechselseitige Gartenpflege – möglichst lückenlos. Eine dauerhaft verlegte Leitung für Tröpfchenbewässerung auf Bodenniveau verteilt das Wasser gezielt und reduziert die Gefahr der Verdunstung und damit der Wasserverschwendung.

Gartenbesitzer den Rasen hingegen frühmorgens gegen 2.00 bis 4.00 Uhr mit lebensspendendem Wasser, dann liegt der unmittelbare Verlust durch Verdunstung bei unter zehn Prozent. Da hilft es, früh aufzustehen. Oder den Bewässerungscomputer entsprechend zu programmieren.

In der Praxis läuft diese wissenschaftliche Erkenntnis darauf hinaus, dass Sie am besten frühmorgens oder spätabends gießen. Für die Pflanzen jedenfalls ist eine gleichmäßige Wasserversorgung entscheidend. Starke Schwankungen von beginnender Welke und dann wieder Wasserüberschuss, der mit zeitweiligem Sauerstoffmangel an der Wurzel einhergeht, erzeugt der Pflanze Stress, führt also zu Wachstumsstörungen. Bei Pflanzgefäßen lässt sich übrigens nicht nur an der Pflanze, sondern auch an der Erde ablesen, wenn Wasser fehlt. Dann nämlich schrumpft die Erde und bildet einen Spalt zwischen Topf und Erdballen. Dazu zwei Tipps: Hochwertige Blumenerde mit hohem Tonanteil, zusätzlich womöglich noch mit speziellen, Wasser speichernden Komponenten angereichert, nimmt deutlich mehr Gießwasser auf als eine Billigerde ohne diese sogenannten Zuschlagstoffe. Aus der läuft das Gießwasser dann schon mal genau so ab, wie Sie es hineingegossen haben ...

Wie auch immer, sollte Ihnen ein Erdballen im Pflanzgefäß einmal sehr trocken geworden sein, so nimmt er das Gießwasser kaum mehr auf. Tauchen Sie dann den ausgetrockneten Erdballen einfach in Wasser unter, so lange, bis keine Luftblasen mehr aufsteigen! So haben Sie den Erdballen wiederbefeuchtet, und er kann fortan wieder normal gegossen werden.

Für Gartenbeete gilt übrigens: Spätestens dann, wenn die Pflanzen durch hängende (bei Immergrünen wie Rhododendren sind es bisweilen zusammengerollte) Blätter Wassermangel anzeigen, ist das Gießen in Erwägung zu ziehen. Ob es dann lohnt, Laubgehölze im Garten zu bewässern, gilt es situativ abzuwägen: In der Natur gießt sie auch niemand und es lohnt, die Wetterentwicklung im Auge zu behalten. Anders im Gemüsebeet und im Obstgarten: Hier sind die Pflanzen, speziell im Stadium der Fruchtreife, auf gleichmäßige Wasserversorgung angewiesen. Wenn Sie zum Beispiel Tomaten, Radieschen oder auch Kohlrabi zu diesem Zeitpunkt sehr trocken werden lassen und dann wieder kräftig gießen, nehmen die Pflanzen plötzlich so viel Wasser auf, dass die Früchte bzw. Knollen platzen. Spargel und Rettiche werden bei ungleichmäßiger Bewässerung holzig, noch einmal Rettiche, aber auch Feldsalat oder auch Kräuter wie Dill und Koriander schießen bei ungleichmäßiger Bewässerung, gehen also statt in normale Reife in vorzeitige Blüte.

Ästhetisch, aber verschwenderisch: Bei Überkopfbewässerung verdunstet zu viel Wasser ungenutzt.

Gießen und Kannenschleppen wird oftmals als eine Belastung empfunden, ...

Bewässerungssysteme

Haben Sie je darüber nachgedacht, dass der klassische Rasensprenger am Sommersonnentag das Gießwasser nur etwa zur Hälfte seinem Zweck zuführt, die andere Hälfte des Wassers aber direkt verdunsten lässt? Auf dem Weg von den Regnerdüsen zum Gartenboden lassen nämlich Sonnenwärme und Wind bereits einen Teil des zugedachten Gießwassers verdunsten – oder verwehen die feinstverteilten Tröpfchen auf nicht zu bewässerndes Terrain. Reduzieren Sie daher die Über-Kopf-Bewässerung mit Kreis- oder Viereckregnern auf das Notwendigste. Sie benetzt überdies die Blätter der beregneten Pflanzen und kann so die Ausbreitung von Blattpilzerkrankungen, wie zum Beispiel Mehltau oder Sternrußtau, begünstigen, gegen den Sie dann wieder zu Felde rücken müssten.

■ Verschiedene Systeme

Unterscheiden Sie bei der Auswahl eines automatischen Bewässerungssystems für Ihren Garten zwischen bedarfsabhängig und bedarfsunabhängig arbeitenden Systemen. Bewässerungscomputer sind gleichsam Zeitschaltuhren, die zu vorgegebener Zeit bewässern – egal ob es gerade geregnet hat oder die Pflanzen bereits längst trocken sind. Ein solcher Computer agiert also bedarfsunabhängig. Zu einem bedarfsabhängigen System wird es erst in Verbindung mit einem Feuchtesensor, der den Bedarf in Zeitintervallen checkt. Bedarfsabhängiges Bewässern ist immer pflanzenverträglicher!

■ Vollautomatische Systeme

Vorteilhafte Bewässerungssysteme sind fix und fertig unterirdisch installierte, vollautomatische Bewässerungsanlagen – ganz ohne herumliegende Stolperschläuche und ständiges Neuaufbauen des Beregnungszubehörs. Beim Verlegen in einem kleinen Graben im Beet oder unter der hochgeklappten Grasnarbe wird dabei einfach Rohr an Rohr gepasst. Das sind Teilstücke, die über je ein selbst dichtendes Gewinde miteinander verbunden sind. Die unterirdischen Regner steigen bei Inbetriebnahme durch den Wasserdruck getrieben aus der Versenkung auf und geben dann das Gießwasser für die Pflanzen frei.
Noch näher an der Pflanze sind Tröpfchensysteme wie das sogenannte Micro-Drip-System. Es wird ebenfalls unterirdisch verlegt und gibt das kostbare Nass Wasser sparend direkt an die Wurzel ab. Innerhalb des Micro-Drip-Systems besteht auch die Möglichkeit, oberirdisch Tröpfchen für Tröpfchen zu bewässern. Durch verschiedene Tropfer mit regulierbarer Austritts-

Was tun wenn ... Pflanzen in Gefäßen zu nass stehen?

Vermeiden Sie Übertöpfe ohne Wasserabzugsloch, die sich nach Regen oder dem Gießen unbemerkt mit Wasser füllen und so die Pflanzenwurzeln ersäufen. In winterlich bepflanzten Bewässerungsgefäßen müssen Sie nach Schnee und Regen das Überschusswasser mit einer Handpumpe (gibt's im Zubehörhandel für Hydrokulturen) abpumpen, damit die Pflanzen nicht faulen.

menge können Sie jeder Pflanze ihren tatsächlichen Wasserbedarf zukommen lassen.
Neben dem Bewässerungscomputer mit Feuchtesensor arbeitet auch das System Tropfblumat bedarfsabhängig. Es funktioniert mit einem „Trick“: In der Erde bei den Pflanzen steckt ein Tonkegel, der sich, je nach Bodenfeuchte, selbst befeuchtet oder aber austrocknet. In dem Tonkegel verborgen ist ein Holzstückchen, das bei Feuchtigkeit quillt und dann den Wasser führenden Tropfschlauch zudrückt. Trocknet die Erde aus und damit der Tonkegel, schrumpft das Holzstückchen, drückt den Tropfschlauch nicht länger zu und gibt so das Wasser frei, das die Pflanzen jetzt benötigen. So lange, bis das erneut gequollene Holzstückchen die Wasserspende wieder – buchstäblich – unterdrückt.

Bewässerung auf Balkon und Terrasse

Bei der Bewässerung von Pflanzgefäßen im Garten ist es eine kurzfristige Gießhilfe, etwa für ein langes Wochenende oder für heiße Tage, pro Pflanzgefäß zwei oder drei mit Wasser randvoll befüllte Literflaschen kopfüber in die Erde zu stecken. Die geben dann nach und nach das Wasser ab. Sie tun das dosiert und damit auf die Pflanzen abgestimmt, wenn Sie spezielle Ton-Aufsätze auf die Gewinde am Flaschenhals schrauben. Die gibt es in verschiedenen Typen, die – je nach ihrer Feinporigkeit – unterschiedliche Durchflussmengen zulassen und damit für unterschiedliche Bepflanzungen und Standorte gezielt ausgewählt werden können. Einige Balkonblumen wie Schönmalve, Fleißiges Lieschen und Fuchsie brauchen eben mehr Wasser als vergleichsweise Geranien, Tagetes oder Vanilleblumen. Auch für Feuchtigkeit verlangende Kräuter wie Basilikum, Petersilie, Kerbel und Koriander in ihren Gefäßen sind die Systeme hilfreich. Britische Hobbygärtner verwenden ein weiteres System: eine Wasserkugel, aus der sich das im Sonnenlicht erwärmte Wasser selbst herausdrückt.
Weit verbreitet sind inzwischen Pflanzgefäße – Kästen wie auch Kübel – mit eingebautem Wasserreservoir. Sie haben einen doppelten Boden, in den Sie mehrere Liter Wasservorrat geben können. Daran gelangen die Pflanzenwurzeln auf zweierlei Weise: Spezielle Dochte leiten das Wasser an die Blumenerde, gleichzeitig haben einige Wurzeln die Möglichkeit, durch den Siebboden direkt ins Wasser zu wachsen. Gerade dies dauert aber nach dem Pflanzen gut vierzehn Tage, weswegen Sie in dieser Zeit zunächst auch noch „von oben“ über die Erde gießen müssen. Erst später wird nurmehr über den Einfüllstutzen gegossen, also „von unten“ bewässert. Ein Wasserstandsanzeiger gibt ständig Auskunft darüber, wie viel Wasser sich im Speicher befindet. Es hat sich in der Praxis als zweckmäßig erwiesen, dem Wasserstandsanzeiger nicht blind zu vertrauen, sondern ihn immer wieder einmal auf seine Funktionstüchtigkeit zu checken.
Und vergleichen Sie mal den Gießaufwand für einen 80-cm-Kasten ohne Wasservorrat (**A**) mit dem für einen Bewässerungskasten gleicher Länge (**B**):
A: täglich mindestens einmal gießen, mit pro Gießgang rund 2,5 Litern Wasser (bei Hitze mehr, bei Regen auch weniger), das sind 17,5 Liter pro Woche, in 20 Pflegewochen 350 Liter Gießwasser zu schleppen;
B: (je nach Hersteller und Bauart) im Schnitt alle 3,5 Tage je etwa 5 Liter Wasser pro Gießgang, das sind nur 200 Liter in der Saison, also 70 Prozent weniger Gießgänge. Fazit: Die Mehrkosten für die Anschaffung von Bewässerungskästen können sich durchaus rechnen, finanziell wie zeitlich!
Nicht nur im Beet, auch auf Balkon und Terrasse lassen sich die automatischen Bewässerungssysteme wie der genannte Bewässerungscomputer mit Feuchtesensor bzw. die Tropfblumate installieren. Sofern Sie das für eine Urlaubsbewässerung vorsehen, sollten Sie die Systeme etwa zwei bis vier Wochen zuvor einbauen, um bei unterschiedlichen Wetterlagen eine Feinjustierung vornehmen zu können und das jeweilige System auf sicheres Funktionieren überprüft zu haben.

... wogegen automatische Bewässerungen diese Arbeit computergesteuert wie von selbst erledigen.

KOSMOS TIPP

Auch Pflanzen mögen keine „kalten Füße“
Gießen Sie Ihre Gartenpflanzen mit umgebungstemperiertem Wasser. Verwenden Sie hingegen brunnen- oder leitungskaltes Gießwasser (ca. 4 bis 8 °C), so erleiden die Wurzeln einen Kälteschock und unterbrechen erst einmal die Wasser- und Nährstoffaufnahme. Das führt, gerade bei Gefäßbepflanzungen, zu Wachstumsstockungen.

Pflanzenschutz im Hausgarten

Das Wachstum der Pflanzen wird vielfach durch Krankheiten und Schädlinge beeinträchtigt. In manchen Fällen sind für Schäden aber auch nichtparasitäre Faktoren verantwortlich, zum Beispiel falsche Standortbedingungen, Pflegefehler oder ungünstige Witterungseinflüsse.

Vorbeugen ist besser

Um Misserfolge in Grenzen zu halten, ist es daher zunächst wichtig, für gute Wachstumsbedingungen zu sorgen. Neben den Bodeneigenschaften sind hier auch die Lichtverhältnisse von Bedeutung. Pflanzen, die einen sonnigen Standort benötigen, sollte man zum Beispiel nicht in den Schatten pflanzen. Ein vermehrtes Auftreten von Pilzkrankheiten kann anderenfalls die Folge sein. Andererseits können schattenliebende Arten, wie etwa Rhododendron, bei zu starker Sonneneinstrahlung schnell einen Sonnenbrand bekommen. Ein zu dichter Stand der Pflanzen sollte ebenfalls vermieden werden, da dies wiederum Pilzkrankheiten wie den Grauschimmel fördert. Hinsichtlich des Bodens ist darauf zu achten, dass Standorte mit stauender Nässe möglichst gemieden werden. Der Kalkgehalt des Bodens, der durch den pH-Wert angezeigt wird, ist ebenfalls von Bedeutung. Er beeinflusst u. a. die Verfügbarkeit bestimmter Pflanzennährstoffe, wie zum Beispiel von Eisen. Ein hoher pH-Wert hat außerdem einen hemmenden Effekt auf die Ausbreitung der Kohlhernie, einer bedeutenden Krankheit der Kohlgewächse. Lassen Sie regelmäßig eine Nährstoffuntersuchung des Bodens durchführen, um Kalk und gegebenenfalls auch fehlende Nährstoffe gezielt zuführen zu können. Denn sowohl ein Zuwenig als auch ein Zuviel an Nährstoffen kann sich negativ auf das Wachstum der Pflanzen auswirken. Wer sich schon länger mit dem Garten beschäftigt, wird auch die günstige Wirkung von Fruchtfolge und Mischkultur im Gemüsegarten nutzen. Vermeiden Sie den wiederholten Anbau von Pflanzen aus der gleichen Pflanzenfamilie auf ein und derselben Fläche, da hierdurch bestimmte Schaderreger gefördert werden, insbesondere Bodenpilze und Nematoden (Bodenmüdigkeit). Ein gezielter Flächenwechsel ist stets ratsam. Da einige Pflanzenarten bzw. Sorten von Natur aus unempfindlich gegenüber Schaderregern sind, spricht vieles dafür, diese bevorzugt anzupflanzen. Es gibt u. a. Apfelsorten mit geringerer Empfindlichkeit gegenüber Schorf und Mehltau, gegen Mehltau widerstandsfähige Stachelbeeren, Salatsorten, die kaum von Blattläusen befallen werden oder robuste Rosensorten (ADR-Rosen).

Nützlinge fördern

Neben schädlichen Tieren treten im Garten auch zahlreiche nützliche Arten auf, die Schädlingen nachstellen. Weit verbreitet und sehr hilfreich sind Marienkäfer, Florfliegen, Schwebfliegen, räuberische Gallmücken und Wanzen, Schlupfwespen, Raubmilben und Laufkäfer. Aber auch Igel, Spitzmäuse und Vögel können bei der Schädlingsvertilgung behilflich sein. Es ist sinnvoll, diese Nützlinge gezielt in den Garten zu locken. Hierzu kann man attraktive Blütenpflanzen (zum Beispiel Korb- oder Doldenblütler) anpflanzen oder geeignete Unterschlupfmöglichkeiten anbieten. Für die Überwinterung eignen sich auch einfache Reisig- oder Steinhaufen. Vielleicht findet sich in Ihrem Garten auch eine Ecke, in der Sie Pflanzen ungestört wachsen lassen. Nützlinge werden es Ihnen danken. Sollten sich Schädlinge trotzdem einmal breitmachen, gibt es in bestimmten Fällen sogar die Möglichkeit, Nützlinge gezielt auszusetzen. Besonders empfehlenswert sind räuberische Nematoden gegen bestimmte Bodenschädlinge, wie zum Beispiel den Larven vom Dickmaulrüssler oder Gartenlaubkäfer. Für das Kleingewächshaus und den Wintergarten sind zahlreiche weitere Nützlingsarten geeignet. Nützlinge können Sie über spezielle Zuchtfirmen beziehen.

Mechanische Abwehrmaßnahmen

Auch mechanische Maßnahmen lassen sich zur Schädlingsabwehr einsetzen. Die einfachste Methode ist das Absammeln von Schnecken, Raupen oder Käfern. Vorbeugend können Kulturschutznetze verwendet werden, etwa um das Gemüse vor Fraßschäden

Larve eines Marienkäfers

Erwachsener Marienkäfer

durch Gemüsefliegen oder Raupen zu schützen. Vogelfraß an Obstfrüchten lässt sich ebenfalls mit Netzabdeckungen entgegenwirken. Farbige Leimtafeln hingegen locken Schädlinge durch ihre Farbwirkung an und halten sie auf einer Leimschicht fest. Mit Gelbtafeln etwa können Kirschfruchtfliegen bei Süßkirschen oder Weiße Fliegen im Kleingewächshaus abgefangen werden. Eine spezielle Methode gibt es auch beim Obst: Damit im Frühjahr keine Frostspannerraupen an den Blättern fressen, lassen sich im Herbst Leimringe um die Baumstämme legen. Diese verhindern, dass die flugunfähigen Frostspannerweibchen zur Eiablage in die Baumkrone gelangen. Zu den mechanischen Abwehrmaßnahmen gehören auch Fallen gegen Wühlmäuse oder Zäune zum Schutz vor Schneckenfraß.

Pflanzen helfen Pflanzen

Auch einige Pflanzenarten besitzen schädlingsabwehrende Eigenschaften. Lavendel beispielsweise hat einen vertreibenden Effekt auf Blattläuse. Studentenblumen *(Tagetes)* hingegen eignen sich, um im Boden schädigende Wurzelnematoden abzutöten. Im Gemüsegarten ist die Mischkultur von Möhren und Zwiebeln sinnvoll, um einem Befall mit Möhren- oder Zwiebelfliege zu verhindern. Auch eine Stärkung der Pflanzen mit Pflanzenextrakten kann hilfreich sein. Pflanzenstärkungsmittel lassen sich entweder als Brühe, Jauche, Tee oder Kaltwasser-Auszug anwenden. Es gibt zahlreiche Pflanzenarten, die stärkende Effekte aufweisen, wie Brennnessel, Ackerschachtelhalm oder Farnkraut. Zu bekommen sind Pflanzenstärkungsmittel entweder als Fertigprodukte im Gartenfachhandel oder man stellt sie selbst her. Die Wirkung dieser Mittel ist allerdings in den wenigsten Fällen wissenschaftlich belegt und daher z. T. umstritten.

Pilzkrankheiten

Zu den wichtigsten Pilzkrankheiten gehören Mehltau, Rost, Blattflecken sowie Wurzel- und Stängelgrunderkrankungen. Das Auftreten der meisten Pilzkrankheiten wird durch feuchte Witterung gefördert.

■ Echter Mehltau

Der Echte Mehltau zeigt sich zunächst durch einzelne weiße Flecken, bis Blätter später fast komplett von einem weißen, mehlartigen Pilzbelag bedeckt sind. Zum Teil tritt der Belag auch an Stängeln, Trieben, Knospen oder Blüten auf. Zusätzlich kann es zu Blattkräuselungen kommen. Im Extremfall werden die Blätter braun und sterben ab. Ein Anfangsbefall zeigt sich oft zuerst an den Triebspitzen. Bei Stachelbeeren werden auch die Früchte befallen. Echte Mehltaupilze entwickeln sich vor allem bei trockenem und warmem Wetter („Schönwetterpilze"). Eine höhere Luftfeuchte sowie stark schwankende Temperaturen wirken ebenfalls befallsfördernd, während ständiger Regen die Entwicklung eher hemmt. Zu den besonders anfälligen Gartenpflanzen gehören Stauden, insbesondere Astern, Phlox und Rittersporn, aber auch Gehölze wie Ahorn, Rosen oder Apfel. Außerdem sind Kürbisgewächse gefährdet.

■ Falscher Mehltau

Der Falsche Mehltau hinterlässt ebenfalls einen weißen Blattbelag, allerdings an den Blattunterseiten. Im Gegensatz zum Echten Mehltau ist der Falsche Mehltau zwingend auf feuchte Witterung angewiesen. Sehr anfällig sind einige Stauden, daneben aber auch Gurken, Salat, Spinat oder Speisezwiebeln. An den besonders empfind-

Echter Mehltau an Stachelbeeren

Sternrußtau der Rose

Schadbild des Birnengitterrostes

lichen Freilandgurken zeigt sich ein Befall durch eckige, gelbe Blattflecken, bis Pflanzen später komplett absterben. Um einem Befall mit Falschem Mehltau vorzubeugen, sollte man darauf achten, dass die Blätter möglichst trocken gehalten werden.

■ Rostpilze

Bei Rostpilzen unterscheidet man zwischen Arten, die nur bestimmte Pflanzen befallen, und solchen, die für ihre Entwicklung zusätzlich eine weitere Pflanzenart benötigen (wirtswechselnde Rostpilze). Zu den wirtswechselnden Rostpilzen gehört zum Beispiel der Birnengitterrost. Er lebt ganzjährig an Wacholdern und wechselt im Frühjahr mithilfe von Sporen auf Birnbäume über. Der wirtswechselnde Johannisbeersäulenrost befällt Schwarze Johannisbeeren und überwintert an fünfnadeligen Kiefern (Weymouthskiefer). Außerdem tritt Rost des öfteren an Stauden, Sommerblumen und Rosen auf. Auch Pflaumen, Porree oder Stangenbohnen können betroffen sein. Typische Symptome zeigen sich durch gelbe oder rotbraune Blattflecken. Auf den Blattunterseiten entwickeln sich braune, rostfarbene oder bräunlich weiße Rostpusteln (Sporenlager). Starker Befall führt zu Blattfall.

■ Blattfleckenpilze

Battfleckenpilze können sowohl Zier- als auch Nutzpflanzen befallen. Außer an Stauden und bestimmten Gehölzen findet man sie gelegentlich an Gemüsekulturen wie Möhren, Petersilie oder Sellerie. Ein Befall zeigt sich durch dunkle Blattflecken. Bei starkem Befall können Blätter komplett absterben. Dies trifft auch auf den an Rosen vorkommenden Sternrußtau zu. Er zeigt sich zunächst durch unregelmäßige braune bis violettschwarze Flecken, die vom Rand her sternförmig ausgezackt sind, bis anschließend sehr schnell ein Blattfall eintritt. Das Auftreten von Blattfleckenpilzen wird durch feuchte Witterung stark gefördert. Zur Bekämpfung kann man eventuell Fungizide spritzen.

■ Fäulniserreger an Obst und Gemüse

Für zahlreiche Obst- und Gemüsekulturen stellen Fruchtfäuleerreger eine besonders große Gefahr dar. Sie können dazu führen, dass eine Ernte vollständig vernichtet wird. Zu den besonders gefährlichen Krankheiten gehören die Kraut- und Braunfäule an Kartoffeln und Tomaten, die Grauschimmelfäule an Erdbeeren, Schorf an Äpfeln sowie die *Monilia*-Fruchtfäule an Obst. Auch Fruchtfäuleerreger werden durch feuchte Witterung gefördert.

■ Wurzel-, Stängel- und Gefäßerkrankungen (Welkekrankheiten)

Im Boden lebende Pilze sind Auslöser zahlreicher Wurzel-, Stängel- und Gefäßerkrankungen. Immergrüne Nadelgehölze wie Eibe, Lebensbaum oder Scheinzypresse, werden zum Beispiel sehr häufig von der *Phytophthora*-Fäule befallen. Dieser Pilz schädigt die Wurzeln und den Stammgrund. Ein Schaden zeigt sich durch anfängliches Verbräunen, bis Pflanzen komplett absterben. Staunässe an den Wurzeln ist die Hauptursache für das Auftreten dieser Schadpilze. Achten Sie daher bereits bei der Anpflanzung der Gehölze darauf, dass der Untergrund am Pflanzstandort ausreichend locker ist. Ein Absterben von Gehölzen kann darüber hinaus auch durch Pilze verursacht werden, die sich in den Leitungsbahnen der Pflanze ausbreiten und diese verstopfen. Man spricht in diesen Fällen von gefäßparasitären Erkrankungen. Sie werden durch *Fusarium*- oder *Verticillium*-Arten verursacht und können u. a. an Trompetenbaum, Essigbaum, Fächerahorn sowie Sommerastern auftreten.

Grauschimmelfäule an Erdbeere

Bekämpfungsmöglichkeiten gegen diese Krankheiten gibt es kaum. Bei Befall an Bäumen und Sträuchern sollte man versuchen, eine weitere Ausbreitung einzudämmen, indem man erkrankte Äste und Triebe zurückschneidet. Allerdings überdauern die Pilze auch im Boden. Anfällige Pflanzen sollten daher nicht an einen Standort gepflanzt werden, an dem zuvor schon einmal bodenbürtige Erkrankungen aufgetreten sind. Dies gilt ebenso für die an Kohlgemüse vorkommende Kohlhernie, die zu knötchenartigen Wucherungen an den Wurzeln und Kümmerwuchs führt.

■ **Hutpilze**

Die im Rasen halbkreis- oder kreisförmig erscheinenden kleinen Hutpilze werden als Hexenringe bezeichnet. Sie führen dazu, dass das Gras in diesem Bereich abstirbt. Man sollte betroffene Rasenbereiche tiefgründig mit einem Spaten ausstechen, um hierdurch das im Boden lebende Pilzmyzel zu entfernen. Durch regelmäßiges Vertikutieren und Düngen kann der Rasen zusätzlich gestärkt werden. Für Bäume und Sträucher stellt der Hallimasch eine Gefahr dar. Dessen Rhizomorphen (Myzelstränge) wachsen unter der Rinde und breiten sich im Kambium aus, wodurch die Pflanze abstirbt. Geschwächte Pflanzen sind besonders gefährdet. Direkte Bekämpfungsmöglichkeiten gibt es in beiden Fällen nicht.

Schädlinge

Nematoden (Fadenwürmer, Älchen)

Nematoden besitzen einen Mundstachel, mit dem sie Pflanzenzellen anstechen und besaugen. Besonders verbreitet sind Nematoden an Stauden, vor allem Blatt- sowie Stock- und Stängelälchen. Blattälchen treten zum Beispiel an Anemonen auf, wo sie ein klassisches Schadbild hinterlassen: Betroffene Blattbereiche färben sich braun und sind deutlich durch die Blattadern vom gesunden Gewebe abgegrenzt. Stock- und Stängelälchen schädigen speziell an Phlox und führen zu starken Wuchsdeformationen („Stockkrankheit"). Außerdem gibt es Nematoden, die im Boden leben und an den Wurzeln saugen bzw. in diese eindringen. Kümmerwuchs ist hier die Folge. Da sich Nematoden nicht direkt bekämpfen lassen, sollte man kranke Pflanzen oder Pflanzenteile entfernen. Gegen bestimmte Wurzelnematoden helfen allerdings Feindpflanzen (Studentenblumen), die durch Wurzelausscheidungen den Befall mindern.

Insekten

Die folgenden schädlichen oder unerwünschten Insekten saugen Pflanzensäfte und richten dadurch Schäden an.

■ **Blattläuse**

Blattläuse schädigen die Pflanzen durch Besaugen des Pflanzengewebes, wodurch sich Blätter und Triebspitzen kräuseln und verkrüppeln. Außerdem scheiden sie klebrigen Honigtau aus, auf dem sich Rußtaupilze (Schwärzepilze) ansiedeln. Besonders große Schäden richtet die Fichtenröhrenlaus an Sitkafichte, Blaufichte und Omorikafichte an. Es kommt zu gelben Flecken an den Altnadeln. Später fallen die Nadeln ab, sodass die Fichten von innen her verkahlen.

Von der *Verticillium*-Welke befallener Trompetenbaum

Blattflöhe oder Blattsauger

Nahe Verwandte der Blattläuse sind Blattflöhe und Blattsauger. Eine spezielle Art ist der Buchsbaumblattfloh. Er verursacht löffelartige Blattverkrümmungen und hinterlässt viele weiße, watteartige Ausscheidungen an den Triebspitzen. Die Schäden sind aber eher gering. Der Lorbeerblattfloh hingegen führt zu auffälligen gelben Blattrandverdrehungen. Blattsauger sind an Apfel und Birne verbreitet.

Schild-, Schmier- und Wollläuse

Vor allem mediterrane Kübelpflanzen wie Lorbeer oder Oleander sowie einige Ziergehölze leiden oft unter Schildlaus-Befall. Schildläuse sind sehr kleine, flache bis halbkugelige, entweder rundliche oder längliche Pflanzensauger, die z. T. Honigtau ausscheiden, auf dem dann ein unansehnlicher schwarzer Rußtaubelag entsteht. Die den Schildläusen ähnlich sehenden Schmier- oder Wollläuse sind an Zierpflanzen und bestimmten Gehölzen verbreitet. Ihr Körper ist mit weißen, watteartigen Wachsausscheidungen bedeckt. Schild-, Schmier- und Wollläuse können mit Ölpräparaten oder systemisch wirkenden Mitteln bekämpft werden.

Weiße Fliegen (Mottenschildläuse)

Weiße Fliegen kommen besonders an Beet-, Balkon- und Kübelpflanzen wie Fuchsie, Schönmalve, Engelstrompete oder Wandelröschen vor. Aber auch Tomaten oder Kohlarten werden befallen. Die Bekämpfung von Weißen Fliegen ist schwierig. Bei Gurken und Tomaten im Kleingewächshaus hat sich der Einsatz von Erzwespen *(Encarsia formosa)* bewährt.

Thripse (Fransenflügler)

Thripse sind sehr kleine, etwa 1 mm lange, hellgelb bis hellbraun gefärbte, z. T. auch schwarze Insekten. Sie treten besonders bei trockener, warmer Sommerwitterung auf. Häufiger befallen werden Porree und Speisezwiebeln, aber auch zahlreiche Zierpflanzen (zum Beispiel Gladiolen). Schäden zeigen sich durch silbrig bis weißlich gesprenkelte Saugstellen an Blättern und Blüten. Aufgrund der versteckten Lebensweise ist die Bekämpfung schwierig.

Zikaden

Zikaden verursachen meist punktartige, helle Blattflecken. Man sieht die Schäden sehr häufig an Gewürzkräutern. Eine besonders verbreitete Zikadenart ist die Rhododendronzikade. Sie verursacht zwar keine direkten Schäden, gilt aber als Überträger des Knospensterbens (Pilzkrankheit). Der Schadpilz infiziert die Knospen von Rhododendron und führt dazu, dass sie braun werden und absterben.

Wanzen

Wanzen treten nur an wenigen Pflanzenarten als Schädlinge auf. Besonders starke Schäden können jedoch durch Netzwanzen an Lavendelheide und Rhododendron verursacht werden. Die Insekten saugen in den Blattzellen, was zu punktförmigen Blattaufhellungen führt. Im Extremfall vergilben die Blätter und fallen ab. An Engelstrompete ist ein völlig anderes Schadbild bekannt. Auftretende Blattwanzen saugen hier gerne an jüngeren Blättern, was mit zunehmendem Wachstum dazu führt, dass das Blattgewebe im Bereich der Saugstellen aufreißt und kleine Löcher zurücklässt.

Die folgenden schädlichen oder unerwünschten Insekten beißen Teile der Pflanze ab oder fressen sie und richten dadurch Schäden an.

Schmetterlingsraupen

Wenn Bäume oder Sträucher im Frühjahr starke Fraßschäden aufweisen, sind sie möglicherweise von Frostspannern befallen. Die kleinen grünen Raupen können Gehölze komplett kahl fressen. Bei Obstbäumen setzt man am besten Leimringe ein, um Weibchen vor der Eiablage im Herbst abzufangen.

Auch Kohlgemüse ist durch Schmetterlingsraupen gefährdet. Sie fressen entweder vom Blattrand her, schädigen durch Lochfraß oder bohren sich bis tief ins Innere der Kohlköpfe ein. Sollten Ihre reifen Äpfel oder Pflau-

Befall mit Mehliger Pflaumenblattlaus

Napfschildläuse an Lorbeer

men „wurmstichig" sein, sind sie von Larven des Apfel- bzw. Pflaumenwicklers befallen. Sammeln Sie auf jeden Fall alle betroffenen Früchte ein und entsorgen diese. So beugen Sie einem Befall im Folgejahr vor. Zur Bekämpfung können *Trichogramma*-Erzwespen eingesetzt werden.

Käfer

Eine verbreitet auftretende Käferart ist das Lilienhähnchen an Lilien und Kaiserkronen. Der Käfer und seine schleimigen Larven fressen ganze Blätter und Blüten kahl. Man sollte sie absammeln, um Schäden einzudämmen. An Radieschen und anderen Kohlarten sind Erdflöhe verbreitet, die kleine Löcher in den Blättern hervorrufen. Große Schäden richten Engerlinge (Larven) des Mai-, Juni- und Gartenlaubkäfers an, die an den Wurzeln fressen. Ein bedeutender Gartenschädling ist auch der Gefurchte Dickmaulrüssler. Der nachtaktive Käfer verursacht den bekannten Buchtenfraß am Blattrand, zum Beispiel von Rhododendron. Noch unangenehmer sind jedoch seine Larven, die im Wurzelbereich fressen. Betroffene Pflanzen welken und gehen nicht selten vollständig zugrunde. Die Larven können wirkungsvoll mit Hilfe von insektenpathogenen Nematoden bekämpft werden.

Fliegen

Im Gemüsegarten schädigen sehr häufig Gemüsefliegen (Kohl-, Möhren- und Zwiebelfliege). Diese Schädlinge legen ihre Eier an junge Gemüsepflanzen ab, aus denen dann Larven schlüpfen, die an den Wurzeln oder im Rübenkörper fressen. Decken Sie die Kulturen mit Netzen ab, um Gemüsefliegen fernzuhalten. Auch die Kirschfruchtfliege ist sehr gefürchtet. Vermadete Früchte sind Folge eines Befalls. Fraßgänge in den Blättern hingegen sind auf Minierfliegen zurückzuführen, deren Larven im Blattinnern fressen. Ein Befall tritt besonders häufig an Margeriten und Stechpalmen auf.

Blattwespen

Blattwespenlarven verursachen einen Fensterfraß, bei dem Löcher in den Blättern entstehen, die Blattoberhaut jedoch erhalten bleibt. Man sieht das Schadbild gelegentlich an Kirschen, Stachelbeeren oder Rosen. Eine spezialisierte Art unter den Wespen ist die Rosenblattrollwespe. Wenn sie auftritt, rollen sich die Blätter von Rosen röhrenförmig ein.

Fraßschaden durch Großen Kohlweißling

Minierfliegenbefall an Chrysanthemenblatt

Milben

Milben gehören zu den schwierig zu bekämpfenden Schädlingen, die sehr lästig werden können.

Spinnmilben

Besonders bei warmen und trockenem Wetter muss mit einem Auftreten von Spinnmilben gerechnet werden. Ein Befall zeigt sich durch kleine, gelblich weiße Punkte an den Blättern, manchmal auch durch Gespinstfäden. Meist nehmen Blätter sehr schnell eine fahle Färbung an und vertrocknen. Schäden können sowohl an Nutz- als auch an Zierpflanzen entstehen. Die Bekämpfung von Spinnmilben ist leider sehr schwierig. Im Kleingewächshaus kann man es mit dem Aussetzen von Raubmilben probieren.

Gallmilben

Gallmilben sind 0,1–0,3 mm große Spinnentiere, die Blattkräuselungen, Gallen oder Sternflecken verursachen. Sie treten besonders an Obst- und Ziergehölzen auf. Bekannte Vertreter sind zum Beispiel die Birnenpockenmilbe, die Pflaumenblattbeutelgallmilbe und die Rebenpockenmilbe. Bekämpfungsmaßnahmen sind in der Regel nicht erforderlich.

Schnecken

Schnecken verursachen Fraßschäden, die meist vom Blattrand ausgehen. Sie befallen vor allem Pflanzen mit weichem Gewebe, zum Beispiel junge Gemüsepflanzen. Ein zusätzliches Indiz für Schneckenbefall sind silbrige Schleimspuren an Pflanzen oder auf dem Boden. Schnecken fressen meist nachts, bei feuchter Witterung aber auch am Tage. Mit ihrem Auftreten muss vor allem bei anhaltend kühler und feuchter Witterung gerechnet werden. Schnecken wandern oft von

Wegschnecke an Kopfsalat

außen zu, etwa aus angrenzenden Grünflächen. Die Bekämpfung von Schnecken ist aufwendig und schwierig. Es empfiehlt sich deshalb, verschiedene Methoden kombiniert anzuwenden. Hierzu zählt zunächst das mechanische Absammeln. Um die Zuwanderung von außen einzudämmen, können Schneckenzäune eingesetzt werden. Die Wirkung von Bierfallen ist umstritten, vor allem, weil zusätzlich weitere Schnecken angelockt werden. Außerdem lassen sich nützliche Nematoden und Schneckenkorn ausbringen.

Nagetiere

Wühlmäuse schädigen an Wurzeln von jungen Obstbäumen, Beerenobststräuchern und Ziergehölzen. Darüber hinaus fressen sie Blumenzwiebeln sowie Wurzel- und Knollengemüse an. Unerwünscht ist natürlich auch ihre Wühltätigkeit, wodurch sie ähnliche „Verwüstungen" hinterlassen, wie der Maulwurf. Wühlmäuse sind das ganze Jahr über aktiv. Bei der Suche nach Nahrung legen sie unterirdisch weitläufige Gangsysteme an. Die oberirdisch sichtbaren Verwühlungen sehen denen des Maulwurfs sehr ähnlich, was die Zuordnung eines Schadens erschwert. Vor einer Bekämpfungsmaßnahme sollte daher immer zuerst eine Verwühlprobe durchgeführt werden, um den unter Arten- und Naturschutz stehenden Maulwurf nicht zu gefährden. Um Pflanzen vor Wühlmausfraß zu schützen, können Obstbäume und Blumenzwiebeln in spezielle Drahtkörbe gepflanzt werden. Zur direkten Bekämpfung eignen sich Fallen, die am besten im Spätherbst oder zeitigen Frühjahr aufgestellt werden. Darüber hinaus können auch Feldmäuse und Wildkaninchen (Hasentier) erhebliche Schäden anrichten.

Viruskrankheiten

Ein Befall mit Viren zeigt sich an Blättern meist durch mosaikartige Gelbzeichnungen, Ringflecken oder Bandmuster. Auch Wuchsdepressionen sind möglich. Klassische Viruskrankheiten sind die Scharkakrankheit der Pflaume, das Apfelmosaikvirus und verschiedene Ringfleckenviren. Die Übertragung und Verbreitung von Viren findet durch Überträger (Vektoren), vor allem durch saugende Insekten, bei der vegetativen Vermehrung oder mechanisch (zum Beispiel beim Obstbaumschnitt) statt. Bestimmte Viren können zusätzlich über das Saatgut oder auch durch reinen Kontakt verbreitet werden. Eine Bekämpfung von Viruskrankheiten ist nicht möglich. Erkrankte Pflanzen sollte man möglichst entfernen.

Bakterienkrankheiten

Bakterien sind mikroskopisch kleine Organismen, die nicht mit bloßem Auge erkennbar sind. An Pflanzen können sie sehr unterschiedliche Schadbilder hervorrufen. Typische Krankheitsbilder sind Blattflecken, Welkeerscheinungen, Wucherungen oder Fäulnisbildung. Die Infektion der Pflanzen kann über Wunden oder natürliche Öffnungen erfolgen. Eine gefährliche Bakterienerkrankung ist der Feuerbrand an Obst- und Ziergehölzen. Die Infektion erfolgt in erster Linie über die Blüte. Der Feuerbrand führt zum Absterben der Triebe, deren Spitzen sich nachfolgend krückstockartig krümmen. An anderen Pflanzenarten rufen Bakterien auch Blattflecken (zum Beispiel Schwarzfleckenkrankheit des Rittersporns) oder geschwulstartige Wucherungen an Trieben und Stämmen (Wurzelkropf an Chrysanthemen oder Oleanderkrebs) hervor. Das Auftreten von Bakterienkrankheiten wird allgemein durch feuchte Witterung begünstigt. Da eine Bekämpfung nicht möglich ist, sollten kranke Pflanzen notfalls vernichtet werden.

Unkrautbekämpfung

Unkräuter sind für den Gärtner ein großes Ärgernis. Zum einen konkurrieren sie mit den Kulturpflanzen um Licht, Wasser und Nährstoffe, andererseits können sie Zwischenwirte für Schaderreger darstellen, wie zum Beispiel die Vogelmiere für Weiße Fliegen oder kreuzblütige Unkräuter für die Kohlhernie. Grundsätzlich unterscheidet man zwischen ein- und zweikeim-

Ringfleckenviren an Pfingstrose

Vorsichtsmaßnahmen beim Umgang mit Pflanzenschutzmitteln

- Wählen Sie möglichst ungefährliche Präparate aus (auf Gefahrensymbole und Hinweise zu Bienengefährlichkeit und Nützlingsschädigung achten)
- Vor dem Gebrauch die Gebrauchsanleitung sorgfältig lesen
- Alle in der Gebrauchsanleitung genannten Anwendungshinweise (Einsatzgebiet, Aufwandmenge, Wartezeit bei Obst und Gemüse u. a.) genau beachten
- Tragen Sie beim Ansetzen und Ausbringen von Pflanzenschutzmitteln Schutzbekleidung (inklusive Handschuhe und eventuellem Atemschutz)
- Pflanzenschutzmittel grundsätzlich nicht bei Wind, starker Sonneneinstrahlung oder Temperaturen über 25 °C ausbringen
- Pflanzenschutzmittel sicher vor Kindern und Haustieren aufbewahren, am besten in einem separaten, verschließbaren Schrank
- Pflanzenschutzgeräte nach Gebrauch gründlich reinigen
- Keine Pflanzenschutzmittel oder Reste der Spritzbrühe in die Kanalisation gelangen lassen
- Falls Pflanzenschutzmittel nicht mehr benötigt werden, diese stets ordnungsgemäß entsorgen (Sondermüll)

blättrigen sowie zwischen Samen- und Wurzelunkräutern. Zu den wichtigsten Samenunkräutern gehören Vogelmiere, Kamille, Franzosenkraut, Weißer Gänsefuß, Brennnessel, Kreuzkraut und Schwarzer Nachtschatten. Samenunkräuter produzieren große Mengen an Samen, mit denen sie sich verbreiten. Man sollte Unkräuter daher am besten vor der Samenbildung durch regelmäßiges Jäten oder Hacken entfernen. Die Ausbreitung von Wurzelunkräutern kann darüber hinaus auch über widerstandsfähige Rhizome oder Ausläufer erfolgen. Häufige Wurzelunkräuter sind z. B. Quecke, Giersch, Ackerschachtelhalm, Ackerkratzdistel, Kriechender Hahnenfuß, Löwenzahn sowie Acker- und Zaunwinde. Insbesondere die Bekämpfung von Wurzelunkräutern ist schwierig. Wurzelunkräuter sollten möglichst tief ausgegraben und samt Wurzeln entfernt werden. Wenn sie trotzdem wieder austreiben, kann man notfalls auch systemisch wirkende Unkrautbekämpfungsmittel (Herbizide) einsetzen.

Damit es erst gar nicht zu stärkerem Unkrautbewuchs kommt, ist es sinnvoll, offene Flächen mit Mulchmaterial abzudecken. Hierzu lassen sich Rindenmulch, Rasenschnitt, Stroh oder Folie einsetzen. Größere Freiflächen kann man auch mit bodendeckenden Stauden oder Gehölzen bepflanzen.

Im Rasen

Im Rasen treten vornehmlich Gänseblümchen, Löwenzahn, Ehrenpreis, Kriechender Hahnenfuß, Weißklee, Breit-Wegerich sowie Moose auf. Rasenunkräuter sollten möglichst ausgestochen werden. Wo dies nicht möglich ist, wie zum Beispiel bei Klee, kann man spezielle Rasenherbizide einsetzen. Diese wirken ausschließlich gegen zweikeimblättrige Unkräuter und schädigen somit den Rasen nicht.

Auf befestigten Flächen

Auf befestigten Flächen ist der Einsatz von Herbiziden grundsätzlich verboten. Hier können nur Abflammgeräte verwendet werden.

Cotoneaster: Triebspitzenwelke durch Feuerbrandbefall

Einsatz von Pflanzenschutzmitteln im Garten

Pflanzenschutzmittel dürfen laut Pflanzenschutzgesetz nur dann angewandt werden, wenn sie zugelassen sind. Für den Haus- und Kleingarten gibt es spezielle Präparate, die mit der Aufschrift „Anwendung im Haus- und Kleingartenbereich zulässig" gekennzeichnet sind. Grundsätzlich ist der Einsatz von Pflanzenschutzmitteln nur in den in der Gebrauchsanleitung genannten Anwendungsgebieten erlaubt (Indikationszulassung). Endet die Zulassung eines Pflanzenschutzmittels, können Restmengen noch im Jahr des Zulassungsendes und in den zwei darauf folgenden Jahren aufgebraucht werden. Anschließend sind die Mittel ordnungsgemäß zu entsorgen. Setzen Sie Pflanzenschutzmittel möglichst aber nur dann ein, wenn das Auftreten oder die Ausbreitung von Krankheiten und Schädlingen nicht auf andere Weise verhindert oder eingedämmt werden kann.

Winterschutz

Zunächst gilt es, alle frostgefährdeten technischen Installationen zu sichern. Alle nicht frostsicher verlegten, Wasser führenden Rohrleitungen müssen am Haupthahn abgesperrt und anschließend an der Entnahmestelle geöffnet, also belüftet werden. Nicht mehr benötigte Wasserschläuche komplett entleeren und einwintern. Auch die automatischen Bewässerungssysteme im Garten, auf Terrasse und Balkon jetzt entsprechend ihren Gebrauchsanweisungen einwintern!

Pflanzgefäße einräumen

Nicht frostfeste Pflanzgefäße räumen Sie jetzt ein. Bei den verbleibenden achten Sie darauf, dass sie auf keramischen Füßchen oder doch zumindest auf zwei bis drei Zentimeter starken Lattenstücken stehen, damit überschüssiges Wasser leicht abfließen kann. Kann es das nicht, so zerreißt es bei Frost auch Pflanzgefäße mit dem Prädikat „frostfest"!

Am Gartenteich werden die Filter abgeräumt, entleert, gereinigt und weggestellt. Diese Arbeit können Sie bereits frühzeitig vornehmen, weil bei einer Wassertemperatur unterhalb von 12 °C nur noch die mechanische Filterung, aber nicht mehr die biologische Filterung aktiv ist. Teichpumpen, die nicht in einer frostsicheren Tiefe von mehr als 80 cm liegen (in milden Gegenden und Wintern reichen 60 cm aus), jetzt dem Wassergarten entnehmen und in einem Eimer Wasser frostsicher einwintern. Auch frostgefährdete Seerosen und andere Wasserpflanzen (zum Beispiel Schwimmblattpflanzen wie Wasserhyazinthen etc.) jetzt entnehmen und wie die Pumpen aufbewahren. Eisfreihalter stellen sicher, dass trotz gefrorenem Wasserspiegel auch im Winter ein Gasaustausch stattfinden kann: Sauerstoff für die Fische kann hinein, fischgefährliche Faulgase aus dem Teichschlamm können entweichen.

Sommerblumen ins Haus holen

Dahlien und andere frostempfindliche Knollen- und Zwiebelpflanzen jetzt ausgraben, erforderlichenfalls zurückschneiden (Canna einziehen lassen, grün bleibende Ingwergewächse nicht zurückschneiden). Wurzelbereich auf Nester von Schneckeneiern kontrollieren, die gereinigten Knollen in Stapelkisten frostfest kühl (ca. 5 °C) und gut belüftet einlagern.

■ Kübelpflanzen

Gleiches gilt für Beet- und Balkonpflanzen, die es zu überwintern lohnt. Das sind vor allem die verholzenden (Halb)Sträucher wie (Duft)Geranien, Lantanen oder Fuchsien. Sie werden um ein Drittel zurückgeschnitten und bei 5 bis 10 °C bis zum Topfen und Antreiben um Ende Februar eingewintert.

Frostfeste Gartenfuchsien können Sie in milden Klimaten im Boden belassen. Häufeln Sie sie mit Erde an und bedecken Sie sie im anderthalbfachen Wurzelbereich gut 40 cm hoch mit Laub. Damit das nicht wegfliegt, einen passenden Kranz aus Hasendraht als Rahmen um die Pflanze stellen.

Kübel im Freien

Bei anderen Halbsträuchern wie Bartblume, Säckelblume, Salbei, in raueren Klimaten auch Rosmarin, wird eine Abdeckung angebracht, die im einfachsten Fall aus dachziegelförmig darum gestelltem Fichtenreisig besteht, wie es beim Abräumen des Weihnachtsbaumes sowieso anfällt. Auch Vlies ist zur Abdeckung geeignet.

Gemüsepflanzen wie Feld- und Endiviensalat ebenfalls mit Vlies abdecken, damit sie ihn auch bei Eis und Schnee leicht ernten können. Das Gleiche gilt für Winterporree, der ausgegraben und an frostgeschützter Stelle eingeschlagen wird, damit er auch bei ansonsten gefrorenem Gemüsegartenboden noch zugänglich ist.

KOSMOS TIPP

Statt im Herbst und Frühjahr an das Be- und Entlüften der Wasserzapfstellen im Garten denken zu müssen, geht es auch einfacher: Selbst lüftende Armaturen bietet Ihr Installateur an. Die sind billiger, als wegen Vergessen frostgesprengte Rohrleitungen reparieren lassen zu müssen.

Konventionell: Strohmatten schützen vor allem Immergrüne vor der gefürchteten Frosttrocknis im Spätwinter.

Clever: Aufblasbare Gewächshäuser mit Frostwächter und Wärmequelle ermöglichen das leichte Überwintern der Pflanzenschätze.

Frostfeste Pflanzen in frostsicheren Pflanzgefäßen rücken Sie an eine geschützte Stelle, zum Beispiel an eine Gebäudewand, unter einen Dachvorsprung. Schützen Sie die Pflanzen besonders während Frostperioden gegen Wintersonne und Winde (gefährlichste Zeit: Ende Januar bis Anfang März), denn dann vertrocknen die meisten von ihnen. Als Abdeckung dienen Strohmatten und Vliese. Kunststofffolien sind ungeeignet, weil sich unter ihnen Hitzestau und Kondenswasser bilden können.

Alle immergrünen Pflanzen im Garten sollten Sie vor Frostbeginn noch einmal durchdringend wässern (20 Liter Wasser pro Quadratmeter), besonders nach trockenem Herbst. Zeigen die Pflanzen bei nicht gefrorenem Boden während des Winters Trockenheit an (herabhängende, zusammengerollte Blätter), dann wiederholen Sie die Gießaktion sogar noch einmal. Behandeln Sie draußen überwinternde Pflanzen in Gefäßen ebenso!

Für die Einwinterung von Kübelpflanzen gibt es eine Goldene Regel: So spät wie möglich einwintern, so früh wie möglich wieder ins Freie stellen. Denn die Aufbewahrung im Haus ist für diese Pflanzen allemal eine Sonderbedingung – sie so lange wie möglich draußen zu lassen, daher die bessere Lösung. Was also Frost verträgt, darf länger draußen bleiben. Vor dem ersten Frost einräumen müssen Sie Engelstrompete, Bougainvillee, Drachenflügelbegonien, Roseneibisch, Vanilleblume. Temperaturen um den Gefrierpunkt vertragen Schönmalve, Zylinderputzer, Gewürzrinde, Zitrus, Bleiwurz, ältere Zitronensträucher *(Aloysia)* und Südseemyrte. Temperaturen von bis zu -5 °C, bisweilen sogar -10 °C, vertragen abgehärtete, gut eingewurzelte Exemplare von Aukuben, Zimmertannen, Erdbeerbäumen, echten Zypressen, Wollmispeln, Lorbeerbäumen, Ölbäumen und Schneebälle *(Viburnum tinus)* – je geschützter sie draußen stehen, umso besser. Achten Sie aber darauf, dass diese Pflanzen nicht vertrocknen!

Um derlei Pflanzen unter weitestgehend Freilandbedingungen überwintern zu können, bietet sich ein ggf. frostfrei gehaltenes Kleingewächshaus an, oder ein mobiles Überwinterungsgewächshaus.

Haben Sie ein Auge auf die im Haus überwinternden Kübelpflanzen: Sie sollen trocken gehalten werden, ohne zu vertrocknen. Belaubte Pflanzen müssen so hell wie eben möglich, entlaubte Pflanzen können dunkel überwintert werden. Halten Sie die Räume im Spätwinter bei kühlen 10-12 °C (ggf. frostfrei lüften!), damit der Stoffwechsel der Pflanzen nicht zu früh in Schwung kommt. Und: Ab Ende Januar können Schildläuse, ab Ende Februar bereits Blatt- und Wollläuse auftreten!

Was tun wenn ... an der frostfesten Feige alljährlich im Winter die Fruchtansätze verdorren?

Ab Ende Januar nimmt die Kraft der Sonne wieder deutlich zu. Sie erwärmt tagsüber die Feigenpflanze, während sie nachts bis oftmals unter die Frostgrenze abkühlt. Diese Temperaturschwankungen verträgt die Pflanze nicht und stößt dabei ihre Früchte ab. Abhilfe schafft, die Pflanze gegen zu starke Aufwärmung zu isolieren – zum Beispiel mit Strohmatte und Vlies.

Gehölzschnitt

Waldgehölze gedeihen ohne Schnitt. In Parks, Gärten und Erwerbspflanzungen gibt die Schere die Form vor, hilft zum Gesunderhalten und kann Verjüngen, also das Abgangsalter hinauszögern. Bei Obstgehölzen – außer bei einigen Wildobstarten – bleibt ohne Schnitt der Ertrag aus.

Schneiden oder nicht schneiden

So wie Unkraut die Opposition der Natur gegen den Gärtner ist, gilt Schnitt als Opposition des Gärtners gegen die Natur. Dieser Gedanke drängt sich zuerst bei Formgehölzen mit ihren streng geometrischen Formen auf. Aber auch das Geradeschneiden einer Hecke, um den Gehweg freizuhalten oder den Grenzabstand zu wahren, geht gegen die freie Entfaltung der Gehölze. Können sie aber unbegrenzt wuchern, entsteht ein undurchdringliches Dickicht: der Garten entwickelt sich zum Urwald, in dem etliche der Gehölze irgendwann untergehen. In sachkundiger Hand ist die Schere nicht nur Lebenserhalter und Begrenzer der vorhandenen Gehölze, sie vermehrt auch die Blüten- und Fruchtfülle und schafft Raum für Neues.

Wachstumsgesetze

Um richtig schneiden zu können, muss man wissen, wie Bäume und Sträucher wachsen – bei Blüten- oder Fruchtgehölzen auch, an welchen Stellen die meisten Blütenknospen entstehen. Das für den Schnitt wichtigste Wachstumsgesetz ist die Spitzenförderung oder Apikaldominanz. Es meint ganz einfach, dass Knospen, die weiter oben an einem Zweig sitzen, stärker wachsen: sie treiben zuerst aus und bilden die kräftigsten Triebe. Weiter unten sitzende Knospen bilden dünnere, kürzere und flachere Zweige.
Bäume und Sträucher bilden zwei Triebarten aus: Langtriebe (Haupt- oder Leittriebe) wachsen eine Vegetationsperiode lang, meist tragen sie nur Blätter und Knospen für Verzweigungen. Kurztriebe (Seitentriebe oder Seitenverzweigungen) entstehen aus den Knospen der Langtriebe und sind vielfach die Blütenträger. Bleibt ein Langtrieb ungeschnitten, treiben im nächsten Jahr die Knospen von der Spitze zur Basis hin mit immer kürzeren Seitentrieben aus. Wird der Langtrieb eingekürzt, sind die zwei bis drei Knospen unterhalb der Schnittstelle die dominantesten – sie wachsen viel stärker und steiler als die obersten Knospen am ungeschnittenen Langtrieb. Nichtschneiden bedeutet also viele, schwache, flache Seitentriebe; Rückschnitt hat weniger, dafür stärkere und steilere Seitentriebe zur Folge.

■ Stabiles Gleichgewicht

Ein weiterer Grundsatz ist das Gleichgewicht zwischen Wurzel und Krone. Sie versorgen sich gegenseitig - eine kleine Wurzel bringt auch nur eine kleine Krone hervor. Erwerbsobstbauern schneiden mit pflugähnlichen Schneidegeräten einen Teil der Wurzeln von zu groß gewordenen Obstbäumen ab und begrenzen so das Wachstum der Äste. Wird die Baumkrone radikal zurückgeschnitten, ohne das Wurzelvolumen zu verringern, treiben die verbleibenden Äste umso stärker aus, damit das Gleichgewicht rasch wieder entsteht.
Für den richtigen Schnittzeitpunkt gilt: Rückschnitt außerhalb der Vegetationsperiode (Winter) fördert den Neuaustrieb und Wuchs, Rückschnitt im Sommer beruhigt das Wachstum

Grüner Daumen beim Schneiden

Gut und viel Beobachten ist die wichtigste Voraussetzung, dass aus einer Gärtnerhand eine sachgerecht schneidende Hand mit „grünem Daumen" für Gehölze wird. Auch hier gilt: Man sieht nur, was man weiß. Nach dem theoretischen Erlernen der wichtigsten Grundregeln beginnt die praktische Zwiesprache mit der Pflanze. Dabei ist der Schnitteingriff eine Frage, auf die das Gehölz reagiert, also mit bestimmtem Wuchsverhalten antwortet. Dies gilt es genau zu beobachten: welcher Eingriff hat welche Folgen. Das ist der schnellste Weg zum Schnittprofi und zur Freude am Gestalten und Erhalten.

allmählich. Es ist einfacher, einen Baum im gleichmäßig ruhigen Wachstum zu halten, wenn nur im Sommer geschnitten wird. Wenn Gehölze jedoch schwach austreiben oder überaltert sind, sollte im Winter zurückgeschnitten werden. Ein weiterer Grund, weshalb die Rebschere im Winter eher ruhen sollte: Schnittwunden heilen im Sommer rascher, die Gefahr für Pilzinfektionen ist dann wesentlich geringer.

Schnittarten

Unabhängig davon, wie ein Gehölz aufgebaut ist, gibt es drei Schnittarten:

- **Entfernen** – Ein Hauptast oder Seitenzweig wird an der Basis entfernt.
- **Kürzen** – Jahrestriebe oder ältere Äste werden um ein Drittel, die Hälfte oder zwei Drittel zurück geschnitten, direkt unterhalb der Schnittstelle entstehen starke Neutriebe.
- **Umlenken** – Die Enden eines Astes werden bis zu einen tiefer wachsenden Seitenzweig zurück geschnitten und damit umgelenkt, es entstehen weniger Neutriebe.

Grundschnittformen

Gehölze durchlaufen verschiedene Phasen bei der Kronenentwicklung. Im Jugendstadium wachsen die Triebe kräftig, im Ertragsstadium wird vorwiegend Fruchtholz (bei Ziergehölzen Triebe mit Blütenknospen) ausgebildet. Allmählich nehmen Wuchs und Ertrag ab, die Pflanze hat das Altersstadium erreicht. Bereits beim Pflanzen erfolgt der erste Rückschnitt der einjährigen Krone. Dabei werden bei der Rundkrone neben der Stammverlängerung drei bis vier ringsum verteilte Seitentriebe ausgewählt. Damit sie sich gleichmäßig entwickeln, werden alle Triebe auf eine außen stehende Knospe in vergleichbarer Höhe um ein Drittel zurückgeschnitten. Der Astabgangswinkel sollte mindestens 45° betragen. Steiler stehende Triebe müssen flach gestellt werden, sonst entstehen Schlitzäste, die leicht abbrechen. In der auf die Pflanzung folgenden Vegetationsperiode entstehen neben der Triebverlängerung an jedem angeschnittenen Leittrieb drei bis vier kräftige Seitentriebe. Der unmittelbare Konkurrenztrieb zur Astverlängerung und zu steile Austriebe werden weggeschnitten. In den folgenden zwei bis drei Jahren wird ähnlich verfahren, bis die Krone aufgebaut ist. Blüten und Früchte bremsen nun im „Erwachsenenalter“ das Triebwachstum. Jetzt erfolgt der Instandhaltungsschnitt: Zu steile Astpartien werden auf flachere Äste abgeleitet, stark hängende Teile sind durch steilere Neutriebe zu ersetzen. Zudem lichtet man zu dicht stehende Äste, steil aufrecht wachsende Triebe und altes, abgetragenes Holz aus. Die gesamte Krone sollte locker mit Ästen garniert sein, damit alle Teile gleichmäßig Licht erhalten.

Dreijähriges Fruchtholz wird bei stark wachsenden Apfelbäumen entfernt.

Auf Ästen steil wachsende Triebe werden bei schwachem Wuchs im Winter, sonst im Sommer entfernt.

Obstgehölze schneiden

Die heimischen Obstarten sind Kulturpflanzen, die ohne Schnitt wenige oder minderwertige Früchte bringen. Ungeschnittene Obstgehölze altern vorzeitig, Krankheiten setzen sich leichter fest. Ausnahmen sind Wildobstarten wie Walnuss, Haselnuss, Edelkastanie, Felsenbirne, Eberesche oder Mispel, die auch ohne Schnitt vital und ertragreich bleiben.

Freistehende Bäume erhalten meist eine runde Pyramidenkrone. In Verbindung mit schwach wachsenden Unterlagen hat sich die Erziehungsform der Schlanken Spindel gut bewährt. Prinzip dieser Baumform ist es, das Fruchtholz konsequent zu erneuern. Als Grundschema für Baumobst gilt:

- ▶ einjährige, flache Triebe bleiben unbehandelt;
- ▶ bei zweijährigen Trieben wird die einjährige Verlängerung entfernt;
- ▶ dreijährige Seitenäste werden auf einen 5 cm langen Zapfen zurückgeschnitten, damit ein neuer Ast austreibt.

■ Apfelbäume schneiden

Einige Apfelsorten wachsen von Natur aus sehr stark und brauchen deshalb einen vorsichtigen Schnitt zum richtigen Zeitpunkt, damit dieses starke Wachstum nicht zusätzlich angeregt wird. Andere Sorten und vor allem ältere Bäume zeigen oft nur geringe Triebzuwächse. Beim ausgewachsenen Apfelbaum ist ein jährliches Triebwachstum von 50 cm anzustreben. Dann steht der Baum im physiologischen Gleichgewicht zwischen Holz- und Fruchtwachstum. Ist der Triebzuwachs deutlich stärker, muss der Baum im August zurückgeschnitten werden und auch in den Folgejahren darf die Schere nur im Sommer zum Einsatz kommen. Schnitteingriffe im Winter regen das Wachstum des Holzes an. Neigt ein Baum alters- oder sortenbedingt zum Vergreisen, ist der Winter die richtige Zeit für den Rückschnitt.

Den Wuchs fördern	Den Wuchs hemmen
Schnitt im Winter	Schnitt nur im Sommer
starke Stickstoffdüngung	keine Stickstoffdüngung
gute Wasserversorgung	Wassermangel
fruchtbarer Boden	geringe Bodenfruchtbarkeit
steile Astpartien	Herunterbinden von Ästen
geringer Fruchtbehang	starker Fruchtbehang
offene Baumscheibe	Unkraut-Konkurrenz
starke Unterlage	schwache Unterlage
stark wachsende Sorte	schwach wachsende Sorte

■ Birnenbäume schneiden

Stärker als der Apfel neigen die meisten Birnensorten zu ausgeprägtem Höhenzuwachs und Betonung der Mittelachse. Dies kommt der Erziehungsform als Wandspalier entgegen. Soll der Baum eine freistehende Krone erhalten, muss die Höhe der Mittelachse durch Rückschnitt auf den nächsten Konkurrenztrieb begrenzt werden. Um Birnenbäume als Spaliere zu formieren, sind entsprechende Draht- oder Lattengerüste erforderlich. Die Triebe werden im Frühjahr, wenn der Saftfluss bereits begonnen hat, vorsichtig in die gewünschte Richtung gebogen und befestigt.

■ Quittenbäume schneiden

In den ersten Standjahren wird der für Kernobstbäume übliche Erziehungsschnitt durchgeführt. Quitten bilden aber auch ohne jeglichen Schnitt eine lockere, strauchförmige Baumkrone. Um die Verzweigung zu fördern, kann man stärkere Triebe einkürzen. Bei älteren Bäumen wird nur noch ausgelichtet, da sich im dunklen Kroneninnern keine Früchte entwickeln. Wie bei Johannisbeersträuchern sollten gelegentlich alte Fruchtäste weggeschnitten und neues Holz herangezogen werden.

■ Süßkirschen schneiden

Bei Süßkirschen entscheiden die ersten Jahre über die weitere Baumgesundheit. Wie bei keiner anderen Obstart hat die Aststellung Einfluss auf das Lebensalter des Baumes. Deshalb sind im Pflanzjahr und im ersten Standjahr Formierungsarbeiten erforderlich, die

Steile Äste vermeiden

Um zu verhindern, dass die Seitenäste im steilen Winkel zur Mittelachse wachsen, gibt es eine einfache Methode: Wenn der Neutrieb des Jungbaumes 10 cm lang ist, wird er mit Wäscheklammern im rechten Winkel zur Stammverlängerung geklammert. Nach drei Wochen kann man die Klammer entfernen und an die Triebspitze des gleichen Triebes hängen. Ansonsten stellt sich der Trieb durch die natürliche Spitzenförderung wieder nach oben und muss im Herbst oder Frühjahr wieder waagrecht gebunden werden.

für den richtigen Astabgangswinkel sorgen: so flach wie möglich. Von Natur aus wachsen die Seitenäste in so spitzem Winkel, dass sie unter Fruchtlast leicht ausbrechen (Schlitzäste). Steil am Mitteltrieb ansetzende Seitenäste neigen zudem zu Gummifluss, der den Baum gefährden kann.
Beim Auswählen der Seitenäste spielt neben dem Astabgangswinkel die Astdicke eine ausschlaggebende Rolle. Hier gilt die Grundregel: Alle Seitenäste, die dicker sind als die Hälfte des Stammes in Höhe der Seitenast-Ansatzstelle unbedingt entfernen. Sämtliche Schnittmaßnahmen sollten bei Süßkirschen nur im Sommer, also während oder kurz nach der Ernte, erfolgen. Keinesfalls bei Frost schneiden!

Sauerkirschen schneiden

Nach dem Pflanzschnitt und dem Aufbau der Krone in den ersten Standjahren muss jährlich während oder direkt nach der Ernte ausgelichtet werden. Allerdings unterscheiden sich die Sorten im Wuchshabitus, der Schnitt kann nicht bei allen Sorten nach demselben Schema erfolgen.
'Morellenfeuer' und 'Schattenmorelle' wachsen hängend. Sie fruchten an den einjährigen Langtrieben, im Folgejahr verkahlen diese Äste, wenn man sie nicht ausschneidet. Deshalb müssen solche nahezu blattlosen „Peitschentriebe“ bis zur nächsten Blattknospe zurückgeschnitten werden, um den Neuaustrieb anzuregen.
'Koröser' und 'Rubinweichsel' wachsen steil aufrecht, sie verzweigen gut und verkahlen kaum. Starker Schnitt würde zu noch mehr steilen Trieben führen, also nur dünne, nach innen wachsende Äste entfernen. Der Wuchscharakter von 'Ludwigs Frühe', 'Diemitzer', 'Schwäbische Weinweichsel' und 'Aemli' liegt zwischen diesen beiden Extremen. Hier genügt es, gründlich auszulichten und einzelne Triebe einzukürzen, damit sich neue Triebe bilden.

Pflaumenbäume schneiden

Bei Pflaumenbäumen (Echte Pflaume, Zwetsche, Mirabelle, Reneklode) sind je nach Unterlage, Sorte und gewünschter Baumform verschiedene Schnittsysteme möglich: Spindeln, Pyrami-

Sauerkirschensorten wie hier im Bild 'Morellenfeuer' wachsen hängend und brauchen jährlich Schnitt

Schneidet man die abgeernteten Herbsthimbeerruten zum Jahresende nicht alle ab, sondern lässt eine stehen, bringt sie schon zeitig im Juni eine zweite Ernte und stirbt dann ab. Eine solche Rute verkraftet die Pflanze gut, ohne dass Ertragseinbußen bei der Herbsternte zu erwarten sind. Die Naschzeit kann so auch ohne Sommerhimbeeren im Garten fünf bis sechs Wochen früher starten.

den- oder Tellerkronen. Für die Form der Spindel müssen die Schnittmaßnahmen konsequent durchgeführt werden. Dabei gelten ähnliche Grundsätze wie für die Spindelerziehung von Süßkirschen.
Weniger aufwändig ist die Pyramidenkrone. Hierfür werden beim Jungbaum drei bis vier Seitentriebe ausgewählt. Die Mittelachse sollte die Seitentriebe um 20 cm überragen. In den folgenden Jahren wird die Krone aufgebaut: jährlich die Verlängerungstriebe der Leitäste einkürzen und starkes Oberseitenholz entfernen. Im Ertragsalter muss ausgelichtet und das Fruchtholz durch Rückschnitt verjüngt werden.

■ Johannisbeeren schneiden

Als Faustregel für den Schnitt eines Strauches gilt: möglichst nach der Ernte, spätestens aber im Februar alle Basistriebe entfernen, die älter als vier Jahre sind. Für einen Strauch reichen 8 bis maximal 10 Basistriebe, in jeder Altersstufe 2 bis 3. Bei einem so aufgebauten Strauch müssen jährlich also nur die zwei bis drei ältesten Fruchtäste und bis auf drei alle einjährigen Triebe aus der Stockbasis weggeschnitten werden. Die Sträucher erreichen so problemlos ein Alter von 20 Jahren.
Bei Stämmchen wird eine Krone mit sechs Leitästen gezogen. Deren Verlängerungstriebe sind jährlich auf fünf Augen und die Seitentriebe der Verlängerungen auf drei Augen einzukürzen. Johannisbeer-Stämmchen neigen früh zum Vergreisen, gute Kenntnisse und intensiver Schnitt sind erforderlich, um 10 bis maximal 15 Jahre einen ausreichenden Ertrag zu erzielen.
Stark wachsende Sorten eignen sich gut für Hecken. An einem Gerüst mit drei Drähten in 50, 100 und 160 cm Höhe werden im Abstand von 80 cm Johannisbeer-Sträucher (Kombination mit Stachelbeeren möglich) gepflanzt. Die Seitentriebe der maximal drei zu belassenden Gerüstäste sind stark einzukürzen. Weitere Basistriebe müssen entfernt werden. Die einzelnen Sorten haben etwas unterschiedliche Schnittansprüche. Gut gepflegte Hecken können 12 bis 15 Jahre reiche Ernten bringen. Auch eintriebige Hecken sind möglich – Pflanzabstand 50 cm. Für Heckenerziehung dürfen die Pflanzen aber nicht so tief in der Erde sitzen wie Sträucher.

■ Stachelbeeren schneiden

Während Rote Johannisbeeren auch noch an etwas älterem Holz Früchte tragen, muss bei Stachelbeeren wie bei Schwarzen Johannisbeeren altes Holz konsequent ausgeschnitten werden, da die besten Früchte an vorjährigen Seitentrieben wachsen. Beim Schnitt von Büschen sind überzählige Basis- und Seitentriebe jährlich zu entfernen. Zu dichte Sträucher sind anfällig für Krankheiten, schlecht zu ernten und die Fruchtqualität leidet.
Um die Verzweigung nicht zusätzlich zu fördern, kürzt man Langtriebe nur dann ein, wenn die Triebspitzen Mehltaubefall zeigen. Ansonsten werden wie bei Johannisbeersträuchern sechs bis sieben Gerüstäste aufgebaut und nach maximal drei bis vier Jahren durch neu herangezogene Äste ersetzt. Während dies bei der Schwarzen Johannisbeere durch Neutriebe aus dem Boden erfolgt, stammen Jungtriebe zum Aufbau neuer Gerüstäste bei der Stachelbeere aus dem Basisbereich

KLIMA-TIPP

Wer bisher seine Gehölze (Obstbäume!) im Vorfrühling geschnitten hat, um erfrorene Triebe sicher zu erkennen, sollte umdenken und im Spätherbst schneiden. Bei den milden Wintertemperaturen brechen die Knospen häufig bereits lange vor der üblichen Zeit aus.

Aufrecht wachsende Brombeeren haben einen Wuchshabitus wie Himbeeren – die beste Sorte ist 'Navaho'

Himbeeren schneiden

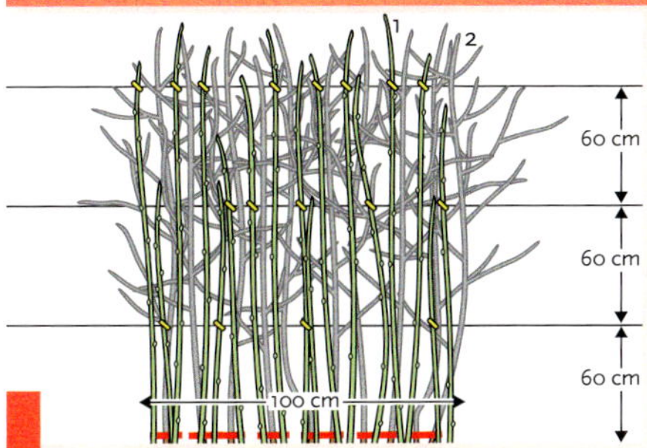

1. Bei **Sommerhimbeeren** werden die letztjährigen Ruten (2) direkt nach der Ernte bodennah abgeschnitten. Die diesjährigen Jungruten (1) bleiben stehen.

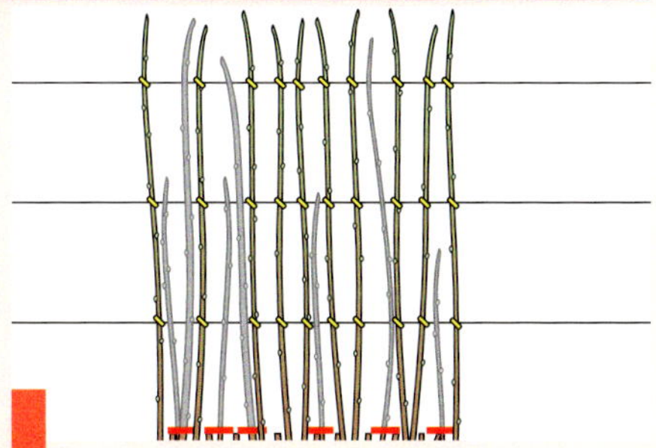

2. Nach dem **Altrutenschnitt** werden die vorhandenen Jungruten gesichtet: die 12 gesündesten pro Meter Hecke werden am Draht fixiert, der Rest bodennah entfernt.

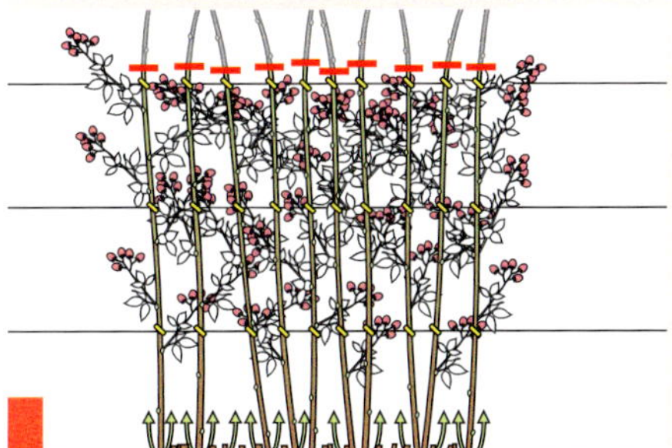

3. Je nach Standort und Düngung werden die einjährigen Ruten 2 bis 4 m lang. Im Frühjahr kürzt man sie auf 1,75 bis 2 m ein.

4. Bei der kompakt wachsenden Herbsthimbeersorte '**Autumn Bliss**' genügt ein 60 cm breites Knotengitter in Höhe von 90 cm, um den Ruten Halt zu geben. Anbinden entfällt.

älterer Gerüstäste. Viele Stachelbeersorten haben einen hängenden Wuchs. Stark zur Erde geneigte Triebe müssen auf waagrechte, besser noch auf nach oben strebende Triebe abgeleitet werden. Dem überhängenden Wuchs wirkt auch entgegen, wenn der Rückschnitt nicht auf eine unten liegende, sondern auf eine oben stehende Knospe erfolgt.

■ Himbeeren schneiden

Im ersten Jahr sollten nicht mehr als drei neu ausgetriebene Ruten je Pflanze verbleiben. Sie tragen im Folgejahr Früchte und werden unmittelbar nach der Ernte dicht über dem Boden abgeschnitten. Ab dem dritten Jahr wählt man im Mai pro Pflanze fünf gesunde Ruten aus und schneidet alle weiteren Neutriebe möglichst tief ab. Die fünf Neuruten werden nach dem Abschneiden der abgeernteten Tragruten im Sommer am Gerüst befestigt.
Im Gegensatz zu anderen Himbeersorten lässt sich die Herbsthimbeere 'Autumn Bliss' mit einem einfachen Hilfsgerüst ohne Bindearbeiten erziehen. Es genügt ein 60 cm breites, waagrecht angebrachtes Knotengitter in 90 cm Höhe. Die Jungruten wachsen durch das Gitter und finden ausreichend Halt für die etwa 150 cm langen Ruten. Die Früchte setzen oberhalb des waagrechten Drahtgitters an. Der Schnitt besteht lediglich im Abschneiden sämtlicher Ruten nach Ernteabschluss Ende November direkt über dem Boden. Im Frühjahr treiben neue Ruten aus, die Früchte ansetzen.

■ Brombeeren schneiden

Für aufrecht wachsende Brombeersorten eignen sich dieselben Gerüste bzw. Erziehungsformen wie für Himbeeren. Bei rankenden Sorten gibt es mehrere Erziehungsmethoden, die sich nur darin unterscheiden, nach welchem Prinzip die Jungruten von den Tragruten getrennt werden. Die Brombeere ist wie die Himbeere ein Halbstrauch, der die Früchte am zweijährigen Holz trägt. Die diesjährigen Jungruten liefern also den Ertrag des Folgejahres und müssen nach ihrer Ernte weggeschnitten werden. Im ersten Jahr zieht man drei bis vier Triebe in einer Richtung, zum Beispiel nach links, auf die Gerüstdrähte. Sie tragen im Folgejahr Früchte. Gleichzeitig treiben aus dem Stockgrund junge Ruten, die nach rechts auf die Drähte gezogen und befestigt werden. Besonders wichtig ist der Sommerschnitt. Dabei werden im August an den diesjährigen Trieben die Seitentriebe auf 20 cm Länge eingekürzt und überzählige Ruten bodennah abgeschnitten. Aus den eingekürzten Seitentrieben wachsen im nächsten Jahr die Fruchttriebe. Im Oktober, also unmittelbar nach der Ernte, müssen die abgetragenen Ruten ebenerdig entfernt werden. Im nächsten Frühjahr sind die im letzten Sommer auf 20 cm eingekürzten Seitentriebe auf knapp 5 cm zurückzuschneiden.
Für aufrecht wachsende Sorten gelten im Prinzip die Schnittregeln der Sommerhimbeere. Allerdings ist es vorteilhaft, die Jungtriebe zu köpfen (pinzieren), wenn sie 150 cm lang sind. Dadurch treiben die Achselknospen aus. Diese Seitentriebe dürfen im Sommer nicht länger als 60 cm wachsen. Im kommenden Frühjahr werden sie nochmals auf 30 cm eingekürzt.

Ziergehölze schneiden

Für alle Gehölze ist die Vegetationszeit ideal zum Schneiden, da hier die Pflanzen die Schnittwunden am schnellsten ausheilen. Allerdings beeinträchtigt dies viele Tiere – etwa brütende Vögel. Ein Kompromiss ist der Schnitt am Ende des Winters kurz vor dem Austrieb. Frostempfindliche Gehölze wie Lavendel, Rosen, Rosmarin oder Salbei sollten je nach Klimaregion erst Anfang April bis Anfang Mai geschnitten werden.

Zur Verjüngung können viele Ziersträucher radikal zurückgeschnitten werden.

Fast ohne Schnitt kommen Ziergehölze aus, die nur wenige Äste bei stabilem Grundgerüst bilden. Ihr schöner Wuchshabitus macht Schneiden weitgehend überflüssig. Nur wenn Triebe sehr dicht stehen, wird ausgelichtet, gelegentlich ein alter Haupttrieb entfernt. Zu diesen pflegeleichten Gehölzen zählen Felsenbirne, Flieder, Hartriegel-Arten, Hibiskus, Kirschlorbeer, Kornelkirsche, Magnolie, Rhododendron, Schneeball-Arten und Zaubernuss.

■ Frühjahrsblüher

Gehölze, die im Frühjahr am reichsten an zweijährigen Trieben blühen, entwickeln ohne Schnitt dichte Kronen, deren Zweige sich bogenförmig überlagern, die inneren Bögen sterben durch Lichtmangel ab. Der Strauch dehnt sich aus, blüht aber immer spärlicher. Vertreter dieses Wuchstyps sind Feuerdorn, Forsythie, Kolkwitzie, Schönfrucht, Weigelie und Zierquitte.

Um bei diesen Arten reichblühende Triebe zu fördern, wird jährlich ein Teil der zweijährigen Triebe nach der Blüte bodennah abgeschnitten, so dass der Strauch immer aus ein- und zweijährigen Trieben besteht. Sträucher mit diesem Wuchs- und Blühmodus dürfen keinesfalls im Winter an allen Zweigen eingekürzt werden. Die schönsten Blühzonen sind dann weg und unterhalb der Schnittstellen wachsen so viele Neutriebe, dass der Strauch zu dicht wird. Infolge des Lichtmangels bleiben neue Bodentriebe aus, das Gehölz vergreist vorzeitig.

■ Neutriebblüher

An Gehölzen, die am einjährigen Langtrieb (Neutrieb des Vorjahres) die üppigste Blüte zeigen, werden gleich nach Verblühen alle Jahrestriebe auf etwa 10 cm Länge zurückgeschnitten. An diesen Stummeln entwickeln sich kräftige Jahrestriebe, die im Folgejahr wieder reich blühen. Ohne diese Schnitttechnik verkahlen die Kronen im Innern, die Blütenfülle lässt deutlich nach. Zu diesem Schnitttyp zählen Ginster (hier Rückschnitt auf Seitentrieb), Mahonie, Salweide, Zierkirsche und Ziermandel.

■ Sommerblüher

Gehölze, die im Sommer oder Herbst an den diesjährigen Trieben blühen, schneidet man im April. Wie weit der

Buchsbaum in Form halten

Das pflegeleichte Gehölz benötigt im Prinzip nur einen Schnitt im Jahr, um dicht zu bleiben. Er sollte zwischen Ende Mai und Anfang Juli erfolgen. Bei Herbstschnitt gibt es keinen Neuaustrieb mehr, der angeschnittene und dann dürr werdende Blätter kaschiert – der unschöne Anblick bleibt über Winter erhalten. Dient Buchsbaum als Formpflanze, muss der Schnitt während der Wachstumszeit mindestens alle 6 Wochen erfolgen, damit die Konturen erkennbar bleiben. Komplizierte Figuren müssen die Schere mindestens doppelt so oft sehen.

Rückschnitt erfolgt, hängt von der Art ab. Heidekraut, Lavendel, Rosmarin, Salbei und Thymian werden nur innerhalb der belaubten Zone zurückgeschnitten Ein Schnitt bis in die verholzte Zone führt rasch zum Absterben, da diese Arten hier keine neuen Triebe bilden.
Dagegen treiben Fünffingerstrauch, Heiligenkraut und Johanniskraut aus Wurzelstock und altem Holz aus, vertragen also einen bodennahen Rückschnitt.
Bei Bartblume, Sommerflieder und Sommerspierstrauch kürzt man alle Triebe auf ein Viertel der Länge ein, ganz schwache Triebe werden ganz entfernt. Aus dem verbleibenden Gerüst bilden sich dann kräftig blühende Neutriebe.

Kletterpflanzen

Kletterpflanzen sind nicht zwingend auf Schnitt angewiesen, es gibt aber einige Arten, die nur mit der Schere eine überschaubare Form behalten und reich blühen. Selbsthafter wie Efeu, Kletterhortensie und Formen des Wilden Weins lassen sich bei Bedarf den ganzen Sommer über zurückschneiden. Klettergehölze wie Blauregen, Geißblatt, Klettertrompete, Pfeifenwinde und Waldrebe bzw. Clematis-Arten benötigen Kletterhilfen. Blauregen und Klettertrompete zieht man am besten als ein- oder mehrstöckiges Spalier. Der Schnitt der Seitentriebe an den Hauptspalierarmen erfolgt bei Blauregen im März auf 15 bis 25 cm lange Stummel. Die Seitentriebe der Kletterrebe werden im März auf drei Knospen zurückgenommen. Die hier austreibenden Langtriebe blühen an der Triebspitze und werden im nächsten Frühling wiederum auf drei Knospen gekürzt.
Clematis lassen sich nach ihrer Blühweise in drei Schnitttypen einteilen. Bei Wildformen, die im Sommer oder Herbst auf diesjährigen Trieben blühen, werden alle Triebe vor dem Austrieb auf etwa 50 cm gekürzt; *Clematis integrifolia* schneidet man sogar bodennah zurück. Wildarten und Zuchtsorten, die im Frühling an den Vorjahrestrieben blühen, halten es jahrelang ohne Schnitt aus. Erfolgt dann aber ein Rückschnitt, ist nach der Blüte der richtige Zeitpunkt. Besser ist es, jährlich die abgeblühten Seitentriebe um die Hälfte einzukürzen. Zweimalblüher, also Clematis, die im Frühling an den Vorjahrestrieben und im Herbst am diesjährigen Austrieb blühen, werden nach der Frühjahrsblüte geschnitten. Schneidet man vor der Erstblüte, gibt es nur im Hochsommer eine ausgeprägte Blütezeit.

Beim Zuschneiden von Hecken ist es ideal, wenn sie nach oben hin etwas schmaler werden.

Hecken

Hecken sind lebende Zäune, die meist aus einer Baum- oder Strauchart bestehen. Nur regelmäßiges Schneiden hält sie dicht – mindestens einmal jährlich. Formgehölze (Topiary) sehen die Schere monatlich. Bei Einmalschnitt liegt der beste Zeitpunkt im August, sind zwei Schnitte geplant, erfolgt der erste im Juni, der zweite Anfang August. Der Rückschnitt erfolgt so stark, dass er auf gut 1 cm an die letzte Schnittebene herankommt. Dann wächst die Hecke nur wenig in die Breite.

Rhododendron bringt auch ohne Schnitt reichen Blütensegen, wenn der Boden ausreichend sauer ist.

Pflanzenvermehrung

Viele Pflanzenfreunde möchten Pflanzen selbst vermehren und nicht als fertige Ware kaufen. Das benötigt zwar Zeit und einen gewissen Aufwand, aber es macht viel Freude, wenn die Anzucht gelingt und man täglich das Wachstum seiner Lieblinge beobachten kann.

Generative Vermehrung – die Aussaat

Die Samen selbst sind das Ergebnis von Bestäubung und Befruchtung. Dabei muss der Blütenstaub (Pollen) einer männlichen Blüte auf die Narbe der weiblichen Blüte der gleichen Pflanzenart gelangen. Dies geschieht durch den Wind oder durch Tiere. Aus der Vereinigung von Pollen und Eizelle entsteht der Same mit den Eigenschaften beider Eltern..

Das Samenkorn besteht vorwiegend aus drei Teilen: Die Schutzhülle verhindert das Austrocknen, das Nährgewebe versorgt den Keimling mit Nährstoffen und der Embryo enthält sämtliche Eigenschaften der späteren Pflanze. Ausnahmen kennt man bei Orchideen, deren Samen besitzen kein Nährgewebe. Sie sind so leicht, dass sie mit dem Wind verbreitet werden. Bei der Keimung sind sie allerdings auf bestimmte Pilze angewiesen.

Wasser, Wärme, Licht, Luft und Boden gehören zu den erforderlichen Wachstumsfaktoren. Die Keimung erfolgt nur bei günstigen Bedingungen. Das Samenkorn quillt auf und sprengt die schützende Schale.

Die generative Vermehrung hat viele Vorteile: Eine Mutterpflanze genügt, um viele Nachkommen zu erzeugen. Die Aussaat ist meist einfach und die Samenpflanzen sind robuster und haben eine höhere Lebensdauer. Neue Züchtungen entstehen durch Aufspaltung der Erbanlagen, andererseits erhält man bei der Samenanzucht vieler Zierpflanzen keine einheitliche Qualität (Nachteil).

Verschiedene Utensilien zur Pflanzenvermehrung

KLIMA-TIPP

Warmes, trockenes Klima ist leider keine Garantie für pilzfreie Pflanzen. Zum einen überleben Pilze den milden Winter besser, zum anderen schafft die Kombination aus Wärme und Gießwasser auf den Blättern optimale Wachstumsbedingungen – daher nur am Boden gießen!

■ Aussaat-Utensilien

Zur Pflanzenvermehrung eignet sich eine Fülle von verschiedenen Gefäßen, welche vor Gebrauch unbedingt keimfrei gemacht werden sollten, damit sich später keine Schadpilze oder Bakterien einstellen. Neben Einzeltöpfen

eignen sich schlagfeste Kunststoffschalen und Multiplatten für die Anzucht. Alle Gefäße müssen ein oder mehrere Löcher am Boden besitzen, damit keine Staunässe auftreten kann.
Eine Vielzahl von Geräten ist bei den Vermehrungsarbeiten unentbehrlich. Zur Reinigung der Samen und auch zur Aussaat werden Siebe in verschiedenen Maschengrößen verwendet. Damit werden Aussaatgefäße nach der Samenausbringung übersiebt, so dass die Samen leicht bedeckt sind. Bei ganz feinen Samen (Hauswurz) ist eine Abdeckung nicht erforderlich. Zum Angießen benötigt man kleine Gießkannen aus verzinktem Stahl mit Messingbrausen. Zur Kennzeichnung der Aussaaten benutzt man verschieden lange Etiketten aus weißem Kunststoff, die man mit Bleistift beschriftet. Messer und Scheren sind Werkzeuge, die in jedem Garten vorhanden sein sollten. Zur Vermehrung müssen sie aber sauber gereinigt, geschärft und desinfiziert werden.

Aussaat auf der Fensterbank

1. Erde flach andrücken Für kleine Samen Anzuchtschalen, für mittelgroße Gittertöpfe/Multitopfplatten, für große Samen Torf-, Torfquell- oder kleine Tontöpfe nehmen. die Erde sollte in den obersten 2 bis 3 cm möglichst fein gesiebt sein, daher kurz vor der Aussaat etwas Erde übersieben und mit einem Brett andrücken.

2. Mit Tüte aussäen Bei größeren Samen zuerst deren Keimfähigkeit prüfen. Beginnen Sie links oben und bewegen Sie die Tüte mit leicht schüttelnden Bewegungen in waagrecht verlaufenden Bahnen über die Schale hinweg. Samen gleichmäßig verteilen – ein leichtes Klopfen auf der Tüte hilft dabei.

3. Mit Erde übersieben Dunkelkeimer müssen mit Erde bedeckt sein, um zur Keimung zu kommen (siehe Beschreibung auf der Samentüte). Substrat in ein Sieb geben und gleichmäßig verteilen. Die Erdschicht sollte etwa so hoch sein, wie der Samen dick ist.

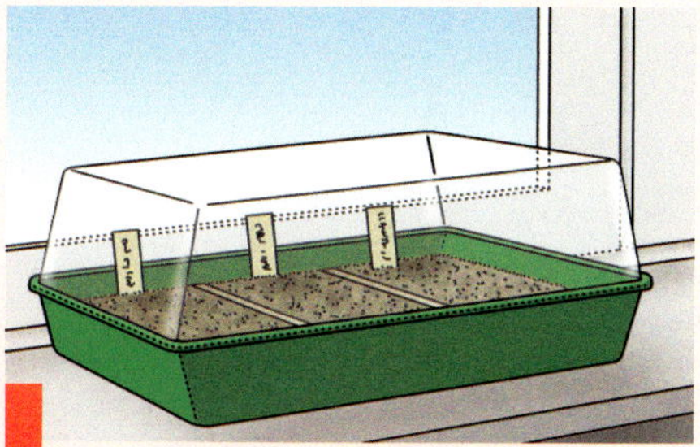

4. Auf der Fensterbank aufstellen Die Anzuchtschale mit dem Deckel, einer Glasscheibe oder mit durchsichtiger Haushaltsfolie (mit einem Gummi fixiert) schließen. Dann an einen warmen, hellen, zugfreien Platz ohne direkte Sonne stellen. Halten Sie die Keimtemperatur ein, die auf der Samentüte angegeben ist.

Erden

Vermehrungserden sollen locker und durchlässig sein, aber auch etwas Feuchtigkeit halten können. Eine Mischung aus Torf und Flusssand ist ideal. Pikiererden enthalten etwas mehr Nährstoffe, Topferden sind mit Dauerdüngern versehen, damit die Pflanze gut gedeiht.

Aussaattechniken

In die mit Substrat gefüllten Gefäße bringt man die Samen aus, entweder einzeln oder in Reihen (Gemüse). Horstsaat wendet man an bei Stangenbohnen, dabei gibt man um die Stange vier bis sechs Korn in den Boden. Meist wird breitwürfig ausgesät, dabei verteilt man die Samen gleichmäßig über das Gefäß. Dann werden diese leicht in Samenstärke übersiebt. Auf der Fensterbank deckt man die Saattöpfchen mit einer Plastiktüte oder einer Glasscheibe ab, damit sie nicht austrocknen. Bei zu viel Feuchtigkeit treten allerdings Schadpilze auf.

Stratifizieren

Schwerkeimer lagert man im Herbst schichtweise in Eimern in feuchten Sand ein und lässt sie dort über den Winter ruhen (Gehölze). Im Frühling sind die Fruchtschalen aufgelöst, man siebt dann die angekeimten Samen ab und sät sie im Freien aus.

Pikieren

Nach dem Auflaufen der Samen und dem Erstarken der Keimlinge werden diese vereinzelt (pikiert). Dazu hebt man sie mit einem Pikierholz aus dem Keimbett und setzt sie vorsichtig einzeln reihenweise in Pflanzschalen mit Pikiererde. Bei zierlichen Keimlingen hat sich ein Holzetikett bewährt, dessen Spitze man V-förmig eingeschnitten hat. Damit lassen sich die Keimlinge gut entnehmen. Zu lange Würzelchen werden mit Daumen

Zwiebeln und Knollen vermehren

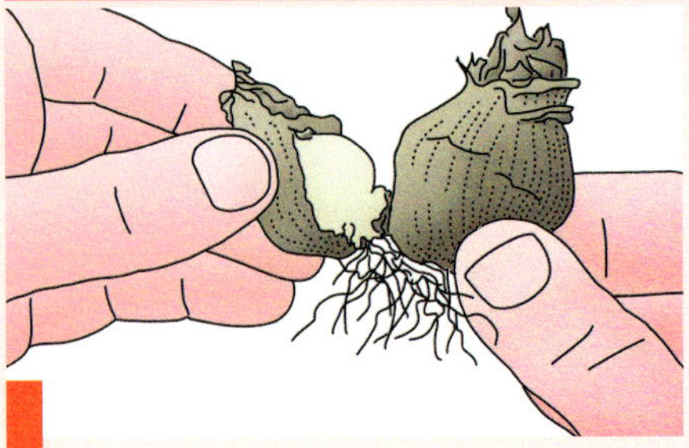

1. Tochterzwiebeln abnehmen Zur Anzucht sind schwarz oder grau verfärbte Zwiebeln oder solche mit eingedellter Haut nicht geeignet. Trennen sie von gesunden Zwiebeln der Amaryllis, Schachbrettblume, Traubenhyazinthe und Narzisse die Tochterzwiebeln ab.

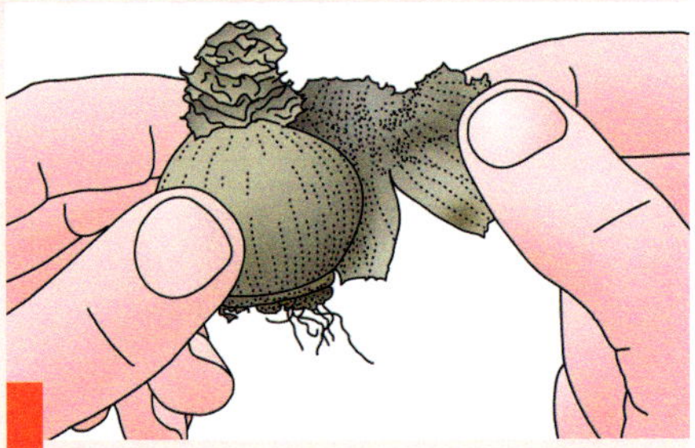

2. Hülle entfernen, Bruchstelle desinfizieren Entfernen Sie die losen äußeren Hüllen, bis die glatte „Unterhaut“ zu sehen ist. Stäuben Sie die offene Bruchstelle mit Holzkohlepuder ein. Die Tochterzwiebeln sogleich so tief eintopfen, wie es dem doppelten Durchmesser der Zwiebeln entspricht (siehe Schritt **4**)

3. Brutknollen bei Gladiolen abnehmen Gladiolen bilden Brutknollen aus. Gladiolen ausgraben und vorsichtig die kleinen Brutknollen von der Hauptknolle abtrennen. Diese in einem kühlen, dunklen Raum überwintern und im Frühjahr in die Erde setzen.

4. Brutknollen bei Gladiolen abnehmen Gladiolen bilden Brutknollen aus. Gladiolen ausgraben und vorsichtig die kleinen Brutknollen von der Hauptknolle abtrennen. Diese in einem kühlen, dunklen Raum überwintern und im Frühjahr in die Erde setzen.

und Zeigefinger abgeknipst, denn die Wurzeln sollen senkrecht in die Erde kommen.

■ Abhärten von Jungpflanzen

Um das Anwachsen zu fördern, stellt man die frisch pikierten Pflanzen ins Kleingewächshaus, den Kasten oder ans Fensterbrett und deckt sie mit einer Scheibe ab. Bei starker Sonneneinstrahlung ist eine Schattierung erforderlich. Nach und nach wird die Scheibe immer höher gelüftet. Wenn die Pflanzen aufrecht stehen, kann diese abgenommen werden.

■ Eintopfen

Sind die Pflänzchen kräftig gewachsen, kommen sie in einen mit nährstoffreicher Topferde gefüllten Topf. Nie nehme man einen zu großen Topf für eine Jungpflanze. Das Wachstum ist besser, wenn man mehrmals umtopft, bevor man sie ins Freie auspflanzt.

Vegetative Vermehrung

Bei der ungeschlechtlichen Vermehrung besitzt die Tochterpflanze die gleichen Eigenschaften wie die Mutterpflanze. Von einer interessanten Neuzüchtung erhält man daher sortenechte Nachkommen. Das kann oft rascher gehen als bei der Samenvermehrung. Auch fruchten solche Pflanzen eher. Manchmal bilden Pflanzen gar keine Samen aus, so dass man sie nur vegetativ vermehren kann. Auch die Nachteile sollen erwähnt werden: Oft ist die Lebensdauer von vegetativ vermehrten Obstbäumen weitaus geringer als bei Sämlingspflanzen, das liegt vor allem am Wurzelsystem. Von einer Mutterpflanze erhält man wenige Nachkommen, dies gilt besonders für die Teilung, die bei vielen Stauden üblich ist. Der Gärtner bezieht allerdings heute seine gleichmäßigen Pflanzen von speziellen Anzuchtbetrieben. Dort gewinnt man im Labor aus nur einem Pflanzenteil Zellen, welche unter sterilen Bedingungen zu Zellverbänden heranwachsen und später gleichmäßige Pflanzen ergeben.

■ Teilung

Wenn horstbildende Stauden in ihrer Blühfähigkeit nachlassen, sollten sie geteilt und in frische Erde gepflanzt werden. Dies geschieht entweder im Vorfrühling oder direkt nach der Blüte. Das ist auch sinnvoll bei Gräsern, Wasserpflanzen, Farnen, einigen Gehölzen und Zimmerpflanzen. Dazu werden sie ganz ausgegraben und die Wurzeln mit dem Spaten vorsichtig in faustgroße Stücke geteilt. Bei Horstbildnern sollte man nur die kräftigen Teilstücke der Außenbereiche verwenden, die inneren gehören auf den Kompost. Von mächtigen Gräsern (Pampasgras) entnimmt man mit Pickel und Spaten nur einige bewurzelte Teilstücke und belässt die Mutterpflanze an ihrer Stelle.

Die Teilstücke können direkt ins Freiland gepflanzt werden, kleinere Stücke werden getopft.
Staudenpfingstrosen teilt man im Herbst, nur Teilstücke mit Knospen am Stängelgrund bilden eine neue Pflanze.
Bodendecker kann man ganzjährig teilen.

■ Absenker

Einige Gehölze lassen sich durch Absenker vermehren, dazu zählen Haselnuss, Magnolie sowie Rhododendron. Dazu biegt man im Herbst elastische Triebe bogenförmig nieder und bedeckt die Enden mit Erde. Im Frühling haben sie meist schon Wurzeln gebildet. Dann trennt man die Triebe ab und pflanzt sie wieder ein.

■ Ableger

Dieses Verfahren ist ähnlich wie das vorige, nur werden die elastischen Triebe von Obstunterlagen, Glyzine und Hartriegel im Spätherbst flach in strahlenförmig von der Mutterpflanze ausgehende Rillen gelegt, fixiert und mit nahrhafter Erde bedeckt.
Nach 2-3 Jahren haben sich an mehreren Stellen neue Wurzeln und Jungtriebe gebildet. Diese werden nun ausgegraben und geteilt, jedes Teilstück ergibt eine neue Pflanze.
Oberirdische Ausläufer von Erdbeeren oder Hauswurz nennt man vielfach auch Ableger. Diese Tochterpflanzen werden an unterschiedlich langen Ausläufern (Stolonen) gebildet. Sind diese bewurzelt, trennt man sie ab und pflanzt sie in frische Erde, ins Freiland oder in Töpfe.
Zu den „Lebendgebärenden" Pflanzen gehört das Brutblatt, welches ursprünglich aus Madagaskar stammt und auch Goethepflanze genannt wird. Hier werden am Blattrand kleine Tochterpflänzchen gebildet, welche bei der Reife abfallen und sich neu bewurzeln.

Der Orientalische Mohn *(Papaver orientale)* gehört zu den Stauden, die man durch Teilung vermehren kann.

■ Steckhölzer

Viele Ziersträucher, aber auch Johannisbeeren lassen sich im Winter einfach durch Steckhölzer vermehren. Dazu entnimmt man den gewünschten Gehölzen kräftige, einjährige Triebe und schneidet diese in etwa 20 cm lange Teilstücke. Mehrere Hölzer werden nun gebündelt, etikettiert und in eine Kiste gebracht, welche mit einer angefeuchteten Torf-Sand-Mischung halb gefüllt wurde. Diese stellt man nun mehrere Monate in einen frostfreien Raum. Das Substrat sollte aber nicht ganz austrocknen. Im März haben die Steckhölzer Kallus (Wundverschlussgewebe) oder sogar schon Wurzeln gebildet. Diese Hölzer kommen dann auf vorbereitete Beete im Freiland, wo man sie reihenweise etwa 15 cm tief steckt. Dann bilden sie Wurzeln und Triebe, im Herbst kann man sie ausgraben, zurückschneiden und an den vorgesehenen Platz pflanzen. Steckhölzer lassen sich aber auch gleich in Töpfe stecken.

Rhizome teilen und pflanzen

1. Rhizomstücke abtrennen Entfernen sie durch kräftiges schütteln die Erde vom Wurzelstock. Schneiden Sie mit einem scharfen, sauberen Messer die äußeren, jungen Rhizome ab (Länge 10 bis 15 cm).

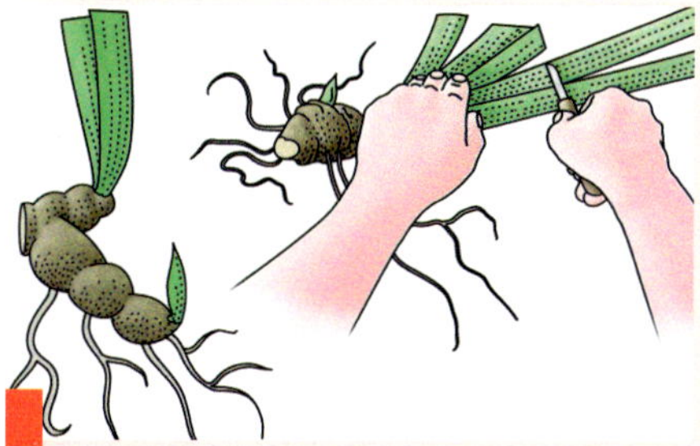

2. Blätter einkürzen Sind die Rhizomstücke geschnitten, kürzen Sie Wurzeln und Blätter ein, um das Anwachsen zu fördern: Wurzeln bis auf ein Drittel, den Blattfächer auf 10 bis 15 cm. Achten Sie darauf, dass an den feuchten Wurzelschnittflächen keine Erdpartikel anhaften; bestäuben Sie sie mit Holzkohlepuder.

3. Wurzeln ausbreiten, Rhizome legen Legen Sie die Rhizome flach in die Setzrinne und breiten Sie die Wurzeln auf der Erde aus. Füllen Sie die Setzrinne wieder mit Erde auf - und zwar so, dass das Rhizom zu zwei Dritteln mit Erde bedeckt ist. Das obere Drittel des Rhizomstückes und die Blätter liegen frei.

Stecklinge anziehen

1. Stecklinge schneiden Teilstecklinge werden oft von rankenden Blattpflanzen genommen, aber auch von Fuchsien. Von jungen Trieben Teilstücke von 5 bis 8 cm Länge schneiden. Direkt unter einem Knoten und direkt über einem Knoten einen glatten Schnitt ausführen. Der Steckling sollte 1 bis 2 Blätter haben.

2. Stecklinge stecken Bohren Sie mit dem dickeren Ende des Pikierstabes ein kleines Pflanzloch. Die Stecklinge so stecken, dass die Blätter direkt über der Erde stehen. Sind mehrere Stecklinge in einem Topf, sollten sich die Blätter nicht berühren. Nun die Stecklinge mit Zeigefinger und Pikierstab andrücken.

3. Stecklinge umtopfen Sobald sie vermehrt neue Blätter bilden, kann man sie in größere Töpfe setzen. Diese sollten 1 cm größer sein als der Wurzelballen. Mehrere Stecklinge im Topf vorsichtig auseinander ziehen. Angießen, warm und hell stellen.

Brutzwiebeln und Brutknollen

Pflanzen mit unterirdischen Speicherorganen (Tulpen, Narzissen, Gladiolen) bilden Brutzwiebeln oder Brutknöllchen. Bei manchen Lilien werden Bulbillen auch in den Blattachseln gebildet. Nimmt man diese auf und steckt sie in Töpfe mit Pikiererde, so können sie bei richtiger Kultur in 3 Jahren zur Blüte kommen. Als Erde hat sich eine mit Sand angereicherte, gedämpfte Komposterde bewährt. Schutz vor zu starker Winternässe und vor Mäusen ist unbedingt erforderlich.

Rhizome

Pflanzen mit Erdsprossen (Schwertlilien) teilt man am besten nach der Blüte, also mitten im Sommer. Nur die äußeren Rhizome wachsen kräftig weiter. Man trennt sie mit dem Messer an der dünnsten Stelle ab, die Wunden werden in Holzkohlepulver getaucht, damit die Pflanzen nicht faulen. Dann werden sie an die vorgesehene Stelle im Garten gepflanzt. Von anderen Arten wie Maiglöckchen oder Salomonssiegel trennt man die Rhizome in der Ruhezeit von der Mutterpflanze, also von September bis März.

Wurzelschnittlinge

Einige Gehölz- und Staudenarten wie Strauchkastanie, Essigbaum, Türkischer Mohn, Kugelprimel und Edeldistel kann man gut wie folgt vermehren: Im Spätherbst legt man die Wurzeln der vorgesehenen Gehölze frei und schneidet sie ab, bei Stauden gräbt man die ganze Pflanze aus. Die geeigneten (dickeren) Wurzeln schneidet man in 3 bis 4 cm lange Teilstücke, diese werden dann in eine mit Vermehrungssubstrat gefüllte Schale schräg bis flach gelegt und mit Substrat 1 cm hoch bedeckt. Im Kalthaus können sie sich dann im Laufe des Winters bewurzeln und neue Triebe bilden, die man eintopft.

Stecklinge

Wenn man von Pflanzen grüne Teile abtrennt und diese vermehrt, spricht man von Stecklingen. Es gibt viele verschiedene Möglichkeiten. Nimmt man das Triebende, spricht man von **Kopfstecklingen** (Geranien, Felsmispel), teilt man die ausgereiften Triebe in mehrere Stücke (Efeu), nennt man dies Triebstecklinge. Stammstecklinge werden von der Palmlilie, dem Baumfreund und Gummibaum gemacht. Dabei teilt man den Trieb im mehrere Teile, die waagerecht in Schalen mit Stecklingssubstrat gelegt werden. Die Bewurzelung erfolgt an den Knoten, also am Blattansatz. Beim Gummibaumsteckling muss aber ein Blatt verbleiben, welches eingerollt und mit einem Gummiband fixiert wird. Dann wird der Steckling senkrecht in einen Topf mit Vermehrungssubstrat gesteckt; ein Holzstab verhindert, dass er umfällt.
Abrissstecklinge werden meist bei Koniferen gemacht. Sie bilden rascher Wurzeln, wenn ein Stück des älteren

Was sind Kindel?

Bromelien sind meist Pflanzen des Regenwaldes. Ihre trichterförmigen Rosetten wachsen in der Natur als Aufsitzerpflanzen (Epiphyten) auf größeren Bäumen. Nach der Blüte stirbt diese Rosette ab, aber daneben haben sich eine Anzahl Seitentriebe gebildet, die sich zu einer neuen Pflanze entwickeln. Diese noch unreifen Triebe nennt man Kindel. Sie sollten so lange an der langsam vergehenden Mutterpflanze belassen werden bis sie eigene Wurzeln gebildet haben. Dann kann man sie eintopfen oder auf Korkstücke binden. Unreif abgetrennte Kindel werden wie Stecklinge behandelt.

KLIMA-TIPP

Lassen Sie sich von milden Temperaturen im März oder April nicht verleiten, vorgezogene Jungpflanzen gleich in den Garten zu pflanzen. Es können durchaus noch Nachtfröste oder Kälteperioden auftreten. Besser ist es, die Pflänzchen nachts ins Haus zurückzuholen.

Holzes an der Basis vorhanden ist. Geeignete Seitentriebe von Eiben, Scheinzypressen oder Lebensbaum werden so vom Zweig abgerissen, dass ein Rest des Zweiges am Steckling bleibt, dieses Fähnchen wird eingekürzt und glattgeschnitten. Dann kann man sie in Schalen stecken. Es dauert allerdings Monate oder sogar Jahre, bis sich diese Stecklinge bewurzeln. Rascher kommt man zum Erfolg, wenn ein Bewurzelungshormon verwendet wird. Der Steckling wird kurz in das Hormonpulver getaucht und dann gesteckt.

Blattstecklinge kann man von einigen immergrünen Zimmerpflanzen und Sukkulenten machen. Ein ausgereiftes Blatt vom Usambaraveilchen wird mit dem Stiel von der Pflanze abgetrennt und in Stecklingserde gesteckt. Nach einigen Wochen bilden sich Wurzeln und neue Austriebe. Mit den Blättern von Echeverien, Fetthennen und anderen Sukkulenten lassen sich ebenfalls neue Pflanzen heranziehen.

Blattstückstecklinge sind besonders bei der Königsbegonie erfolgreich. Dabei schneidet man das Blatt in kleine Stücke, günstig sind nur Stücke mit den Hauptadern. Diese legt man auf das Sandsubstrat einer Schale. Nach einigen Wochen bilden sich Triebe und Wurzeln.

Teilt man ein gelbgestreiftes Blatt des Bogenhanfs (Sansevieria) in Stücke, so ergibt dies aber nur grüne Pflanzen. Bei der gelbgrünen Sorte muss die Mutterpflanze geteilt werden.

Veredlung

Die meisten Obstgehölze werden in der Baumschule veredelt. Auf eine Unterlage wird ein Edelreis einer besseren Sorte gepfropft, die beiden Komponenten wachsen zu einer Pflanze zusammen. Die Unterlage soll über ein gutes Wurzelsystem verfügen, welches die spätere Edelpflanze mit Wasser und Nährstoffen versorgen kann. Das Edelreis besitzt sämtliche Erbfaktoren einer Sorte, die eine Verbesserung der Unterlage aufweist. Natürlich kann man nur nah miteinander verwandte Pflanzen veredeln.

■ Warum veredeln?

Veredelte Gewächse haben schönere Blüten oder größere Früchte, oft auch reichere Erträge.

Bei Weinreben veredelt man die Edelsorten auf eine reblausresistente Unterlage. Man wendet die unterschiedlichen Verfahren an, wenn diese rationeller sind oder andere Methoden keinen Erfolg haben.

■ Kopulation

Diese relativ einfache Veredlungsart wird bei jungen Obstbäumen angewandt. Voraussetzung ist, dass Edelreis und Unterlagentrieb den gleichen Durchmesser haben. Bei beiden wird ein etwa 4 cm langer, gleich großer Schrägschnitt gemacht. Dann fügt man die beiden Schnittstellen zusammen, verbindet sie und verstreicht sie mit einem Veredelungswachs..

■ Pfropfen

Möchte man neue Sorten auf ältere Obstbäume veredeln, so sind die Unterlagen stärker als das Edelreis. In diesem Falle werden im Herbst die alten Äste abgesägt. Vor dem Austrieb im Vorfrühling macht man auf die geglätteten Schnitte mit zwei Schnitten einen keilförmigen Spalt. Das Edelreis wird nun so zugeschnitten, dass es in diesen Spalt passt. Dabei müssen immer die beiden Kambiumschichten zusammengefügt werden. Ist der Pfropfkopf größer als 3 cm, so sollten zwei bis drei Edelreiser eingesetzt werden, damit die Wunde rascher zusammenwächst. Mit Naturbast wird nun das Edelreis fixiert und mit Veredlungswachs verstrichen, damit kein Wasser eindringen kann.

Im Frühling treiben dann die Edelreiser aus. Je nach Entwicklung der neuen Triebe muss man sich im Herbst entscheiden, welcher Neutrieb für die Kronenbildung am geeignetsten ist. Dieser wird belassen, die anderen entfernt.

■ Anplatten

Vor allem bei Nadelhölzern wird dieses Verfahren angewandt. Wenn man selbst eine Blaufichte anziehen möchte, so benötigt man zunächst eine gute Unterlage. Dafür sind Sämlinge der Stechfichte oder der Rotfichte geeignet, welche man einzeln in Töpfen herangezogen und im Spätherbst ins frostfreie Gewächshaus gebracht hat. Im Winter (Vegetationsruhe) macht man in die Rinde des Haupttriebes der Unterlage einen 4 bis 5 cm langen, flachen Schnitt. Dann schneidet man das etwa 10 cm lange Edelreis einer schönen Blaufichte so an, dass ein flacher Keil entsteht. Dieses wird nun so eingefügt, dass die beiden Kambiumschichten zusammenpassen. Mit Veredlungsgummiband wird nun alles verschnürt, eine Verstreichung mit Wachs ist hier nicht notwendig. Die Töpfe werden nun schräg im Gewächshaus in Erde eingesenkt und mit einer Folie bedeckt, damit die Luftfeuchtigkeit erhöht wird. Nach dem Austrieb des Edelreises wird die Unterlage in

Veredelung

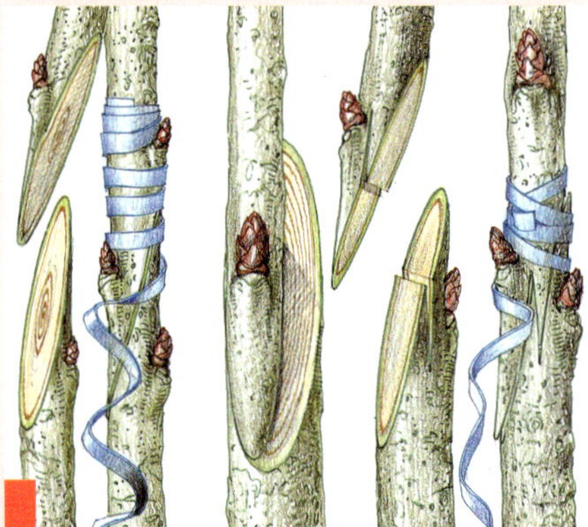

Kopulation Zur Kopulation wählt man möglichst gleichstarke Triebe. Links ist die einfache Kopulation abgebildet, rechts die mit Doppelzungen.

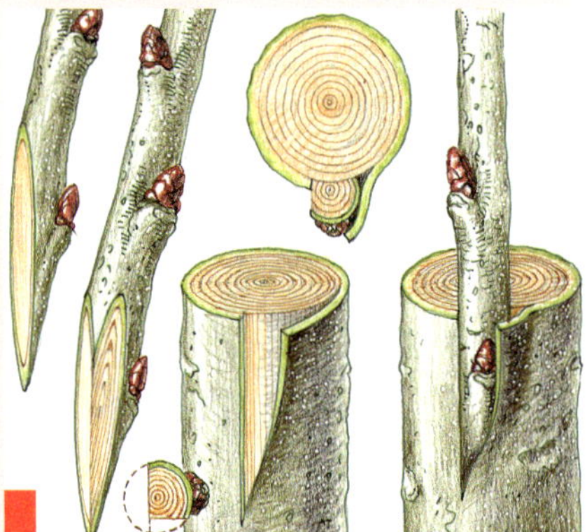

Pfropfung Bei der Pfropfung wird das wird das zugeschnittene Edelreis in einen Schlitz in der Unterlage eingesetzt.

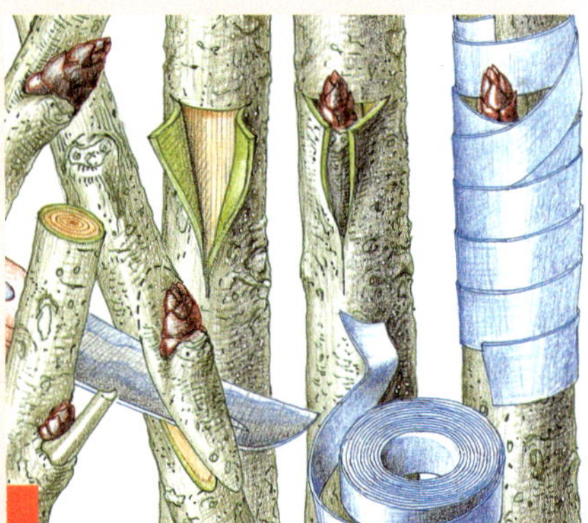

Okulation Bei der Okulation wird nur ein einzelnes Auge (lat. *oculus*) der Edelsorte unter die Rinde der Unterlage eingesetzt und dann verbunden.

mehreren Schritten ausgedünnt und schließlich ganz entfernt. Ende Mai bringt man die Veredlungen ins Freie.

■ Okulation

Die Augenveredlung oder Okulation wird bei vielen Obstarten (Pfirsich) und vor allem bei Beetrosen vorgenommen. Dabei wird eine Knospe der Edelsorte in den Wurzelhals der Unterlage (Sämlingspflanze) eingesetzt. Wenn nach dem Verwachsen das Edelauge austreibt, müssen die Unterlagentriebe entfernt werden. Bei Rosen veredelt man im Sommer, wenn sich die Rinde der Unterlage ablösen lässt. Die Praxis der Rosenveredlung soll hier kurz beschrieben werden:

Anzucht der Unterlagen: Vor der Aussaat müssen die Samen der heimischen Hundsrose *(Rosa canina)* 18 Monate lang stratifiziert werden. Die Aussaat erfolgt im Herbst oder Frühling auf Beeten. Nach der Keimung im Frühling entwickeln sich die Sämlinge bis zum Herbst. Dann gräbt man sie aus, sortiert sie nach Qualität, nur Pflanzen mit über 3 mm Stärke werden weiterverwendet. Sie werden über den Winter bündelweise in Erde eingeschlagen und dann im März/April reihenweise aufgepflanzt. Abstand der Reihen 70 bis 90 cm, in der Reihe 20 cm.

Die Wildlinge werden angehäufelt, so dass der Wurzelhals lang und weich wird. Vor der Okulation wird die Erde wieder abgehäufelt und der Wurzelhals mit einem Tuch gereinigt.

Die eigentliche Okulation erfolgt von Juli bis August. Voraussetzung ist, dass sich die Rinde der Unterlage leicht lösen lässt, ebenso müssen die Edelreiser reif sein. Man erkennt dies, wenn sich die Stacheln der Rose leicht entfernen lassen. Auch abgeblühte Triebe der Edelrosen sind reif und die Augen lassen sich gut lösen.

Mit einem Okulationsmesser macht man nun einen T-förmigen Schnitt in den Wurzelhals, erst der waagrechte, dann der senkrechte Schnitt. Mit der Rückseite des Messers oder einem speziellen Löser werden nun die beiden Rindenlappen gelöst. Das Edelauge wird erst kurz vor der Verwendung geschnitten. Der flache Schnitt geht nur leicht in das Holz und ist etwa 3 cm lang. Das Holzschildchen wird

Die Hunds-Rose *(Rosa canina)* wird sehr häufig als Unterlage für viele Edel-, Beet- und Strauchrosen verwendet.

Edelrosen, hier die Sorte 'Grande Amore®', werden fast nur durch Okulation vermehrt. Exemplare auf eigener Wurzel wachsen meist schlecht.

Was wird wie vermehrt

Pflanzenart	Vermehrungsart	Zeitpunkt	Bemerkung
Lebensbaum	Abrisssteckl inge	Sommer	auch Aussaat
Hainbuche	Aussaat	Frühling	Stratifizieren
Eiche	Aussaat	Frühling	Stratifizieren
Edelrose	Okulation	Sommer	auf Wildrose
Forsythie	Steckholz	Winter	
Korkenzieherhasel	Pfropfung	Vorfrühling	auf Hasel
Felsmispel	Stecklinge	Sommer	
Rittersporn	Teilung	Vorfrühling	
Sommerphlox	Teilung	Frühling	
Staudenpfingstrose	Teilung	Herbst	
Schwertlilie	Rhizomteilung	Sommer	
Steinbrech	Teilung der Polster	Frühling	
Hauswurz	Tochterrosetten	Frühling bis Herbst	
Gladiole	Brutknöllchen	Herbst	
Tulpe	Brutzwiebeln	Herbst	
Akelei	Aussaat	Herbst/Frühling Schwerkeimer	
Tomaten	Aussaat	Vorfrühling	Vorkultur
Rettich	Aussaat	März bis Mai	Beete, in Reihen
Bohnen	Aussaat	Mai-Juni	Horstsaat
Zwiebeln	Aussaat/Steckzwiebeln Vorfrühling	Beete im Freiland	
Basilikum	Aussaat	Mai	Vorkultur
Schnittlauch	Aussaat	Frühling	auch Teilung
Petersilie	Aussaat	Vorfrühling	Freiland
Erdbeere	Ausläufer	Sommer	Freiland
Johannisbeere	Steckholz	Winter	
Gummibaum	Triebsteckling	Frühling	einzeln in Topf
Kakteen	Aussaat	Frühling	auch Ableger
Geranie	Steckling	Herbst	frostfrei im Winter
Fuchsie	Steckling	Sommer	frostfrei im Winter
Einjahresblumen	Aussaat	Vorfrühling	auch Vorkultur
Königsbegonie	Blattteilstecklinge	Frühling	frostfrei
Usambaraveilchen	Blattstecklinge	ganzjährig	mit Stiel stecken
Bromelien	Kindel	Sommer	frostfrei
Türkenmohn	Wurzelschnittling	Winter	frostfrei

entfernt, die Schnittflächen aber nicht berührt. Nun schiebt man das Edelauge von oben so tief in den T-Schnitt ein, dass es fest sitzt. Mit einem OSV (Okulations-Schnellverschluss) wird nun das Edelauge umhüllt, auch Naturbast eignet sich dafür. Der OSV besteht aus einem rechteckigen Gummiplättchen und einer U-förmigen Klammer. Er wird straff befestigt und schützt das Auge vor Austrocknung. Etwa drei bis vier Wochen nach der Okulation ist das Edelauge angewachsen. Im Herbst wird wieder angehäufelt (Frostschutz), die Erde dann im Vorfrühling wieder entfernt. Ebenfalls schneidet man dann die Wildtriebe direkt oberhalb der Veredlung ab. Nun kann das Edelauge austreiben, im Herbst ist dann die neue Rose so groß, dass man sie an den Endstandort pflanzen kann.
Auf die gleiche Weise veredelt man auch Kletter- und Stammrosen sowie manche Obstarten.

Nachbarschaftsrecht

„Es kann der Frömmste nicht in Frieden leben, wenn es dem bösen Nachbarn nicht gefällt." Ob Schiller das im Garten geschrieben hat? Will man den Medien glauben, scheint der Streit über den Gartenzaun nämlich eine beliebte Freizeitbeschäftigung zu sein – das muss nicht sein!

Vermutlich entstehen viele der Streitereien am und über den Gartenzaun, weil man – anders als innerhalb der eigenen vier Wände – die (angeblichen) Verfehlungen des Nachbarn unmittelbar vor Augen, Ohren oder Nase hat. Tatsächlich ist das Zusammenleben von Garten zu Garten nicht durch spezielle Gesetze geregelt. Bei den Entscheidungen der Gerichte tritt die „Ortsüblichkeit" an Stelle des gesunden Menschenverstandes, das heißt ein Gartenbesitzer sollte sich bei dem, was er tut oder zu ertragen bereit ist, an seiner Umgebung orientieren. In jedem Fall lohnt es sich, bei der Gemeindeverwaltung nach den geltenden Lärm-, Bebauungs- und Bepflanzungsvorschriften zu fragen. Hier erfährt man auch, ob und welche Verordnungen zum Schutz von Gehölzen erlassen wurden.

Das Recht am Garten

Für den Garten gilt das Recht jedes Eigentümers (Bürgerliches Gesetzbuch § 903): Er kann „mit der Sache (also dem Garten) nach Belieben verfahren", ohne dass sich andere einmischen dürfen („...und andere von jeder Einwirkung ausschließen"). Das bedeutet allerdings nicht, dass man seinen Garten in einen lärmenden Vergnügungspark verwandeln darf – vorausgesetzt die Gemeindeordnung würde eine solche Veränderung überhaupt erlauben. Mit einem Vergnügungspark nebenan kann der Nachbar, dem dasselbe Recht zusteht, mit seinem Garten eben nicht mehr „nach Belieben verfahren". Rücksichtsvolles Verhalten aller Beteiligten ist daher unbedingte Voraussetzung für ein friedvolles Zusammenleben, ansonsten müssen die Gerichte über den speziellen Einzelfall entscheiden.

Mein oder Dein?

Für den Eigentümer – er ist im Grundbuch eingetragen – gilt der oben angesprochene Paragraph; die Befugnisse erstrecken sich übrigens prinzipiell auch auf den Luftraum und den Boden. Etwas anders sieht es für den jeweiligen Besitzer des Gartens aus, also einen Mieter oder Pächter. Der Garten und alle „wesentlichen Bestandteile" gehören nämlich dem Eigentümer. Dazu sagt § 94 BGB: „Samen wird mit dem Aussäen, eine Pflanze wird mit dem Einpflanzen wesentlicher Bestandteil des Grundstücks." Nun wird kein vernünftiger Eigentümer darauf bestehen, die einjährigen Sonnenblumen zu behalten, aber ein Baum, Strauch oder eine Hecke dürfen ohne seine Einwilligung nicht vom Mieter entfernt werden.
Derselbe Paragraph hat aber noch eine weitere Auswirkung: Pflanzt ein Mieter ein Gehölz ein, wird es damit zum „wesentlichen Bestandteil" des Gartens – es gehört nun dem Eigentümer und darf beim Auszug nicht einfach wieder entfernt werden.
Wer als Besitzer auf Nummer Sicher gehen möchte, sollte ähnlich wie beim Bezug einer Wohnung zusammen mit dem Eigentümer ein Protokoll anlegen, in dem die „wesentlichen Bestandteile" des Gartens aufgeführt sind. Bei Problemen, z. B. morschen Gehölzen, empfiehlt sich die Rücksprache mit dem Vermieter.

KOSMOS TIPP

Bevor Sie ein Gartenhäuschen, ein Gewächshaus, einen massiven Zaun oder sonstige aufwändigere Gartenelemente bauen, sollten Sie bei der örtlichen Baubehörde fragen, ob diese in Ihrer Gemeinde genehmigungspflichtig sind.

Bis hierhin und nicht weiter

Echte „Grenzverletzungen" werden wohl eher selten vorkommen; sie lassen sich aber in jedem Fall durch eine neue Messung und den Vergleich mit den Daten im Grundbuch- und Katasteramt objektiv regeln. Allerdings halten sich Bäume und Sträucher gewöhnlich nicht an Kataster – sie wachsen ober- und unterirdisch über die Grenze hinweg.

■ **Hecken pflanzen, aber richtig**

Der Abstand von Heckenpflanzen zur Grundstücksgrenze ist durch Bundesland/Gemeinde geregelt und richtet sich nach der Endgröße der Gehölze. Da viele Gemeinden sogar bestimmte, meist heimische Arten vorschreiben, empfiehlt sich die Nachfrage. Sprechen Sie sich in Neubaugebieten mit dem Nachbarn ab, denn die Außenseite Ihrer Hecke hat immer auch eine Innenseite für den Nachbarn. Pflanzt jemand gegen Ihren ausdrücklichen Willen eine zu hohe Hecke, sollten Sie sofort Einspruch erheben. Wer Haus und Garten in einer älteren Siedlung kauft, hat dagegen kaum Chancen, gegen die gewachsene Hecke eines Nachbarn vorzugehen, denn auch für Gehölzpflanzungen gelten Verjährungs- und Ausschlussfristen.

■ **Wer hat die Lufthoheit?**

Wenn ein Baum seine Zweige oder die Wurzeln über/in Nachbars Garten schiebt, sind die Probleme beinahe vorprogrammiert. Sofern die überhängenden Zweige die Nutzung des Gartens beeinträchtigen, dürfen sie entfernt werden (§ 910 BGB) – allerdings weder sofort noch radikal! Die Zweige bleiben Eigentum des Nachbarn; er muss darauf hingewiesen werden und sie innerhalb einer Frist entfernen (zu den gartenüblichen Schnittzeiten). Natürlich kann er den Schnitt auch dem „beeinträchtigten" Nachbarn überlassen.

Das Entfernen von Wurzeln ist etwas anders geregelt (ebenfalls § 910 BGB): „Der Eigentümer eines Grundstücks kann Wurzeln eines Baumes oder eines Strauches, die von einem Nachbargrundstück eingedrungen sind, abschneiden und behalten." Das gilt allerdings nur dann, wenn die Wurzeln die Nutzung des Grundstücks beeinträchtigen. Was eine Beeinträchtigung ist, darüber entscheiden im Zweifelsfall die Gerichte.

Beim Obst ist alles eindeutig: Was zu Boden fällt, geht in das Eigentum des Bodenbesitzers über – heimlich pflücken ist aber genauso wenig erlaubt wie das „Zurückstehlen".

Gartenteiche jeder Art sind Gefahrenquellen. Der Gartenbesitzer muss Sorge tragen, dass niemand (Kinder!) zu Schaden kommt.

Ob Hähne und Hühner erlaubt sind, entscheidet die ‚Ortsüblichkeit' – letztlich die Gerichte.

Beliebte Streitpunkte sind Herbstlaub, Pollenstaub oder verwehte Samen. Hier kommt es auf Standort, Art und Umfang der „Beeinträchtigung" an. Statt Geld für Anwälte zu opfern, sollte man sich besser mit der Natur (und dem Nachbarn) arrangieren und die Beeinträchtigung im Rahmen der üblichen Gartenarbeit beseitigen.

Stinkend und zu laut

Wenn man an Klagen gegen den Glockenschlag von Kirchturmuhren denkt, war der Gesetzgeber in Bezug auf den Rasenmäher weitsichtig, denn er wurde in das Bundesimissionsschutzgesetz aufgenommen. Die Hersteller müssen Lärm-Grenzwerte einhalten und das Mähen ist nur zu bestimmten Zeiten erlaubt; die Gemeinden dürfen Sonderverordnungen erlassen. Ruhezeiten gelten auch für andere Lärmquellen (z. B. Hundebellen, Partylärm, Wasserpumpen). Ein beliebter Klagegrund sind krähende Hähne: Hier haben die Gerichte stets nach der Ortsüblichkeit gefragt und dann darüber entschieden, ob der Lärm eine echte Belästigung darstellte.

Pflanzen und pflegen

Üppiges Pflanzenwachstum, reicher Blütenflor, sattgrüne Rasenflächen und blickdichte Hecken in saftigem Grün – das ist der Traum jedes Gärtners. Wenn man von der Pflanzung an die Ansprüche seiner Gartenschätze beachtet, dann kann einer gesunden Entwicklung und einem raschen Weiterwachsen nichts entgegenstehen.

Frisches Grün für Ihren Garten

Ein schöner, saftiger Rasen zählt neben bunt blühenden Rabatten zu den wichtigsten Bereichen im Garten. Mit guter Planung und optimaler Pflege werden Sie jahrelang Freude an dem grünen Teppich haben.

Schritt für Schritt zum neuen Rasen

Die Aussaat ist immer noch die häufigste und preisgünstigste Methode, einen neuen Rasen anzulegen. Der beste Zeitpunkt ist von April bis Juni und von August bis September.

■ Bodenvorbereitung

Besonders wichtig ist eine gründliche Bodenvorbereitung. Achtung bei Neubauten: Hier sind die Außenbereiche häufig so stark verdichtet, dass es leicht zu Staunässe kommt, und sich der frisch angelegte Rasen nicht richtig entwickeln kann. Es empfiehlt sich deshalb, den Boden vorher von einer Fachfirma mit einem sogenannten Aufreißhaken oder einem Minibagger tiefgründig lockern zu lassen. Auf schwerem Erdreich, zum Beispiel einem Ton- oder Lehmboden, sorgt das zusätzliche Einbringen einer ca. 5 cm dicken Sandschicht für eine bessere Durchlüftung. Bei normalem Untergrund genügt es, die Fläche mit einer Motorhacke oder Gartenfräse zu bearbeiten. Steine, Holzstücke, Unkräuter und Pflanzenreste sorgfältig entfernen. Bei alten Rasenflächen die Grassoden vorher mit einem scharfen Spaten flach abtragen. So erhält man nach dem Fräsen eine fein krümelige Oberfläche, die sich gut bearbeiten lässt. Um später einen schön gleichmäßigen Rasen zu bekommen, wird der Boden anschließend mit einem breiten Aluminium- oder Holzrechen planiert. Bei dieser Gelegenheit entfernt man die restlichen Steine. Danach kommt die Rasenwalze zum Einsatz, die Sie am besten im örtlichen Baumarkt ausleihen).

Mit der richtigen Pflege wird der Rasen zum grünen Schmuckstück.

■ Aussaat

Sobald alle Mulden und Hügel beseitigt sind und die Bodenoberfläche noch einmal etwas aufgeraut wurde, geht es an das Aussäen. Man benötigt etwa 20 bis 30 g/m². Sparen Sie nicht am falschen Ende und verwenden Sie unbedingt Markensaatgut! Dieses ist zwar etwas teurer, bildet durch seinen langsameren Wuchs aber eine dichtere Grasnarbe und ist im Endeffekt pflegeleichter als schnellwüchsige Billigmischungen. Je nach Nutzungszweck kann man zwischen verschiedenen Spezialmischungen wählen, beispielsweise Schattenrasen, einfachem Spielrasen, robustem Strapazierrasen oder dem etwas pflegeintensiveren Zierrasen. Achten Sie darauf, dass es möglichst windstill ist, damit die Rasensamen nicht in angrenzende Blumenbeete wehen können. Aus dem gleichen Grund das feine Saatgut zunächst sorgfältig im Randbereich ausstreuen. Dann verteilen Sie die Samen mit gleichmäßigem Schwung auf der restlichen Fläche, indem Sie den Bereich langsam abschreiten. Man kann auch auf einen Streuwagen zurückgreifen, bei dem sich die Aussaatdichte einstellen lässt (auch praktisch für die spätere Düngung). Damit die leichte Rasensaat beim Angießen oder bei einem starken Regenschauer nicht wegschwemmt, wird sie jetzt noch einmal flach in den Boden eingeharkt. Stellen Sie die Zinken des Rechens dazu möglichst steil. Anschließend wird erneut angewalzt und zwar einmal in Längs- und einmal in Querrichtung. Auf diese Weise bekommt das Saatgut einen guten Bodenkontakt. Wichtig: Während der Keimung darf der Rasen niemals austrocknen! Deshalb sollten Sie die Fläche bis zum ersten Mähen, das nach etwa vier bis sechs Wochen erfolgt, regelmäßig feucht halten. Am besten geeignet ist dafür ein Viereckregner. Dieser hat im Gegensatz zur Handbrause und zu Kreisregnern einen fein dosierten, gleichmäßigen Wasserstrahl.

Wie ein Teppich lässt sich Rollrasen einfach und schnell auf der vorbereiteten Fläche verlegen.

Außerdem lässt sich bei guten Modellen sowohl die Reichweite, als auch die Sprengbreite der Bewässerung exakt einstellen. Unnötig betreten sollte man die frisch ausgesäte Fläche übrigens nicht. Erst nach etwa 10 bis 12 Wochen kann der junge Rasen genutzt werden.

■ Rollrasen

Etwas schnellere aber kostenintensivere Erfolge erzielt man mit dem Rollrasen. Die Bodenvorbereitung ist die gleiche wie bei der Rasenaussaat. Statt der Samen wird jedoch die Fertigware, ähnlich einem Teppich, auf der ebenmäßigen, fein krümelig geharkten Bodenoberfläche ausgelegt. Überstehende Enden kann man einfach mit einem scharfen Spaten abstechen oder mit einem Messer abschneiden und an anderer Stelle verwerten. Anschließend werden die bündig nebeneinander liegenden Rasenbahnen angewalzt und ausgiebig gewässert. Außer in den Frostperioden lässt sich der Rollrasen praktisch das ganze Jahr über verlegen. Theoretisch kann man die Fläche sofort betreten. Man sollte sich jedoch etwas gedulden, bis der frische Rasen nach etwa ein bis zwei Wochen angewachsen ist, und die ersten neuen grünen Halme zu sehen sind. Voll strapazierfähig ist das Ganze bereits nach vier bis sechs Wochen.

Achtung: Rollrasen sollte möglichst noch am Tag der Anlieferung verlegt werden, damit das aufgerollte Gras nicht zu faulen beginnt!

■ Nachsäen

Die Rasenrenovierung geschieht am besten im Frühjahr, etwa im April/Mai. Zunächst wird das Gras auf eine Höhe von ungefähr 3 cm abgemäht. Dann folgt der Gang mit dem Vertikutierer, um das Moos zu entfernen und die Grasnarbe aufzureißen. Letzteres sorgt beim anschließenden Ausbringen des Saatgutes und des Rasendüngers für den notwendigen Bodenkontakt.

■ Richtige Pflege

An erster Stelle steht natürlich das Mähen. Sobald die Forsythien blühen, je nach Region im März oder April, nimmt auch der Rasen sein Wachstum wieder auf. Das ist gleichzeitig der Startschuss für die Mähsaison. Der häufigste Pflegefehler ist ein zu tief abgemähter Rasen. Wenn das Gras etwa 6 bis 7 cm hoch ist, werden die Halme auf eine optimale Länge von 4 bis 5 cm eingekürzt. Auf diese Weise schützt man die Grasnarbe vor Austrocknung. Außerdem wird so das Wachstum von Rasenunkräutern unterdrückt. Falls die Rasenfläche im schattigen Bereich liegt, sollte man nicht tiefer als 6 cm mähen, damit sich die Moosentwicklung in Grenzen hält. Während im Frühjahr besonders nach Düngemaßnahmen oft zweimal wöchentlich gemäht werden muss, genügt ab dem frühen Sommer mit nachlassendem Wachstum meist ein Mähdurchgang pro Woche. Sollte man diesen Intervall einmal nicht einhalten können, und das Gras ist etwas zu hoch geworden, kürzt man es am besten schrittweise auf die richtige Länge. Der letzte Schnitt erfolgt je nach Region und Witterungsverlauf etwa im Oktober/November. Zur Wahl des richtigen Rasenmähers siehe Seite 68.

Eine weitere wichtige Pflegemaßnahme ist das Vertikutieren. Mit seinen senkrecht stehenden Messern durchlüftet der Vertikutierer verfilzte Grasnarben und entfernt neben Moos auch abgestorbene Pflanzenteile. Stellen Sie auch dieses Gerät nicht zu tief ein! Eine gezielte Rasennachsaat sorgt dafür, dass sich die grüne Fläche schnell wieder schließt.

Unterstützend wirkt eine richtige Nährstoffversorgung. Die Startdüngung erfolgt im März/April, Nachschub gibt es dann etwa Mitte Juni. Im frühen Herbst wird zum letzten Mal gedüngt, am besten mit einer kalibetonten Mischung, damit die Rasengräser fit in den Winter gehen. Für verunkrautete oder vermooste Flächen werden spezielle Rasendünger kombiniert mit Unkraut- bzw. Moosvernichter angeboten.

Was die Wasserversorgung betrifft, so kann ein sattgrüner Frühjahrsrasen in trockenen Sommern leicht braun werden. Zwar erholt sich eine gut eingewachsene Grasnarbe nach den ersten Regenschauern wieder erstaunlich schnell, mit einer zusätzlichen Bewässerung lässt sich dieses unansehnliche Bild jedoch frühzeitig vermeiden.

KOSMOS TIPP

Frisch gestochene und ordentlich nachgeschnittene Rasenkanten ergeben zwar ein schönes Gartenbild, bedeuten aber gleichzeitig eine Menge Arbeit. Abhilfe schaffen Kantensteine, die relativ schnell verlegt sind, das Mähen enorm erleichtern und für eine klare Trennung zwischen Rasenfläche und Blumenbeet sorgen.

Vom Rasen zur Blumenwiese

Üppig blühende Wiesen sind eine Augenweide. Ganz ohne Pflege und Geduld geht es jedoch auch im Naturgarten nicht, wenn man auf eine bunte Artenvielfalt Wert legt.

Gute Startbedingungen

Eine natürliche Alternative zum Rasen bietet die Blumenwiese. Das gilt vor allem für Flächen, die im Laufe der Jahre unansehnlich geworden sind und die man optisch etwas aufwerten möchte. Wenn ein Stück Wiese einfach sich selbst überlassen wird, stellt sich allerdings nur in den seltensten Fällen der gewünschte Erfolg ein. Deshalb muss man der Natur ein wenig auf die Sprünge helfen. Die meisten Wildblumen und Gräser bevorzugen einen nährstoffarmen, sonnigen Boden. Der gewünschte Bereich sollte daher mindestens ein Jahr im Voraus nicht mehr gedüngt und anfallendes Schnittgut regelmäßig entfernt werden. Grundsätzlich gilt, dass man für den jeweiligen Standort das richtige Saatgut auswählt. Neben Universalmischungen gibt es zum Beispiel spezielle Feucht-, Fett- und Magerwiesenmischungen. Für schattige Stellen und auf sehr nährstoffreichen Böden ist die Anlage einer Blumenwiese allerdings nicht empfehlenswert.
Bei dem fließenden Übergang vom Zierrasen zur Blumenwiese gibt es übrigens noch eine Zwischenform, den sogenannten Blumenrasen. Hier sind außer den Gräsern Wildpflanzen wie Gänseblümchen, Günsel, Löwenzahn, Klee und Ehrenpreis zu finden. Gemäht wird das Ganze abhängig vom Wetterverlauf nur alle paar Wochen mit einer hohen Schnittstufe. Auch wenn die Halme beim Blumenrasen etwas länger sind als beim Zierrasen, lässt er sich noch gut begehen und beispielsweise als Spielwiese nutzen. Im Gegensatz dazu sollte man in eine Wildblumenwiese schmale Schneisen mähen, damit man die zahlreichen Blüten aus nächster Nähe genießen kann, ohne die Pflanzen dabei zu zertreten.

Eine Blumenwiese wirkt natürlich schön und ist bei Biene, Schmetterling und Co besonders beliebt.

So wird's bunt!

Die Bodenvorbereitung für die Blumenwiese entspricht der einer Rasenanlage. Die Oberfläche muss zwar nicht so gleichmäßig eben, dafür aber schön feinkrümelig sein. Außerdem werden größere Steine, Pflanzenreste und Wurzelunkräuter entfernt. Zusätzlich kann man Sand einarbeiten, um den Boden abzumagern. Der beste Termin für die Aussaat ist von Mitte April bis Juni oder im Spätsommer von August bis Mitte September. In dieser Zeit ist es meist ausreichend warm, und es herrscht keine sommerliche Hitze, die das keimende Saatgut schädigen könnte. Setzen Sie bei der Blumenwiese wie auch beim Rasen auf Marken-Produkte! Einfache Fertigmischungen besitzen häufig einen verhältnismäßig hohen Gräseranteil. Hochwertiges Saatgut zeichnet sich dagegen durch eine ausgewogene Mischung an ein- und mehrjährigen

KOSMOS TIPP

Nach dem Mähen der Blumenwiese sollten Sie das Schnittgut nicht sofort entfernen. Lassen Sie die abgeschnittenen Pflanzen möglichst einige Tage auf der Fläche liegen und etwas antrocknen, bevor das Ganze auf dem Komposthaufen landet. So können noch zahlreiche Samen ausfallen, die sich anschließend zu farbenfrohen Wildblumen entwickeln.

Bevor sich die ersten Wildblumen zeigen, sorgen violettblaue Krokusse bereits für frühe Farbtupfer.

Wildblumen, Kräutern und Gräsern aus. Da Wiesensamen häufig sehr leicht und fein sind, sollten Sie das Ganze mit Sand oder Sägespänen mischen, bevor Sie es breitwürfig aussäen. Diese Maßnahme erleichtert nicht nur die Ausbringung, man kann auch genau sehen, wo man bereits gewesen ist. Anschließend wird das Saatgut etwa einen halben Zentimeter tief eingeharkt und vorsichtig angewalzt. Damit die auflaufenden Samen die heikle Startphase unbeschadet überstehen, ist es besonders bei trockener Witterung wichtig, die Fläche über mehrere Wochen ausreichend feucht zu halten.

Wichtige Pflegetipps

Zwar macht eine Blumenwiese weniger Arbeit als ein Zierrasen, allerdings gehört auch hier das Mähen zu den wichtigsten Pflegeaufgaben. Bei frisch angelegten Flächen wird das erste Mal gemäht, sobald die einjährigen Wildblumen ihre Blüte abgeschlossen haben. In den Folgejahren sollte man ebenfalls die Hauptblüte abwarten, also nicht vor Juli zum Freischneider oder Balkenmäher greifen. Eine zweite Mahd erfolgt im Herbst, etwa im Oktober. Abhängig von den jeweiligen Bodenverhältnissen prägen im ersten Jahr vor allem Einjährige die Blumenwiese, beispielsweise Klatschmohn, Kamille und Kornblumen. Da diese Pflanzen zum Gedeihen einen offenen Boden benötigen, verschwinden sie, sobald sich die Fläche schließt. Das heißt, ab der zweiten Saison machen sie mehrjährigen Wildstauden wie Margeriten, Glockenblumen, Storchschnabel, Hahnenfuß und Witwenblumen Platz. Meistens verabschieden sich im Laufe der Jahre die konkurrenzschwachen Arten, so dass die Vielfalt stetig abnimmt. Bevor das Erscheinungsbild allzu eintönig wird, sollte man fehlende Wildpflanzen kurzerhand ergänzen. Nach dem Wiesenschnitt bietet sich die beste Gelegenheit, weil den Neuen dann ausreichend Licht und Platz zur Verfügung steht. Während man Wildstauden einfach in spatentiefe Pflanzlöcher mit magerer Erde setzt, muss der Boden für die erneute Einsaat von Einjährigen noch einmal gründlich gelockert werden. Auf die gleiche Weise lassen sich auch innerhalb einer bereits bestehenden Rasenfläche kleine farbenfrohe Bereiche mit Ackerblumen schaffen. Diese Inselbeete bieten nicht nur etwas fürs Auge, viele Insekten und Kleintiere besuchen ebenfalls das Mini-Biotop und erhöhen so den ökologischen Wert des Gartens. Wer im Frühjahr nicht zu lange auf die ersten Blüten warten möchte, kann seine Blumenwiese mit kleinen bunten Gruppen aus Zwiebelblumen verschönern. Blausternchen, Märzenbecher, Krokus und Winterling verwildern leicht, verbreiten einen natürlichen Charme und sind willkommene Frühlingsboten.

KLIMA-TIPP

Bei warmen Wintertemperaturen verzichtet der Rasen auf seine Ruhephase und wächst kontinuierlich weiter. Sind die Halme bereits im März zu lang, muss eben früher gemäht und auch in Maßen bereits gedüngt werden.
Eine Rasenfläche verbraucht in trockenen Sommer sehr viel Wasser. Ziehen Sie in Betracht, die Rasenfläche zu verkleinern und durch einen Kiesgarten oder einen vergrößerten, gepflasterten Sitzplatz zu ersetzen.

Bodendecker

Flächig wachsende Pflanzen lassen kahle Gartenecken verschwinden und reduzieren die Pflege auf ein Minimum. Ob große oder kleine Beete, Sonne oder Schatten – für jeden Bereich gibt es die passenden Kandidaten.

Vielfältig einsatzbar

Zahlreiche Bodendecker unterdrücken nicht nur den Unkrautwuchs, sondern glänzen auch mit schönen Blüten wie die Teppichspiere *(Astilbe chinensis* var. *pumila)* oder einer attraktiven Herbstfärbung wie der Scheinbleiwurz *(Ceratostigma)*. Die Zwergmispel *(Cotoneaster)* ist in den letzten Jahren etwas in Verruf geraten, da sie aufgrund ihrer Robustheit und Pflegeleichtigkeit nahezu überall gepflanzt wurde. Dabei glänzt dieser immergrüne, niedrige Strauch mit einem leuchtend orangeroten Beerenschmuck, der oft den ganzen Winter hindurch bis zum nächsten Frühjahr haften bleibt und sich deshalb bei Vögeln großer Beliebtheit erfreut. Für grüne Beete, auch während der kalten Jahreszeit, sorgen unter anderem Wald-Marbel *(Luzula)*, Dickmännchen *(Pachysandra)* und Golderdbeere *(Waldsteinia ternata)*. Letztere hat zwar ihren natürlichen Standort im Schatten großer Gehölze, gedeiht allerdings auch problemlos in der Sonne, solange der Boden nicht zu trocken ist. Gleiches gilt übrigens für Kleines Immergrün *(Vinca minor)* und wintergrüne Elfenblumen *(Epimedium)*. Vor und zwischen Gehölzen, also in leicht beschatteten Zonen, bilden Günsel *(Ajuga)*, Teppich-Knöterich *(Bistorta affinis)* und Gedenkemein *(Omphalodes verna)* schöne dichte Flächen. Und dort, wo es richtig dunkel wird, kommen Waldmeister *(Galium odoratum)*, Haselwurz *(Asarum)* und Herzblättrige Schaumblüte *(Tiarella cordifolia)* zum Einsatz.

Attraktive Lückenbüßer

Der Storchschnabel *(Geranium)* darf bei den Bodendeckern natürlich auf keinen Fall fehlen. Einige Mitglieder dieser großen Gruppe können sowohl in sonnigen als auch in schattigen Ecken eingesetzt werden. So beispielsweise die Sorten des bekannten Balkan-Storchschnabels *(G. macrorrhizum)* wie die rosa blühende 'Ingwersen', die rote 'Bevan' oder die weiße 'Spessart'. Der Cambridge-Storch-

Teppich-Knöterich *(Bistorta affinis)* bildet an leicht beschatteten Standorten unter Gehölzen schöne dichte Bestände.

Immergrün mit schönem Beerenschmuck – die Teppich-Zwergmispel ist vielseitig einsetzbar und äußerst robust.

KOSMOS TIPP

Damit Bodendeckerflächen nicht zu eintönig wirken, lassen sich die Pflanzungen sehr gut mit Blumenzwiebeln aufpeppen. Hervorragend geeignet sind flache Polsterstauden wie Stachelnüsschen, Fiederpolster und Sand-Thymian kombiniert mit edlen Dichter-Narzissen und Seerosen-Tulpen oder zarten Blausternchen, Märzenbechern und Traubenhyazinthen.

schnabel *(G. × cantabrigiense)* mit seinen rosa, rot und weiß blühenden Sorten dient zur Unterpflanzung und kommt auch im Steingarten zurecht. Die Wuchsstärke sollte man bei der Beetplanung unbedingt beachten. Während einige sehr robuste Bodendecker wie Goldnessel (*Lamiastrum galeobdolon* 'Florentinum') und Scheinerdbeere *(Duchesnea)* schwachwachsende Stauden verdrängen, sind beispielsweise Gefleckte Taubnessel *(Lamium)* und Beinwell *(Symphytum)* angenehmere Beetnachbarn.

Geringer Pflegeaufwand

Aufkommende Unkräuter sollte man nicht mit der Hacke, sondern per Hand entfernen, um die ober- und unterirdischen Ausläufer der Beetpflanzen nicht zu zerstören! Eine Mulchschicht hemmt viele Bodendecker, so dass diese es schwerer haben, eine geschlossene Pflanzendecke zu entwickeln. Dieses Phänomen ist vor allem bei Stauden für einen sonnigen, durchlässigen Boden zu beobachten, die eine Splittabdeckung bevorzugen, auf der sie ihre Polster ausbreiten können. Wald- und Gehölzrandstauden haben auf gemulchten Flächen in der Regel weniger Probleme. Verwenden Sie zum Mulchen kein frisches Holzhäcksel, sondern Rindenkompost. Auf diese Weise erhalten die Pflanzen eine zusätzliche Versorgung mit Nährstoffen. Ansonsten beschränken sich die Pflegemaßnahmen auf einige wenige Arbeiten wie das Entfernen alter Blütenstände oder zusätzliches Wässern in trockenen Sommern. Falls die Bodendecker der ein oder anderen Staude bedrohlich nahe kommen, lässt sich ihr Ausbreitungsdrang mit dem Spaten im Zaum halten. Wie viele Pflanzen man setzen sollte, hängt von dem jeweiligen Bodendecker, dem Geldbeutel und der eigenen Geduld ab. Setzen Sie lieber eine etwas höhere Stückzahl, damit sich die Fläche möglichst rasch schließt.

Die besten Bodendecker

Pflanze	Blüte Zeitpunkt Höhe (in cm)	Standort/Merkmale/ Stückzahl pro m²
Stachelnüsschen *Acaena microphylla* 'Kupferteppich'	weiß; VI–VII; 5–10	○; wintergrün, rotbraunes Laub, stachelige Früchte; 12–15
Günsel *Ajuga reptans*	violettblau; IV–V; 10-15	◑; wintergrün, trittfest, 'Atropurpurea' (rötliches Laub); 12–15
Frauenmantel *Alchemilla mollis*	gelbgrün; VI–VII; 30–40	○–◑; Rückschnitt nach Blüte sorgt für Neuaufbau; 5–8
Teppich-Spiere *Astilbe chinensis* var. *pumila*	violettrosa; VIII–IX; 25–35	◑–●; pflegeleichter robuster Flächendecker; 8–12
Teppich-Knöterich *Bistorta affinis* 'Superbum'	rosarot; VII–IX; 20–25	○–◑; reich blühender, mattenartiger Bodendecker; 8–12
Scheinbleiwurz *Ceratostigma plumbaginoides*	blau; VIII–X; 20–25	○; späte Blüte, leuchtend rote Herbstfärbung; 12–15
Teppich-Zwergmispel *Cotoneaster dammeri*	weiß; V–VI; 10–80	○–●; immergrün, rote Beeren, trittfester Zwergstrauch; 5–8
Elfenblume *Epimedium pinnat.* ssp. *colchicum*	gelb; IV–V; 25–35	◑–●, wintergrün, ideal für tiefschattige Beete; 8–12
Waldmeister *Galium odoratum*	weiß; IV–V; 10–20	◑–●, duftende Blüten, heimische Waldpflanze; 12–15
Balkan-Storchschnabel *Geranium macrorrhizum*	rot; V–VII; 20–30	◑–●; wintergrün, 'Ingwersen' (rosa) und 'Spessart' (weiß); 6–10
Efeu *Hedera helix*	grüngelb; IX–X; bis 20 m	◑–●; immergrün, flächiger und kletternder Wuchs; 5–8
Goldnessel *Lamiastrum galeobdolon*	gelb; V–VI; 20–30	◑–●; wintergrün, sehr wüchsig, silbrig gefleckte Blätter; 6–10
Wald-Marbel *Luzula sylvatica*	bräunlich; IV–V; 20–30	◑–●; wintergrün, robust, heimisches Waldgras; 8–12
Gedenkemein *Omphalodes verna*	blau; IV–V; 10–15	◑; pflegeleicht, leuchtender Frühjahrsblüher; 12–15
Frühlings-Fingerkraut *Potentilla neumanniana*	gelb; IV–V; 10–15	○; flacher Blütenteppich, Sorte 'Nana' (5 cm hoch); 12–15
Beinwell *Symphytum grandiflorum*	gelblichweiß; IV–V; 25–30	◑–●; sehr verträglicher Pflanzennachbar; 8–12
Sand-Thymian *Thymus serpyllum*	rosarot; VI–VIII; 5–10	○; immergrün, duftende Blätter und Blüten, Bienenweide; 12–15
Herzblättrige Schaumblüte *Tiarella cordifolia*	weiß; IV–V; 10–20	◑–●; wintergrün, attraktive Herbstfärbung; 12–15
Kleines Immergrün *Vinca minor*	blauviolett; IV–V; 10–15	◑–●; immergrün, wüchsiger Halbstrauch; 6–10
Golderdbeere *Waldsteinia ternata*	gelb; IV–VI; 10–15	◑–●; wintergrün, absolut dichter Unkrautstopper; 12–15

○ = Sonne ◑ = Halbschatten ● = Schatten

Bäume und Sträucher

Die Auswahl von Bäumen und anderen Gehölzen ist zunächst von der Größe des Grundstücks abhängig. Gerade bei den heute eher kleinen Grundstücken ist es besonders wichtig, die richtige Wahl zu treffen! Der Wunsch nach einem für die Familie typischen Hausbaum ist absolut verständlich, doch sollte die Grundstücksgröße und der Zuwachs berücksichtigt werden. Als besonders wichtig ist das spätere Erscheinungsbild nach 15 bis 20 Jahren zu berücksichtigen.

KLIMA-TIPP

Die warmen Winter lassen viele Gehölze bereits jetzt früher erblühen und erhöhen damit das Risiko von Frostschäden. Decken Sie bei drohendem Nachtfrost niedrige Sträucher mit Folien ab oder binden Sie Stroh locker um die Zweige.

Durch die Vielfalt der einzelnen Gattungen und Arten, die von Baumschulen und Gartencentern angeboten werden, gibt es für jeden Bereich den passenden Baum und das passende Gehölz. Sind auch oft persönliche Wünsche prägend, sind die Rücksicht und das Einfühlungsvermögen gegenüber den Nachbarn mitentscheidend. Bei Grenzabständen ist das Nachbarschaftsrecht, welches in den einzelnen Bundesländern unterschiedlich ist, zu beachten.

Der Boden

Der Zustand des Gartenbodens ist für das spätere Aussehen der Gartenanlage enorm wichtig. Bei Neubaugrundstücken besteht oft die Gefahr, das Bauschutt und Unrat mit Mutterboden abgedeckt werden. Durch das ständige Befahren mit Baufahrzeugen ist der Untergrund häufig stark verdichtet, das Niederschlagswasser kann nicht in den Untergrund abfließen, magerer Mutterboden bietet keine optimalen Voraussetzungen für gutes Wachstum. Daher ist es äußerst wichtig, den Untergrund bei Abschluss der Baumaßnahmen tief aufzulockern, eventuell mit einem Minibagger. Der Mutterboden sollte möglichst humos sein. Der Säuregrad (pH-Wert) des Gartenbodens sollte zwischen 5,5 und 6,5 liegen, bei Heidepflanzen, Rhododendron, Azaleen, Calluna und Erika wären Werte zwischen 4,5 und 5,5 sinnvoll. Bodenuntersuchungen auf pH-Wert und Nährstoffgehalt werden oft von guten Gartencentern angeboten, sonst kann man sich unter anderem an folgende Internet-Adresse wenden: Agrolab-Laborgruppe: *www.agrolab.de*

Sonne oder Schatten?

Jeder Garten hat seine ‚Sonnen- und Schattenseiten'. Dabei werden schattige Lagen oft als Problem angesehen,

Caryopteris × clandonensis 'Heavenly Blue'. Die Bartblume wird stark von Hummeln und Bienen besucht.

Ilex aquifolium 'Rubicaulis Aurea' ist sehr frosthart und trägt viele orangerote Früchte.

das muss aber nicht sein. Für jeden Standort gibt es entsprechendes Pflanzenmaterial. In diesem Nachschlagewerk sind die einzelnen Gattungen und Arten mit den entsprechenden Hinweisen versehen.
Durch den täglich anderen Sonnenstand verändert sich die Sonneneinstrahlung für die Pflanzen, dadurch erhalten sie überwiegend direktes Licht. Halbschatten herrscht meist unter laubabwerfenden Bäumen oder im sonnenabgewandten Teil einer größeren Pflanze.
Voller Schatten ist unter immergrünen Gehölzen und Bäumen zu finden, ebenso an den Nordseiten von Gebäuden.

Magnolia loebneri 'Leonard Messel', die rosa blühende Sternmagnolie zeigt ihre Blütenfülle vor dem Blattaustrieb Ende April bis Anfang Mai.

Pflanzung von Gehölzen

Bäume und Sträucher werden in unterschiedlichen Formen angeboten, die jeweils besondere Maßnahmen bei der Pflanzung verlangen.

■ Wurzelnackte Pflanzen

Bei der Pflanzung von Gehölzen ohne Ballen oder Container muss auf ein gutes Faserwurzelwerk geachtet werden. Es sollten mindestens 3 starke und ausgereifte Triebe an der Pflanze vorhanden sein. Vor der Pflanzung werden die Wurzeln geschnitten, zunächst entfernt man mit einem sauberen Schnitt alle beschädigten Wurzeln, die restlichen Wurzeln verbleiben zu 2/3 an der Pflanze. Der Schnitt muss glatt sein, dadurch wird bei der Pflanzung eine bessere Wurzelbildung erreicht und das Anwachsen begünstigt.
Die oberirdischen Triebe werden um 1/3 bis 1/2 eingekürzt. Dabei sollte auf die Stellung der Augen geachtet werden, diese sollten nach außen zeigen, damit die Pflanze einen breitbuschigen Wuchs erreicht. Über den Augen bleibt ungefähr 1 cm stehen, da die Schnittfläche leicht etwas eintrocknet und das Auge sonst geschädigt werden könnte.
Das Pflanzloch sollte mindestens doppelt so groß wie das Wurzelwerk sein. Dabei muss auch die Sohle so aufgelockert werden, dass das Wasser in den Untergrund abziehen kann, damit später keine Staunässe entsteht.
Auf keinen Fall sollten Pflanzen mit trockenen Wurzeln in den Boden gebracht werden, deshalb taucht man das Wurzelwerk für etwa 1 Stunde in Wasser, damit sich Feuchtigkeitsverluste ausgleichen können. Wenn reifer Kompost vorhanden ist, kann man diesen gut mit der Aushuberde mischen, um gute Voraussetzungen für das Anwachsen der Neupflanzung zu schaffen. Falls kein Kompost vorhanden ist, erfüllt eine kleine Torfgabe den gleichen Zweck. Keinesfalls dürfen frischer Stalldung oder Mineraldünger in den Wurzelbereich eingebracht werden, da es hier leicht zu Wurzelver-

Qualitätskriterien beim Kauf

Bäume sind ausdauernde, meist laubabwerfende, aber gelegentlich auch immergrüne Gehölze. Der Stamm sollte einen geraden, durchgehenden Mitteltrieb haben und muss frei von Beschädigungen sein. Bei allen Pflanzen ohne Ballen ist auf ein gut entwickeltes Wurzelwerk mit entsprechender Struktur von Faserwurzeln zu achten. Bäume, Sträucher und immergrüne Gehölze mit Ballen sollen einen festen und gewachsenen Ballen vorweisen. Containerpflanzen, die fast ganzjährig zu pflanzen sind, müssen gut durchwurzelt, aber dürfen nicht im Wurzelwerk verfilzt sein. Alle Pflanzen müssen frei von tierischen und pilzlichen Krankheiten sein.

Clematis gibt es in vielen Sorten und Farben, sie lassen sich gut mit Kletterrosen kombinieren.

brennungen kommen kann. Um den Pflanzen eine Grundversorgung mit Stickstoff zu verabreichen, können etwa drei Gramm Hornspäne pro Liter Aushub zugemischt werden. Dieser organische Dünger ist ein Naturprodukt, setzt sich langsam um und verursacht bei dieser Menge keine Wurzelschäden.
Das Pflanzloch wird in 15 cm starken Schichten mit dem Aushub gefüllt, dabei soll genügend Erde zwischen die Wurzel kommen. Der eingefüllte Boden wird lagenweise festgetreten, darf aber dabei nicht verdichtet werden. Abschließend wird ein Gießrand angelegt, damit bei Bedarf gewässert werden kann.

■ Ballierte Gehölze

Die Vorbereitung der Pflanzgruben ist wie bei den ballenlosen Gehölzen vorzunehmen. Der Ballen wird etwa 10 Minuten in einen Behälter mit Wasser gestellt, damit er gut mit Wasser versogt ist. Nach dem Tauchen wird die Pflanze bis zu ihrer ursprünglichen Tiefe in das gut präparierte Loch gestellt, das Ballenleinen wird nur an seiner Verknotung gelöst, aber nicht entfernt, da sonst der Ballen zerfallen könnte. Das Lösen der Verknotung ist sehr wichtig, da einige Ballenleinen aus Mischgeweben bestehen, die sich zum Teil langsam zersetzen und es zu Einschnürungen kommen kann. Bei größeren Bäumen und Solitärpflanzen werden oft Körbe aus unverzinktem Draht zur Stabilisierung des Ballens verwendet. Diese können mitgepflanzt werden, da die Wurzeln durch die Maschen wachsen und der Draht schell verrostet. Allerdings sollte man im Bereich des Stammes den Draht mit einer Zange durchkneifen, um eventuellen Einschnürungen vorzubeugen. Anschließend wird das Pflanzloch mit dem aufbereiteten Aushub bis etwas über die Hälfte zugeschaufelt und leicht festgetreten. Eine durchdringende Bewässerung sollte dann erfolgen. Nachdem das Wasser in den Bereich um den Ballen eingezogen ist, wird der Rest mit Erde angefüllt und festgetreten. Bei größeren Pflanzen sind entsprechend starke Pfähle zu setzen, damit der Winddruck abgefangen werden kann.
In jedem Fall ist ein Gießrand anzulegen, damit die Gehölze später individuell gewässert werden können.

■ Containerpflanzen

Containerpflanzen sind Gehölze, die in Töpfen oder sonstigen Kulturgefäßen herangezogen wurden. Der Vorteil von Containerpflanzen ist, dass man sie fast das ganze Jahr, außer bei durchgehenden Frostperioden, pflanzen kann. Diese Produktgruppe hat sich zwischenzeitlich einen sehr großen Marktanteil erobert.
Bei der Pflanzung von Containergehölzen ist bei der Vorbereitung des Bodens gleichermaßen wie bei Ballenpflanzen zu verfahren.
Bei der Anzucht von Gehölzen im Container können sich gelegentlich sogenannte Ringelwurzeln entwickeln, diese müssen mit Messer oder Schere aufgeschnitten werden, dadurch können sich neue Wurzeln entwickeln, die die Standfestigkeit der Gehölze am endgültigen Standort stärken. Das Anbringen von Baumpfählen bei größeren Gehölzen und die spätere Wasserversorgung nach der Pflanzung ist zu berücksichtigen.

KOSMOS TIPP

Nach dem Kauf von Containerpflanzen sollten diese vor der Pflanzung durch Tauchen in einem mit Wasser gefüllten Behälter durchdringend gewässert werden, bis keine Blasen mehr aufsteigen. Erst dann wird gepflanzt.

Kletter- und Schlingpflanzen

Man unterscheidet zunächst zwischen Kletter- und Schlingpflanzen. Bei Kletterpflanzen wird durch Haftwurzeln der Halt an Mauern und Wänden ermöglicht, zum Beispiel bei Efeu, Wildem Wein oder Kletter-Hortensien. Schlingpflanzen benötigen eine Kletterhilfe, wodurch die Gehölzen geleitet werden. Diese Voraussetzung kann durch Gerüste, Spanndrähte, Stäbe oder Pergolen geschaffen werden, zum Beispiel Clematis, Knöterich, Blauregen, Kiwigewächse. Dabei sollten diese Hilfen nicht mehr als 2 bis 2,5 cm Durchmesser haben, da die Blattranken von Clematis sich sonst nicht daran festhalten können. Bei Blauregen und Knöterich sollten die Kletterhilfen besonders stabil sein, da diese Gattungen eine Wuchshöhe von 6 bis 10 Metern erreichen.

Die kräftig schlingenden Ranken vom Blauregen können durchaus Dachrinnen und Fallrohre zerdrücken, das ist bei der Standortwahl unbedingt zu berücksichtigen.

Das Pflanzloch sollte etwa 30 bis 40 cm von Mauer oder Klettergerüst entfernt sein, dabei ist für eine gute Dränage zu sorgen. Der Topfballen wird wie bei den Containerpflanzen ins Wasser getaucht, dann vorsichtig aus dem Gefäß herausgenommen und im Winkel von ca. 45 ° zur Wand oder Kletterhilfe in das vorbereitete Pflanzloch gelegt. Der Wurzelballen sollte nur 5 bis 10 cm unter der Erdoberfläche sein. Die an der Pflanze befindlichen Stäbe werden vorsichtig abgezogen, die Triebe an die Kletterhilfen geleitet und angeheftet. Vorher werden nur dünne oder abgeknickte Triebe entfernt. Bei Clematis sollte darauf geachtet werden, dass der Wurzelbereich beschattet wird. Das kann man sehr gut mit flachen Steinen oder Mulch erreichen, konkurrierende Stauden und Bodendecker sind weniger geeignet, sie entziehen Feuchtigkeit und Nährstoffe.

Pflanzschnitt

Einige Gehölze benötigen bei der Pflanzung keinen Rückschnitt. Nadelgehölze, alle Schling- und Kletterpflanzen, schwachwachsende Gehölze. Pflanzen, die am mehrjährigen Holz blühen, werden bei Bedarf nur ausgelichtet und nur an den äußeren Triebenden leicht eingekürzt. Bei Laubgehölzen im Container sollten lange und nicht verzweigte Triebe um etwa 25 % zurückgeschnitten werden, um einen besseren Aufbau der Pflanzen zu erreichen.

Pflanzung von Bäumen in 8 Schritten: **1** Immergrüne Gehölze können nur mit Ballen verpflanzt werden. **2** Den Boden des Pflanzloches gut lockern **3** Ein Pflock zum Anbinden **4** Wichtig: vor dem Pflanzen wässern **5** beschädigte Wurzeln werden eingekürzt **6** Um die Wurzelscheibe einen Gießrand ziehen **7** gut angießen! **8** Verschlämmungen an der Oberfläche aufharken

Pflege

Eine ganz wichtige Voraussetzung für ein gutes Gedeihen der Gehölze ist eine gute Bodenstruktur. Kaum ein Gartenboden bietet ideale Voraussetzungen für optimales Wachstum. Wie bereits an anderer Stelle erwähnt, ist in erster Linie für eine gute Dränage zu sorgen. Tiefenlockerung und Zusätze von grobkörnigen Substanzen wie zum Beispiel Kies sorgen für dafür, das Oberflächenwasser abziehen kann.

Düngung

Mit organischen Stoffen, wie gut gereiftem Kompost oder abgelagertem Stalldung, erhöht man den Humusgehalt und verbessert die Bodenstruktur. Dadurch werden beste Voraussetzungen für die Entwicklung der natürlichen Mikroorganismen, die für einen gesunden Boden unverzichtbar sind, geschaffen.

Als langsamwirkender Stickstoffdünger sind Hornspäne zu empfehlen, der Stickstoffgehalt liegt bei ca. 10 %

Buchsbaum eignet sich sehr gut als Kübelpflanze, allerdings muss die Wasserversorgung immer gewährleistet sein. Auch in frostfreien Zeiten im Winter muss gegebenenfalls gewässert werden.

Herbstlaub auf den Kompost oder wie hier zur Flächenkompostierung auf Gemüse- oder Blumenbeete.

und es sind geringe Spurenelemente vorhanden. Die Aufwandmenge pro 100 m^2 beträgt bis 5 kg, die Wirkungsdauer liegt bei etwa vier bis fünf Monaten. Da die Umsetzung an Feuchtigkeit, Wärme und Bodenbakterien gebunden ist, müssen die Horndünger eingearbeitet werden, auch können sonst leichte Geruchsbelästigungen bei der Umsetzung entstehen.
Da jedoch Gartenpflanzen eine allgemein ausgewogene Nährstoffversorgung benötigen, kann auf eine Düngung mit Mehrstoffdüngern (Volldünger) nicht verzichtet werden. Viele mineralische Volldünger liegen etwa im Bereich 12 % Stickstoff, 12 % Phosphat, 15 bis 20 % Kalium und 2 bis 5 % verschiedene Mikronährstoffe. Allerdings ist der Phosphatanteil in unseren Böden im Allgemeinen ausreichend, daher ist eine Düngung mit phosphathaltigen Mineraldüngern nur etwa alle 3 Jahre notwendig. Von Zeit zu Zeit ist eine Bodenuntersuchung mit Nährstoffanalyse vorzunehmen, damit jeder Gartenfreund eine umweltbewusste Versorgung seines Gartenbodens vornehmen kann.
Durch das stark gestiegene Umweltbewusstsein und -verhalten des Gartenbaus und der Pflanzenverwender im privaten und öffentlichen Bereich geht der Weg immer mehr zu Langzeit- und permanent fließenden Mineraldüngern. Es gibt durchaus Kombinationen, die mit ein bis zwei Gaben für die gesamte Vegetationszeit ausreichen.
In jedem Fall ist es wichtig, ab Anfang April bis spätestens Ende Juni lieber zwei kleine Gaben zu verabreichen, um dadurch die Auswaschung von Nitraten und Phosphaten zu vermeiden. Es sollten die empfohlenen Minimummengen möglichst nicht überschritten werden. Da der Markt hier ständig in Bewegung ist und ständig bessere Produkte in den Handel kommen, sollte sich der Verbraucher im Fachhandel umfassend informieren.
In letzter Zeit werden immer häufiger sogenannte Pflanzenstärkungsmittel angeboten. Über 250 Präparate sind beim Bundesministerium für Verbraucherschutz und Lebensmittelsicherheit gelistet, diese Produkte benötigen keine Zulassung, weder eine Prüfung auf Wirkung und Pflanzenverträglichkeit. Lediglich ihre Unbedenklichkeit muss für den Naturhaushalt gewährleistet sein. Diese Mittel helfen nicht gegen vorhandene Krankheiten, sie stärken eventuell die Abwehrreaktion der Pflanzen. Es bleibt jedem Gartenfreund überlassen, sich zwischen Wirkung und Glauben zu entscheiden! Ein gut gepflegter und ausgewogen mit Nährstoffen versorgter Boden sowie resistentes Pflanzenmaterial sind Garanten für ein gesundes Wachstum.

Gießen

Je nach Region fallen in Mitteleuropa zwischen 700 und 1000 Liter Niederschlag pro Quadratmeter und Jahr. Diese Mengen verteilen sich aber sehr ungleichmäßig über das Jahr. Gerade nach einer längeren Frostperioden leiden immergrüne Gehölze häufig unter Wassermangel. So rollen beispielsweise Rhododendron und Kirschlorbeer ihre Blätter in einer Frostzeit zusammen, um die Verdunstungsfläche zu verringern. Bei Nadelgehölzen ist Wasserbedarf oft schwer zu erkennen. Es empfiehlt sich daher, nach einer Frostperiode die Bodenfeuchtigkeit zu prüfen und eventuell zu wässern.
Ganz besonders wichtig ist Kontrolle bei Gehölzen in Kübeln und Gefäßen,

da hier der Feuchtigkeitsverlust besonders hoch ist. Auch bei Gehölzen mit flachen Wurzeln sind während längerer Trockenphasen im Frühjahr und Sommer Wasserdefizite zu erkennen. Gerade im Wurzelbereich von Bäumen und größeren Sträuchern und im Regenschatten von Gebäuden treten diese Merkmale auf. Hier hilft nur eine durchdringende Bewässerung.

Bodenpflege
Die bepflanzten Flächen sollten in jedem Fall von Unkräutern freigehalten werden, da diese den Kulturpflanzen Feuchtigkeit und Nährstoffe entziehen. Bei starkem Bewuchs mit Wildkräutern kann es sogar zur Unterdrückung von Nutzpflanzen kommen. Wichtig ist im Frühjahr eine tiefgründige Bodenlockerung mit einem Tiefenlockerer oder Kultivator, damit der Boden gut durchlüftet wird.

Mulchen
Am gebräuchlichsten ist Rindenmulch, dieses ist ein Produkt aus unbehandelter, gemahlener Nadelholzrinde. Des Weiteren werden Hackschnitzel eingesetzt, hier handelt es sich um geschredderte Pflanzenteile, die eine recht grobe Struktur haben. Oft sind darin verschiedene Nadel- und Laubholzarten enthalten und somit unterschiedliche Gerbsäuren. Bei älteren und größeren Pflanzungen kann man dieses Material einsetzen, bei kleineren und jüngeren Pflanzen sollte man besser Rindenmulch verwenden. Die Aufwandmenge sollte flächendeckend ca. 3 bis 5 cm betragen, lieber sollte man in 1 bis 2 Jahren die Schicht ergänzen.

KOSMOS TIPP
Gemulchte Flächen sollten nach der Abdeckung mit einem stickstoffbetonten Dünger (20 g/m²) versorgt werden, da die organische Substanz dem Boden Stickstoff entzieht. Sonst könnte es zu Mangelerscheinungen kommen.

Frühjahrspflege
Winterschutz entfernen, letzte Schnittarbeiten durchführen, sichtbare Winterschäden ausschneiden, eventuelle Wildaustriebe, zum Beispiel bei Korkenzieherhasel, direkt an der Unterlage entfernen, Versorgung des Bodens mit Nährstoffen, tiefe Lockerung zur besseren Durchlüftung des Bodens und Einarbeitung der Dünger. Bei Rhododendron nach der Blüte die abgeblühten Blütenstände vorsichtig ausbrechen.

Sommerpflege
Bei Bedarf wässern und düngen, besondere Beachtung sollten Pflanzkübel und Schalen erfahren. Verblühte Blumen ausputzen, Kletterpflanzen stäben und anbinden. Auf den Befall durch tierische und pilzliche Schaderreger achten und gegebenenfalls Maßnahmen ergreifen.

Herbstpflege
Aufnehmen von heruntergefallenem Laub, durch pilzliche Erkrankungen befallene Blätter nicht auf den Kompost, es sind Brutstätten für dir Zukunft. Wildverbiss-gefährdete Pflanzen mit Maschendraht oder Wildschutzspiralen schützen. Empfindliche Gehölze mit Fichten- oder Tannenreisig oder auch mit Vlies gegen Sonneneinstrahlung schützen

Winterpflege
Stämme durch einen Kalkanstrich gegen Frostschäden schützen, Gehölze von Schneedruck befreien, um Brechen der Triebe zu vermeiden. Nach längeren Frostperioden immergrüne Gehölze bei Bedarf wässern.

Nadelgehölze und immergrüne Laubgehölze gibt es in vielen unterschiedlichen Wuchsformen, die sich kombinieren lassen.

Bambus – imposante Blattschönheiten

Nichts bringt so viel asiatisches Flair in den Garten wie Bambus. Genau das Richtige für Menschen, die unter Fernweh leiden. Oder für solche, die sich gern mit exotischen Dingen umgeben. Oder aber für jemanden, der Meditation und Ruhe sucht. Die sich sanft im Wind wiegenden Halme eines Bambusses können all diese Wünsche erfüllen.

Richtig einpflanzen

Bevor Sie den neuen Bambus in die Erde setzen, sollten Sie den Wurzelballen ausgiebig wässern, indem Sie ihn für einige Minuten in einen Kübel Wasser tauchen. Setzen Sie den Bambus nun in das Pflanzloch und füllen Sie dieses mit der Aushuberde auf. Die Pflanze sollte dabei nicht tiefer zu sitzen kommen, als sie zuvor in ihrem Pflanzcontainer war. Die Erde rings um den Ballen mit Gefühl etwas andrücken und zu guter Letzt noch einmal gründlich gießen.

■ Welcher Bambus für welchen Zweck

Weltweit sind den Botanikern heute über 1000 Bambusarten und -sorten bekannt. Manche werden gerade mal kniehoch, andere wachsen höher als so mancher Baum, wieder andere bilden ein dichtes Buschwerk, in dem Vögel nisten und das vor fremden Blicken schützt. Botanisch gesehen sind Bambusse jedoch weder Bäume noch Sträucher, sie gehören vielmehr, man glaubt es kaum, zur großen Pflanzenfamilie der Gräser. Auch bei einem 20-m-Bambus spricht man daher nicht von „Stamm", sondern richtigerweise von „Halm". Einige Dutzend Bambusarten haben sich gärtnerisch bei uns etabliert. Was ihren Wuchscharakter anbelangt, lassen sie sich in zwei große Gruppen unterteilen. Die einen wachsen horstig wie übergroße Grasbüschel, die anderen breiten sich mit unterirdischen Trieben, Rhizome genannt, flächig aus und bilden mit der Zeit einen richtigen Halmwald.

Hainbildende Bambusarten müssen mit einer Rhizomsperre gepflanzt werden, sonst breiten sie sich zu stark aus.

Horstbildende Arten geben im Garten wunderschöne Solitärpflanzen ab. Da sie wie alle Bambusse immergrün sind, stellen sie sommers wie winters einen aparten Blickfang dar. Auch als Kübelpflanzen auf der Terrasse machen sie eine gute Figur.

Hainbildende Arten, zu denen die Mehrzahl unserer Gartenbambusse zählt, machen sich hingegen in der Gruppe stark: niedrige Arten als Bodendecker, mittelhohe als Hecken, und die hohen Arten tatsächlich als Hain. Da Letztere gut und gern 6 bis 8 m hoch werden können, sind sie definitiv nichts für den kleinen Reihenhausgarten. Bei entsprechender Grundstücksgröße jedoch stellt ein Bambushain einen echten Hingucker dar. Weil die Halme der hohen Bambusse meist nur im oberen Teil Blätter tragen, nicht wenige aber kräftig gelb gefärbt oder kontrastreich gelb-grün gestreift sind, lassen sich mit ihnen tolle Farbakzente ins Gartengrün bringen.

■ Standort

Generell sind Bambusse ja Sonnenkinder, doch gedeihen viele Arten auch noch im Halbschatten recht gut. Sogar für Schattenstandorte lassen sich Arten finden, z. B. die niedrige, großblättrige *Sasa veitchii*, die etwas höhere *Pseudosasa japonica* oder die stattliche, dunkelgrüne *Fargesia jiuzhaigou*. Wenngleich Bambusse es warm lieben, halten sie es doch auch aus, wenn das Thermometer einmal unter 0 °C sinkt. Die Gradangaben zur Winterhärte der einzelnen Arten, die Sie üblicherweise in Gartenkatalogen finden, können allerdings nur Anhaltspunkte, keine

Garantie darstellen. Ob Ihr eigener Bambus die angeführten Minusgrade tatsächlich übersteht, hängt davon ab, wie lange es so kalt ist und ob die Pflanze dabei stark austrocknet, etwa durch trockenen Ostwind.
Nach Möglichkeit sollten Sie daher Ihrem Bambus einen windgeschützten Platz im Garten geben.

■ Boden

Was der Bambus überhaupt nicht mag, sind nasse Füße. Folglich braucht er einen gut wasserdurchlässigen Boden, damit im Wurzelbereich keine Staunässe auftreten kann. Wenn Sie im Garten einen stark lehmigen Boden haben, sollten Sie bei der Pflanzung eines Bambusses dem Aushub auf jeden Fall Sand oder Blähton beimengen.
Das gegenteilige Problem tritt auf, wenn Sie einen leichten, trockenen Sandboden haben. Der ist zwar gut wasserdurchlässig, trocknet dafür aber auch sehr rasch aus. Verbessern Sie in diesem Fall den Boden an der Pflanzstelle, indem Sie etwas lehmige Gartenerde oder aber Kompost untermengen. In Gegenden mit einem stark kalkhaltigen Boden kann es passieren, dass sich das Laub des Bambus gelb verfärbt, ein Zeichen, dass das Substrat allzu alkalisch ist. Abhilfe bringt, wenn Sie an der Pflanzstelle zum Ausgleich etwas saure Rhododendronerde („Rhodohum") untermischen.

■ Pflanzung

Sie haben Ihren Wunschbambus ausgewählt, gekauft und nach Hause transportiert. Nun geht es an's Einpflanzen. Heben Sie am passenden Standort ein Pflanzloch aus, das ungefähr die dreifache Größe des Ballendurchmessers hat. Falls nötig, verbessern Sie den Erdaushub entsprechend dem oben Gesagten. Ganz wichtig: An staunassen Standorten den Bambus entweder leicht erhöht pflanzen (auf die Kuppe eines aufgehäuften Erdhügels) oder für eine gute Dränage sorgen, sonst faulen die unterirdischen Teile der Pflanze. Für eine Dränage lockern Sie die Sohle des Pflanzlochs mit einer Hacke auf und bringen eine mindestens handbreit dicke Schicht Kies ein.

Bambus als Hain, im Kübel, als Gartenmöbel und als Sichtschutz. So vielfältig sind nur wenige andere Pflanzen.

■ Rhizomsperre

Haben Sie sich für eine ausläuferbildende Bambusart entschieden, ist eine sogenannte Rhizomsperre das A und O, damit die Freundschaft zu Ihrem neuen Gartenbewohner nicht nach einigen Jahren ins Gegenteil umschlägt. Ob hohe oder niedrige Arten, der Ausbreitungsdrang dieser Wundergräser ist nämlich nicht zu unterschätzen. Graben Sie an der Pflanzstelle einen Ring aus einem starken Kunststoff mit ein. Zu diesem Zweck sind im Fachhandel 70 cm breite Bahnen aus 2 mm dickem Polyethylen erhältlich, die mit verschraubten Aluminiumschienen zu einem Ring geschlossen werden. Der vorgesehene Wuchsplatz wird damit wirkungsvoll umgrenzt, der Bambus kann daraus nicht „ausbrechen".

KOSMOS TIPP

Ohne eine Rhizomsperre riskieren Sie, dass Ihr Bambus kurz mal eben zum Nachbarn wandert, oder seine Rhizome kriechen unter die Terrassenplatten und heben diese hoch oder sie durchbohren die Folie des Gartenteichs, oder ... oder ... Und einen Bambus, der sich einmal ausgebreitet hat, wieder zu roden, ist eine ausgesprochen mühselige Angelegenheit.

Rosen im Garten

Seit Jahrtausenden fasziniert die Rose mit Schönheit und Duft ihrer Blüten, kombiniert mit der Wehrhaftigkeit ihrer Triebe, Menschen aller Kulturkreise. Diese Eigenschaften machen die Verwandlungskünstlerin zur unumstrittenen „Königin der Blumen“ und beliebtesten Gartenpflanze unserer Zeit.

Rosenklassen

Die Einteilung der Rosen in unterschiedliche Gruppen oder Klassen soll dem Rosenliebhaber helfen, sich in dem Gewirr der vielen Sorten zurechtzufinden und den richtigen Wuchscharakter für den jeweiligen Verwendungszweck auszuwählen.

■ Beetrosen

Unter diesem Sammelbegriff werden verschiedene Sortengruppen zusammengefasst, wie die Polyantha- oder die moderneren Floribunda-Rosen, denen die meisten der aktuellen Sorten zugeordnet werden können.
Die meisten Beetrosen bleiben eher niedrig (bis etwa 80 cm) und wachsen dabei kompakt, buschig aufrecht. Ihre Blüten erscheinen immer in reichen Dolden, wobei die Anzahl der Blütenblätter ganz verschieden sein kann. Ihre Fernwirkung kommt am besten zur Geltung, wenn man sie in kleinen Gruppen oder beetweise pflanzt.

■ Edelrosen

Die Edelrosen, häufig auch als „Tee-Hybriden“ bezeichnet, sind die populärste unter den verschiedenen Rosengruppen. Die meist stark gefüllten Blüten sitzen auf langen Stielen und erscheinen oft einzeln, nicht selten aber auch in Dolden. Einige Sorten eignen sich zum Schnitt und halten lange in der Vase. Die meisten Edelrosen wachsen straff aufrecht und erreichen je nach Sorte und Standort eine Höhe von 0,70 bis 1,20 m. Im Einzelstand wirken sie nicht und sollten daher immer beetweise oder in kleinen Gruppen gepflanzt werden.

■ Zwergrosen

Rosensorten, die dieser Klasse zugeordnet werden, zeichnen sich durch einen kompakten Wuchs, zierliches Laub und kleine Blüten aus – sie werden deshalb auch gerne als Miniaturrosen bezeichnet. Neben der Verwendung in kleinen Gärten ist die große Stärke der Zwergrosen ihre ideale Eignung als Kübelpflanze auf Terrasse und Balkon. Gegenüber Sorten aus früherer Zeit, zeigen neuere Züchtungen eine deutlich verbesserte Blattgesundheit und sollten deshalb bevorzugt gepflanzt werden.

■ Strauchrosen

Als Strauchrosen bezeichnet man besonders wüchsige und starktriebige Rosensorten, die eine Höhe von mindestens 1,20 bis 2 m erreichen.
Die modernen Strauchrosen sind überwiegend öfterblühend, es gibt aber auch Sorten, die nur einen Blütenflor pro Sommer zeigen und sich dafür zeitig im Herbst mit leuchtend roten

Die Strauchrose 'Rosarium Uetersen®' ist pflegeleicht und bekannt für ihre Regenfestigkeit und Frosthärte.

Hagebutten schmücken. Die Verwendung von Strauchrosen ist vielseitig und reicht vom Einzelstand über kleine Gruppen bis hin zur Rosenhecke.

■ Kleinstrauchrosen

Als Kleinstrauchrosen bezeichnet man eine Rosengruppe, die bisher in vielen Katalogen als Bodendeckerrosen zu finden war. Großflächig eingesetzt, kann man reizvoll Flächen und Hänge begrünen und gleichzeitig den Unkrautwuchs unterdrücken. Es gibt aber auch viele kompakt wachsende Typen, die hervorragend für die Gestaltung von kleinen Gärten geeignet sind. Die meisten Sorten zeichnen sich neben ihrer Blühwilligkeit durch eine hohe Blattgesundheit aus.

■ Kletterrosen

Die vielseitige Gruppe der Kletterrosen lässt sich in verschiedene Typen aufteilen: **Climber** nennt man Sorten mit großen Blüten und steifen, aufrechten Trieben, die meist öfterblühend sind und eine Höhe bis 3 m erreichen. Sie sind besonders geeignet, um Wände zu begrünen oder sie freistehend an Lauben oder Obelisken zu platzieren. **Rambler** sind dagegen Sorten mit langen, biegsamen Trieben, die kleinere Blüten in großen Büscheln bilden. Der Großteil dieser Rosen blüht nur einmal im Sommer sehr üppig über mehrere Wochen. Sie können dank ihrer enormen Wuchskraft auch ohne Kletterhilfe in Bäume ranken und Höhen von 3 bis 6 m erreichen.

■ „Englische Rosen“

So werden Rosen des englischen Züchters David Austin bezeichnet. Gelegentlich findet man sie gemeinsam mit den Alten Rosen eingeordnet, was allerdings fachlich nicht korrekt ist – bei den „Englischen Rosen“ handelt es sich um Moderne Rosen. David Austin ist es gelungen, den Charme der historischen Sorten und ihren Duft mit Eigenschaften und Farben der Modernen Rosen zu kombinieren.

Ein ausreichend großes Pflanzloch erleichtert beim Pflanzen das Einsetzen der Container-Rose.

■ Historische Rosen

Die Gruppe der historischen Sorten, oft auch als Alte Rosen bezeichnet, ist genauso vielfältig wie man es nach der Jahrhunderte dauernden Entwicklungsgeschichte der Rose erwarten kann. Die meisten dieser Sorten blühen nur einmal im Jahr in den Farben Weiß, Rosa oder Purpur. Viele Historische Rosen sind im Laufe der Zeit wieder verschollen, die bewährten aber haben sich bis heute erhalten.

Standort

■ Ansprüche

Oft hört man die Bemerkung „Rosen sind Sonnenkinder“, wenn es um die Standortansprüche von Rosen geht. Dabei sollte der sonnige Standort aber immer gut durchlüftet sein, was ein schnelles Abtrocknen der Blätter gewährleistet und dadurch die Ausbreitung von Pilzkrankheiten verhindert. Blühreiche Sorten mit hoher Blattgesundheit kann man auch an halbschattigen Standorten mit fünf Stunden Sonne pro Tag pflanzen, muss dabei aber immer etwas lockeren Wuchs und verminderte Blühleistung in Kauf nehmen. Plätze im Schatten und solche unter der Traufe großer Bäume sollte man ganz meiden. Besonders mit Gehölzen konkurrieren die Rosen auch um Wasser und Nährstoffe, also ausreichenden Abstand zu Sträuchern und Hecken einhalten.

Die Beetrose 'KOSMOS®' überzeugt durch gute Blattgesundheit und wurde kürzlich mit dem ADR-Gütesiegel ausgezeichnet.

■ Boden

Als Tiefwurzler bevorzugen Rosen einen tiefgründigen Boden, der humos und sandig-lehmig sein sollte. Sehr leichte Böden können durch Zugabe von Kompost verbessert werden, schwere Böden durch Einarbeiten von Sand. Verdichtete Bodenschichten und Staunässe führen meist zu Kümmerwuchs und sollten durch Lockerung der Erde vor dem Pflanzen beseitigt werden. Wichtig ist außerdem der pH-Wert des Bodens – er sollte für ein optimales Gedeihen der Rosen zwischen 6,5 und maximal 7,5 liegen. Korrekturen sind durch das Einarbeiten von Kalk bzw. entsprechend saurem Dünger in den Boden möglich.
In denselben Boden, wo einmal Rosen gestanden haben, sollten im Anschluss nicht sofort wieder Rosen gepflanzt werden, da sonst mit schwachem Wuchs zu rechnen ist.

Pflanzung

■ Wurzelnackte Rosen

Wurzelnackte Rosen sind die klassische Angebotsform der großen Rosenproduzenten. Die Pflanzen wachsen auf den Feldern über den Sommer heran, werden im Herbst gerodet und nach strengen Qualitätskriterien sortiert. Dabei muss eine Pflanze von A-Qualität stets drei starke Grundtriebe aufweisen, die günstigere B-Qualität noch immer zwei Triebe. Die Versandsaison beginnt im Oktober und endet im April - während dieser Zeit kann immer gepflanzt werden, sofern der Boden frostfrei ist. Eine zeitige Pflanzung gewährleistet aber immer kräftigen Wuchs und reiche Blüte – je später die Pflanzung im Frühjahr erfolgt, umso sorgfältiger müssen wurzelnackte Rosen behandelt werden.
Besonders im Frühjahr ist ausgiebiges **Wässern** der Rosen vor dem Pflanzen von großer Wichtigkeit. Dabei sollten nicht nur die Wurzeln, sondern auch die Triebe für 24 Std. im Wasser untertauchen.
Beim **Pflanzschnitt** werden die Wurzelspitzen ein wenig eingekürzt und die Triebe auf eine Länge von etwa 20 cm gestutzt. Das schadet der Pflanze nicht etwa, sondern reduziert ihre Verdunstungsfläche.
Beim eigentlichen **Pflanzen** muss das Pflanzloch ausreichend tief sein, so dass die Wurzeln nicht umgekickt werden. Die Veredlungsstelle sollte dabei etwa drei Finger breit unter der Erdoberfläche liegen – dadurch wird ein späteres Ausfrieren verhindert. Nach dem Pflanzen wird die lockere Erde vorsichtig angetreten und dann gründlich angegossen, damit alle Wurzeln Kontakt zum Erdreich bekommen.
Der letzte Schritt ist das **Anhäufeln**, das sowohl bei Pflanzung im Herbst wie auch im Frühjahr von großer Wichtigkeit ist. Über den Winter schützt der kleine Erdwall um die Pflanze herum nämlich vor Frost und später vor Austrocknung durch die Frühjahrssonne.

Die Pflanzung wurzelnackter Rosen kann zwischen Oktober und April jederzeit erfolgen, sofern der Boden frostfrei ist. Dabei sollten die Pflanzen abschließend immer angehäufelt werden, um ein Austrocknen zu vermeiden.

■ Ballierte Rosen

Viele Anbieter sind heute nicht mehr auf den Verkauf wurzelnackter Rosen eingerichtet, sondern bieten im Herbst sowie im Frühjahr „beutelverpackte" Rosen bzw. hochwertigere Pflanztöpfe an, wobei zum Schutz vor Austrocknung die Triebe nicht selten in Wachs getaucht sind.
Das Pflanzen dieser Angebotsformen unterscheidet sich nicht wesentlich von dem der wurzelnackten Rosen. Der Pflanzschnitt kann meistens entfallen und auch das Wässern vor dem Pflanzen, wenn der Ballen ausreichend feucht ist. Auf gründliches Angießen und Anhäufeln sollte aber auf keinen Fall verzichtet werden.

■ Container-Rosen

Die ab Mai erhältlichen Container-Rosen werden blühend angeboten und machen ein Pflanzen den ganzen Sommer hindurch möglich, da das Wurzelsystem der Rose nicht gestört wird. Sie gelten als pflegeleicht, wobei auch hierbei gewisse Regeln eingehalten werden müssen.
Container-Rosen sollten schon beim Kauf gut durchgewurzelt sein, und je nach Feuchte des Ballens muss der Topf ausgiebig gegossen oder sogar in einem Eimer getaucht werden. Das Angießen nach dem Pflanzen wird dadurch aber nicht überflüssig!
Ein großzügiges Pflanzloch schafft ausreichend lockeren Boden um die Pflanze für ein gutes Wurzelwachstum. Auch bei Container-Rosen gehört die Veredlungsstelle der Rose ca. 5 cm unter die Erdoberfläche.
Besonders in trocknen Perioden kann auch nach dem Pflanzen zusätzliches Wässern nötig sein, da die Wurzeln noch nicht in den Boden vorgedrungen sind und sich selbst versorgen.

Pflege

■ Düngung

Um ihre volle Blütenpracht entfalten zu können, brauchen besonders unsere modernen, öfterblühenden Gartenrosen Unterstützung durch zusätzliche Düngung.
Ein Mangel an Nährstoffen wirkt sich nicht nur schnell in fehlender Blühleistung aus, auch Schädlinge und Blattkrankheiten haben mit einer geschwächten Pflanze leichtes Spiel. Der Schlüssel zum Erfolg ist aber eine ausgewogene Düngung, denn über-

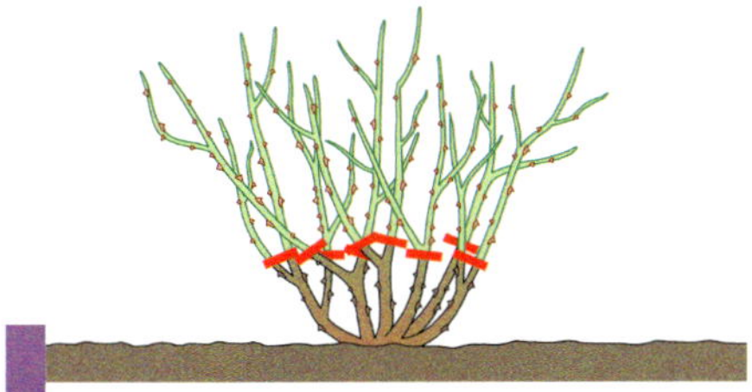

Beet-, Edel- und Zwergrosen werden etwa auf ein Drittel ihrer Wuchshöhe eingekürzt, also auf 20 bis 30 cm.

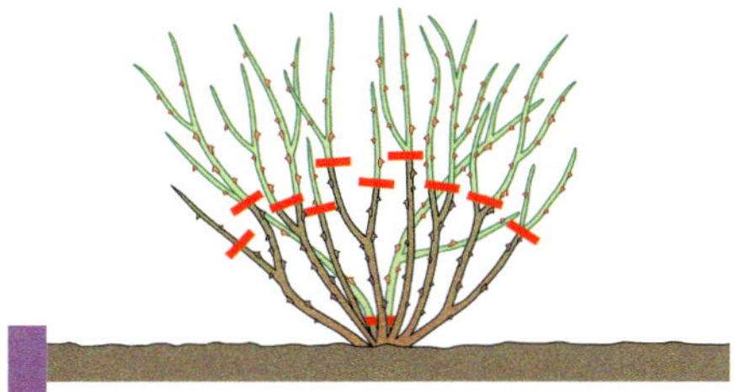

Öfterblühende Strauchrosen werden im Frühjahr auf etwa die Hälfte ihrer vorherigen Wuchshöhe zurückgeschnitten.

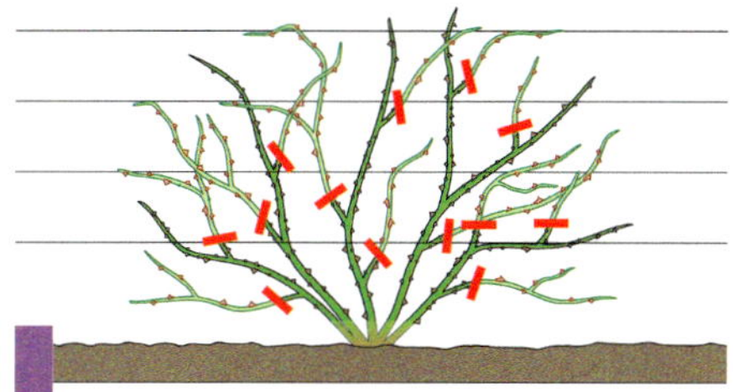

Bei öfterblühenden Kletterrosen sorgt ein moderater Rückschnitt im Frühjahr für einen reichen Blütenflor im folgenden Sommer.

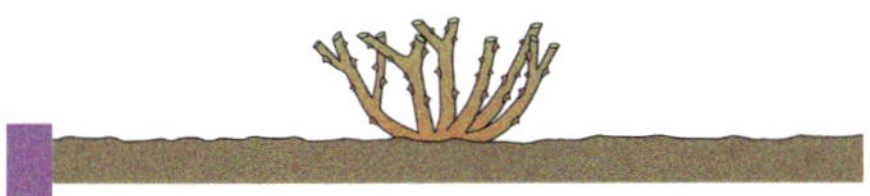

Beim Rückschnitt von Beet-, Edel- und Zwergrosen sollte altes und abgestorbenes Holz sorgfältig entfernt werden.

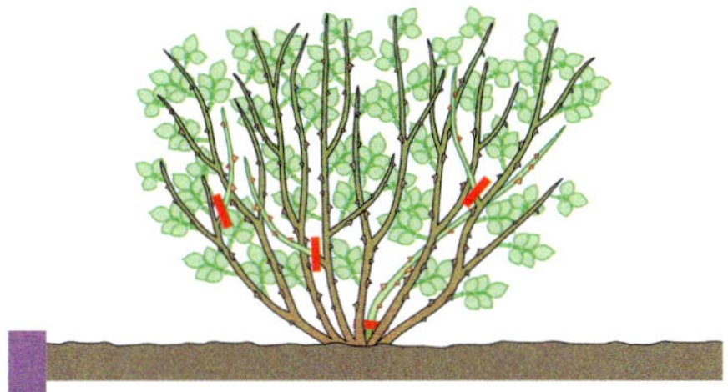

Einmalblühende Strauchrosen werden dagegen im Sommer nach der Blüte leicht ausgelichtet.

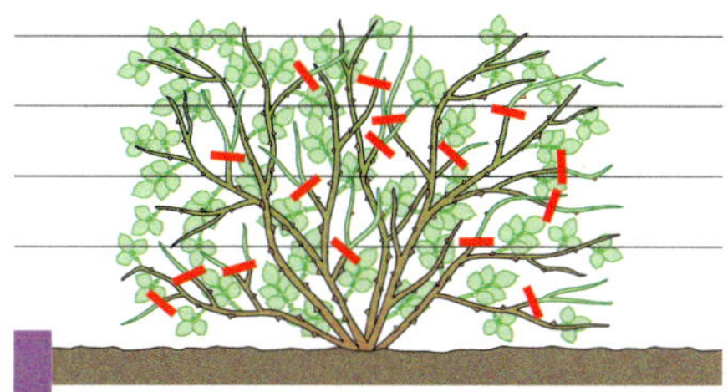

Auch hier werden einmalblühende Kletterrosen, wie die meisten Rambler, nur im Sommer geschnitten.

mäßige Nährstoffversorgung führt zu mastigem Wachstum und macht die Pflanzen empfindlich.
Mineralische Dünger können vernünftig dosiert eine sinnvolle Maßnahme sein. Nur im Überfluss verabreicht, werden sie zu einer Belastung für die Umwelt. Während der Wachstumsperiode empfiehlt sich die zweimalige Gabe eines Volldüngers, der alle nötigen Nährstoffe enthält. Zu Zeiten des Austriebs im März / April und der Hauptblüte im Juni / Juli ist der Nährstoffbedarf der Rosen besonders hoch. Wer auf künstliche Dünger verzichten möchte, dem bieten sich natürliche Nährstoffquellen, wie z.B. Stallmist, Rinderdung (auch in getrockneter Form erhältlich), Kompost oder höher konzentriert in Form von Hornspänen. Bei solchen organischen Düngern fließen die Nährstoffe immer langsam, da sie schrittweise bei der Zersetzung durch Mikroorganismen freigesetzt werden. Im Gegensatz zu den mineralischen Düngern macht bei den organischen eine Herbstdüngung also durchaus Sinn. Wichtiger ist aber eine großzügige Gabe im Frühjahr, wenn das neue Wachstum beginnt.

■ Gießen

Durch ihr tief reichendes Wurzelsystem sind die Rosen in unseren Breiten nach dem Anwachsjahr nur selten auf zusätzliche Bewässerung angewiesen. In sehr trockenen Perioden während des Sommers hilft sie aber, höchste Blühleistung zu erreichen. Dabei sollten die Pflanzen am besten nicht über das Laub bewässert werden, auf keinen Fall aber mit feuchten Blättern in die Nacht gehen, da sonst Pilzkrankheiten leichtes Spiel haben – am besten also morgens gießen.

■ Schnitt

Ein regelmäßiger Rückschnitt ist für die Rosen sehr wichtig, wenn Wert auf eine üppige Blüte gelegt wird. Die Erfahrung zeigt, dass viele Gartenfreunde mit der Rosenschere eher zaghaft umgehen – vielleicht, weil sie meinen, der Rose mit zu viel Schnitt zu schaden und so weniger Blüten zu bekommen. Das Gegenteil ist aber der Fall. In freier Natur werden die Rosen als Waldrandgehölz im Winter gerne vom Rehwild zurückgebissen. Die Pflanzen werden dadurch verjüngt und treiben im Frühjahr kräftig neu aus.
Ein Herbstschnitt ist bei Rosen nicht ratsam, denn er würde die Gefahr von Frostschäden unnötig erhöhen. Der eigentliche Rückschnitt der modernen, öfterblühenden Rosen wird im Frühjahr vor dem Austrieb vorgenommen. Der beste Zeitpunkt dafür kann je nach Region und Witterung etwas verschieden sein, liegt meist aber Ende März / Anfang April, wenn die Knospen zu schwellen beginnen. Ein guter Anhaltspunkt kann dabei die Blüte der Forsythien sein.
Ausnahme von dieser Regel stellen nur einmalblühende Rosen dar, zu denen viele Historische Sorten oder Rambler gehören. Sie werden im Sommer nach der Blüte nur leicht ausgelichtet, um einen reichen Blütenflor im kommenden Sommer zu fördern.

Stauden und Gräser

Für die meisten Gartenbesitzer ist ein gut geplantes Staudenbeet, das durch ausgeklügelte Zusammenstellung der Pflanzen besticht, wohl die größte Herausforderung. Solch ein Beet soll möglichst zu jeder Jahreszeit einen schönen Anblick bieten und dazu noch durch gelungene Farbkombinationen das Auge erfreuen.

Stauden im Garten

Als Stauden werden krautige Pflanzen bezeichnet, die, einmal gepflanzt, viele Jahre an ihrem Standort wachsen und gedeihen. Mithilfe ihrer unterirdischen Organe, d.h. Wurzeln, Knollen oder Rhizome, überwintern sie und erfreuen uns im nächsten Frühjahr mit ihrem frischen Austrieb. Der Übergang zu Gehölzen auf der einen Seite und Ein- und Zweijährigen auf der anderen Seite ist dabei fließend. Einige Halbsträucher wie Lavendel oder Echter Salbei werden häufig wie Stauden behandelt, und etliche Zweijährige verhalten sich wie kurzlebige Stauden, wenn man sie zurückschneidet, bevor sie Samen ansetzen können. Auch viele Einjährige sind in ihrer wärmeren Heimat Stauden, erfrieren bei uns aber regelmäßig und werden jedes Jahr neu ausgesät. Zwiebel- und Knollenpflanzen sind im weiteren Sinne auch Stauden, sie zeichnen sich lediglich durch die besondere Form ihrer unterirdischen Organe aus.
Was macht die Stauden so wertvoll für die Gartengestaltung?
Mit Stauden können Sie dauerhafte Gartenbilder zaubern, die bei richtiger Planung und Zusammenstellung der Pflanzen auch relativ wenig Pflege benötigen. Ein eingewachsenes Staudenbeet lässt dem Unkraut nicht allzu viele Chancen, und Düngemaßnahmen sind nicht in dem Umfang nötig wie zum Beispiel bei Sommerblumen.

Der richtige Standort

Haben Sie Lust bekommen, einmal richtig schöne und dauerhafte Staudenkombinationen in Ihrem Garten auszuprobieren? Dann sollten Sie sich zunächst ein paar Gedanken machen, was einerseits Ihre persönlichen Vorlieben sind und wie andererseits die konkrete Situation in Ihrem Garten ist. Ist der vorgesehene Standort sonnig oder eher schattig, ist der Boden leicht und wasserdurchlässig oder eher schwer und lehmig? Welche Farben mögen Sie persönlich am liebsten?
Die meisten klassischen Beetstauden mögen durchlässigen, aber nicht zu leichten Boden und einen möglichst sonnigen Standort. Was aber nicht heißt, dass es für andere Boden- und Lichtverhältnisse nicht auch ganz tolle Stauden gibt! Und mit einer guten Bodenvorbereitung mit Komposterde und Bodenverbesserern können Sie in jedem Fall viel bewirken.
Standorte in voller Sonne mit überwiegend trockenem Boden werden als Steppe oder genauer als „sonnige Freifläche mit Steppencharakter" bezeichnet. Sie sind geprägt durch besonders

Wiesen- und Steppenstauden lassen sich hervorragend mit wildhaften Einjährigen und Gräsern vergesellschaften.

durchlässige Bodenarten mit hohem Sandanteil, oft auch durch Gegenden mit geringen Niederschlägen. Was für die meisten Prachtstauden zum Problem wird, bietet etlichen Arten ideale Lebensbedingungen. Viele von ihnen kommen ursprünglich aus sommertrockenen Gebieten des nordamerikanischen Kontinents und fühlen sich bei entsprechenden Bedingungen auch bei uns sehr wohl. Aber auch etliche Vertreter aus Südeuropa fügen sich gut in solche Steppenpflanzungen ein, zum Beispiel Sonnenröschen (*Helianthemum*-Hybriden), Staudenlein (*Linum perenne* und *L. flavum*), die überaus anpassungsfähige Spornblume *(Centranthus ruber)*, Katzenminze *(Nepeta × faassenii)* und Junkerlilie *(Asphodeline lutea)*. Es fällt auf, dass viele Stauden, die im Steppenbeet gut gedeihen, silberfarbenes oder behaartes Laub besitzen, wodurch die Verdunstung in Grenzen gehalten wird und die Pflanzen weniger Wasser benötigen.
Auch für schattige Plätze im Garten gibt es genügend Spezialisten im Staudenreich, um dauerhaft schöne Kombinationen zusammenstellen zu können. Unter ihnen finden sich auffallend viele Stauden mit besonders dekorativem Laub, wie zum Beispiel Funkien *(Hosta)*, die in den letzten Jahren zu regelrechten Modepflanzen geworden sind. Ihr großes herzförmiges Laub kann Panaschierungen in sämtlichen Weiß-, Creme- und Gelbtönen aufweisen, bei einigen Arten sind die Blätter auch fast blau, wirken wie mit Wachs überzogen. Die zartfarbigen Blüten sind dabei fast schon Nebensache, aber bei näherem Hinsehen auch sehr hübsch; und manche Sorten duften zudem!

Pflanzung

Stauden werden meist im Frühling oder im Herbst gepflanzt. Um dauerhaft Freude an Ihren Stauden zu haben, sollte die Pflanzstelle zunächst durch Umgraben, gründliches Entfernen von Unkraut und eine Grunddüngung vorbereitet werden.
Nun können Sie mit dem Pflanzen beginnen. Stellen Sie die Stauden, die sich zumeist in Töpfen befinden, neben das Beet. Falls Sie vorher einen Pflanzplan erstellt haben, markieren Sie die vorgesehenen Abschnitte im Beet mit Sand. Sie können auch die Töpfe nach dem Pflanzplan arrangieren, natürlich nicht im vorgesehenen Abstand, sondern dichter zusammen. Auf diese Weise haben Sie die Pflanzen gleich in der richtigen Reihenfolge parat. Nachdem die genaue Anordnung der Pflanzen feststeht, legen Sie sie an die vorgesehenen Stellen. Nach der Verteilung nehmen Sie die Pflanzen vorsichtig aus den Töpfen. Stauden ohne Wurzelballen, die Sie etwa als wurzelnackte Rhizome in Beuteln gekauft haben, werden ebenso zurechtgelegt. Sie werden immer zuerst gepflanzt, da ihre Wurzeln ungeschützt sind und schnell austrocknen können. Graben Sie mit einer kleinen Handschaufel ausreichend große Löcher, in die Sie die Wurzelballen oder Rhizome vorsichtig einsetzen, sodass der Wurzelhals mit der Bodenoberfläche auf gleicher Höhe ist. Drücken Sie die Pflanzen nun behutsam mit den Händen an. Dann ziehen Sie ganz leicht an den Pflanzen, um zu prüfen, ob sie wirklich fest in der Erde sitzen. Nach dem Pflanzen wässern Sie

Kugellauch und Rosen bilden den perfekten Kontrast zu den langen Blütenkerzen von Lupinen und Rittersporn.

Wie viele Pflanzen benötige ich?

Beim Einkauf stellt sich die Frage, wie viele Pflanzen Sie pro qm benötigen. Als grobe Faustregel gilt: Bei hohen Stauden wie Rittersporn benötigen Sie etwa 1 bis 3 Pfl./m², bei mittelhohen 5 bis 9 Pfl./m², bei niedrigen auch mehr. Niedrige kriechende Stauden können sich allerdings auch wesentlich stärker ausbreiten, so dass Sie vielleicht nur 3 Pfl./m² benötigen. Informieren sie sich am besten beim Einkauf, nehmen Sie Skizzen mit, auch hier hilft Ihnen das Personal gerne weiter.

Bewährte Schattenstauden

Name	Blütenfarbe	Blütezeit	Höhe in cm	Besonderheiten
Eisenhut *Aconitum napellus*	tiefblau	VII–VIII	120	reichblühend, giftig!
Herbst-Anemone *Anemone-Japonica*-Hybriden	rosa, weiß	VIII–X	70–100	dekoratives Laub
Geißbart *Aruncus dioicus*	cremeweiß	VI–VII	200	markante Großstaude
Astilbe *Astilbe-Arendsii*-Hybriden	weiß,rosa, rot	VI–VIII	50–100	am besten in großen Gruppen
Silberkerze *Cimicifuga ramosa, C. simplex*	cremeweiß	VIII–X	120–200	elegante Blütenstände
Elfenblume *Epimedium*-Arten und -Sorten	weiß, gelb, rosarot	IV–V	20–30	einige Arten sind wintergrün, Herbstfärbung!
Funkie *Hosta*-Arten und -Sorten	weiß, hellviolett	VI–VIII	30–60	ornamentale Blattschmuckstaude
Gedenkemein *Omphalodes verna*	himmelblau	III–IV	20	Bodendecker mit Frühjahrsblüte
Salomonssiegel *Polygonatum multiflorum*	weiß	V–VI	60–90	elegant überhängende Stängel, giftig!
Schaublatt *Rodgersia pinnata*	gelblichweiß	VI–VII	120	großes handförmiges Laub

Steppenstauden für trockene Standorte

Name	Blütenfarbe	Blütezeit	Höhe in cm	Besonderheiten
Graslilie *Anthricum liliago*	weiß	VI–VII	60	grasartiges Laub
Berg-Aster *Aster amellus*	violett	VII–IX	40–60	Rückschnitt nach der Blüte
Nadelblatt-Aster *Aster linosyris*	gelb	VIII–IX	70	Schnittblume
Steinquendel *Calamintha nepeta*	hellrosa	VIII–IX	50	duftende Blüten
Karthäusernelke *Dianthus carthusianorum*	leuchtend rosa	VI–VIII	40	heimische Staude
Steppenkerze *Eremurus stenophylus*	gelb, orange	VI–VII	120	Knollen im Herbst pflanzen
Wüstengoldaster *Eriophyllum lanatum*	goldgelb	VII–VIII	30	schöne Herbstfärbung
Apfelblütengras *Gaura lindheimeri*	hellrosa	VI–IX	80	lange Blütezeit, elegant!
Echter Salbei *Salvia officinalis*	violett	VI–VII	50	duftende Blüten
Fetthenne *Sedum telephium* u. Hybriden	rosa, rot	VIII–IX	40–60	fleischiges, graugrünes Laub
Riesen-Federgras *Stipa gigantea*	goldgelb	VI–VII	180	zierliche Gestalt
Goldbartgras *Sorghastrum nutans*	goldbraun	VIII–IX	120	mit überhängenden Blütenhalmen
Königskerze *Verbascum bombyciferum*	gelb	VII–VIII	180	filziges Laub, zweijährig, sät sich aus

selbst dann ausgiebig, wenn es regnet, auch damit sich eventuelle Hohlräume im Pflanzloch noch schließen. In der ersten Zeit nach der Neubepflanzung sollten Sie regelmäßig und reichlich gießen, um ein gutes Anwachsen sicherzustellen.

■ Pflege

Besonders in der ersten Zeit, wenn die Pflanzen noch klein sind und große Lücken im Beet bestehen, ist es sinnvoll, zu mulchen. Einerseits wird dadurch die Feuchtigkeit besser im Boden gehalten, andererseits keimen unter der Mulchdecke weniger Unkräuter. Falls Sie nicht mulchen, müssen Sie den Boden regelmäßig hacken und aufkeimende Unkräuter entfernen. Gut eingewachsene Beete müssen nur in längeren Trockenzeiten gewässert werden, besonders wenn Sie die Pflanzen standortgerecht ausgewählt haben. Steppenpflanzen benötigen auch in Trockenzeiten wenig Wasser. Ältere Stauden, die schon lange Zeit am gleichen Platz stehen, haben ein weit verzweigtes Wurzelsystem, das Gleiche gilt erst recht für Gehölze. Auch durch dicke Mulchdecken schieben sich hin und wieder aufkeimende Unkräuter hindurch. Am besten kontrollieren Sie die Beete regelmäßig und jäten das Unkraut, solange es noch klein ist und sich leicht entfernen lässt.
Höhere Stauden können besonders unter kräftigen Regengüssen umfallen oder auseinanderfallen. Um das zu verhindern, versieht man sie am besten mit einer Stütze. Horstige Stauden werden entweder mit sogenannten Staudenringen zusammengehalten, die es im Fachhandel zu kaufen gibt, oder mit möglichst unauffälligen Schnüren, die Sie mit Bambusstäben oder Ähnlichem um die Pflanze herum fixieren. Auch zwischengesteckte, verzweigte Reiser eignen sich für nicht zu schwere Stauden.

Gräser

Gräser sind gute Partner für viele Stauden und können auch als Solitäre eindrucksvolle Akzente setzen. Im Hoch- und Spätsommer beginnen sie, ihre Trümpfe auszuspielen, wenn sich ihre vielgestaltigen „Blütenhalme" über den Blatthorsten emporschieben. Gräser wirken immer vermittelnd, nie aufdringlich, und sind dadurch die perfekten Partner für eine harmonische Beetbepflanzung. Auch im Herbst, wenn die Halme sich schon gelb oder braun färben, geben Gräser ein äußerst attraktives Bild ab, und im Winter sind sie zusammen mit den Gehölzen wichtige Strukturbildner im Beet.

■ Riesen und Zwerge

Zu den Riesen gehören das Pampasgras *(Cortaderia selloana)* und das Chinaschilf *(Miscanthus sinensis)*, wobei das Pampasgras am besten als Solitär oder vor einem ruhigen, dunklen Gehölzhintergrund zur Geltung kommt. Mit seinen 2 m hohen silbrigen Federbüschen setzt es großartige Akzente! Das Chinaschilf bezaubert durch seinen eleganten überhängenden Wuchs und filigrane, silbrige, bei einigen Arten auch ins Rosa gehende Ähren. Beide Gräser sollten erst im Frühjahr zurückgeschnitten werden, damit Sie die fantastische Wirkung auch im Winter bewundern können.
Von ganz anderer Gestalt sind die Zwerge, die ihren geeigneten Platz in Steingärten finden. Hier seien die verschiedenen Kopfgräser *(Sesleria)* genannt, die durch dichte, blaugrüne Horste bezaubern.

■ Gräser im Steppenbeet

Die meisten Gräser benötigen einen sonnigen Standort mit durchlässigem Boden und sind damit optimale Partner für Stauden aus den Lebensbereichen „Sonnige Freifläche/Steppe" und auch „Sonniger Gehölzrand". Gräser, die sich zur Kombination anbieten, sind: Diamantgras *(Achnaterum brachytrichum)* mit zierlichen Blütenständen, in denen morgens Tautropfen wie kleine Diamanten glitzern. Nomen est Omen! Das Reitgras *(Calamagrostis × acutiflora)* mit seinen steif aufrechten Ähren setzt starke Akzente und verfärbt sich im Spätsommer eindrucksvoll braungelb. Mit großen, überhängenden Rispen begeistert das Plattährengras *(Chasmanthium latifolium)*, das sich rotbraun verfärbt. Die Ähren des Lampenputzergrases *(Pennisetum alopecuroides)* erinnern an kleine Flaschenbürsten.

■ Gräser für den Schatten

Auch für Schattenplätze ist die Auswahl an geeigneten Gräsern groß. Zu Astilben, Wiesenrauten, Schaumblüten, Schattenglockenblumen und Farnen bieten sich die zahlreichen Seggen *(Carex)* an. Am auffälligsten ist sicherlich die Riesensegge *(C. pendula)*, deren Halme bis zu 1 m hoch werden und die mit ihren langen, hängenden Ähren gleichzeitig elegant und naturnah wirkt. Aber auch kleinere Vertreter wie die Vogelfuß-Segge *(C. ornithopoda)* oder die Breitblattsegge *(C. plantaginea)* sind schöne und zuverlässige Partner. Alle Seggen zeichnen sich durch eine frischgrüne Laubfarbe aus. Auch die wintergrüne Waldmarbel *(Luzula sylvatica)* ist ein attraktives Gras, am besten für den Vordergrund.

■ Prächtige Gräser zu prächtigen Stauden

Die klassischen Beetstauden wie Rittersporn oder Sonnenauge korrespondieren gut mit hohen, kräftigen Gräsern wie dem schon erwähnten Chinaschilf. Einige Sorten heben sich zusätzlich durch eine interessante Blattzeichnung heraus, so zum Beispiel die Sorte 'Zebrinus' mit gelb gestreiftem Laub. 'Grazillimus' hingegen hat silbrige Mittelstreifen. Auch das Goldleistengras (*Spartina pectinata* 'Aureomarginata') fügt sich mit graziösem Wuchs und schmalem, gelben Saum am Laub hervorragend ein. Für den mittleren Bereich des Beetes eignet sich die Rutenhirse *(Panicum virgatum)* besonders gut, die durch ihre grazilen Blütenstände besticht. Die Blätter verfärben sich im Herbst zu einem feurigen Rot!

Interessant und abwechslungsreich sind Steppenbeete mit verschiedenen Gräsern und passenden Blütenstauden.

Bambus und Ziergräser sind attraktive Pflanzpartner, die das ganze Jahr im Beet interessante Aspekte bieten.

Farne

Entwicklungsgeschichtlich sind die Farnpflanzen wesentlich älter als die Samenpflanzen. Vor rund 400 Millionen Jahren bildeten sie mit ihren Verwandten riesige Wälder.

Farne im Garten

Heute kommen in Deutschland und den angrenzenden Ländern noch 17 Gattungen mit rund 60 Arten vor, von denen einige sehr selten sind. Weltweit gibt es etwa 320 Gattungen mit über 10 000 Arten und unzähligen Sorten. Einige dieser Farne sind zur Bepflanzung schattiger Gartenräume bestens geeignet. Die große Gruppe der Schildfarne mit ihren meist wintergrünen oder sogar immergrünen Wedeln, die es mittlerweile in unzähligen attraktiven Sorten gibt, sind hier als Erstes zu nennen. Man schaue sich nur einen *Polystichum setiferum* 'Plumosum Densum' mit dem bezeichnenden deutschen Namen Flaumfeder-Filigranfarn an. Ausgewachsen bringt er es auf einen Durchmesser von gut einem Meter, und der trichterförmige Aufbau der dunkelgrünen, immergrünen Wedel ist das ganze Jahr über ein bezaubernder Anblick. Eine weitere große Vielfalt an Sorten bildet der ebenfalls wintergrüne Hirschzungenfarn. Die heimische Art mit einfachen lanzettlichen Wedeln spaltet sich in unzählige Sorten mit Wedellängen von 10 bis 50 cm, zum Teil in sich gedreht, mit gezackten oder gewellten Rändern, mit gegabelten Spitzen, mit pfeilförmigen oder auch ganz schmalen Wedeln. Gehen wir ein wenig weiter weg, finden wir in Asien ein paar sehr attraktive buntlaubige, bei uns absolut winterharte Farnarten, zum Beispiel den japanischen Frauenfarn *(Athyrium niponicum)*, den es in verschiedenen Sorten gibt.
Ebenfalls aus Asien stammt *Dryopteris erythrosora,* der mit orangerotem Austrieb den ganzen Sommer über immer wieder neue Wedel schiebt. Für den Vordergrund bieten sich kleinbleibende bodendeckende Arten, wie der Eichenfarn *(Gymnocarpium dryopte-*

Trockenverträgliche Farne

Einige wunderschöne Kleinfarne findet man in trockenen, teils sonnigen Mauerfugen. Ihre Wurzeln dringen zum Teil bis zu 1 m tief bis in den gewachsenen Boden. Aus diesem Grund halten sie diese in den Sommermonaten zum Teil extrem trockenen Standorte spielend aus. Am bekanntesten sind hier wohl die heimische Mauerraute *(Asplenium ruta-muraria)* und der Streifenfarn *(Asplenium trichomanes)*.

Empfehlenswerte Farne

Art	Größe	Standort
Hirschzungenfarn *Asplenium scolopendrium*	bis 50 cm	halbschattig, steiniger, kalkhaltiger Boden
Waldfrauenfarn *Athyrium filix-femina*	80 – 120 cm	halbschattig, humoser Boden
Japanischer Frauenfarn, Brokatfarn *Athyrium niponicum* 'Metallicum'	bis 50 cm	halbschatten bis Schatten, feucht-humoser Boden
Rippenfarn *Blechnum spicant*	40 – 60 cm	halbschatten, feuchter, saurer Boden
Wurmfarn *Dryopteris filix-mas*	80 – 100 cm	halbschattig bis sonnig, humoser Boden
Goldschuppenfarn *Dryopteris affinis*	60 – 100 cm	halbschattig, humoser Boden
Rotschleierfarn *Dryopteris erythrosora*	60 – 80 cm	halbschattig, humoser Boden
Eichenfarn *Gymnocarpium dryopteris*	bis 30 cm, Bodendecker	halbschattig, steinig, humoser Boden
Königsfarn *Osmunda regalis*	100 cm – 150 cm	halbschattig bis sonnig, feucht bis sehr feuchter Boden
Japanischer Glanzschildfarn *Polystichum polyblepharum*	50 – 70 cm	halbschattig, feuchter, humoser Boden
Schildfarn *Polystichum setiferum* (alle Sorten)	Art: 60 – 80 cm Sorten: 30 – 100 cm	halbschattig bis sonnig, feuchter, humoser Boden

ris) oder der Buchenfarn (*Phegopteris conectilis)* an oder der ebenfalls aus Asien stammende Venushaarfarn *(Adiantum venustum)* die lockere ca. 30 cm hohe Bestände bilden. Wer es groß und prächtig liebt pflanzt sich in den Hintergrund einen Königsfarn *(Osmunda regalis)* der als ausgewachsene Pflanze stattliche 1,5 m erreichen kann und nach 20 Jahren einen Stock von 30 cm Durchmesser bildet. Zuletzt sind noch drei Farnarten zu nennen die für den kleinen Garten geeignet sind. Als Ersten der wintergrüne, aufrechte weiche Schildfarn (*Polystichum setiferum* 'Congestum') mit dunkelgrünen, maximal 35 cm hohen, steif aufrecht wachsenden Wedeln, als Zweiten den nur 15 cm hoch werdenden, sommergrünen Krausen Pfauenradfarn (*Adiantum aleuticum* 'Imbricatum') mit blaugrünem Laub und zuletzt den Steifwedeligen Zwerggoldschuppenfarn (*Dryopteris affinis* 'Crispa Gracilis'), der mit dunkelgrünen, leicht gekrausten Wedeln besticht. Letzterer ist, wenn genügend Feuchtigkeit vorhanden ist, auch für sonnige Standorte geeignet.

Was sind Farne?

Die Merkmale der Farne (Filicopsida) sind die Wedelblätter, der Generationswechsel und die Ausbildung von Sporen, die zusammengefasst in Sporenbehältern (Sporangien) meist auf der Unterseite der Blätter (Wedel) der Farne angeordnet sind. Die Farnpflanze (Sporophyt), die fast jeder aus den heimischen Wäldern kennt, ist ungeschlechtlich. Erst aus den nach der Reife auf den Boden fallenden Sporen bildet sich die geschlechtliche Generation, der sogenannte Vorkeim (Prothallium). Dieser sieht aus wie ein unscheinbares kleines grünes Plättchen mit maximal einem halben Zentimeter Durchmesser. Auf der Rückseite dieses Vorkeimes bilden sich die weiblichen und männlichen Geschlechtszellen und dort findet bei genügend Feuchtigkeit die Befruchtung statt. Aus dem Vorkeim entwickelt sich wieder, als neue ungeschlechtliche Generation, die Farnpflanze.

Ansprüche

Die meisten Farne gedeihen in humosen, lockeren, feuchten, pH-neutralen Böden hervorragend. Selten sind sie auf saure oder kalkhaltige Standorte spezialisiert, wie zum Beispiel der heimische Rippenfarn *(Blechnum spicant)*, der es sauer liebt, oder der ebenfalls heimische Hirschzungenfarn *(Asplenium scolopendrium)*, welcher in der Natur an überwiegend kalkhaltigen steinigen Hängen gedeiht.

Pflanzung

Zur Bodenvorbereitung ist es sinnvoll, den Boden tiefgründig zu lockern. Mit Komposterde oder Rindenhumus ist der Düngung der Farne Genüge getan. Sie sind von Natur aus genügsam und gerade beim Düngen tut der Gärtner oft zuviel des Guten.

Exotisches im Garten – Baumfarne

Zunehmender Beliebtheit in unseren Gärten erfreut sich die große Gruppe der Baumfarne. Heimisch in Neuseeland, Australien und Südamerika, müssen sie in unseren Breiten den Winter drinnen verbringen. Es wird zwar immer wieder geschrieben, dass diese Farne Frost aushalten, aber mit max. – 5 °C und das nur für eine kurze Zeit kommen in Deutschland nur ganz wenige extrem geschützte Standorte für ein Auspflanzen im Garten in Frage.

Athyrium niponicum 'Metallicum', Japanischer Frauenfarn

Adiantum pedatum, Pfauenradfarn

Pflege

In den ersten Wochen nach der Pflanzung ist es sehr wichtig, die Farne ständig mit Feuchtigkeit zu versorgen. Sind sie einmal eingewachsen, überstehen sie oft sogar tagelange Trockenheit. Hält man Farne in Töpfen, ist es ausreichend, während der Wachstumszeit alle vier Wochen mit einem Drittel der Menge eines handelsüblichen Grünpflanzendüngers für ausreichenden Nährstoffnachschub zu sorgen.

Zwiebelblumen

Viele Zwiebel- und Knollenblumen gehören zu den ersten Pflanzen, die uns im Frühling mit ihren Blüten erfreuen. Bereits ab Ende Februar leuchten die farbenprächtigen Krokusse mit Irisblüten um die Wette. Ebenso zeitig erfreuen uns große und kleine Trupps an Schneeglöckchen mit ihren nickenden Blüten.

Frühlingsblühende Zwiebel- und Knollenblumen haben ihren natürlichen Standort häufig im Wald oder am Waldrand. Sie haben sich geschickt an die dort herrschenden Verhältnisse angepasst, indem sie die Zeit bis zum Laubaustrieb für ihre Blüte nutzen. Dann erhalten sie dort nämlich noch genügend Licht. Nach der Blüte ziehen sie sich zurück und machen den später austreibenden Stauden, Gräsern und Farnen Platz, die sich unter dem schattigen Blätterdach wohl fühlen.

■ Düngen und Pflegen

Viele Zwiebelblumen brauchen, wenn der Boden beim Pflanzen entsprechend gut vorbereitet wurde, im ersten Jahr keine weiteren Düngergaben. Besonders die kleinen Vorfrühlingsblüher sind ausgesprochen genügsam. Anders ist es mit hochgezüchteten Sorten, etwa von Tulpen und Lilien. Bei den Frühlingsblühern empfiehlt es sich, im Herbst reifen Kompost großzügig zwischen den Zwiebeln zu verteilen und leicht einzuarbeiten. Im Frühling können Sie auch nach dem Austrieb mit schnell wirkendem, mineralischen Dünger düngen, um das Wachstum anzuregen. Achten Sie aber darauf, dass der Dünger nicht zu stickstoffbetont ist, da die Pflanzen sonst weichtriebig und anfällig für Schädlinge und Krankheiten werden. Auch die Blütenbildung ist dann nicht befriedigend, dafür entwickeln sich große Mengen an Laub. Zwiebel- und Knollenblumen, die im Sommer blühen, werden am besten mit organischen Düngern versorgt, die langsam und kontinuierlich wirken.

Faustregel: Die Pflanztiefe für die Zwiebeln entspricht ungefähr ihrer zwei- bis dreifachen Höhe.

Unerwünschte Gourmets

Leider finden auch Mäuse und Kaninchen manche Blumenzwiebeln sehr schmackhaft. Besonders Tulpenzwiebeln sind sehr gefährdet, während Narzissen in Ruhe gelassen werden. Kaninchen treten vor allem in Gebieten mit leichtem Boden in größerer Zahl auf, da sie dort leicht ihre umfangreichen Höhlen und Gänge graben können. Damit Sie im Frühling nicht die große Enttäuschung erleben müssen, dass von den zahlreich gesetzten Zwiebeln nur einige wenige aus de Erde auftauchen, können Sie gefährdete Zwiebeln in Kunststoff- oder Metallkörbe setzen, die so tief eingesetzt werden, dass der obere Rand mit der Beetoberfläche abschließt.

■ Pflanzung

Das Wichtigste beim Pflanzen ist die richtige Pflanztiefe. Sie hängt im Allgemeinen von der Größe der Zwiebeln ab, aber auch von der Bodenbeschaffenheit. Als Faustregel gilt, dass die Pflanztiefe in etwa dem Zwei- bis Dreifachen der Zwiebelgröße entsprechen muss. Bei leichtem Boden können die Zwiebeln auch ruhig etwas tiefer gesetzt werden, damit sie besseren Halt haben. Den meisten Zwiebelpflanzen macht es auch nichts aus, wenn sie etwas tiefer gepflanzt werden. Besonders in der gemischten Rabatte, wo sie für mehrere Jahre stehen bleiben sollen, ist dies sinnvoll, damit sie bei einer gelegentlichen Bodenbearbeitung nicht verletzt werden. Hilfreich ist es, unter die einzusetzenden Zwiebeln ein wenig lockere Erde, bei schwererem Boden auch eine dünne Schicht Sand, zu geben. Falls der Boden zur Pflanzzeit sehr trocken ist, wird das Loch zunächst zur Hälfte mit Erde aufgefüllt und dann kräftig gewässert. Erst danach kommt die restliche Erde darüber. Auch nach Abschluss der Pflanzarbeiten wird noch einmal gegossen, ebenso in der ersten Zeit nach der Pflanzung. Auf diese Weise können die Zwiebeln rasch möglichst viele Wurzeln bilden, bevor im Spätherbst der erste Frost kommt.

Die Pflanzlöcher werden zylindrisch ausgehoben, dann gibt man lockere Erde, bei Bedarf auch etwas Sand und Dünger wie Hornspäne, unter die Zwiebel und füllt das Loch mit dem Aushub wieder auf. Wenn größere Zwiebelmengen gepflanzt werden sollen, leistet der sogenannte Zwiebelpflanzer gute Dienste.

Zwiebelpflanzen für schattige Standorte

Name	Blütenfarbe	Blütezeit	Höhe
Bär-Lauch *Allium ursinum*	Weiß	IV–V	30–40 cm
Strahlen-Anemone *Anemone blanda*	lila, rosa, weiß	III–V	20–25 cm
Gefleckter Aronstab *Arum maculatum*	Unscheinbar	V, rote Beeren im Herbst!	20–30 cm
Frühlings-Alpenveilchen *Cyclamen coum*	rosa, weiß	II–IV	5–10 cm
Spanisches Hasenglöckchen *Hyacinthoides hispanica*	Blau, weiß, rosa	IV–V	20–30 cm
Atlantisches Hasenglöckchen, Bluebell *Hyacinthoides non-scripta*	Azurblau	IV–V	20 cm
Armenische Traubenhyazinthe *Muscari armeniacum*	Leuchtend blau	IV–V	15–20 cm

Zwiebelpflanzen für sonnige Standorte

Name	Blütenfarbe	Blütezeit	Höhe
Sternkugel-Lauch *Allium christophii*	lila	V–VI	40–60 cm
Wildkrokusse, unter anderem *Crocus crysanthus, C. sieberi*	gelb, weiß, violett	II–III	5–10 cm
Schneeglöckchen *Galanthus* sp.	weiß	II–III	10–20 cm
Frühlingsstern *Ipheion uniflorum*	hellblau	III–IV	10–20 cm
Frühe Zwiebel-Iris *Iris danfordiae, I. reticulata*	gelb, lila, blau	II–III	10–20 cm
Narzissen in Arten und Sorten *Narcissus* sp.	gelb, weiß, orange	III–IV	10–40 cm
Tulpen in Arten und Sorten *Tulipa* sp.	alle außer Blau	III–V	10–50 cm

Auch im Steingarten kommen Tulpen gut zur Geltung. Wählen Sie am besten niedrige Arten und Sorten.

Große Zwiebeln, reiche Blüte

Auch die Größe der Zwiebeln und Knollen ist mitentscheidend für eine üppige Blüte. Kaufen Sie immer die größtmöglichen Zwiebeln, denn in ihnen sind auch die größten Blütenansätze und die meisten Nährstoffe gespeichert. Die folgenden Größenangaben geben Anhaltspunkte für optimale Zwiebelgrößen. Gemessen wird der Zwiebelumfang.

- Gartentulpen: 11 bis 12 cm
- Wildtulpen: 6 bis 7 cm
- Hyazinthen: 15 bis 16 cm
- Narzissenzwiebeln sollten aus zwei Zwiebeln zusammengesetzt sein, sie werden als so genannte Doppelnasen bezeichnet.

Kaufen Sie Zwiebeln am besten gleich zu Beginn der jeweiligen Pflanzsaison, dann ist die Auswahl am größten und Sie können sie bis zum Pflanzen kühl und trocken bei sich zu Hause lagern.

Gartenteichpflanzen

Es gibt doch nichts Schöneres, als einem plätschernden Bachlauf zu lauschen, das bunte Treiben am Teich zu beobachten oder einfach nur die Füße im Wasser baumeln zu lassen. Mit einer fachgerechten Planung und Pflege können Sie Ihre kleine Oase genießen.

Standort

Der beste Standort für einen Gartenteich ist ein sonniger Platz abseits von hohen Bäumen und Gebäuden. Idealerweise sorgen nur einige Uferpflanzen zur Mittagszeit für einen leichten Schatten, damit sich das Wasser in der Sommersonne nicht zu stark erwärmt. Was die Ausführung betrifft, bieten Fertigteiche aus dem Fachhandel die einfachste und schnellste Methoden einen Wassergarten anzulegen. Diese vorgefertigten Becken bestehen meist aus UV-beständigem Polyäthylen oder glasfaserverstärktem Kunststoff. Wer lieber seine eigenen Vorstellungen bezüglich der Form und Größe des Gartenteiches umsetzen möchte, sollte einen Folienteich wählen. Die Stärke der Folie richtet sich nach der Belastung, also der Teichtiefe. Als Faustzahl gilt: 1 mm dicke Folie reicht für 150 cm Wassertiefe. Eine etwa 5 cm dicke Sandschicht sowie ein Vlies schützen die Teichfolie zusätzlich von unten. Am besten lässt sich die Folie bei warmem Wetter verlegen, dann ist der Kunststoff schön geschmeidig.

Seerosen gibt es in vielen Sorten.

Unterschätzen Sie jedoch keinesfalls das hohe Gewicht und bestellen Sie ausreichend Helfer, wenn es an das Verlegen geht! Ein ganz wichtiger Punkt bei der Teichanlage ist die sogenannte Kapillarsperre. Sie verhindert, dass feine Bodenkapillare das Wasser wie bei einem Löschblatt in die Umgebung absaugen und der Teich sich auf wundersame Weise leert. Um den Teich von den angrenzenden Gartenbereichen zu trennen, wird die Folie am Rand einfach ein bis zwei Zentimeter über das Bodenniveau nach oben gezogen.

Pflanztiefe

Machen Sie sich bereits im Vorfeld ausreichend Gedanken über die Bepflanzung Ihres Wassergartens. Denn gerade die richtige Pflanzenauswahl macht erst den Charme eines Gartenteiches aus. Es reicht also nicht, einfach ein Loch auszuheben und dieses mit Wasser zu füllen. Jede Pflanze stellt ihre eigenen Ansprüche an die Wassertiefe. Daher müssen in einem Teich verschieden tiefe Pflanzzonen angelegt werden. Es werden fünf Bereiche unterschieden: Tiefwasser-, Flachwasser-, Sumpf-, Feucht- und Teichrandzone. Wie in der Natur sind die Übergänge auch im Gartenteich fließend. Und einige Pflanzen haben zwar ihre bevorzugte Wassertiefe, sind aber durchaus anpassungsfähig. So wächst der Blut-Weiderich *(Lythrum salicaria)* ebenso im fünf Zentimeter tiefen Wasser als auch im feuchten Gartenboden. Andere Stauden wie die heimischen Sumpf-Schwertlilien *(Iris pseudacorus)*

Seerosen pflanzen

Am einfachsten lassen sich Seerosen in einen Kunststoffkorb pflanzen, den Sie mit lehmiger Erde füllen. Ein Auskleiden mit Jute verhindert, dass bei grobmaschigen Gefäßen das Substrat ausgespült wird. Nach dem Einpflanzen decken Sie die Erde mit einer ca. 3 cm dicken Kiesschicht ab und gießen alles kräftig an. Anfangs stellen Sie den bepflanzten Korb in einen flachen Bereich, damit die Seerose besser anwächst. Sobald die ersten neu gebildeten Blätter die Teichoberfläche erreicht haben, senken Sie den Seerosenkorb auf die optimale Wassertiefe ab.

Ein Bachlauf wirkt sehr natürlich und hemmt das Algenwachstum, indem er das Wasser zusätzlich mit Sauerstoff anreichert.

stehen gerne das ganze Jahr mit den Füßen im Wasser, ihre japanische Verwandte *(Iris ensata)* bevorzugt dagegen im Herbst und Winter einen weniger feuchten Boden.

■ Tiefwasserzone (ab 40 bis 50 cm)

Wie der Name schon sagt, sind hier Pflanzen zu Hause, die im tiefen Wasserwurzeln und auf oder unter der Wasseroberfläche leben. Die bekanntesten Vertreter der Tiefwasserzone sind ohne Frage die Seerosen *(Nymphaea)*. Dieser Bereich wird deshalb auch als Seerosen- oder Schwimmblattzone bezeichnet. Dabei variieren die Ansprüche der einzelnen Sorten mitunter recht stark. So gedeihen Zwerg-Seerosen wie die weiße 'Walter Pagels' oder die rote 'Froebeli' bereits ab einer Wassertiefe von nur 20 cm. Im tiefen Wasser würden sie dagegen kümmern. Dieser Bereich ist stark wüchsigen Sorten wie der weiß blühenden 'Gladstoniana' vorbehalten, die bis zu 150 cm tief gesetzt werden kann. Gleiches gilt für die gelb blühende Teichrose *(Nuphar lutea)*, auch Mummel genannt. In einem flachen Teich würden die beiden allerdings so viel Blattmasse entwickeln, dass innerhalb kürzester Zeit weder von den Blüten noch von der Wasserfläche etwas zu sehen wäre. Die meisten Seerosen fühlen sich in einer Tiefe von 40 bis 80 cm wohl (s. Tabelle). Achtung: Dabei ist der Abstand zwischen der Wasseroberfläche und der Oberkante des Pflanzkorbes gemeint, und nicht etwa zum Teichboden!

Seerosen für jede Wassertiefe

Nymphaea-Sorte	Blüte (ca. Juni-Sept.)	Wassertiefe (in cm)
'Attraction'	rot	60–100
'Fabiola'	pink	40–70
'Froebeli'	rot	20–40
'Gladstoniana' (syn. 'Pöstlinberg')	weiß	80–150
'Hever White'	weiß	60–100
'Joey Tomocik'	gelb	40–80
'Perry's Baby Red'	rot	30–50
'Walter Pagels'	weiß	20–40

Uferpflanzen wie Greiskraut, Funkien und Primeln leiten harmonisch vom Teich in das Gartenbeet über.

Weitere Vertreter dieses Lebensbereiches sind die Unterwasserpflanzen wie der Wasserstern *(Callitriche)*, das Tausendblatt *(Myriophyllum)*, die Krebsschere *(Stratiotes)* und das Hornblatt *(Ceratophyllum)*. Diese Pflanzen unterdrücken die Algenentwicklung, indem sie ihnen Nahrung nehmen und das Wasser mit Sauerstoff anreichern. Außerdem bieten sie vielen Teichbewohnern willkommene Rückzugsmöglichkeiten.

Schwimmpflanzen

Die Wasseroberfläche verschönern die sogenannten Schwimmblattpflanzen. Dazu zählen unter anderem Froschbiss *(Hydrocharis)*, Seekanne *(Nymphoides)*, Wassersalat *(Pistia)* und Wasserhyazinthe *(Eichhornia)*. Da die beiden zuletzt genannten aus tropischen Gefilden stammen, muss man sie frostfrei überwintern, beispielsweise in einer Wasserschale im Haus. Allerdings ist fraglich, ob sich dieser Aufwand wirklich lohnt. Stattdessen kann man sich, ähnlich wie bei den Sommerblumen, im nächsten Jahr ebenso gut frische Pflanzen besorgen.

Flachwasserzone

In der Flachwasserzone befinden sich die Wurzeln im, der größere Teil der Pflanze jedoch über Wasser. Dieser Bereich umfasst etwa 10 bis 40 cm Wassertiefe. Hier fühlen sich die klassischen Wasserpflanzen wie Kalmus *(Acorus)*, Schwanenblume *(Butomus)*, Tannenwedel *(Hippuris)*, Pfeilkraut *(Sagittaria)* und Hechtkraut *(Pontederia)* wohl. Auf stark wuchernde Stauden sollten Sie bei der Teichbepflanzung verzichten. Schilf *(Phragmites)* und Breitblättriger Rohrkolben *(Typha latifolia)* haben in Pflanzenkläranlagen und großen naturnahen Wasserflächen ihre Berechtigung, im Zierteich allerdings nichts zu suchen. Aufgrund ihrer Wuchsstärke lassen sich diese Pflanzen nur schwer wieder entfernen und kleine Teiche verlanden innerhalb weniger Jahre. Greifen Sie beim Rohrkolben stattdessen lieber auf die weniger aggressive Zwergform zurück. In spezielle Gittertöpfe (Fachhandel) gepflanzt, hat man den Ausbreitungsdrang des Zwerg-Rohrkolbens *(Typha minima)* zudem gut im Griff. Ähnlich verhält es sich bei der Teich-Simse *(Scirpus lacustris)*. Um keine bösen Überraschungen zu erleben, pflanzt man besser die schöne weißgestreifte Zebra-Simse (*Scirpus lac.* var. *tab.* 'Zebrinus').

KOSMOS TIPP

Mit einer Wasseranalyse kann man möglichen Teichproblemen auf den Grund gehen. So gibt es bei vielen Fachhändlern für Teichzubehör die Möglichkeit, die Wasserqualität kostenlos testen zu lassen. Dort erhält man direkt Auskunft über den pH-Wert und Sauerstoffgehalt der mitgebrachten Wasserprobe. Da Algen beispielsweise hartes Wasser lieben, kann man mit den Fachleuten vor Ort gleich die richtigen Gegenmaßnahmen durchsprechen.

Sumpfzone

Für die Sumpfzone ist ein schwankender Wasserstand charakteristisch. Hier können die Pflanzen auf Höhe des Wasserspiegels und bis 10 cm darunter stehen. Die Sumpf-Dotterblumen *(Caltha)* beispielsweise, deren gelbe Blüten im Frühjahr viele heimische Flussufer zieren, sind an die jahreszeitlichen Wasserschwankungen perfekt angepasst. Sumpfkalla *(Calla)* Zwerg-Binse *(Juncus ensifolius)*, Sumpf-Wolfsmilch *(Euphorbia palustris)* und Bachbunge *(Veronica beccabunga)* gedeihen ebenfalls prächtig in diesem Bereich.

Feuchtzone

Die Feuchtzone bildet den äußeren Abschnitt des Teichs. Sie ist geprägt von einem dauerfeuchten Boden und bildet den Übergang zum Garten. Hier sorgen die rosarot leuchtende Rosen-Primel *(Primula rosea)*, die gelbe Gauklerblume *(Mimulus luteus)* und das hellblaue Sumpf-Vergissmeinnicht *(Myosotis palustris)* für Farbe.

Teichrand

Ein weiterer wichtiger Bereich ist die Teichrandzone. Mit der richtigen Pflanzenauswahl wird nicht nur die optische Grenze zwischen dem nassen und trockenen Gartenteil geschickt kaschiert, es lässt sich auch ein schöner Rahmen für die gesamte Teichanlage schaffen. Die Palette an Gehölzen und Stauden für diesen Bereich ist riesig. Für den Hintergrund eignen sich etwa Etagen-Schneeball *(Viburnum plicatum)*, Japanischer Blumen-Hartriegel *(Cornus kousa)*, Geflügeltes Pfaffenhütchen *(Euonymus alatus)* und Fächer-Ahorn *(Acer palmatum)*. Bei den Stauden sorgen großlaubige Vertreter wie Funkien *(Hosta)*, Schaublatt *(Rodgersia)* und Kreuzkraut *(Ligularia)* für eine dekorative Kulisse. Farbige Akzente setzen Taglilie *(Hemerocallis)*, Frauenmantel *(Alchemilla)*, und Dreimasterblume *(Tradescantia)*, um nur einige Beispiele zu nennen.

Klares Wasser

Weil man aus den genannten Gründen auf stark zehrende Pflanzen wie Schilf besser verzichtet und sich das Wasser in flachen Gartenteichen schnell erwärmt, kommt es in den Sommermonaten häufig zu verstärkter Algenbildung. Dabei wird zwischen Schweb- und Fadenalgen unterschieden. Während Schwebalgen für eine Grünfärbung, also eine Trübung des Wassers sorgen, bilden die Fadenalgen ein feines grünes Geflecht, das sich an die Teichpflanzen heftet. Letztere lassen sich zwar mit einem Kescher oder einem Rechen aus dem Teich ziehen, allerdings erfreut diese Sisyphusarbeit kein Gärtnerherz. Neben den erwähnten Unterwasserpflanzen sorgen Wasserspiele für eine zusätzliche Belüftung. So verbreitet ein Bachlauf mit seinem Plätschern nicht nur eine schöne Stimmung, sondern erfüllt auch rein praktische Aufgaben. Der Kreislauf reichert das Teichwasser mit Sauerstoff an und wirkt so wie eine Art Filter. Vermeiden Sie außerdem jeglichen Nährstoffeintrag, indem Sie bei der Bepflanzung eine spezielle Teicherde verwenden und auf Dünger verzichten. Falls in Gittertöpfe gesetzte Wasserpflanzen anfangen zu kümmern, genügt es, diese zu teilen und mit frischer Erde zu versehen. Eine Ausnahme bilden die Seerosen. Diese anspruchsvollen Schönheiten setzt man am besten in Pflanzkörbe mit lehmiger Erde bzw. einem speziellen Seerosensubstrat. Sobald die Blühfreudigkeit nachlässt, werden die Körbe aufgefrischt, indem man die Pflanzen teilt und einen kleinen Düngekegel in die neue Erde drückt. Grundsätzlich sollten Sie organisches Material wie abgestorbene Blätter entfernen.

Pflanzen für die Unterwasser- und Schwimmblattzone

Name	Blüte/ Zeitpunkt	Merkmale
Wasserstern *Callitriche palustris*	unscheinbar	sternförmige Schwimmblätter, Sauerstoffspender
Hornblatt *Ceratophyllum demersum*	unscheinbar	untergetaucht, Sauerstoffspender
Wasserhyazinthe *Eichhornia crassipes*	violett/ VII–X	tropische Schwimmblattpflanze, nicht winterhart
Nadelsimse *Eleocharis acicularis*	bräunlich/ V–VIII	rasenartige Unterwasserpflanze, Sauerstoffspender
Wasserfeder *Hottonia palustris*	zartrosa/ V–VII	Blätter unter und Blüten über dem Wasser
Froschbiss *Hydrocharis morsus-ranae*	weiß/ VI–VIII	heimische Schwimmblattpflanze
Wassersalat *Pistia stratiotes*	unscheinbar	tropische Schwimmblattpflanze, nicht winterhart
Krebsschere *Stratiotes aloides*	weiß/ VI–VII	Blattspitzen ragen aus dem Wasser, Sauerstoffspender

Pflanzen für die Flachwasserzone

Name	Blüte/ Zeitpunkt	Höhe/ Pflanztiefe (in cm)
Bunter Kalmus *Acorus calamus* 'Variegatus'	gelbgrün/ VI–VII	50–70/ –10 bis –40
Schwanenblume *Butomus umbellatus*	rosa/ VI–VIII	80–100/ –10 bis –40
Tannenwedel *Hippuris vulgaris*	unscheinbar	20–30/ –10 bis –40
Sumpf-Schwertlilie *Iris pseudacorus*	gelb/ VI–VII	80–100/ 0 bis –30
Hechtkraut *Pontederia cordata*	blauviolett/ VI–IX	60–80/ –10 bis –30
Pfeilkraut *Sagittaria sagittifolia*	weiß/ VI–VIII	40–50/ –10 bis –40
Zebra-Simse *Scirpus lacustris* var. *tabernaemontani* 'Zebrinus'	bräunlich/ VI–VIII	80–100/ 0 bis –30
Zwerg-Rohrkolben *Typha minima*	braun/ VI–VII	40–60/ 0 bis –20

Sicherheit geht vor!

Alle Eltern wissen, wie sehr sich der Nachwuchs zum nassen Element hingezogen fühlt. Gleich vorweg: Die perfekte Absicherung gibt es nicht! Die erste und wichtigste Maßnahme ist natürlich, Kinder ausdrücklich auf mögliche Gefahren hinzuweisen. Da dies bekanntlich nicht immer fruchtet, sollte man Teiche unbedingt mit einem engmaschigen, mindestens 80 cm hohen Zaun versehen, solange kleine Kinder Zugang zum Garten haben. Dies gilt vor allem für große Anlagen. Kleine Wasserflächen lassen sich dagegen auch mit Stahlgittermatten abdecken, so dass die Kinder nicht versinken können. Ein paar Zentimeter unterhalb der Oberfläche verlegt, ist das Gitter für den Betrachter kaum zu sehen. Da viele Unfälle durch Ausrutschen beim Spielen passieren, sollten die Uferbereiche nicht zu steil sein.

Sommerblumen und Balkonpflanzen

Sommerflor ist der Sammelbegriff für Sommerblumen sowie Beet- und Balkonpflanzen. Mit Sommerblumen bezeichnet der Gärtner eher all die Selbstaussaaten wie Astern und Zinnien, die dann zumeist für Gartenbeete verwendet werden. Typische sogenannte Balkonpflanzen, von der Aurikel bis zur Zitronengeranie, werden Sie hingegen als fertige Pflanze beim Gärtner erstehen und in Kübel, Kasten und Co. pflanzen.

Willkommen, Sommer!

Von Aster bis Zinnie, von *Allium* bis *Zantedeschia* – immer bringt Sommerflor die Farbenfreude und Lebhaftigkeit der warmen Jahreszeit in den Garten. Der Übergang vom Pflanzgefäß zum Gartenbeet, vom selber Säen zum selber Pflanzen, ist fließend, wie der Fachbegriff Beet- und Balkonpflanzen deutlich macht. Denn klassische Balkonblumen wie Studentenblumen lassen sich leicht selbst aussäen. Wussten Sie, dass moderne Petunien (zum Beispiel 'Ride The Wave'-Petunien) nicht nur im Hanging Basket eine gute Figur machen, sondern sich auch – als wildwuchshemmende Bodendecker ausgepflanzt – eignen?

Eine Sommerblumenkombination in Rosa- und Violett-Tönen: Petunien, Verbenen, Lobelien und Fächerblumen.

Blumenzwiebeln

Bei all dem Blick auf das Altbewährte wird darüber hinaus leicht außer Acht gelassen, dass auch Blumenzwiebelpflanzen den Sommerflor bereichern: Ob Zierlauch *(Allium)* oder Zantedeschie *(Zantedeschia)* – sie geben mit ihrem oftmals exotischen Charme den jahreszeitlichen Bepflanzungen Pfiff, Finish und Finesse. Das Frühjahr gehört den Winterlingen und Schneeglöckchen, den Krokussen und Hyazinthen, den Tulpen und Narzissen. Für den Balkon wählen Sie von denen am besten kurzstielige bis mittelhohe Sorten, zum Beispiel Tête à Tête-Narzissen bzw. Forsteriana-, Greigii-, Kaufmannina- und Praestans-Tulpen. Im Sommer blühen Alstroemerien, Anemonen, Blumenrohr, Montbretien, Pompon-Dahlien, Schopflilie und Zier-Lauch. Lilien in Kübeln sind extrem pflegeleicht! Den Abschluss bilden im Herbst blühende Krokusse.

Blattschmuckpflanzen

Hinzu kommt ein weiteres: Es muss nicht immer blütenbunt sein! Moderne Sommerbepflanzungen kommen kaum mehr ohne Blattschmuckpflanzen aus. Rotlaubiges wie *Alternanthera* 'Purple Knight', *Iresine* 'Purple Lady' oder Zierhirse 'Purple Majesty', Silberlaubiges wie (*Plectranthus* 'Silver Shield') Grünlaubiges wie *Talinum* 'Limón', Buntlaubiges wie Buntnessel (Kong Coleus, Wizard Coleus) – all das gibt dem Blühenden, ganz nach Gestaltungslust und -laune, mal lebhaft kontrastierende Betonung, mal harmonische Fülle. Nicht zuletzt die einjährigen Ziergräser wie zum Beispiel *Juncus*

'Blue Arrows' und *Koeleria* 'Blue Sprite' (blaugrau), *Eragrostis* 'Wind Dancer' (silbergrau), *Stipa* 'Scirocco' (braun) und das Pferdeschwanzgras, *Stipa* 'Capriccio' (grün).

■ Kräuter

Den Eindruck sommerlich überschäumender Fülle und Lebensfreude unterstreichen Sie noch einmal, wenn Sie Sommerflor mit Kräutern begleiten. Buntlaubige Kräuter (wie Ananasminze, Dreifarbiger Salbei) und silbriglaubige (Currykraut, Salbei und Lavendel) sind dann nicht nur ein Augen-, sondern auch ein Gaumenschmaus.

Sommerflor pflanzen und pflegen

All die Schönheit hat auch ihre praktischen Seiten. Sie beginnen mit dem Pflanzen und gehen damit über in die Pflege. All das hat viel Ähnlichkeit mit dem, was Sie bei den Kübelpflanzen (siehe Seite 154) zur Gefäßauswahl, Erdenauswahl und Düngung beschrieben finden. Auch die arbeitserleichternde automatische Bewässerung ist in diesem Kontext zu nennen (siehe Seiten 86 bis 89).
So achten Sie denn beim Pflanzen des Sommerflors darauf, dass Sie die Pflanzen nicht einfach nur aus dem Topf nehmen und in die Erde im Pflanzgefäß setzen. Zupfen Sie den Erdballen, wenn er bereits gut durchwurzelt ist, ein wenig auseinander und pflanzen Sie erst dann. Denn die Wurzeln in einem dichten Wurzelballen haben sich an den Drehwuchs im runden Topf gewöhnt und kriegen dann buchstäblich nicht die Kurve, um schnell und durchdringend ihren neuen Standort zu durchwurzeln. Setzen Sie die Pflanzen etwa einen Finger breit tiefer in die neue Erde, als sie im Anzuchttopf gestanden haben. Ganz wichtig: nach dem Bepflanzen des Gefäßes muss ein Abstand zwischen Erdbefüllung und Gefäßrand von etwa zwei Zentimetern bestehen, der „Gießrand". Er verhindert, dass bei Regen oder Wassergaben Erde aus dem Pflanzgefäß schwappt und das Umfeld verunreinigt. Die Huminsäuren des Torfes können übrigens auf empfindlichen Belägen, zum Beispiel Natursteinen aus der Gruppe der Kalksgesteine, durchaus Flecken verursachen!
Die Hygiene nicht nur beim Drumherum, sondern auch im Pflanzenbestand einhalten! Kontrollieren Sie immer durch auf Schädlinge. An Sommerflor besonders häufig zu finden sind Blattläuse, Spinnmilben und Weiße Fliegen (siehe Pflanzenschutz, Seite 90 ff.). Sie lassen sich aber vergleichsweise leicht mit Pflanzenschutzstäbchen bzw. solchen Pflanzenschutzmitteln bekämpfen, die Sie über die Erde verabreichen. So müssen Sie nicht spritzen. Und kleinere Befallsherde von Blattläusen lassen sich ohnehin leichter durch Herauspflücken bzw. -schneiden beseitigen. Es ist durchaus normal, dass Sommerflor zunächst einmal etwa vierzehn Tage nach dem Pflanzen, dann auch später im Sommer, von innen heraus einige gelbe Blätter bekommt. Ausreichende Ernährung vorausgesetzt, ist das nicht bedenklich, muss aber bereinigt werden. Entfernen Sie solche Blätter ebenso wie Abgeblühtes. So beugen Sie Blattpilzerkrankungen vor. Wenn Sie ungern alte Blüten zupfen, was ja dem Ansatz neuer Blüten förderlich ist, dann lassen Sie sich vom Gärtner gut selbst reinigende Sorten empfehlen, bei Petunien zum Beispiel *Petunia* 'Shock Wave'. Auch das Abpflücken etwaiger Samenansätze fördert die Nachblüte, speziell bei Pelargonien, Lantanen und Fuchsien.

KOSMOS TIPP

Petunie ist nicht gleich Petunie, Balkontomate nicht gleich Balkontomate. Es lohnt beim Einkauf auf Sortenunterschiede zu achten, um mit den Pflanzen erfolgreicher zu sein. So sind zum Beispiel 'Shock Wave'-Petunien besonders regenfest und zum Beispiel die Tomatensorten 'Corianne' und 'Kalimba' widerstandsfähig gegen viele Tomatenkrankheiten.

Alljährliches Frühlingsritual: das Bepflanzen von Kästen, Kübeln und Co.. Dabei lässt Qualitätsblumenerde die Pflanzenschätze besser wachsen.

■ Schattenpflanzen

Im Schatten beachten: Die Pflege der Pflanzen an schattigen Standorten entspricht weitestgehend derjenigen wie oben beschrieben. Sie ist im Schatten aber vergleichsweise einfacher und gelingt gleichmäßiger, weil auf Grund der geringeren Sonneneinstrahlung gerade das Gießen weniger aufwändig ist. Das umso mehr, wenn Sie Pflanzgefäße mit Bewässerungsvorrat nutzen. Diese empfehlen sich speziell dann, wenn die Pflanzen am Standort zwar nicht durch Sonne, wohl aber durch Wind bedingt bald trocken fallen. Beachten Sie auch den speziellen Hinweis zur Düngung (siehe Kasten Seite 153).

Sonnenbalkon

Wo warme Sonnenstrahlen den Balkon bald erwärmen, da gedeiht Blühendes schon beizeiten. Bereits in den kühleren ersten Gartenwochen blühen die großblumigen Stiefmütterchen und ihre kleinblumigen Varianten, die lieblichen Hornveilchen. Von ihnen sind vor allem die 'Sorbet'-Hornveilchen bekannt, es ist dies die Hornveilchen-Sortengruppe mit den weltweit meisten Farben. Gänseblümchen, auch bei ihrem botanischen Namen *Bellis* genannt, begleiten die Veilchen, wie auch Snapshot-Löwenmäulchen, *Linaria* 'Enchantment' oder die weiß, mauve-rosa und blau blühenden Nemesien *(Nemesia)*. Sogar früh blühenden Rittersporn gibt es (*Delphinium* Pazifik-Hybriden Guardian)! Das macht deutlich, wie sehr die Übergänge zwischen klassischen einjährigen Balkonblumen und für die Verwendung auf dem Balkon gezüchtete Stauden inzwischen ineinander übergehen. Achten Sie bei all diesen Frühblühern darauf, dass die Gefäße einen guten Wasserabzug haben. Bei solchen mit Wasserspeicher müssen Sie gegebenenfalls. abpumpen, damit die Erde nicht ständig nass ist. Denn diese Frühjahrsblüher verdunsten bei kühlem Wetter oft noch wenig Wasser und stehen dann bald zu nass. Handpumpen zum Absaugen finden Sie als Zubehör für Hydrokulturen im Fachhandel.

KOSMOS TIPP

Vor allem Geranien, Lantanen und Schönmalven als Solo-Bepflanzung größerer Pflanzgefäße ab 30/35 cm) lohnt es zu überwintern, weil sie bei +10 °C warm und dunkel stehen können. Mitte / Ende Februar umgetopft, in Form geschnitten und heller gestellt, werden sie von Jahr zu Jahr schöner!

Was tun wenn ... die Erde im Pflanzgefäß zu schnell austrocknet

Tonhaltige Blumenerde hält Wasser besser als Billigerde ohne Ton. Und: Um die 20 Prozent Gießwasser gehen auf dem Sonnenbalkon verloren, wenn Sie die Pflanzen „von oben" über die Erde gießen. Weitaus weniger ist es, wenn Sie „von unten" über Untersetzer gießen, weil dann die Erde oben trocken bleibt. Weitere Verdunstung reduziert Zierkies, mit dem Sie das Pflanzsubstrat dicht bedecken.

■ Sommerblumen – schnell und einfach

Vieles können Sie auch ganz einfach aus Samen selber ziehen. Es gibt sogar spezielle Saatmischungen im Fachhandel, die speziell für Balkonkästen, Kübel & Co gemacht sind. Diese sind inzwischen obendrein oft Saatbänder, so dass Sie nicht mit einzelnen Samen hantieren müssen, sondern nur noch die Bänder auslegen, mit Erde bedecken, feucht halten – und freudige Geduld aufbringen müssen ...

■ Sie überleben auch den heißen Sommer

Noch immer sind Geranien in all ihrer Pracht verlässliche Sommerblüher. Ihre gleichmäßige Pflege ist jedoch wichtig, weil sie das zwischenzeitliche Eintrocknen des Wurzelballens nicht recht vertragen und dann in Wachstumsstockungen geraten. Das mögen Balkonblumen praktisch allesamt nicht, weswegen die Liste der „Hot Summer Survivers", wie man sie in Amerika nennt, durchaus länger ist. Auf ihr stehen zum Beispiel auch *Abutilon* 'Bella', 'Daybreak' und Tiger Mix-Gazanien, Ballad-Sonnenblumen und, ganz besonders, die kleinen Strandzinnien (*Zinnia maritima* 'Solcito').

■ Mischen possible!

Besonders nützlich – und nicht minder attraktiv – sind Kombinationen von klassischen Balkonpflanzen mit Kräutern (zum Beispiel buntblättrige Salbeie zur Farbauffrischung, Kaskadenthymian oder Rosmarin 'Prostratus' als Hängepflanzen, Duftpflanzen wie zum Beispiel Duftgeranien). Die Duftgeranie Moskito-Schocker (2 bis 3 pro Fensterbrett) vergrault sogar Mücken, ebenso wie Katzenminze *(Nepeta)* und Zitronenverbene *(Aloysia)*. Kleinwüchsige Tomatensorten wie 'Tumbler' oder 'Micro Tom', bei etwas mehr Platz auch 'Gnom' oder 'Balkonstar', setzt man wie Zierpflanzen zusammen mit Balkonblumen. Sieht gut aus und dient obendrein als Naschgemüse mit Ernten von um zwei Kilo pro Pflanze. Bei Kräutern beachten: Sie können viele von ihnen mit Sommerflor kombinieren – solange das Gewählte miteinander dieselben Standort- und Pflegeansprüche hat (siehe Kräuter, Seite 170).

Schattenbalkon

Ihr Garten, Ihr Balkon, Ihre Terrasse hat jeweils auch Schatten-Seiten? Macht nichts, denn auch dort müssen Sie auf üppigen Blütenflor längst nicht verzichten.

■ Schatten ist nicht gleich Schatten

Die Übergänge von sonnigen zu halbschattigen und schattigen Standorten sind im Garten oft fließend. So kann Halbschatten sowohl durch zum Beispiel eine lichte Baumkrone erzeugt werden, die das Tageslicht zwar reduziert, es den darunter lebenden Pflanzen aber nicht ganz nimmt. Oder er kann als sogenannter Wechselschatten dann auftreten, wenn die Sonne zwischen einzelnen schattierenden Elementen, zum Beispiel abwechselnd Baumkronen und dann wieder Großsträuchern, immer wieder für geraume Zeit auf den sommerlichen Blütenflor scheint – und dabei zwischenzeitlich für die Pflanzen volle Sonne bedeuten kann! Das gilt es bei der Pflanzenauswahl, sogar bei der Sortenauswahl der Pflanzen zu berücksichtigen. Beachten Sie auch, dass selbst Schattenpflanzen Licht benötigen. Im dunklen Kernschatten, den kaum Helligkeit erreicht – zum Beispiel in einer Fensternische unter einem Dachvorsprung an der Nordseite –, nur kümmerlich gedeihen können.

KOSMOS TIPP

Langzeitdünger gibt seine Nährstoffe in Abhängigkeit von Wärme und Feuchtigkeit frei: je wärmer und feuchter, desto schneller. In Pflanzgefäßen in Schattenlagen kann das zu schnellem Nährstofffluss führen. Folge: Übersalzung des Bodens und Kümmerwuchs („Verhocken" der Pflanzen). In Schattenlagen daher nur die Hälfte der vorgeschriebenen Langzeitdüngermengen verwenden und zusätzlich angepasst flüssig nachdüngen.

■ Farbenfreuden – nicht nur am Fensterbrett

Klassische Blütenbringer für Halbschatten und Schatten sind Fuchsien. Von ihnen gibt es Hunderte Sorten mit unterschiedlichen Blütenfarben. Fuchsien geben Ihnen für Ihre Gestaltungen verschiedene Wuchsformen an die Hand, von hängend über halb hängend bis hin zu stehend. Für sonnigeren Halbschatten wählen Sie *Fuchsia Triphylla*-Hybriden, deren wohl verbreiteteste Sorte 'Koralle' ist. Sie sind gut sonnenverträglich, sofern die Bodenfeuchte ausreicht.
Knollenbegonien begeistern mit ihren dicht gefüllten Blüten in Weiß, Rosa, Rot, Orange und Gelb. Besonders unkomplizierte Massenblüher sind Drachenflügelbegonien. Für kleinere Gefäße verwendet man 'Baby Wing' (weiß oder rosa). 'Dragon Wing' (rosa oder rot) braucht viel Wurzelraum und gedeiht dann gleichsam unkaputtbar!
Impatiens, zu deutsch Fleißige Lieschen, tragen den Namen ob ihrer „fleißigen" Blüte zu Recht. *Impatiens* der neueren Generation verdecken mit ihren vielen Blüten geradezu das Laub, zum Beispiel Super Elfin-*Impatiens*.
Es gibt sie halbgefüllt (zum Beispiel Fanciful-*Impatiens*) mit Picotee-Effekt (weiß mit Farbverlauf zum Blütenrand hin, zum Beispiel Expo-*Impatiens*) und sogar in Gelb (*Impatiens* 'Jungle Gold'). Sie alle eignen sich für halbschattige, bei ausreichender Bodenfeuchte sogar für sonnige Verwendung!
Blattschmuckpflanzen für den Halbschatten sind zum Beispiel *Alternanthera* 'Purple King', *Coleus* 'Kong', *Dichondra* 'Emerald Falls', *Hypoestes* 'Splash Select', Iresine 'Purple Lady'.

Perfekt gestylt: Während ruhiges, helles Blau den Sitzplatz als Kontrastfarbe rahmt, laden die warmen Gelb-Orangetöne zum wohligen Verweilen ein.

Rosatöne wirken edel vornehm – und noch mal so schön mit den passenden Accessoires gepaart.

Kübelpflanzen

Mit Kübelpflanzen bringt man den Sommer und den Urlaub auf die Terrasse. Duftige Oleander, exotische Palmen, mediterrane Oliven- und Zitrusbäumchen – die Palette an Arten ist riesig und jedes Jahr kommen neue Sorten dazu. Genießen Sie Urlaub auf Balkonien!

Töpfe und Kübel

Es leuchtet leicht ein, dass außer der passenden Erde (siehe Pflege, Seite 155 bis 156) die Gefäßgröße für Kübelpflanzen nicht unbedeutend ist. Für kleinere Kübelpflanzen wie Zitronenstrauch *(Aloysia)*, Zwergklebsame (*Pittosporum tobira* 'Nana'), auch kleinere Palmen wie Washingtonia und Klein-Zitrusarten wie Kumquat (*Fortunella*) – reichen in der Regel 10-Liter-Gefäße zunächst einmal aus. Je nach Lebensalter, Wuchsstärke und schneller Durchwurzelung (*Brugmansia*!) der Pflanze müssen die Pflanzgefäße größer sein, müssen gewissermaßen mitwachsen. Einige Pflanzen wie eben *Brugmansia*, aber auch Drachenflügelbegonien (*Begonia* 'Dragon Wings'), entwickeln sich gar erst zu voller Pracht, wenn sie sehr großen Wurzelraum bis hin zu einem Speiskübel haben!

■ Größe

Insgesamt soll die Gefäßgröße zum Entwicklungsstadium und der Größe der Kübelpflanze passen. Gerade für jüngere Pflanzen keine zu großen Töpfe nehmen, damit sie alle zwei Jahre umgetopft werden können! Nur so kommen sie an die dann erforderliche frische Erde.

Eine Faustregel, um die geeignete Topfgröße für Kübelpflanzen aus gestalterischer Sicht herauszufinden, liefert der „Goldene Schnitt", eine Proportionalitätsregel, die beschreibt, welche Größenverhältnisse das menschliche Auge als angenehm empfindet. Das Idealverhältnis liegt im Wechselspiel von 3/8 zu 5/8. Konkret: In einen Topf von 30 cm Höhe passt ideal eine Pflanze mit 50 cm Höhe.

■ Material

Nicht nur die Größe, auch das Material eines Pflanzgefäßes hat seine Bedeutung. Terrakottagefäße – sofern sie nicht silikonisiert sind (Händler darauf ansprechen) – verdunsten durch ihr poröses Material wertvolles Gießwasser. Und sogar die Farbe spielt bei der Auswahl des Pflanzgefäßes mit hinein: Helle Gefäße, zum Beispiel weiße, reflektieren das Licht und heizen deswegen weniger schnell auf als dunkle Pflanzgefäße.

Beachten Sie auch die Gefäßform: hohe schmale kippen leichter als breite flache Gefäße. Eine größere Standfläche ist daher günstiger als eine schmale, speziell in Windlagen, bei spielenden Kindern und Publikumsverkehr. Mit einem Trick können Sie die Kippsicherheit eventuell kritischer Kübelpflanzengefäße verbessern: Geben Sie beim Topfen einige größere Steine auf den Topfgrund. So senken Sie den Schwerpunkt des Ganzen ab und erhöhen zugleich die Kippsicherheit. Bedenken Sie nämlich, dass Ihnen für durch Sie aufgestellte Kübel die Verkehrssicherungspflicht obliegt!

KOSMOS TIPP

Meiden Sie bauchig geformte Kübelpflanzengefäße. Weil sie nach oben hin schmal zulaufen, tun Sie sich schwer, den Wurzelballen aus dem Gefäß zu bekommen, wenn Sie nach zwei, drei Jahren umtopfen wollen. Sie müssten den Wurzelballen mühsam zurechtschneiden oder das Gefäß zerstören.

Pflege

Damit Ihre Kübelpflanzen schöner blühen und gedeihen, muss man einige Grundregeln bei der Pflege beachten.

■ Pflanzerde

Kübelpflanzen müssen mit dem Substrat auskommen, das Sie ihnen anbieten. Dabei ist Erde längst nicht gleich Erde! Bessere Erde bedeutet: besseres Gedeihen. Im Wesentlichen drei Dinge gilt es, bei der Auswahl einer geeigneten Kübelpflanzenerde zu beachten: ihr Tongehalt, ihr Gehalt an mineralischen Beimischungen wie Bims oder Blähton und etwaige nützliche Zusätze, wie besondere Wasser speichernde Komponenten oder Vorratsdünger.

Auf Ton empfiehlt es sich zu achten, weil er das Substrat puffert. Zu viel oder zu wenig Dünger oder Feuchtig-

KOSMOS TIPP

Wenn Sie zu zweit und kräftig sind: Es gibt spezielle Kübelpflanzen-Tragegurte im Fachhandel. Statt Schleppen: Für glatte, ebene Wege sind Pflanzgefäße mit Rollen günstig. Von Untersetzern mit Rollen hingegen können Gefäße beim Transport jedoch hinuntergleiten. Sind Treppen zu überwinden, helfen Spezialkarren.

keit – weil Ton quellfähig ist, kann er davon speichern und gezielt festhalten, aber ebenso wieder abgeben. Ihr Vorteil: Kleinere Schwankungen in der Pflege, kleinere Pflegefehler, kann Ton also abfangen. So eröffnet Ton eine gewisse Versorgungsbandbreite, was zu einer gleichmäßigeren Versorgung der Kübelpflanzen beiträgt.
Bims und Blähton sind bedeutend, weil sie den mineralischen Anteil der Erde im Verhältnis zum Torf erhöhen, Kübelpflanzen mögen es oft lieber etwas mineralischer. Gleichzeitig belüften an Bims und Blähton reiche Substrate die Wurzeln gut, was dem besseren Bodenwasser-Bodenluft-Verhältnis – und damit der besseren Wurzelfunktion – zugute kommt.
Und im Zusammenspiel mit Bims/Blähton und Ton können Langzeitdünger sowie Wasser speichernde Komponenten (Verpackungshinweise beachten) die Grundversorgung der Pflanzen zu vereinfachen helfen.

■ Dünger

Für Grünpflanzen verwenden Sie am besten Grünpflanzendünger, für Blütenpflanzen Blütenpflanzendünger. Der ist reicher an Phosphor als Grünpflanzendünger, was die Blütenbildung anregt. Für einige Kübelpflanzen wie Buchs, Geranien, Zitruspflanzen gibt es Spezialdünger, die in ihrer Zusammensetzung auf besondere Bedürfnisse solcher Pflanzenabgestimmt sind.
Sie ersparen sich, wöchentlich an das Düngen denken zu müssen, wenn Sie Langzeitdünger für sechs Monate gleich beim Pflanzen mit dazugeben (ca. 3 bis 4 g/l Kübelinhalt). Damit sind Ihre Pflanzen dann grundversorgt. Diesen Dünger können Sie kaum überdosieren, weil sich die Pflanzen davon holen, was sie brauchen. Lediglich in Schattenlagen (siehe Seite 153) müssen sie etwas vorsichtig sein. Langzeitdünger wird außer über Wurzelausscheidungen auch in Abhängigkeit von Wärme und Feuchte wirksam, kann also in feuchtwarmen Sommern durchaus schneller, in trockenkühlen Sommern hingegen später aufgebraucht sein. Hier bedarf es Ihres kritischen Blickes, um etwaige Zeichen von entstehendem Nährstoffmangel (zum Beispiel blühfaule Pflanzen, heller bis sogar gelb werdende Blätter) zu erkennen und zu reagieren. Spezielle Bedürfnisse entnehmen Sie den einzelnen Pflegeanleitungen. Engelstrompeten nicht zu stark mit Stickstoff düngen, sonst werden sie blühfaul.

Was tun wenn ... Pflanzen in Übertöpfen eingehen?

Stehen Kübelpflanzentöpfe in Übertöpfen, so kann sich unbemerkt Regenwasser oder überschüssiges Gießwasser in ihnen ansammeln, da sie üblicherweise kein Wasserabzugsloch besitzen. Stehen die Pflanzen dann im Wasser, so vertreibt es die Bodenluft im Topf und die Pflanzenwurzeln ersaufen. Abhilfe: Statt dekorativer Übertöpfe formschöne Pflanzgefäße mit Untersetzer bzw. Wasservorrat verwenden.

Zupacken beim Eintopfen – mit frisch duftender Erde ein sinnliches Gartenvergnügen, das der Frühling bereit hält.

■ Gießen

Eine hochwertige Kübelpflanzenerde erleichtert die Gießpflege, noch einfacher aber wird sie, wenn Sie Pflanzgefäße mit Wasserspeicher verwenden. Oder Sie nutzen die arbeitserleichternden Möglichkeiten, welche Ihnen spezielle Gießaccessoires und (automatische) Bewässerungssysteme bieten. Vertiefendes dazu ist auf den Seiten 86 bis 89 beschrieben.

■ Schnitt

Falls erforderlich, erhalten die Kübelpflanzen vor der Einwinterung einen Rückschnitt um ca. ein Drittel, nach dem Winter werden sie durchgeputzt, Totholz wird entfernt und die Form wird korrigiert. Denn der Schnitt muss stets den Wuchstyp der Pflanze fördern, darf ihn nie übergehen! Abgesehen von der Einkürzung: Der richtig geschnittenen Kübelpflanze sieht man kaum an, dass sie beschnitten wurden! Achten Sie also auf rundherum stets

Kräftige Farben sorgen mit exotischen Kübelpflanzen für mediterranes Flair auf der Terrasse.

gleichmäßigen Eingriff. Abelien, Bougainvillea, Brasilianische Guave *(Acca)*, Echtes Fleißiges Lieschen *(Anisodontera)* Fuchsien, Lantanen, Oleander, Schönmalven, Seideneibisch *(Alogyne)*, Vanilleblumen und Wandelröschen sind Beispiele für Pflanzen, die den Rückschnitt bis in das alte Holz recht gut vertragen. Zylinderputzer *(Callistemon)* auch, er blüht dann aber im Folgejahr schlechter. Beachten Sie bei Brugmansien, dass ein sehr starker Rückschnitt den Beginn der Blüte bis weit in den Sommer hinein verschiebt!

■ Pflanzenschutz

Im Sommerhalbjahr sind es vor allem Blattläuse, Mottenschildläuse (Weiße Fliege) und Spinnmilben, welche die Kübelpflanzen befallen, manchmal auch Schnecken, zum Beispiel an Brugmansia. Im Winterquartier sind es ab Ende Januar Schildläuse, ab Februar auch Blattläuse und Spinnmilben. Zur Bekämpfung dieser lästigen Schädlinge finden Sie Hinweise im Kapitel Pflanzenschutz (Seite 90).

■ Überwinterung

Wenn Sie es richtig angehen, ist die Überwinterung der Kübelpflanzen weitaus unkomplizierter als landläufig angenommen. Die einfachste Variante ist sicherlich, die Pflanzen dem Gärtner anzuvertrauen. Er holt die Pflanzen bei Ihnen ab, liefert sie im Frühjahr an Sie aus und kümmert sich in der Zeit dazwischen um alles Erforderliche. Doch gibt es inzwischen auch solide, aufblasbare Minigewächshäuser mit Frostwächter, in denen Sie Kübelpflanzen daheim überwintern können. Da es solche Hilfen in kleineren (ca. 1 bis 2 m², zum Beispiel für empfindliche Kräutertöpfe) und größeren Ausführungen (ca. 6 m², zum Beispiel für größere Kübel und höhere Pflanzen) gibt, passen sie sich Ihrem Platz und Ihrem Bedarf gut an. Bei der Überwinterung in Garage, Keller oder sonst wo im Haus kommt es auf die geschickte Verbindung von Helligkeit und Temperatur an, weil diese beiden den Stoffwechsel der Pflanze anregen oder aber zur Ruhe kommen lassen. Pflanzen aus wärmeren Regionen wie Zitrus, Puderquastenstrauch *(Calliandra)* oder Papaya vertragen höhere Überwinterungstemperaturen, müssen aber sehr hell stehen, denn bei warmen Temperaturen will die Pflanze auch Licht für die Fotosynthese! Andere, wie Oleander oder Ölbaum, benötigen die kühle Überwinterung bei ca. 5 bis 10 °C. Stehen sie in der lichtarmen Zeit zu warm, können sie nicht ausreichend Fotosynthese betreiben und verzehren sich dann selber. Daher gilt: Entlaubte Kübelpflanzen können Sie dunkel überwintern, bei in der Regel frostfreien Temperaturen um die 5 bis 10 °C. Belaubt überwinternde Pflanzen müssen immer hell stehen, je wärmer, desto heller. Deswegen ist die Temperaturgrenze für die meisten begrünt überwinternden Kübelpflanzen etwa bei 10 bis 15 °C erreicht. Ausnahme bilden die Kübelpflanzen für den warmen Wohnwintergarten, wie *Acalypha* (Nesselblatt) oder Washingtonia.

Was tun wenn ... Zitruspflanzen gelb werden?

Zwar brauchen Zitruspflanzen Kalk, sprich: Kalzium, als Nährstoff. Aber zu viel davon legt das ebenso benötigte Eisen im Boden fest, was zu den typischen gelben Blättern mit ihren grünen Blattadern führt, dem Hinweis auf Eisenmangel. Reduzieren Sie zu kalkhaltiges Gießwasser durch Verschneiden mit weichem Wasser. Düngen Sie Eisendünger ggf. nach oder sogar vorsorglich. Verwenden Sie Chelat-Eisendünger, der auch bei höherem pH-Wert um 7 noch wirksam ist, denn sonst nützt die Eisendüngung bei Kalküberschuss nicht!

Blühende Kübelpflanzen

Name	Überwinterung
Abelie *Abelia floribunda*	2 – 5 °C, hell und kühl
Schönmalve *Abutilon* sp.	2 – 5 °C, hell, kühl, trocken und luftig
Brasilianische Guave, Guave *Acca sellowiana*	5 – 10 °C, hell und kühl
Schmucklilie *Agapanthus*	5 – 10 °C, hell und kühl
Seideneibisch, Blauer Hibiskus *Alyogyne huegelii*	5 – 10 °C, hell und kühl
Echtes Fleißiges Lieschen *Anisodontea capensis*	5 – 10 °C, hell und kühl
Strauchmargarite *Argyranthemum frutescens*	5 – 10 °C, hell und kühl
Seidenpflanze *Asclepias curassavica*	mind. 10 °C, hell
Goldmarie *Bidens ferulifolia*	5 – 10 °C, hell und kühl
Bougainvillee *Bougainvillea*-Arten	2 – 10 °C, kühl, hell und trocken
Engelstrompete *Brugmansia*-Arten	5 – 10 °C, hell und kühl
Pfauenstrauch, Paradiesvogelbusch *Caesalpinia gilliesii*	2 – 5 °C, hell und kühl
Puderquastenstrauch *Calliandra tweedii*	mind. 10° C, hell, besser wäre 15°C
Zylinderputzer, Flaschenputzer *Callistemon citrinus*	2 – 5 °C, hell und kühl
Gewürzrinde *Cassia corymbosa*	2 – 5 °C, hell, trocken und kühl
Hammerstrauch *Cestrum elegans*	8 – 12 °C, hell und kühl
Zitruspflanzen *Citrus*-Arten	5–10 °C, hell und kühl oder bei 18–20 °C, sehr hell und warm
Losbaum *Clerodendrum ugandense*	13 °C, hell und kühl, es werden bis zu 18°C vertragen
Winde *Convolvulus sabatius*	5 – 10 °C, hell und kühl
Korallenstrauch *Erythrina crista-galli*	2 – 5 °C, dunkel, trocken und kühl
Kapaster *Felicia amelloides*	mind. 10°C, hell
Fuchsie *Fuchsia*-Hybriden	2 – 5 °C, hell und kühl
Vanilleblume *Heliotropium arborescens*	5 – 10 °C, hell und kühl
Chinesischer Roseneibisch *Hibiscus rosa-chinensis*	mind. 10 °C, sehr hell, besser 15 °C
Veilchenstrauch *lochroma cyaneum*	mind. 10 °C, hell
Jasmin *Jasminum polyantum*	5 – 10 °C, hell und kühl
Wandelröschen *Lantana-Camara*-Hybriden	5 – 10 °C, trocken, hell und kühl
Südseemyrte *Leptospermum scoprium*	5 – 10 °C, hell, kühl und luftig
Oleander *Nerium oleander*	5 – 10 °C, hell und kühl
Geranie *Pelargonium zonale*, *P. peltatum*, *P. grandiflorum*	2 – 5 °C, hell und kühl
Bleiwurz *Plumbago auriculata*	2 – 5 °C, hell und kühl
Sesbanie *Sesbania punicea*	5 – 10 °C, dunkel, trocken und kühl
Weißer Schwan *Solanum jasminoides*	2 – 5 °C, hell und kühl
Enzianstrauch *Solanum rantonnetii*	5 – 10 °C, hell und kühl
Prinzessinnenstrauch *Tibouchina urvilleana*	5 – 15 °C hell und kühl
Sternjasmin *Trachelospermum jasminoides*	5 – 10 °C hell und kühl
Schneeball, Steinlorbeer *Viburnum tinus*	5 °C, sehr hell

Blattschmuckpflanzen

Name	Überwinterung
Agave *Agave americana*	2 – 5 °C, trocken, luftig und kühl, nicht über 15 °C
Zimmertanne *Araucaria heterophylla*	5 -10 °C, hell und kühl
Erdbeerbaum *Arbutus unedo*	5 – 15 °C, hell und kühl
Aukube, Goldblatt *Aucuba japonica*	2 – 5 °C, trocken, luftig und kühl
Canna *Canna indica*	15 – 18 °C, im Wintergarten heller, halbschattiger Standort, Rhizome trocken und kühl, dunkel
Wollmispel *Eribotrya japonica*	5 – 10 °C, hell und kühl
Feigenbaum, Echte Feige *Ficus carica*	2 – 5 °C, dunkel und kühl
Lorbeer *Laurus nobilis*	hell und frostfrei
Liguster *Ligustrum lucidum*	5 -10 °C, hell und kühl
Himmelbambus *Nandina domestica*	0 – 10 °C, hell
Olivenbaum, Ölbaum *Olea europaea*	5 -10 °C, hell und kühl
Chinesischer Klebsame *Pittosporum tobira*	5 -10 °C, hell und kühl

Palmen	Überwinterung
Zwergpalme *Chamaerops humilis*	0 – 10 °C, hell und kühl
Kentiapalme *Howeia forsteriana*	15 – 20 °C, mäßig feucht
Kanarische Dattelpalme *Phoenix canariensis*	2 – 10 °C, trocken halten
Zwergdattelpalme *Phoenix roebelenii*	15 – 20 °C, warmer Wintergarten
Chinesische Hanfpalme *Trachycarpus fortunei*	2 – 12 °C, temperierter Wintergarten
Washingtonie *Washingtonia filifera*	5 – 10 °C, hell und kühl
Riesen-Palmlilie *Yucca elephantipes*	5 – 10 °C, hell und kühl, in Wintergärten auch höhere Temp. 15 -20 °C

Der Obstgarten

„Mein eigentlich Wohlleben aber ist in Früchten", schrieb Johann Wolfgang von Goethe von seiner italienischen Reise. Früher war es selbstverständlich, sich damit aus dem Garten zu versorgen. Unter dem Aspekt, gesunde, frische, naturnah erzeugte Früchte nicht nur essen zu können, sondern auch selbst mitzuerleben, wie sie sich entwickeln, haben Obstgehölze als Gartenpflanzen erneut einen hohen Stellenwert erlangt.

Arten- und Sortenwahl

Die Vorstellungen, die sich mit dem Stichwort „Obst im Garten" verbinden, haben sich gewandelt. Kaum jemand denkt dabei noch an umfangreiche Bevorratung, an stundenlanges Ernten und Einmachen. Gefragt ist Naschobst, also Arten und Sorten in möglichst großer Vielfalt, aber als Einzelexemplare. Sie sollen einen hohen Zierwert haben, pflegeleicht sein und über einen langen Zeitraum Früchte liefern, die sich beim Gang durch den Garten naschen oder für einen Kuchen verwerten lassen.

Ein pflegeleichter Obstgarten, der die ganze Saison über nicht nur gesunde Früchte bringt, sondern auch einen hohen Zierwert hat, lässt sich nur auf eine Weise verwirklichen: mit robusten Sorten am jeweils für sie richtigen Standort. Je nach Obstart kommen dann noch entsprechende Pflegeschritte dazu. Einige Obstarten benötigen nach den ersten zwei bis drei Jahren keinerlei Pflege mehr, andere gedeihen nicht ohne fundiertes Fachwissen und entsprechend umfassende Maßnahmen.

Findet eine Obstart oder Sorte die jeweils für sie optimalen Bedingungen bezüglich Boden, Feuchte, Temperatur und Licht, ist es verhältnismäßig einfach, die Pflanze über lange Jahre gesund zu erhalten. Der Baum oder Strauch dankt es mit reichem Ertrag, wenn er Verhältnisse vorfindet, die ihm zusagen.

Ungünstigen Bodenbedingungen kann bei Kern- und Steinobst teilweise mit entsprechenden Unterlagen begegnet werden. Es gibt Unterlagen, die bevorzugt auf trockenem oder sandigem Boden wachsen, andere kommen dagegen mit feucht-kaltem Untergrund zurecht. Die Wahl der Unterlage hat aber auch Einfluss darauf, wie groß der Baum letztendlich wird.

Die Unterlage bestimmt den Wuchs

Obstart	schwach wachsend	mittelstark wachsend	stark wachsend
Apfel	M27, M9, M26	M4, MM106	Bittenfelder, Grahams, A2
Birne	Quitte C	Pyrodwarf, Quitte A, OHF	Kirchensaller Mostbirne
Quitte	–	Quitte A	–
Süßkirsche	W158, GiSelA5	Colt, Maxma 14	Limburger Vogelkirsche, Hüttners Hochzucht, F12/1
Pflaume	Pixy, Weito	St. Julien A, GF 655/2	Myrobalane GF 8/1
Pfirsich	Pumi-Selekt	St. Julien A, GF 655/2	Pfirsichsämling, Rubira
Aprikose	Pumi-Selekt	St. Julien A, GF 655/2	Aprikosensämling
Walnuss	–	Schwarznuss	Walnusssämling
Johannisbeere (Stämmchen)	–	Goldjohannisbeere	Josta
Stachelbeere (Stämmchen)	–	Wildstachelbeere	Josta
Tafeltraube	–	So 4	Kober 5BB

Sind für eine Sparte mehrere Unterlagen genannt, steht die schwächste zuerst.

Obstblüten (hier Süßkirsche) sind auf Bestäubung durch Insekten angewiesen.

Apfelbäume benötigen im Umkreis von 300 m eine andere Sorte, um zu fruchten.

Befruchtung

Selbstfruchtbare Obstarten und Sorten können vom eigenen Blütenpollen befruchtet werden. Eine Pflanze, die auf Fremdbestäubung – auf Pollen einer anderen Sorte – angewiesen ist, wird als selbstunfruchtbar oder selbststeril bezeichnet. Prinzipiell ist es aber auch bei selbstfruchtbaren (selbstfertilen) Sorten vorteilhaft, wenn Pollen anderer Sorten zur Verfügung stehen, da fremdbestäubte Pflanzen im Durchschnitt mehr und besser ausgebildete Früchte tragen. Bietet der Garten also Platz für einen zweiten oder gar dritten Obstbaum beziehungsweise Strauch derselben Obstart, sollten verschiedene Sorten gepflanzt werden.

KOSMOS TIPP

Bei fast allen Obstarten für den Garten handelt es sich um langlebige Kulturen. Sorte und Qualität der Pflanze bestimmen Pflegeaufwand, Ertrag, Gesundheit und Langlebigkeit des Gehölzes. Es lohnt sich also, in zertifizierten Obstbaumschulen einzukaufen.

Erntezeiten

Die ersten Früchte liefern unter Folie gezogene Erdbeeren, die schon Mitte bis Ende Mai reifen. Mit entsprechenden Sorten und Kulturmaßnahmen lassen sich bis Oktober fortwährend Erdbeeren ernten. Frühe Himbeer- und Johannisbeersorten tragen je nach Region ab Anfang Juni. Späte Johannisbeeren reifen bis Ende August, Herbsthimbeeren laden noch weit im November zum Naschen ein, sofern kein Frühfrost dem Genuss vorzeitig ein Ende setzt. Bei Äpfeln, Birnen und Pflaumen reichen die Reifezeiten von Anfang/Mitte Juli bis Ende Oktober. Auch bei Tafeltrauben erstreckt sich die Erntespanne von Ende Juli bis weit in den Oktober hinein. Minikiwis können bis November hängen bleiben.

Pflanzzeitpunkt

Der beste Zeitpunkt für Neupflanzungen liegt im Herbst, nachdem die Bäume und Sträucher das Laub abgeworfen haben, der Boden aber noch nicht gefroren ist. Nur bei stark holzfrostgefährdeten Gehölzen wie Walnuss, Marone, Tafeltraube und Kiwi ist die Frühjahrspflanzung vorzuziehen, ansonsten muss das junge Obstgewächs im ersten Winter einen Frostschutz erhalten. Im Prinzip können auch alle anderen Arten im zeitigen Frühjahr gesetzt werden.
Vorteilhaft ist dann ein möglichst früher Zeitpunkt, also sobald die Erde nicht mehr gefroren ist, in jedem Fall aber, bevor die Knospen schwellen. Wird im Herbst gepflanzt, können die Wurzeln sich bereits im Boden verankern, die Pflanzen haben dadurch im Frühjahr einen deutlichen Wachstumsvorsprung gegenüber jenen, die erst im Frühjahr gepflanzt werden.

Baumobst

Die Sortenfülle bei Kern- und Steinobst ermöglicht es, für viele Standorte, Reifezeiten und Verwendungszwecke einen geeigneten Baum zu finden. Außer bei den Baumobstarten Walnuss und Marone braucht es fundierte Pflege, um die Bäume lange Zeit vital zu erhalten. Vereinfacht gilt die Regel: Je stärker die Unterlage gewählt wird, desto geringer ist die Empfindlichkeit gegenüber Trockenheit, Nässe, Kälte, schlechtem Boden und einigen Krankheiten und Schädlingen, desto umfangreicher und höher wird jedoch der Baum, desto mehr Jahre vergehen zwischen Pflanzung und Ertragsbeginn und desto älter kann der Baum werden. Beim Kernobst – mit Ausnahme einiger Quittensorten – muss eine Befruchtersorte im Umkreis von 300 m stehen.

■ Apfel

Von den weltweit 100 000 Apfelsorten sind für den Garten nur die für Krankheiten weitgehend unempfindlichen empfehlenswert. Gängige Marktsorten wie 'Braeburn', 'Cox Orange', 'Gala', 'Jonagold', 'Elstar', 'Golden Delicious' oder 'Rubinette' leiden zu sehr unter Schorf- und Mehltaubefall. Abgesehen vom Schaden an den Früchten und der Schwächung der Bäume ist auch der Zierwert stark herabgesetzt. Es gibt aber spezielle Züchtungen, die gegenüber verschiedenen Schaderregern widerstandsfähig sind. Zu den bekanntesten zählen der Winterapfel 'Topaz', die Re-Sorten aus Dresden-Pillnitz (sie decken alle Reifezeiten ab), beispielsweise 'Rewena', 'Relinda', 'Rebella' und ältere Resistenzzüchtungen wie 'Florina' und 'Gerlinde'. Auch unter den alten Sorten finden sich hoch anfällige, aber auch sehr robuste Sorten, wie der vitale Frühapfel 'Jakob Fischer', die im Oktober reifende 'Rote Sternrenette', die zugleich in beliebter Weihnachtsapfel ist oder der sehr viel Zucker und noch mehr Säure enthaltende 'Rote Boskoop'.

■ Birne

Birnen haben etwas höhere Wärme- und Bodenansprüche als Äpfel, spätreife Sorten benötigen sogar Weinbauklima. Zudem blühen Birnen frühzeitig – im Schnitt zehn Tage vor den Apfelsorten – und sind deshalb stärker blütenfrostgefährdet. Auch bei Birnen kommen für den Garten nur robuste Sorten in Frage. Hauptprobleme bereiten Birnenschorf, Birnenverfall, Birnengitterrost, Feuerbrand und Birnblattsauger. Relativ robust sind die Frühsorten 'Frühe aus Trevaux' und 'Bunte Julibirne', in rauen Lagen gedeihen 'Frühe aus Trevaux' und 'Gute Graue', einigermaßen robust sind die Lagerbirnen 'Conference' und 'Vereinsdechantsbirne', gegen Feuerbrand resistent ist 'Harrow Sweet'.

■ Quitte

Quitten haben ähnliche Wärmeansprüche wie Birnen. Da sie sehr spät blühen – die Blätter erscheinen zuerst – besteht kaum Blütenfrostgefahr. Sie benötigen weniger Pflege als Apfel und Birne, leiden aber infolge der milderen Winter zunehmend unter Mehltau, Schorf und Blütenbrand. Für Feuerbrand sind sie wie Apfel und Birne hoch anfällig – mit Ausnahme

'Harrow Sweet' ist eine der wenigen gegen Feuerbrand resistenten Birnensorten

Die selbstfruchtbare Süßkirsche 'Stella' benötigt keine Befruchtersorte in der Nähe.

einiger resistenter Sorten. Von den etwa 200 Sorten, die weltweit angebaut werden, sind viele selbstfruchtbar. Für den Garten eignen sich 'Konstantinopeler', 'Bereczki', 'Champion' und 'Ronda'. Die Neuzüchtung 'Cydora' gilt als erste Quittensorte mit Feuerbrand-Resistenz.

Süßkirsche

Das Klima setzt der Süßkirsche keine engen Grenzen. Im Prinzip eignet sich jede Bodenart, die nicht vernässt. Auf „nasse Füße" reagiert die Süßkirsche mit Gummifluss und Vergilben, vielfach sterben die Bäume ab. Mit Sandboden kommen Sauerkirschen besser als Süßkirschen zurecht.
Süßkirschen klein zu halten ist schwierig. Es gibt zwar schwach wachsende Unterlagen; dann brauchen die Bäume aber beste Bodenverhältnisse und gute Pflege.
Es gibt nur eine unfehlbare Methode, garantiert madenfreie Kirschen zu ernten: die Wahl der Sorte. Das breite Spektrum an neuen und alten Sorten wird nach der Reifezeit in Kirschenwochen aufgeteilt, der Zeitraum erstreckt sich über zwölf Wochen. Je nach Klima reift eine Sorte der 1. Kirschenwoche zwischen Mitte Juni und Anfang Juli. Die Kirschfruchtfliege beginnt ihre Eiablage erst in der 3. bis 4. Kirschenwoche, so dass Sorten der 1. bis 3. Kirschenwoche nicht gefährdet sind. Die bekanntesten Frühsorten sind 'Burlat', 'Frühe Rote Meckenheimer', 'Kassins Frühe', 'Magda', 'Maibiggareau', 'Merton Glory', 'Speyrer Maikirsche' und 'Werdersche Braune'.
Auch bei Süßkirschen ist zu bedenken, dass es nur wenige Sorten gibt, die ohne geeigneten Befruchter im Umkreis von 200 m Ernten bringen. Die bekanntesten selbstfruchtbaren Sorten 'Stella', 'Lapins' und 'Sunburst' reifen leider nicht vor der 6. Kirschenwoche.

Sauerkirsche

Die Sauerkirsche ist recht anspruchslos und von Natur aus kleinwüchsig. Da sie zudem starken Rückschnitt verträgt, bietet sie sich bei begrenzten Platzverhältnissen eher an als die Süßkirsche. An das Klima stellt die Sauerkirsche ebenfalls keine hohen Ansprüche. Das Holz ist extrem winterfrosthart und auch die Blüten sind weniger empfindlich als bei der Süßkirsche. Windige Lagen sind eher zu- als abträglich. Auch leichter Halbschatten schadet nicht.
Bei Sauerkirschen besteht das Madenproblem so gut wie nie; hier ist der Monilia-Pilz das Hauptübel. Die als Monilia-Spitzendürre bezeichnete Krankheit zeigt sich nach der Blüte durch dürre Triebspitzen. Bei hohem Infektionsdruck werden ganze Astpartien braun. Unter den selbstfruchtbaren Sorten gibt es aber eine ausreichend große Auswahl an weitgehend widerstandsfähigen Züchtungen, darunter 'Ludwigs Frühe', 'Morellenfeuer', 'Karneol' und 'Safir'. Die weithin bekannte Sorte 'Schattenmorelle' gehört keinesfalls in den Garten. Sie ist hoch anfällig für Monilia.

Pflaume

Der Oberbegriff „Pflaume" umfasst Echte Pflaume, Zwetsche, Mirabelle und Reneklode. Viele Pflaumensorten haben eine große Anpassungsfähigkeit an die Standortverhältnisse. Es sind derzeit über 2000 Sorten, die 15 Arten angehören. Bei der Auswahl für den Garten sind folgende Kriterien zu beachten:
Fruchtbarkeit: Selbstfruchtbar sind 'Bühler', 'Cacaks Schöne', 'Elena', 'Hanita', 'Hauszwetschge', 'Mirabelle von Nancy', 'Stanley'.
Scharka-Viruskrankheit: In milden Regionen, in denen die nicht bekämpfbare Scharka-Virose verbreitet ist, kommen anfällige Sorten wie 'Auerbacher', 'Hauszwetschge', 'Lützelsachser', 'Fellenberg', 'Große Grüne Reneklode', 'Ortenauer' oder 'Zimmers' nicht in Frage.
Reifezeit: Die ersten Sorten reifen Anfang Juli, die letzten Mitte Oktober. Ausgesprochene Frühsorten sind 'Ruth Gerstetter' und 'Katinka', im mittleren Bereich reifen 'Hanita' und 'Nancy Mirabelle', Schlusslicht bilden 'Hauszwetschge', 'Elena' und 'Presenta'.
Verwendung: Zum Naschen eignen sich am Besten die sehr aromatischen Sorten 'Hanita', 'Felsina', 'Nancy Mirabelle' und 'Hauszwetschge'. Ausgezeichnete Backeigenschaften haben 'Katinka', 'Bühler', 'Auerbacher' und 'Elena'.

Die Zwetschenzüchtung 'Hanita' hat neue Maßstäbe gesetzt in Bezug auf Aromafülle und Fruchtigkeit.

KOSMOS TIPP

Obstbäume bevorzugen eine feinkrümelige, lockere Bodenstruktur. Das Abdecken der Baumscheibe mit Grasschnitt, Rindenmulch oder sehr reifem Kompost hält den Boden nicht nur luftdurchlässig, es verhindert auch Verschlämmen. Zudem kommt keine Unkrautkonkurrenz auf.

Beerenobst

Bei den meisten Beerenobstarten sind immer noch viele Sorten im Handel, die ohne gezielte Spritzungen keinen Ertrag bringen, den Zierwert verlieren und sogar absterben können. Dies lässt sich ganz einfach vermeiden: konsequent nur robuste Sorten pflanzen.

Die robuste Sommererdbeere 'Polka' hat sich auf vielen Gartenstandorten bewährt.

■ Erdbeere

Bezüglich Klima und Bodenansprüchen ist die Erdbeere sehr flexibel. Ideal wären humose, schwach sandige Lehmböden, aber auch mit sandigen und selbst anmoorigen Böden kommt die Pflanze zurecht. Erdbeeren leiden unter tiefen Wintertemperaturen: Die Blütenanlagen erfrieren, die Ernte bleibt gering. Spätfröste können bereits blühende Bestände schädigen. Erdbeeren reagieren je nach Sorte auf Licht und Temperatur. Einmaltragende Sorten sind Kurztagspflanzen, die im Frühjahr blühen und dann fruchten, mehrmalstragende, remontierende Sorten blühen während der ganzen Vegetationsperiode.
Weltweit wurden mehr als 1000 Sorten gezüchtet. Allgemeine Empfehlungen für die beste Gartensorte sind schwierig, da Erdbeersorten ganz unterschiedlich auf die jeweiligen Klima- und Bodenverhältnisse reagieren. Dass die Pflanzen (außer bei Erdbeerwiese und Walderdbeeren) spätestens alle drei Jahre ausgetauscht werden müssen, erleichtert das Ausprobieren, was in den eigenen Garten passt.
Wer für alte Sorten schwärmt, kann 'Mieze Schindler', 'Direktor Paul Wallbaum' und 'Mauerauchs Späternte' probieren, möglichst in Kombination mit anderen Sorten – sie sind nicht selbstfruchtbar. Man darf bei solchen Nostalgie-Sorten allerdings nicht mit hohen Erträgen rechnen. Im Anbau dominiert die ertragreiche, feste, helle, wenig schmackhafte 'Elsanta'. Da sie äußerst frostempfindlich und krankheitsanfällig ist, sollte im Garten jedoch auf diese Sorte verzichtet werden. Das gilt auch für die extrem stark fäulnisanfällige 'Senga Sengana'. Weitaus robuster sind 'Polka', 'Lambada' und 'Thuriga'. Die remontierenden (tagneutralen) Sorten liefern bis Frostbeginn wöchentlich zwei Pflücken. Bei diesen „Dauerträgern" verdrängt die hocharomatische 'Mara des Bois' zunehmend die bisherigen Züchtungen 'Ostara', 'Rapella' und 'Selva'.

■ Johannisbeere

Johannisbeeren sind anspruchslose Gartenpflanzen, die sich selbst mit einem Platz im Halbschatten begnügen. Da sie sehr früh blühen, sollte der Standort frostgeschützt sein. Unter den Weißen Johannisbeeren sind 'Primus' und 'Blanka' unglaublich ertragreich. Die robusten, frostharten Züchtungen haben bessere Eigenschaften als das bisherige Sortiment 'Weiße Versailler', 'Zitavia' und 'Werdavia'.
An Roten Johannisbeeren empfehlen sich für den Garten (Reihenfolge nach Reifezeit): 'Jonkheer van Tets', 'Red Lake', 'Rolan', 'Rotet' und 'Rovada'. Interessante Neuheiten sind die frühreife 'Detvan', die mittelfrühe 'Maraton' und die spät reifende 'Tatran'.
Bei Schwarzen Johannisbeeren ist auf die Mehltauanfälligkeit zu achten. Als robuste Standardsorten (nach Reifezeit geordnet) sind 'Fertöder', 'Ben Lomond', 'Titania' und 'Ometa' seit langem bewährt. Als interessante Neuheiten gelten 'Bona' und 'Veloy' aufgrund ihrer riesigen, milden Beeren, die sogar Kindern schmecken.

■ Stachelbeere

Die anspruchslose Stachelbeere gedeiht selbst im Halbschatten gut, in voller Sonne kommt es leicht zu Sonnenbrand an den Früchten. Die meisten Sorten sind hochanfällig für Stachelbeermehltau. Da die Früchte von befallenen Sträuchern ungenießbar sind, die Pflanzen stark geschwächt werden und einen geradezu erbärmlichen Anblick bieten, kommen im Garten nur mehltauresistente Sorten in Frage. Die bekannten Sorten 'Achilles', 'Maiherzog', 'Rote Triumph', 'Weiße Triumph', 'Weiße Neckartal' und 'Xenia' sind hoch anfällig für Stachelbeermehltau. Unter den robusten

Züchtungen ist die ausreichend robuste, hoch ertragreiche, gelbgrüne 'Invicta' am meisten verbreitet. Weitere mehltaufeste Sorten sind die kleinbeerige 'Hinnonmäki' und die rotfrüchtigen 'Redeva', 'Rokula' und 'Rolonda'.

Himbeere

In vielen Gärten bauen die Himbeerbestände rasch ab: schwacher Neuaustrieb, geringe Erträge, kleine und teilweise verkrüppelte Früchte sind die Folge. Zudem bietet das kränkliche Erscheinungsbild keinen erbaulichen Anblick. Ursache sind Virosen, die durch Blattläuse, Zikaden oder Pollen aus verseuchten Beständen in der Umgebung übertragen werden. Inzwischen gibt es aber widerstandsfähige Sorten, die gut 20 Jahre vital bleiben. Bei der Sommerhimbeere sind dies die Sorten 'Rutrago', 'Rusilva', 'Rumiloba' und die vitale, hoch ertragreiche 'Meeker'. Anfällige Sorten wie 'Schönemann' oder 'Glen Moy' kommen im Garten nicht in Frage.
Von Natur aus schätzt die Himbeere luftfeuchte, nicht übermäßig heiße Lagen, kommt im Garten also auch mit Halbschatten zurecht. Da sie aus lichten Wäldern stammt, bevorzugt sie gut durchlüftete, frische, humose Böden mit leicht saurem pH-Wert. Schwere, kalte, nasse Böden eignen sich nicht. Eine Mulchschicht ist bei Himbeeren grundsätzlich ratsam.
Es gibt auch remontierende Sorten oder Herbsthimbeeren, die an einer Rute zweimal tragen: Sie fruchten im Hochsommer an den einjährigen Ruten und bringen im nächsten Frühsommer an denselben Ruten eine zweite Ernte. Im Garten haben sich die kompaktwüchsige 'Autumn Bliss' und die fruchtige 'Himbo Top' bewährt.

Brombeere

Damit das Holz im Spätjahr gut ausreift, benötigt die Brombeere einen warmen, geschützten Standort. An den Boden stellt sie nur geringe Ansprüche. Die stachellosen Sorten benötigen aber guten, nährstoffreichen Boden. Die Kulturformen der Brombeere lassen sich in aufrecht wachsende und rankende Sorten unterscheiden; die rankenden werden nochmals in bewehrte und stachellose („dornenlose") Sorten gegliedert. Die alte, genügsame, stark stachelige Sorte 'Theodor Reimers' ist geschmacklich immer noch unübertroffen. Bei den stachellosen Züchtungen erhielten 'Chester Thornless', 'Loch Ness' und 'Fantasia' die besten Beurteilungen.
Der Wuchscharakter von aufrecht wachsenden oder nichtrankenden Brombeeren gleicht dem der Himbeere. Die großfrüchtige, stachellose, recht aromatische 'Navaho' gilt derzeit als beste aufrechtwüchsige Gartensorte.

Tafeltraube

Viele Tafeltrauben gedeihen auch außerhalb des Weinbauklimas, an den Boden stellen sie geringe Ansprüche. Mit den neuen Resistenzzüchtungen lassen sich Rebstöcke ohne Pflanzenschutz an Hauswänden oder im Garten ziehen. Resistente Sorten erkranken nicht oder kaum an Echtem und Falschem Mehltau. Die am besten bewährte Sorte ist 'Muscat bleu'. Interessant sind auch die samenlose grüne 'Romulus' und großbeerige Neuheiten wie 'Suzy' (grün) und 'Katharina' (rot).

Weiße Johannisbeeren schmecken milder als rote Sorten, Vögel erkennen sie zudem nicht als reif.

Die Herbsthimbeersorte 'Himbo Top' fruchtet im Spätherbst länger als 'Autumn Bliss'.

Gemüse für jeden Garten

Gemüse ist ein ganz besonderes Gartenvergnügen. Gemüse aus dem eigenen Garten dient nicht nur der Fitness durch gesunde Ernährung. Genüssliches Gemüse ist ein Kochvergnügen, ist ein Gaumenschmaus, ist eine Augenweide! Und das nicht nur bei Tisch: Im Garten machen die vielen dekorativen Gemüsesorten eine gute Figur – im Beet, im Kübel und sogar in der Kombination mit Saisonpflanzen und Stauden!

Blattgemüse: Von Amaranth bis Pak Choi

Blattgemüse stellen die größte Gruppe unter den als Gemüse verwendeten Nutzpflanzen dar. Wie sehr Blattpflanzen und der Begriff Gemüse zusammenhängen belegt, dass es wohl zunächst Blätter von Pflanzen, zu Brei zerkocht – also gemust – waren, die für die Ernährung genutzt wurden. Und zwar so sehr als Allgemeingut verbreitet, dass die Bezeichnung für alle gemusten Pflanzen, also Gemüse, sich bis heute als Sammelbegriff für Blatt-Gemüsepflanzen und darüber hinaus für Fruchtgemüse (siehe Seite 166/167) und Wurzelgemüse (siehe Seite 168/169) erhalten hat.
Unter den Blattgemüsen finden sich viele bekannte Namen, so etwa der Spinat. Und natürlich alle Kopfkohle, vom Weiß- und Spitzkohl über das Rotkraut bis zum Wirsing und sogar dem Rosenkohl, der zwar keine Köpfe wie seine dicken Verwandten, wohl aber kräftige Blattknospen in Kopfform ausbildet. Grünkohl, Chinakohl und Pak Choi sind weitere Blattgemüse aus der Kohl-Familie. Aus der Zwiebelfamilie gehört der Porree hierher.

Nicht zuletzt die Salate sind Blattgemüse, so etwa diejenigen aus der Gruppe der Lactuca-Salate (z. B. Kopfsalat, Eissalat, Bataviasalat, Schnittsalat), aber auch die als Salat genutzten Verwandten des Blattsalats, das sind Chicorée, Radicchio, Endivie aus der Gruppe der Cichorium-Salate. Nicht zu vergessen den Feldsalat.
Wie sehr die Übergänge von einer Gemüsegruppe zur anderen fließend sein können, dafür steht exemplarisch der Bleichsellerie, auch Stangensellerie genannt. Er ist ein Blattgemüse, während der Knollensellerie ein Knollengemüse, der Schnittsellerie hingegen ein Küchenkraut ist.
Aber auch seltener anzutreffende Blatt-Gemüsegenüsse sind darunter – so etwa Schätze aus Großmutters Gemüsegarten: Amaranth, Erdbeerspinat, Gartenmelde, Mangold, Neuseeländer Spinat und Stielmus. Auch die Wildgemüsearten Brennnessel, Löwenzahn und Sauerampfer gehören hierher. Appetit bekommen? Dann probieren Sie diese Gemüse doch selbst einmal aus! Hierzu einige ausgewählte Orientierungshilfen. Anbauhinweise zu wichtigen Gemüsepflanzen finden Sie auf den Seiten 230 bis 237.

■ Amaranth
Ist genügsam im Anbau, angehäufelte Pflanzen stehen stabiler; vielseitig in der Küche: junge Blätter wie Spinat verwenden, die jungen Triebe wie Spargel, die Samen wie Hirse.

■ Bleichsellerie
Heißt auch Stangensellerie; die grünstieligen Sorten sind zarter als die gelbstieligen. Für saftig-zarte Stiele im Anbau auf gleichmäßig feuchten Boden achten.

■ Brennnessel
Überlassen Sie einen Platz im Garten diesem Wildgemüse! Im Frühjahr die jungen, unverholzten Triebspitzen (ca. 5 bis 8 cm) ernten (Handschuhe tragen!) und wie Rahmspinat zubereiten. Für die sommerliche Nachernte die Pflanze vor dem Aussamen ganz zurückschneiden. Das führt zu neuem Austrieb.

Amaranth kommt ursprünglich aus Südamerika und gehört zu den Fuchsschwanzgewächsen.

■ Erdbeerspinat
Hübsch im Beet und Kübel, weil die roten fleischigen, essbaren Früchte den Garten auffällig zieren. Das tun sie auch auf allerlei Speisen! Blätter wie Spinat verwenden.

■ Feldsalat
Es lohnt vor allem der Anbau von mehltaufesten Sorten. Um das Einschwämmen von Sand in die „Herzen" zu vermeiden, den Feldsalat am besten auf kleinen Dämmen anbauen. Im Spätherbst mit Gartenvlies bedecken, damit Sie auch bei Schnee leicht ernten können!

■ Gartenmelde
Traditionelle „Spinat"pflanze, und damit in einem Atemzug mit Amaranth, Erdbeer- und Neuseeländer Spinat, Mangold und Spinat zu nennen. Saatgut können Sie leicht selbst ernten: Die Pflanzen Samen bilden lassen und dann die reifen Fruchtstände überkopf zum Trocknen aufhängen. Es gibt auch rote Gartenmelde.

■ Grünkohl
Die Blätter erst nach dem Frost ernten, dann schmecken sie milder. Es gibt auch blaurot-laubige Sorten, die im Garten als Ziergemüse in Blumenbeete gesetzt und dennoch geerntet werden können.

■ Löwenzahn
Eine Bereicherung in der Salatschüssel! Das Sammeln wilder Pflanzen lohnt jedoch nicht recht, weil die Gartenselektionen milder im Geschmack sind.

■ Mangold
Auch hier wieder eine Doppelverwendung: das Blattgrün wie (Würz- und Blatt-)Spinat, die Stiele hingegen wie Spargel zubereiten: mit Sauce Bearnaise oder Hollandaise. Es gibt grüne, gelbe und rote Gartenformen.

Die Vielfalt der unterschiedlichen Salat- und Kohlsorten lässt im Gemüsegarten (und in der Küche) keine Langeweile aufkommen.

■ Neuseeländer Spinat
Wächst erst langsam, liefert aber ab Juli große Mengen Erntegut. Dann am einfachsten statt der Blätter die Triebspitzen pflücken.

■ Pak Choi
Interessanter Kohl aus Asien, verwandt mit dem Chinakohl, wird auch so verwendet. Bildet aber keine Köpfe. Die Stiele können Sie wie Mangoldstiele zubereiten.

■ Salat
Da man ihn in größeren Mengen benötigt, lohnt der Anbau im eigenen Garten. Wochenweise immer nur ein paar Pflanzen von jedem Typ säen bzw. pflanzen, damit man immer welchen da hat – aber keine Unmengen bevorratet, die dann schießen und verderben. Nutzen Sie die ganze Vielfalt der Lactuca-Salate (Schnitt- und Pflücksalat, Kopfsalat, Eissalat, Bataviasalat) und der Cichorium-Salate (Radicchio, Endivie, Bindesalat).
Um allerdings Chicoree zu gewinnen, müssen Sie die Wurzeln der Pflanze im Dunkeln antreiben – das ist aufwändig und nur etwas für eingefleischte Gartenfreunde. Beachten Sie, dass es auch hier Salatsorten speziell für den Frühjahrs-, Sommer-, Herbst- und Winteranbau gibt!

■ Sauerampfer
Hier gilt das für den Löwenzahn gesagte. Hinzu kommt die Verwendung als Klassiker: Sauerampfer-Rahmsüppchen. Dieses Gemüse ist für Schwangere nicht geeignet!

■ Stielmus
Mildwürziger Kohlgeschmack; die rasch wüchsigen Blätter ergeben eines der ersten Frühlingsgemüse aus dem Garten. Sie werden in schmale Streifen geschnitten und mit einer hellen Soße zubereitet. Mit Weißem Pfeffer und Muskat abschmecken! Lässt man den Stielmus wachsen und Rüben ausbilden, erhält man die altbekannten Speiserüben (siehe Seite 169).

Bohnen gibt es in vielen unterschiedlichen Sorten – auch ungewöhnliche wie gelbe oder violette.

An Tomaten (ausgenommen die kleinen Balkontomaten) die Seitentriebe in den Blattachseln ausbrechen!

Fruchtgemüse: Würzige „Blumen" und „Beeren"

Fruchtgemüse – das sind ganz einfach diejenigen Gemüse, deren Früchte verzehrt werden. Früchte, deren gewissermaßen „Vorstufe" Blüten und Knospen sind. Deswegen ist in der folgenden Auflistung die Artischocke genannt, deren Blütenstände es sind, die als Gemüse genutzt werden. Typische Fruchtgemüse hingegen sind Erbsen und Bohnen, Tomate und Paprika, Aubergine, Kapstachelbeere (*Physalis*) Gurke, Kürbis, Zucchini und der Zuckermais.

■ Artischocke

Bei Artischocken müssen Sie sich auf eine zweijährige Kultur einrichten: Im ersten Jahr wächst die Pflanze heran, im zweiten Jahr blüht sie. Geerntet wird die Knospe vor dem Erscheinen der blauen Blütenblätter. Achillesferse ist der Winter: Entweder man gräbt die Pflanzen dann aus (ähnlich den Dahlienknollen, aber mit Erdballen) und überwintert sie nahezu frostfrei (in raueren Lagen), oder man bedeckt die Pflanzen als Frostschutzmaßnahme sehr dick mit Stroh (in milderen Lagen).

■ Aubergine

Sie ist in warmen Lagen ertragssicher, weswegen sie sich besonders gut für die Topfkultur auf Balkon und Terrasse eignet. Neben Sorten mit den typisch auberginefarbenen, dickbauchigen Früchten gibt es auch solche mit weißen, eierförmigen Früchten. Was erklärt, warum die Pflanze auch Eierfrucht genannt wird.

■ Bohnen

Buschbohnen benötigen Reihen im Gemüsebeet, Stangenbohnen ein Klettergerüst aus Bohnenstangen. Bohnen werden nicht gesät, sondern gelegt! Und zwar immer horstweise zu fünft, nur knapp unter die Erdoberfläche: „Bohnen wollen die Glocken läuten hören", sagt das Gärtnersprichwort. Bohnen sind ein sehr ergiebiges Fruchtgemüse, das Sie entweder mit der unreifen oder der reifen Hülse ernten. Wenn Sie die reifen, trocken gewordenen Bohnen ernten, dann müssen Sie diese Hülsen entkernen.

■ Erbsen

Man unterscheidt drei Erbsengruppen – die Palerbsen (auch Schalerbsen genannt), die Markerbsen und Zuckererbsen. Palerbsen sind die typischen Erbsen der Erbsensuppe. Palerbsen müssen Sie grün oder trocken ernten. Markerbsen sind wesentlich feiner – Sie kennen sie als typische, feine Konservenerbse. Zuckererbsen letztlich werden früh geerntet, sobald sich die Erbsen in den Hülsen ausbilden, und werden dann mit Schale verzehrt. Achten Sie auf die jeweilige Erbsensorte: Es gibt inzwischen solche, die niedrig bleiben und deswegen keine Rankhilfe benötigen!

■ Gurke

Während Schlangengurken besser im Kleingewächshaus aufgehoben sind, gehören die Einlegegurken auf das Gemüsebeet. Wie auch die fast in Vergessenheit geratenen Schälgurken – jene großfruchtigen Sorten mit gelben oder auch weißen Früchten, die geschält und in Streifen geschnitten entweder mit Dill und Sahne als Pfannengemüse verwendet, oder in Senfsauce eingelegt werden.

■ Kapstachelbeere *(Physalis)*

Im Anbau ist sie mit der Tomate vergleichbar, mit der sie verwandt ist. Frühzeitig, hell und warm vorziehen, damit die Pflanze Mitte Mai bereits recht groß ins Freie kann. So bildet sie viele Früchte aus – die dann auch ausreifen. Nur wenige wissen, dass Kapstachelbeeren nicht allein Nasch- und Deko-, sondern auch würzige Kompottfrüchte sind!

■ Kürbis

Sortenvielfalt, fast ohne Ende. Hier entscheiden also Auge und Wohlgefallen bei der Sortenwahl mit. Zum Kochen ist 'Hokkaido' einer der besten, zum Einlegen (Kompott) ist 'Gelber

Zentner' mehr als ergiebig. 'Butternut' können Sie Monate lang lagern. Wie man Speisekürbisse und Zierkürbisse auseinanderhält? Zierkürbisse haben auch in der Reife ein hartes Fruchtfleisch. Vor allem aber schmeckt es bitter (Bissprobe am rohen Kürbis).

Paprika

Braucht Wärme und Sonne, ist dann aber ebenso einfach zu ziehen wie Tomaten. Die Pflanze gabelt sich als Jungpflanze in zwei Haupttriebe, zwischen denen erscheint sehr früh die so genannte Königsknospe, die als Erste blüht und fruchtet. Diese müssen Sie entfernen, weil sie trügt: Sie bringt keinen Ertrag, bremst aber kräftiges Nachblühen aus! Also weg damit! Die scharfe Variante der Paprika ist die Peperoni. Es gibt darüber hinaus sogenannte Zierpaprikasorten, z. B. den rotlaubigen 'Black Pearl' (runde Früchte) und die vielfruchtige 'Red Missile' (beide sehr scharf), daneben aber auch „kindersichere", nicht scharfe Sorten wie 'Chilly Chili' oder 'Medusa'. Zierpaprika ist küchentauglich, sollte dann aber aus unbehandeltem Anbau stammen, also vom Gärtner ungespritzt sein (kein chemischer Pflanzenschutz, kein chemisches Stauchen).

Tomate

Ist ein Sommergarten ohne Tomaten ein Sommergarten? Tomaten verleiten zum Sammeln – so vielseitig sind sie in Farbe und Fruchtform. Alte Sorten neigen allerdings zum Befall mit Krautfäule (Bakterienkrankheit, die sich auf nassen Blättern ausbreitet). Diese Sorten am besten blatttrocken im Kleingewächshaus oder unter schützenden Folienhauben ziehen. Unkomplizierter sind neuere, resistente Tomatensorten. Wichtig: Wurzeln der Tomaten in der Fruchtreife gleichmäßig feucht halten, sonst drohen die Früchte zu platzen!

Ein Kleingewächshaus im Garten ist nützlich: es dient der Pflanzenanzucht und für Sommerkulturen (z. B. Gurken, Tomaten, Physalis etc.).

Fruchtgemüse von Balkon und Terrasse

Gemüseart	dazu beachten
Artischocke	Topfkultur ist einfacher als Beetkultur, weil die Pflanze dann besser überwintert werden kann. Größeren Topf nehmen (10 L, 15 L) und tonhaltige Pflanzerde.
Aubergine	benötigt größeren Topf (10 L) und mineralische, sich leicht erwärmende Pflanzerde. Also mineralische Kübelpflanzenerde verwenden oder Blumenerde mit 30 Prozent Blähton mischen.
Bohnen	größere, rechteckige Pflanzkübel verwenden. Für den Balkon besonders geeignet sind Feuerbohnen, die hübsch rot blühen. Rankhilfe erforderlich! Zur Unterpflanzung eignet sich Bohnenkraut.
Erbse	niedrig bleibende Sorten wählen und am besten Mark- oder Zuckererbsen.
Kapstachelbeere	lassen sich an einem Tomaten-Rankstab leicht in die Höhe leiten.
Kürbis	nicht in überhängende Gefäße (z.B. Gefäße auf Brüstungen, an Balkonen) pflanzen, um zu vermeiden, dass die Früchte mit zunehmender Größe Ranken oder Gefäße losreißen und in die Tiefe stürzen. Große Pflanzgefäße (20 L), am besten mit Wasserreservoir, nutzen.
Paprika	wie Tomaten oder Kapstachelbeeren ziehen. Erste Blütenknospe (sitzt zwischen den beiden Haupttrieben) immer entfernen!
Tomate	größere Pflanzgefäße (7 L, 10 L), am besten mit Wasserspeicher, verwenden. Wegen des leichten Übertritts von Weißen Fliegen (Mottenschildläusen) auf das Gemüse bzw. umgekehrt auf die Zierpflanzen, Tomaten fern von Engelstrompeten und Wandelröschen, Fuchsien und Geranien halten. Es gibt zwergwüchsige Sorten speziell für den Balkonkasten (z. B. 'Micro-Tom' oder 'Tumbler').
Zucchini	nur eine Pflanze pro Kübel (7 L, 10 L) setzen. Bei Mehltaubefall biologische Mittel anwenden, z. B. Fungisan-Präparate, Netzschwefel o. ä..
Zuckermais	größere, rechteckige Pflanzkübel verwenden, wenn eine Sichtblende erwünscht ist. Sonst auch zu je zwei, drei Pflanzen in größerem Rundgefäß (10 L) kultivierbar.

Zucchini

Hiervon reichen wenige Pflanzen im Garten, weil sie ertragreich sind. Ganz nach Gusto, können Sie zwischen grün, gelb oder auch weiß fruchtenden Sorten wählen, obendrein zwischen länglichen oder runden Früchten. Entweder kleine, zarte Früchte ernten oder große zum Füllen. Die mit Zucchini verwandten Squash-Kürbisse („Fliegende Untertassen") ernten Sie am besten nur früh und zart, weil Sie sie dann ungeschält als Ganzes zubereiten können. Je älter sie werden, desto schwieriger sind sie nämlich zu schälen! Sie schmecken übrigens eher Richtung Kohlrabi als Richtung Kürbis!

Zuckermais

Geerntet wird der Kolben in der Milchreife: dann, wenn er gelblich ausfärbt, aber das Korn mit dem Fingernagel noch eingedrückt werden kann.

Wurzelgemüse: Schmackhafte Knollen

Zu den Wurzelgemüsen zählen all diejenigen, deren genutzte Pflanzenteile unter der Erde, im Boden wachsen. Das sind jedoch nicht immer zwangsläufig Wurzeln. Botanisch betrachtet sind z. B. Kartoffeln keine Wurzeln, sondern Knollen. Kartoffeln sind also, streng genommen, ein Knollengemüse. Weil also die Übergänge ohnehin fließend sind, erscheinen in der Aufzählung dieses Buches auch Pflanzen wie Rüben, Rettich und Kohlrabi. Bei ihnen werden, ebenfalls genau genommen, auch nicht die Wurzeln genossen, wohl aber die Verdickungen der Wurzeln oder des Wurzelhalses. Bleiben wir bei all dieser botanischen Vielfalt an dieser Stelle bei der nicht ganz perfekten, aber großzügig pragmatischen Einteilung, derzufolge sich die Liste dieser Gemüsezuordnungen dann so liest: Kartoffel, Kerbelrübe, Kohlrabi, Kohlrübe, Möhre, Pastinake, Radieschen, Rettich, Rote Bete, Schwarzwurzel, Sellerie, Spargel, Speiserübe, Topinambur. Im einzelnen:

Hübsche Gemüsesorten kommen mit Sommerblumen kombiniert noch mal so schön zur Geltung.

Kartoffel

Es lohnt durchaus, im Gemüsebeet auch diesem klassischen Feldgemüse seinen Platz zu gönnen. Wohl nicht für Erntemengen zum Einwintern, sondern für den Frischverzehr während des Sommers. Es gibt Freizeitgärtner, die haben für die Vielfalt der Kartoffel eine ähnliche Sammelleidenschaft entwickelt, wie andere für Tomaten. Denn auch Kartoffeln gibt es in unterschiedlichen Formen (z. B. den länglichen 'Bamberger Knöllchen') und Farben – zum Beispiel in Lila ...

Kerbelrübe

Mit dem Kerbel ist diese Pflanze nicht direkt verwandt, hat aber einen dem Kerbel ähnlichen Geschmack und erinnert im Aussehen an die Petersilienwurzel. Ist wie der Kerbel ein ebenso feines wie feinaromatisches Gemüse, das geputzt, gekocht sodann geschält und zubereitet wird.

Kohlrabi

Ihr Anbau macht kaum Mühe, dafür hat man sie frisch im eigenen Garten. Das macht sie appetitlicher als manche im Gemüseregal des Handels dahinwelkende Artgenossen. Ob blaue oder weiße Kohlrabi – das ist eine Äußerlichkeit ohne Belang für den Geschmack. Was in anderen Gegenden weniger gebräuchlich ist: In Berlin verwendet man traditionell das zarte jüngere Laub der Kohlrabi beim Kochen in Eintöpfen mit.

Möhre

Es gibt sie lang und spitzkegelig, aber auch abgerundet oder gleich ganz und gar rund – Möhren (bzw. Karotten)sorten gibt es viele. Und weil die typische Bundmöhre sowie die preisgünstige Lagermöhre gängige Marktgemüse sind, lohnt sich im eigenen Garten mehr die exotische Möhre: gelbe, weiße oder lilafarbene Sorten:

KOSMOS TIPP

Die rasch wüchsige Kartoffel ist ein günstiger Unkrautvernichter für Beete, die Sie von Samenunkräutern „sauber" bekommen möchten. Sie bedeckt beizeiten den Boden, unterdrückt so den unerwünschten Aufwuchs und sorgt für Schattengare: fein krümeligen Boden. Probate Methode, um Bauland in Gartenland zu verwandeln!

z. B. 'White Satin' (weiß), 'Yellowstone' (gelb), 'Purple Haze' (lila). Oder besonders süße oder an Karotin reiche Sorten.
Apropos Gesundheit: Neuere Möhrensorten sind tolerant gegen „Würmer in den Möhren", also gegen die lästigen Larven der Möhrenfliege.

Kohlrübe

Sie heißt auch Erdkohlrabi und ist ein deftiges Wintergemüse. Im Handel ist sie dann günstig zu bekommen – wo sie aber regional eher seltener erhältlich ist, dort lohnt es, sie in den eigenen Anbau zu übernehmen.

Pastinake

Sie lohnt den Anbau, auch wenn sie zu den groben, den Feldgemüsen zählt. Die rohen Rüben haben den typischen Geruch der Doldenblütler, irgendwo zwischen unreifen Möhren und Petersilienwurzeln. Gekocht ergibt sich hingegen ein mildes und schmackhaftes Gemüse, das in der Lebensmittelindustrie in hohem Maße zum Beispiel in Babykost (Gemüsegläschen) verarbeitet wird. Früher als klassisches Pferdefutter geschmäht, erfreut sich die einfach zu ziehende Pastinake heute wieder einer wachsenden Fangemeinde. Geben Sie ihr in Ihrem Garten einen tiefgründigen, eher mittelschweren Boden: Die Rübe wird übrigens bis zu 40 cm lang!

Radieschen

Hier gilt im Wesentlichen das für den Rettich Gesagte, dessen kleinere Form das Radieschen ist – das „chen" zum „Radi" deutet bereits darauf hin. Die Übergänge sind denn auch fließend, wie langwüchsige Radieschensorten wie z. B. 'Eiszapfen' zu erkennen geben, die bereits wie ein kleiner Rettich aussehen. Beachten Sie, dass es auch vom Radieschen Sorten für den Frühjahrs-, Sommer- und Herbstanbau gibt.

Rettich

Ein magenfreundlicher Küchenbegleiter, vom zeitigen Frühjahr bis in den Winter hinein: ob rund oder lang geformt, ob weiß, rosa, rot, schwarz oder sogar blau in der Schale – Rettich „räumt den Magen auf", und er ist eine Augenweide auf Tisch und Tafel. Achten Sie bei seinem Anbau auf gleichmäßige Feuchtigkeit, sonst wird er ruckzuck holzig und schießt!

Rote Bete

Dass dieses Gemüse nicht mit doppeltem „e" geschrieben wird, hat seinen Grund darin, dass sein Name sich nicht vom Beet, sondern vom Wort „beta" (lat: Rübe) ableitet. Rote Bete ist günstig zu kaufen – deswegen konzentriert man sich im eigenen Garten besser auf die weißen, gelben oder geringelten Gartenformen, die es in interessanten Sorten als Saatgut im Fachhandel und bei Spezialversendern gibt.

Schwarzwurzel

Wäre sie einfacher zu kultivieren, so würde diese Delikatesse häufiger auf den Speiseplänen zu finden sein. Zwar ist die Schwarzwurzel selbst recht genügsam und auf leichteren Böden zu Hause – sie muss aber auf Grund ihrer langen Wurzeln mühsam ausgegraben werden. Schälen Sie diese Wurzeln nicht roh – der Pflanzensaft fließt sonst zu einem großen Teil aus der Wurzel - und er klebt außergewöhnlich stark. Besser: Wurzeln waschen und wie Pellkartoffeln kochen, danach abschrecken und schälen. Finger reinigen funktioniert anschließend mit Zitronensäure.

Sellerie

Ist nicht ganz einfach zu ziehen. Und wenngleich frischer Sellerie aus dem Garten ein Genuss ist – es gibt ihn auch frisch und günstig auf Wochenmärkten. Ist im Garten auf mittelschwere, gleichmäßig feuchte Böden angewiesen.

Spargel

Er erfreut sich wachsender Beliebtheit – warum also Spargel nicht auch im eigenen Garten anbauen? Wer das plant, sollte zuvor seinen Gartenboden checken. Grünspargel zieht nämlich lehmige Böden, Bleichspargel hingegen sandigere Böden vor. Auch ist Bleichspargel aufwändiger zu handhaben, da er in Erddämmen kultiviert werden muss. Wer sich die Mühe macht, eine Spargelanlage zu errichten, kann dann ab dem dritten Standjahr regelmäßig Spargel ernten, und zwar etwa zwölf Jahre lang, bis die Pflanze „abgetragen hat".

Was tun wenn ... Würmer das Gemüse madig machen?

Möhrenfliege, Rettichfliege, Zwiebelfliege – sie alle legen ihre Eier an den reifenden Gemüsen ab mit der Folge, dass die schlüpfenden Maden Gänge hinein fressen und das Erntegut beeinträchtigt oder gar unbrauchbar wird. Dagegen hilft die Abdeckung des Beetes mit Gemüseschutznetzen, die zudem (speziell auch auf Salaten oder Kohl) Läuse sicher fern halten.

Naschgemüse holen den gesunden Genuss aus dem eigenen Garten bis auf Terrasse und Balkon.

Speiserübe

Sicherlich ein Außenseiter im Sortiment des Gemüsegartens – aber ein feiner. Zu ihr zählt man die Mairübchen, die Herbstrüben („Stoppelrüben") und den Stielmus, von dem man aber die jungen Blätter nutzt, weswegen er beim Blattgemüse (s. Seite 165) genannt ist. Und es zählen dazu die 'Teltower Rübchen' – Goethes Lieblingsgemüse. Er teilte diese Wertschätzung mit Fürstenhöfen – warum nicht also Speiserüben selbst mal anbauen?

Topinambur

Klassische Pflanze mit Doppelnutzen: Die hoch aufwachsende Staude mit ihren Sonnenblumenblütenständen ist knollenbildend. Diese können im Herbst, ähnlich Kartoffeln, dem Boden entnommen und auch so verarbeitet werden. Am besten in ein Garteneck pflanzen, wo Topinambur halbwegs verwildern kann und so genügend Patz hat, reichlich schmackhafte Knollen auszubilden.

Kräuter und Kräutergärten

Bei vielen Gartenbesitzern regt sich irgendwann der Wunsch, Küche und Tisch mit Gemüse, Salaten und Kräutern aus eigener Produktion zu versorgen. Während der Anbau von Nutzpflanzen eine umfangreichere Umgestaltung des Gartens verlangt, lassen sich die wichtigsten Küchenkräuter bereits mit relativ wenig Aufwand ziehen.

Der Standort

Zierpflanzen entfalten ihre Wirkung vorwiegend optisch, sie übernehmen zu bestimmten Zeiten des Jahres eine Schaufunktion. Obwohl sich auch Kräuter durchaus sehen lassen können, liegt ihr Schwerpunkt mehr auf Duft und Geschmack. Die dafür verantwortlichen ätherischen Öle bilden sich allerdings nur dann, wenn die Kräuter an einem optimalen Standort wachsen. Bis auf einige Ausnahmen sind Gewürz-, Duft- und viele Heilkräuter auf mehrere Stunden Sonne pro Tag angewiesen. Je südlicher das Herkunftsland des Krautes, desto mehr profitiert es von der Sonne. Neben einem sonnigen Standort brauchen viele Kräuter durchlässige, sandige bis steinige Böden. Auch hier gilt die Faustregel: je südlicher die Herkunft, desto trockener.

Diese beiden Voraussetzungen schränken die möglichen Standorte in vielen Gärten auf wenige Bereiche ein. Gewöhnlich liegen an den sonnigsten Plätzen Staudenbeete; warum also nicht einige Kräuter ins Staudenbeet pflanzen? Leider ist dieser Ausweg nur bedingt tauglich: Der Boden eines Staudenbeetes ist für viele Kräuter zu nährstoffreich oder zu schwer. Allenfalls Borretsch, Estragon, Liebstöckel (Vorsicht: Pflanze wird sehr groß), sowie einige Minze-Arten fühlen sich zwischen den Beetstauden wohl. Zwar werden Lavendel, Rosmarin, Salbei und andere Gewürze sogar als Zierpflanzen angeboten, sie brauchen aber ebenfalls einen durchlässigen Boden in voller Sonne.

Nur innerhalb eines sonnigen Steingartens können einige Stauden gegen entsprechende Kräuter, beispielsweise Thymian, ausgetauscht werden. Hier finden selbst mediterrane Kräuter einen optimalen Standort. In fast allen Gärten gedeihen Kräuter daher besser, wenn sie unabhängig von den Zierpflanzen in speziellen Beeten mit passendem Substrat und unter optimalen Bedingungen kultiviert werden.

Kräuter werden zwar inzwischen auch in Supermärkten angeboten, doch das bessere und reichhaltigere Angebot finden Sie in spezialisierten Gärtnereien bzw. entsprechenden Abteilungen von Gartencentern. Für Einsteiger empfiehlt sich der Kauf von mehrjährigen bzw. bereits vorgezogenen, einjährigen Kräutern. Später können Sie immer noch mit Saatgut experimentieren. Richten Sie sich bei der Erstausstattung Ihrer Kräuterbeete, -gärten und -töpfe vorrangig nach Ihren persönlichen Vorlieben. Kräuter mit attraktivem Laub werden wie Blattschmuckstauden als Blickpunkte eingesetzt.

Gestalten mit Kräutern

Wer nur gelegentlich ein paar Blättchen Salbei braucht und seine Salate ab und zu mit Petersilie oder Schnittlauch würzen möchte, stellt andere Ansprüche an einen Kräutergarten als jemand, der ein möglichst breites Angebot an Aromen und Düften wünscht oder sich sogar einen Wintervorrat zulegen möchte. Gerade weil Kräuter gewissermaßen abgekoppelt vom übrigen Garten kultiviert werden, lassen sich Kräuterarrangements sehr wirkungsvoll in den Gartenplan integrieren.

■ Gewürzgarten – die große Lösung

Ein Kräuterliebhaber kann sich in einem speziell für Heil-, Gewürz- und Duftkräuter konzipierten Garten regelrecht austoben. Obwohl die Form eines solchen Gartens natürlich nicht festgelegt ist, empfehlen sich die seit Jahrhunderten bewährten, historischen Vorbilder.

KOSMOS TIPP

Ein Zuviel an Nässe fördert das Auftreten von Pilzkrankheiten. Schon bei der Anzucht von Kräutern ist es ratsam, diese nicht zu feucht zu halten. So abgehärtet überstehen sie auch sommerliche Trockenperioden besser.

Für einen Apothekergarten benötigen Sie viel Platz in Ihrem Garten. Die einzelnen Beete werden mit Buchs abgetrennt, sodass die einzelnen Arten sich nicht untereinander vermischen können.

Der Kräutergarten in Kreuzform (mindestens 3 × 3 m) erinnert an die Klostergärten des Mittelalters. Er basiert auf einem Wegekreuz, das sich an der Kreuzungsstelle für ein Mittelbeet weiten kann. Als Begrenzung der Viertelbeete eignen sich beschnittener Buchsbaum, das nicht ganz winterharte Heiligenkraut *(Santolina)*, Petersilie oder Schnittlauch. In großen Anlagen übernehmen Lavendelreihen diese Funktion. Mit dem entsprechenden Aufwand kann in jedes Viertelbeet ein anderer Boden eingefüllt werden, sodass von steinig-trocken bis zu nährstoffreich-feucht jedes Kraut optimale Bedingungen vorfindet. Die Kräuter innerhalb der Beete werden bunt gemischt, um einen hübschen Gegensatz zur formalen Gestaltung der Anlage und der Begrenzung zu schaffen. Eine Bank oder eine Laube am Ende eines Weges dienen als Blickpunkt und ist ein wunderbarer Ort, um den Anblick und Duft des Gartens zu genießen.

Auch ein Apothekergarten geht auf mittelalterliche Vorbilder zurück. In sehr flachen Hochbeeten (mindestens ca. 50 × 80 cm) wächst jeweils nur eine einzige Kräuterart. Die Substrate in den Einzelbeeten werden optimal auf die Ansprüche des jeweiligen Krautes abgestimmt. In den Beeten stehen die Lieblingskräuter in ausreichenden Mengen zur Ernte bereit. Zwischen den Beeten verlaufen Kieswege; auf Begrenzungen wird verzichtet.

Apothekergärten lassen sich wirkungsvoll als kontrastierender Gartenraum in einen größeren Garten integrieren. Grenzen Sie den Apothekergarten durch eine formale Hecke oder einen sehr klar strukturierten, lackierten Holzzaun ab.

■ Kräuterbeete – der goldene Mittelweg

Bei einem Kräuterbeet geht nur eine überschaubare Gartenfläche auf Kosten der Zierpflanzen verloren.

Die Beete werden innerhalb des Gartenkonzepts wie ein „normales" Beet behandelt, d.h. auch für sie gelten die üblichen Gestaltungskriterien. Da das Substrat gezielt ausgetauscht werden kann, lassen sie sich unabhängig von den Bodenverhältnissen des Restgartens konzipieren.

Die einfachste Lösung ist ein isoliertes **Kräuterbeet** im oder am Rand des Rasens. Die Größe, Umrissform und Bepflanzung richtet sich nach Wünschen und Ansprüchen. Achten Sie

In einer Kräuterspirale können Sie relativ viele Kräuter auf wenig Grundfläche pflegen. Sonnenliebende Arten kommen nach oben.

bei der Anlage solcher Beete auf eine wirkungsvolle Wurzelsperre, damit die Rasengräser nicht ins Beet auswandern. Bei der Bepflanzung werden Kräuter mit gleichen Ansprüchen miteinander kombiniert.
Etwas mehr Aufwand macht ein **Kräuterrad** (Durchmesser mindestens 150 cm). Es wird als Kreis mit „Tortenstücken" als Teilbeeten angelegt. Da das Substrat innerhalb des Rades von Tortenstück zu Tortenstück wechseln kann, sind Kräuterräder sehr variabel. Fest installierte Kräuterräder mit Betonformsteinen oder Ziegeln auf Betonfundamenten bilden recht dominante Blickpunkte. Sie sehen dank der abwechslungsreichen Bepflanzung allerdings sehr attraktiv aus. Kräuterräder geben beispielsweise ungewöhnliche Beete für sonnige Vorgärten ab (sofern sie nicht an eine viel befahrene Straße grenzen). Kräuterräder mit Speichen aus Holzleisten erfüllen denselben Zweck, lassen sich aber leichter verändern oder entfernen.

Kräuterspiralen verlagern den Anbau in die dritte Dimension. Dabei werden Natursteine als Trockenmauer in Form einer Spirale aufgeschichtet (Durchmesser 2 bis 3 m; niedrigere und angedeutete Spiralen entsprechend weniger). Kräuterspiralen aus Beton- oder Ziegelsteinen werden zur Sicherheit aufgemauert. Zeichnen Sie die Spirale mit Sand auf den Boden und schichten Sie die Steine so auf, dass die Mauer in der Mitte 80 bis 100 cm hoch ist. Das Zentrum wird mit Schotter gefüllt. Als Substrat verwendet man ein mageres Sand-Erde-Gemisch, dem nach außen (unten) immer mehr humusreiche Erde beigemischt wird. Eine solche Kräuterspirale kann unten in einen Miniteich für Brunnenkresse auslaufen. In der Spirale finden von unten nach oben fortschreitend Kräuter Platz, die immer trocknere Böden brauchen – im Zentrum (oben) stehen mediterrane Trockenkräuter (Salbei, Rosmarin u.a.). Kräuterspiralen bieten daher auf kleinstem Raum einer Vielzahl von Kräutern mit unterschiedlichen Bodenansprüchen Platz. Vor der Entscheidung für eine Kräuterspirale sollten Sie allerdings bedenken, dass sich die bepflanzte Spirale als markanter Blickpunkt im Garten präsentiert.
Hochbeete schließen die Lücke zu den Heilkräutern in Töpfen. Sie werden je nach Bedarf mit unterschiedlichem Substrat gefüllt, sind variabel in der Größe, Höhe und der Art der Randgestaltung. Daher passen sie sowohl zu einem Sitzplatz – mit gemauerter Einfassung –, wie auch in die sonnige Ecke eines naturnahen Gartens – mit Holzbohlen als Rand. Neben diesen Klassikern gibt es eine Reihe von Sonderformen wie Hügelbeete, Mandala-Beete oder eingesenkte Kraterbeete, in denen die Sonneneinstrahlung besonders gut ausgenutzt wird.

■ Kräuter in Töpfen – die kleinste Lösung

Kräuter im Topf werden geerntet, bis sie verbraucht sind; dann ersetzt man Topf und Inhalt gegen einen neuen. Mit einem mobilen Kräutergarten kommt auch ein Gartenbesitzer, in den Genuss frischer Kräuter, der nicht bereit ist, größere Teile seines Gartens zugunsten von Kräutern aufzugeben. Kräuter im Topf bieten weiterhin die Möglichkeit, zunächst die eigenen Wünsche auszuloten und zu testen, welche Kräuter tatsächlich in welchen Mengen benötigt werden. Der größte Vorteil eines mobilen Kräutergartens ist aber seine Variabilität: Sie können Substrat und Standort, Töpfe und Kräuter austauschen und jederzeit durch neue ersetzen.
Mehrere, mit unterschiedlichen Kräutern bepflanzte Töpfe lassen sich zu hübschen Arrangements zusammenstellen – nebeneinander, auf einem Gestell, einer Mauer oder einer Treppe. Dabei kann der Schmuckeffekt allein auf dem Laub der Kräuter oder durch die Auswahl der Töpfe entstehen. Mittelmeerkräuter in Terrakottatöpfen geben ein stimmiges Bild ab.

Kräuterverwendung

Frisch gepflückte Kräuter geben Salaten, Soßen, Suppen oder Gemüsegerichten ein würziges Aroma. Mit einem eigenen Kräutergarten – in dem oben geschilderten Maßstab – ernten Sie nicht nur frisch, sondern sind auch unabhängig von der Verpackungsgröße in Supermärkten: Das Kraut wird geerntet, wenn man es braucht, vorsichtig gewaschen und sofort verarbeitet.

■ Ernte

Wer allerdings seine Kräuter längerfristig konservieren möchte, sollte den Erntezeitpunkt genau planen: Die meisten Heil- und Gewürzkräuter erreichen das stärkste Aroma kurz vor der Blüte.
Ernten Sie möglichst nicht bei Regenwetter, sondern warten Sie einen sonnigen Tag ab. Die Kräuter werden geerntet, nachdem die Morgensonne den Tau auf den Blättern getrocknet hat, und bevor die heiße Mittagssonne die ätherischen Öle verdampft – der späte Vormittag ist ideal. Schneiden Sie die Kräuter mit scharfer Schere oder einem Messer ab und ernten Sie nur so viel, wie Sie in einem Arbeitsgang verarbeiten können.

■ Konservierung

Die älteste Form der Konservierung ist die Trocknung. Breiten Sie die Kräuter auf flachen Sieben oder Küchenkrepp (regelmäßig wechseln) aus oder binden Sie Stängel zu lockeren Sträußen zusammen. Beides wird in der Wärme ohne direkte Sonneneinstrahlung getrocknet. Gute Plätze sind luftige Dachböden oder Gartenhäuser. Die Kräuter sind trocken, wenn die Blätter beim leichten Anfassen knistern oder zerbröseln. Sie werden vorsichtig zerkleinert und in dunklen Gläsern oder Blechdosen gelagert. Alles was bis zur nächsten Ernte nicht verbraucht wurde, wird verworfen.
Da inzwischen in fast jedem Haushalt eine Gefriertruhe steht, bietet sich das Einfrieren an. Die Kräuter werden vorsichtig abgespült und zwischen Küchenkrepp getrocknet. Man kann sie portionsweise ganz in Alufolie oder den üblichen Gefrierbeuteln einfrieren; sie werden erst unmittelbar vor dem Gebrauch in gefrorenem Zustand zerkleinert. Kräuter, die einem Gericht als Gewürz zugegeben werden, friert man besser als Eiswürfel ein, die sich später besser dosieren lassen: Kraut zerhacken und mit wenig Wasser in einem Eiswürfelbehälter einfrieren.
Für kürzere Zeiträume werden die Kräuter in Öl und Essig konserviert. Aromatische Salatkräuter werden gereinigt, vorsichtig zwischen Küchenkrepp getrocknet und mit Essig (z.B. Basilikum, Dill, Estragon oder Salbei) oder geschmacksneutralem Öl (wie oben, dazu Knoblauch, Majoran oder Thymian) überschichtet. In den meisten Fällen schmeckt Essig und Öl mit einem oder zwei Kräutern aromatischer als „bunte" Mischungen – probieren Sie verschiedene Geschmacksrichtungen aus. Gießen Sie den Ansatz nach etwa einer Woche durch ein feines Sieb oder ein Tuch in ein sauberes Gefäß und wiederholen Sie den Vorgang noch zwei- oder dreimal. Kräuteröl und -essig halten sich für ein paar Monate.
Sehr italienisch schmeckt Kräuter-Pesto. In seiner „Urform" werden Basilikumblätter (ca. 100 g) mit ca. 25 g Pinienkernen und 1 oder 2 Zehen Knoblauch mit etwa 100 ml Olivenöl und Meersalz im Mörser oder einer Küchenmaschine zu einem Brei zerkleinert. Diese Mischung wird frisch zu Pasta gegessen oder portionsweise eingefroren. Vor Gebrauch mischt man Parmesan und/oder Pecorino sowie Öl nach Bedarf hinzu. Die Grundmischung lässt sich durch Veränderung der Mengen oder Zufügen anderer Kräuter variieren.

Lavendelblüten trocknen am besten, indem man sie in kleinen Bündel kopfüber an einem trockenen, luftigen Ort aufhängt.

Kräuteröle und -essige sind leicht selbst gemacht und halten sich einige Monate. So können Sie auch im Winter viele Kräuter für die Küche verwenden.

Gartenpflanzen von A–Z

Was wäre ein Garten ohne die passenden Pflanzen? Die Auswahl in den Gartencentern und Baumschulen, den spezialisierten Gärtnereien, die Stauden, Kräuter, Obst- oder Gemüsepflanzen anbieten, ist beinahe unüberschaubar.
Auf den folgenden Seiten finden Sie eine Auswahl von mehreren hundert bewährten, pflegeleichten und robusten Gartenpflanzen, darunter bewährte Klassiker, aber auch neue Arten und Sorten.
Die Angaben zum Standort und zur Pflege erleichtern Ihnen die Auswahl für den eigenen Garten.

Fächer-Ahorn
Acer palmatum

Gestaltung Einzelstand. Für Gärten im japanischen Stil und Teichnähe. Auch Kübelkultur ist möglich. Auffallend ist die orangefarbene bis rote Herbstfärbung.

↑ 5-7m | V

Pflege Schwach saure, durchlässige, humose, sandig-lehmige, frische bis feuchte Gartenböden mit niedrigem Nährstoffgehalt sind optimal. Schwere, nasse Böden vermeiden, Rückschnitt wird nicht vertragen. Windgeschützter Standort. Geben Sie jungen Pflanzen Winterschutz.

Empfehlenswerte Sorte Rotblättriger Fächer-Ahorn 'Atropurpureum' mit dunkelroten Blätter im Sommer und leuchtend roten im Herbst.

Chilenische Schmucktanne
Araucaria araucana

Gestaltung Chilenische Schmucktannen haben einen ungewöhnlichen und beeindruckenden Wuchs sowie interessante Nadeln. Sie erreichen beachtliche Höhen und wirken daher besonders im Einzelstand in großen Gärten oder Parks.

↑ 10-15m | V–VI

Pflege Araukarien bevorzugen tiefgründige, durchlässige, saure bis neutrale, durchlässige, mäßig trockene bis frische Gartenböden mit mittlerem bis hohem Nährstoffgehalt. Hitze, Wind und Stadtklima wird vertragen. Allerdings nicht sicher frosthart. Der Baum liebt luftfeuchte Plätze und sollte einen Schutz vor der Wintersonne bekommen. Nicht für Anfänger.

Andere deutsche Namen: Araukarie, Andentanne

Schmetterlingsstrauch
Buddleja-Davidii-Hybriden

Gestaltung Wie der Name sagt, ziehen Schmetterlingssträucher Schmetterlinge magisch an. Sie sind für kleine und große Gärten geeignet und können auch in Kübeln gepflegt werden.

↑ 2-3m | VII–IX

Pflege Der schöne Blütenstrauch liebt durchlässige, kalkhaltige, mäßig trockene bis frische Gartenböden mit niedrigem bis mittlerem Nährstoffgehalt. Diese Art blüht an den einjährigen Trieben. Daher werden sie im Frühjahr auf einige kräftige Knospen zurückgeschnitten (auf 30 bis 40 cm zurücknehmen).

Weitere Art Chinesischer Sommerflieder *(Buddleja alternifolia)* mit duftenden, purpurlila Blüten im Juni.

Gewöhnlicher Buchsbaum
Buxus sempervirens var. *arborescens*

Gestaltung Einheimische, immergrüne Pflanze für Einzel- als auch für Heckenpflanzungen und Kübelkultur. Sie wird auch zur Grabbepflanzung, im Japangarten oder als Einfassung verwendet.

↑ 2-4m | IV–V

Pflege Der Gewöhnliche Buchsbaum mag durchlässige, mäßig trockene bis frische Gartenböden mit mittlerem Nährstoffgehalt. Er verträgt Rückschnitt und eignet sich für alle Formschnitte von Juni bis August. Späterer Schnitt führt zu Winterschäden und unschönem Aussehen.

Weitere Art Auch *B. microphylla* ist beliebt. Sie ist der beschriebenen Art in Pflege und Ansprüchen ähnlich, jedoch ist ihre Frosthärte geringer.

Standort: sonnig, halbschattig, schattig **Wasserbedarf:** wenig, mittel, hoch

Hainbuche
Carpinus betulus

Gestaltung Hainbuchen sind einzeln oder in Gruppen als Schnitthecke wirkungsvoll. Die Pflanzen sind anspruchslos und kommen auch an schattigen Plätzen zurecht.

Pflege Das Gehölz ist anpassungsfähig, bevorzugt aber durchlässige, tiefgründige, mäßig trockene bis feuchte Gartenböden mit mittlerem Nährstoffgehalt. Staunässe ist zu vermeiden. Rückschnitt wird gut vertragen, auch für Formschnitte und Schnitthecken. 2–3 Pflanzen pro laufendem Meter.

Empfehlenswerte Sorten Pyramiden-Hainbuche 'Fastigiata' 10 bis 15 m hoch. 'Frans Fontaine' mit 8 bis 10 m Höhe und pyramidalem Wuchs.

Scheinzypresse
Chamaecyparis lawsoniana

Gestaltung Zahlreiche Sorten mit unterschiedlichen Größen und Wuchsformen, die sich für vielerlei Gestaltungen einsetzen lassen, zum Beispiel für Gehölzpflanzungen oder Staudenrabatten. Auch für Gräber, oder für Hecken. Einzeln oder in Gruppen.

Pflege Scheinzypressen sind schnittverträglich und bevorzugen durchlässige, frische bis feuchte Gartenböden mit hohem Nährstoffgehalt. Windgeschützte, luftfeuchte Lagen sind vorteilhaft. Im Winter sollte während frostfreier Perioden ab und zu gewässert werden.

Weitere Art Die Nootkazypresse *(C. nootkatensis)* mit bekannten Sorten wie 'Glauca' und 'Pendula' wird 10 bis 15 m hoch.

Venus-Hartriegel
Cornus Venus®

Gestaltung Am besten als Solitär pflanzen. Blüten bis 13 cm groß. Im Herbst erscheinen große erdbeerartigen Früchte und eine wunderbare Herbstfärbung.

Pflege Verträgt leichten Schatten, sollte aber nicht unter andere Bäume gepflanzt werden. Der Boden soll durchlässig und humos sein. Empfindlich gegenüber Staunässe und Kalk.

Weitere Arten Japanischer Blumen-Hartriegel *(C. kousa)* und Chinesischer Blumen-Hartriegel *(C. kousa chinensis)*, die beide ihre Blüten mit den strahlend weißen Hochblättern im Juni zeigen.

Forsythie, Goldglöckchen
Forsythia-Hybriden

Gestaltung Die Pflanze passt in kleine und große Gärten sowie in Parkanlagen einzeln, in Gruppen oder als wachsende Hecken. Ebenso steht sie gut am Gehölzrand, in Staudenrabatten und auch in Kübeln. Außerdem eignet sie sich für Wandspaliere, Formhecken und Formschnittfiguren.

Pflege Forsythien bevorzugen sandiglehmige, durchlässige, mäßig trockene bis frische Gartenböden mit mittlerem Nährstoffgehalt. Schneiden Sie die Pflanzen nach der Blüte im Frühjahr zurück, immer die ältesten Zweige.

Schöne Sorten 'Lynwood' und 'Week End' mit leuchtend gelben Blüten.

Höhe: 5–10 m **Blütezeit:** VI IX in Monaten **Blütenfarben:**

Ginkgo, Fächerblattbaum
Ginkgo biloba

Gestaltung Fächerblattbäume verlangen einen Einzelplatz in großen Gärten und Parkanlagen. Schön ist das „urtümliche“ Laub und die leuchtend gelbe Herbstfärbung. Die Früchte der (weiblichen) Pflanzen riechen sehr streng.

15-30 m | IV–V

Pflege Ginkgos sind anpassungsfähig, bevorzugen aber durchlässige, humose, frische bis feuchte Gartenböden mit mittlerem Nährstoffgehalt. Sie lieben einen warmen Platz. Stadtklima und Hitze werden vertragen. Zum Fruchtansatz braucht man weibliche und männliche Bäume.

Sorten 'Fastigiata' wächst säulenförmig aufrecht und setzt keine Früchte an (männliche Form). 'Princeton Sentry' bleibt kleiner.

Strauch-Eibisch
Hibiscus syriacus

Gestaltung Wird meist einzeln gesetzt, aber auch in Gruppen oder in frei wachsenden Hecken. Er passt in kleine und große Gärten außerdem in Kübel und Töpfe gepflegt werden.

1,5-2 m | VI–IX

Pflege Bevorzugt einen warmen Platz mit durchlässigen, sandig-lehmigen, mäßig trockenen bis frischen Gartenböden mit mittlerem bis hohem Nährstoffgehalt. Jungen Pflanzen sollte man einen Winterschutz geben.

Sorten 'Blue Bird' mit blauvioletten Blüten und magentarotem Mittelfleck. 'Pink Gigant' mit reinrosa Blüten und dunkelrotem Mittelfleck. 'Red Heart' hat weiße Blüten mit kleinem, dunkel- bis weinrotem Mittelfleck.

Stechpalme, Gemeine Hülse
Ilex aquifolium

Gestaltung Stechpalmen sind einheimische Großsträucher oder kleine Bäume für den Einzelstand, Gruppen oder auch Hecken. Das Gehölz ist immergrün mit zierenden aber giftigen Früchten und „stacheligen“ auffallenden Blättern.

3-6 m | V–VI

Pflege Stechpalmen benötigen einen Standort mit saurer bis neutraler, durchlässiger, sandig-lehmiger, mäßig trockener bis feuchter Gartenerde. Sie vertragen jeden Schnitt. Junge Bäume können etwas frostempfindlich sein.

Weitere Arten Japanische Hülse *(I. crenata)* mit weißen Blüten im Mai/Juni. *I. verticillata* zieren viele roten Früchte.

Chinesischer Wacholder
Juniperus chinensis 'Keteleerii'

Gestaltung Robustes Solitärgehölz, das sich auch für Formschnitte (Topiari) eignet. Alle Pflanzenteile sind giftig.

0,2-0,4 m | IV–V

Pflege Verträgt leichten Schatten, sollte aber nicht unter andere Bäume gepflanzt werden. Der Boden soll durchlässig und humos sein. Empfindlich gegenüber Staunässe und Kalk.

Weitere Arten Der Gewöhnliche Wacholder *(J. communis)* ist unkompliziert mit 5 bis 8 m Höhe. Außerdem *J. squamata* und *J. virginiana*.

Standort: sonnig, halbschattig, schattig **Wasserbedarf:** wenig, mittel, hoch

Tulpen-Magnolie
Magnolia × soulangiana

Gestaltung Tulpen-Magnolien eignen sich wegen der Größe und Breite nur für große Gärten und Parks im Einzelstand. Die Magnolie besticht durch wunderschöne tulpfenförmige Blüten.

4-8 m | IV–V

Pflege Bevorzugen saure bis neutrale, durchlässige, humose, frische bis feuchte Gartenböden mit mittlerem bis hohem Nährstoffgehalt. Kalkhaltige Böden sind zu vermeiden. Eine Frühjahrspflanzung ist anzuraten Schnittmaßnahmen sollten vermieden werden. Blüte spätfrostgefährdet.

Weitere Arten Baum- oder Kobushi-Magnolie *(M. kobus)* mit weißen Blüten. Purpur-Magnolie (*M. liliifolia* 'Nigra'): dunkelpurpurn, innen hellpurpurn.

Blau-Fichte
Picea pungens 'Koster'

Gestaltung Das Nadelgehölz ist für Anpflanzungen in Einzelstellung zu empfehlen. Die leuchtend silberblauen Nadeln sind radial angeordnet und spitz stechend. Zwergformen (siehe rechts) eignen sich für Steingärten und Tröge.

10-20 m | IV–V

Pflege Blau-Fichten sind anspruchslos und anpassungsfähig, bevorzugen aber mäßig trockene bis frische Gartenböden mit mittlerem Nährstoffgehalt.

Weitere Arten Die Gattung *Picea* hat viele Arten und Sorten. Die einheimische Fichte *(P. abies)* wird sehr hoch und ist für kleine Gärten ungeeignet. Es gibt aber auch Zwerg-Formen, wie 'Little Gem' mit einer Höhe von 30 bis 50 cm und die Nest-Fichte 'Nidiformis', die 1 bis 1,5 m hoch wächst.

Blaue Mädchen-Kiefer
Pinus parviflora 'Glauca'

Gestaltung Die Blaue Mädchen-Kiefer ist ein Kleinbaum mit locker kegelförmigem Wuchs, der sich gut für Einzelstellungen in Innenhöfen und Vorgärten eignet. Er macht sich aber auch gut in Heide-, Rosen- und Japangärten. Außerdem kann er als Leitbaum in große Staudenrabatten gepflanzt werden sowie auf Gräber und Dachgärten. Selbst in Kübel und Trögen lässt er sich gut pflegen. Er zeichnet nich durch auffallende Zapfen und malerischen Wuchs aus.

1-1,5 m | V–VI

Pflege An einem sonnigen Standort wächst die Blaue Mädchenkiefer gut in mäßig trockenen bis frischen, durchlässigen, humosen, sandig-lehmigen und nahrhaften Böden. Der Baum ist gut frosthart.

Immergrüne Lorbeerkirsche
Prunus laurocerasus

Gestaltung Der Kirschlorbeer ist ein Großstrauch, der einzeln oder in Gruppen gepflanzt wird. Auch Schnitthecken, Kübel- und Topfkultur ist möglich. Die Blätter sind immergrün.

2-4 m | V–VI

Pflege Bevorzugt durchlässige, mäßig trockene bis feuchte Gartenböden mit mittlerem bis hohem Nährstoffgehalt. Rückschnitt wird von Frühjahr bis Herbst vertragen. Je nach Sorte etwas frostempfindlich daher vor Wintersonne und austrocknenden Winden schützen. Im Winter in frostfreien Perioden wässern.

Sorten 'Otto Luyken' ist eine sehr frostharte Form. 'Rotundifolia' entwickelt große Blätter.

Höhe: 5-10 m **Blütezeit:** VI–IX in Monaten **Blütenfarben:**

Rhododendron
Rhododendron-Hybriden

Gestaltung Sie werden meist in Gruppen gepflanzt, passen in kleine und große Gärten sowie Parkanlagen. Auch Kübel- und Topfkultur ist möglich. Schöne Blüten, immergrüne Blätter.

↑ 2-3 m | V/VI

Pflege Brauchen saure bis schwach saure, durchlässige, sandig-humose, frische bis feuchte Gartenböden mit mittlerem bis hohem Nährstoffgehalt. Viele Sorten werden mittlerweile auf kalktolerante Unterlagen veredelt. Sie kommen dann gut auf vielen Gartenböden zu Recht. Nach der Blüte abgeblühte Triebspitzen zurückschneiden. Im Winter nicht austrocknen lassen und in frostfreien Perioden gießen.

Sorten Es gibt unzählige Sorten.

Blut-Johannisbeere
Ribes sanguineum

Gestaltung Einzeln oder in Gruppen und für Blütenhecken.

Pflege Blut-Johannisbeeren sind anpassungsfähig, bevorzugen aber durchlässige, frische bis feuchte Gartenböden, die einen mittleren Nährstoffgehalt aufweisen. Trockenheit wird eher schlecht vertragen. Alle zwei bis drei Jahre auslichten, das fördert die Blütenfülle: Die alten Blütenäste bis auf 10 cm lange Stummel ebenerdig entfernen.

↑ 1,5-2 m | IV/V

Weitere Arten Alpen-Johannisbeere *(R. alpinum)*, ein Wildgehölz für sonnige bis schattige Plätze. Gold-Johannisbeere *(R. aureum)* mit gelben Blüten.

Gewöhnlicher Flieder
Syringa-Vulgaris-Hybriden

Gestaltung Wird einzeln, in Gruppen oder frei wachsenden Hecken gepflanzt. Er passt auch in kleine Gärten und verzaubert zur Blütezeit mit seinem wunderbaren Duft.

↑ 4-6 m | IV/V

Pflege Dieses Duftgehölz liebt durch lässige, sandig-lehmige, humose, kalkhaltige, mäßig trockene bis frische Gartenböden mit hohem Nährstoffgehalt. Es treibt viele Ausläufer, die man regelmäßig entfernen sollte.

Sorten und Arten Einige Sorten sind 'Andenken an Ludwig Späth' mit ungefüllten, dunkel purpurroten Blütentrauben und 'Charles Joly' mit gefüllten, purpurroten Blüten.

Europäische Eibe, Eibe
Taxus baccata

Gestaltung Eiben werden einzeln oder in Gruppen angepflanzt, auch Hecken sind üblich. Da die Pflanze zweihäusig ist, sind für einen Beerenschmuck weibliche und männliche Pflanzen nötig. Vorsicht, die Pflanze ist in allen Teilen hochgiftig!

↑ 10-15 m | III/IV

Pflege Das Nadelgehölz bevorzugt durchlässige, humose, kalkhaltige, sandig-lehmig, frische bis feuchte Gartenböden mit hohem Nährstoffgehalt. Es verträgt keine Trockenheit. Eiben eignen sich gut für Formschnitte und Schnitthecken. Im Winter sollte, gerade an sonnigen Plätzen, während frostfreier Perioden gewässert werden.

Weitere Art Die Japanische Eibe *(T. cuspidata)* erreicht 3 m, die Sorten können auch kleiner bleiben.

Standort: sonnig, halbschattig, schattig **Wasserbedarf:** wenig, mittel, hoch

Weitere Gehölze

Name	Blüte	Aussehen	Standort
Felsenbirne *Amelanchier lamarckii*	cremeweiß, April bis Mai	großer, mehrstämmiger Strauch, 4 bis 6 m hoch	sonnig bis halbschattig
Grüne Hecken-Berberitze *Berberis thunbergii*	gelb bis rötlich, Mai bis Juni	aufrechter Strauch, 1,50 bis 2,50 m hoch	sonnig bis halbschattig
Zierquitte *Chaenomeles × superba*	rot bis rosa, ungefüllt oder gefüllt, April bis Mai	breit buschiger Strauch, 0,5 bis 2 m hoch	sonnig
Perückenstrauch *Cotinus coggygria*	weißlich, zweihäusig, Juni bis Juli	Großstrauch, meist rotlaubig, 3 bis 5 m hoch	sonnig
Fächer-Zwergmispel *Cotoneaster horizontalis*	rosaweiß, Mai bis Juni	kleiner Strauch, 1 bis 1,50 m hoch	sonnig bis lichtschattig
Besen-Ginster *Cytisus scoparius*	gelb, Mai bis Juni	besenartiger Strauch, bis 2 m hoch	sonnig
Zierliche Deutzie *Deutzia gracilis*	reinweiß, Mai bis Juni	aufrechter Strauch, 0,60 bis 0,80 m hoch	sonnig bis lichtschattig
Geflügeltes Pfaffenhütchen *Euonymus alatus*	blassgelb, unscheinbar, Mai bis Juni	sparriger Strauch, 2 bis 3 m hoch	sonnig bis halbschattig
Kolkwitzie *Kolkwitzia amabilis*	hellrosa bis rosa, Mai bis Juni	Strauch mit aufrechten Grundtrieben, 2 bis 3 m hoch	sonnig bis lichtschattig
Dickmännchen *Pachysandra terminalis*	weiß, April bis Mai	bodendeckender Zwergstrauch, 0,20 bis 0,30 m hoch	halbschattig bis schattig
Europäischer Pfeifenstrauch *Philadelphus coronarius*	rahmweiß, Juni, duftend	straff aufrechter Strauch, 2 bis 3 m hoch	sonnig bis halbschattig
Fünffingerstrauch *Potentilla fruticosa*	gelb, orange, rosa, weiß, Juni bis Oktober	breit buschiger Zwerg- oder Kleinstrauch, bis 1,50 m hoch	sonnig bis lichtschattig

Smaragd-Lebensbaum
Thuja occidentalis 'Smaragd'

Gestaltung Das Nadelgehölz wird einzeln oder als Hecke gepflanzt und bietet wegen seiner immergrünen Benadelung einen hervorragenden Sichtschutz.

4-6 m IV–V

Pflege Smaragd-Lebensbäume bevorzugen durchlässige, frische und feuchte Gartenböden mit mittlerem bis hohem Nährstoffgehalt. Stadtklimatauglich und windfest. Gut schnittverträglich und auch für hohe Schnitthecken geeignet. Pflegeleicht.

Schöne Sorten 'Columna' hat dunkelgrüne Nadeln. 'Danica' ist eine flachkugelige Zwergform mit bis zu 80 cm Höhe. 'Rheingold' besitzt eine auffällige goldgelbe Benadelung.

Gemeiner Schneeball
Viburnum opulus

Gestaltung Schön im Einzelstand oder in Gruppen, auch als Heckenpflanze. Auffällig sind die großen „Blütenteller" und die leuchtend roten Früchte, die giftig sind. Vogelnährgehölz.

3-4 m V–VI

Pflege Diese Gehölze stehen gerne in tiefgründigen, lehmigen, frischen und nassen Gartenböden mit hohem Nährstoffgehalt. Die Pflanze kann unter sommerlicher Hitze und Trockenheit leiden.

Weitere Arten Immergrüner Schneeball *(V. burkwoodii)* ist immer- bis wintergrün, seine Blüten sind rosaweiß und duften stark. Wolliger Schneeball *(V. lantana)* besitzt unterseits wollig graugrüne Blätter.

Höhe: 5-10 m **Blütezeit:** VI–IX in Monaten **Blütenfarben:**

Kletterpflanzen

Fünfblättrige Akebie
Akebia quinata

Gestaltung Akebien begrünen Pergolen, Spaliere und Zäune. Das Laubgehölz braucht eine Kletterhilfe. Die helllila Früchte erscheinen im September und erinnern an Gurken.

↑ 4–8 m | V

Pflege Die Kletterpflanze ist anpassungsfähig, bevorzugt aber durchlässige, humose, mäßig trockene bis frische Gartenböden mit mittlerem bis hohem Nährstoffgehalt. Als hitzeverträgliche und wärmeliebende Pflanze braucht sie einen geschützten Platz. Auch die Pflege in Kübeln auf der Terrasse ist möglich. Aus der Form geratene Ruten werden im zeitigen Frühjahr in Form geschnitten. In der Jugend sind Akebien etwas frostempfindlich.

Großblütige Klettertrompete
Campsis × tagliabuana 'Mme. Galen'

Gestaltung Mit ihren wunderschönen Blüten eignen sich Klettertrompeten für die Bepflanzung von Pergolen und Spalieren.

↑ 5–10 m | VI–IX

Pflege Durchlässige, sandig-lehmige, trockene bis frische, kalkhaltige Gartenböden mit mittlerem Nährstoffgehalt. Achten Sie auf einen vollsonnigen Standort, der warm und geschützt ist. Die Pflanze ist hitze- und trockenresistent. Im März können die Langtriebe des Vorjahres auf 10 cm zurückgenommen werden.

Weitere Art Amerikanische Trompetenblume (*Campsis radicans*) mit orangeroten Blüten von Juli bis September.

Clematis, Waldrebe
Clematis-Hybriden

Gestaltung Hübsche Kletterpflanzen für Pergolen, Spaliere und Zäune.

Pflege Die Clematis vertragen keine Trockenheit und benötigen einen geschützten Platz sowie kühlen Wurzelfuß. Ein Winterschutz ist empfehlenswert. Frühjahrsblühende werden nicht geschnitten. Einen leichten Rückschnitt nach der ersten Blüte erhalten die meisten zweimal blühenden Hybriden. Alle sommerblühenden Arten und Hybriden werden im Frühjahr kräftig zurückgenommen.

↑ 2–5 m | VI–IX

Weitere bekannte Arten Alpen-Waldrebe (*C. alpina*), Gewöhnliche Waldrebe (*C. vitalba*).

Efeu, Gewöhnlicher Efeu
Hedera helix

Gestaltung Diese einheimische, immergrüne Pflanze wird zur Begrünung von Wänden, Baumstümpfen oder Stämmen verwendet, ist aber auch ein beliebter Bodendecker, z. B. bei der Grabgestaltung. Außerdem in Töpfen und Kübeln. Nicht zur Wandbegrünung von rissigen Mauern verwenden! Vogelschutzgehölz und Bienenweide. Giftig!

↑ 0,2–20 m

Pflege Anpassungsfähig, bevorzugt jedoch frische bis feuchte Gartenböden mit mittlerem Nährstoffgehalt; stadtklimafest und windverträglich.

Weitere bekannte Art Der Irische Efeu (*Hedera hibernica*) besitzt Blätter, die größer sind als die der besprochenen Art.

Standort: sonnig, halbschattig, schattig **Wasserbedarf:** wenig, mittel, hoch

Weitere ein- und mehrjährige Kletterpflanzen

Name	Blüte	Wuchshöhe	Standort
Rosa Strahlengriffel *Actinidia kolomikta*	weiß, zweihäusig, Mai bis Juni, essbare Früchte	2 bis 3 m	sonnig bis halbschattig, geschützt
Großblättrige Pfeifenwinde *Aristolochia macrophylla*	lila, braun, Juni bis Juli	8 bis 10 m	halbschattig bis sonnig, windgeschützt
Chinesischer Baumwürger *Celastrus orbicularis*	weißlich grün bis gelbgrün, Juli bis August	8 bis 10 m	sonnig bis halbschattig
Glockenrebe *Cobaea scandens*	purpur, bläulich-violett, Juli bis Oktober	2 bis 6 m	sonnig bis halbschattig, kälteempfindlich
Schönranke *Eccremocarpus scaber*	orangerot, Mai bis Oktober	2 bis 3 m	sonnig, bedingt frosthart
Prunkwinde *Ipomoea purpurea*	magentarot, purpurblau, rosa, weiß, Juli bis September	1,5 bis 3 m	sonnig
Winter-Jasmin *Jasminum nudiflorum*	gelb, Dezember bis April	2 bis 3 m	sonnig, geschützt
Duftwicke *Lathyrus odoratus*	purpurrosa bis dunkelpurpur, weinrot, ein- bis vielfarbig, Juli bis September	1,5 bis 2,5 m, Spalier notwendig	sonnig bis halbschattig
Feuer-Geißblatt *Lonicera × heckrottii*	rot, innen gelblich, November bis Dezember	2 bis 4 m	halbschattig
Wilder Wein *Parthenocissus quinquefolia*	weißlich grün, Juni bis Juli	10 bis 15 m	sonnig bis schattig
Scharlach-Wein *Vitis coignetiae*	bräunlich rosa,	6 bis 8 m	sonnig, geschützt

Kletter-Hortensie
Hydrangea petiolaris

Gestaltung Das Blüten- und Ziergehölz eignet sich zur Bepflanzung von Pergolen, Spalieren und Fassaden. Man kann es auch gut in Bäume wachsen lassen, da es an schattigen Plätzen zu Recht kommt. Auch die Bepflanzung von Kübel und Töpfen ist denkbar. Die Blüten locken Insekten an.

2-1m VI VII

Pflege Kletter-Hortensien gedeihen am besten in sauren bis neutralen, durchlässigen, humosen, frischen bis feuchten Gartenböden mit mittlerem Nährstoffgehalt. Sie sind unkompliziert und pflegeleicht.

Sorten Kleine Kletterhortensie (*H. petiolaris* 'Cordifolia')

Blauregen, Wisterie
Wisteria floribunda

Gestaltung Beliebtes Blütengehölz für Hauseingänge und Terrassen, das aber stabile Gerüste braucht. Aber Vorsicht: Die Trieben können Dachrinnen und Regenrohre zusammendrücken.

-8m V VI

Pflege Wisterien brauchen Gartenböden mit hohem Nährstoffgehalt, sind wärmeliebend und sollten an einem geschützten Platz stehen. Sie vertragen Hitze und das Stadtklima. Langtriebe werden im Spätsommer gegebenenfalls mehrmals zurückgeschnitten. Ein Nachschnitt auf 10 bis 25 cm erfolgt im März des Folgejahres.

Weitere Art Chinesischer Blauregen (*W. sinensis*) blüht in Violett, mit süß duftenden Trauben.

Höhe: 5-10m **Blütezeit:** VI/IX in Monaten **Blütenfarben:**

Schirmbambus
Fargesia murieliae

Gestaltung Der Schirmbambus passt in bunte Beet- und Staudenpflanzungen. Es braucht einen Einzelplatz und kann auch in großen Kübeln und Töpfen gepflanzt werden.

Pflege Geben Sie dieser Pflanze lehmig-humose bis lehmige, frische bis feuchte Gartenböden mit hohem Nährstoffgehalt. Staunässe wird nicht vertragen. Blüht nur sehr selten.

Sorten 'Jumbo' ist eine 3 bis 4 m hoch wachsende Sorte, die gerne windgeschützt steht und einzeln oder auch als immergrüne Hecke verwendet wird. 'Simba' bleibt mit maximal 2,5 m etwas kleiner und hat, genau wie die erstgenannte Art, grüne bis gelbe Halme.

Knotenbambus, Goldrohrbambus
Phyllostachys aurea

Gestaltung Der Knotenbambus wächst aufrecht trichterförmig. Sein auffälliger Wuchs kommt in Einzelstellung oder Kleingruppen am besten zur Geltung. Er passt in Japan-Gärten. Auch in Töpfe und Kübel kann er gepflanzt werden.

Pflege Geben Sie dieser Pflanze einen sauer bis alkalischen, mäßig trockenen bis frischen, durchlässigen, sandig-lehmigen Gartenboden mit mittlerem bis hohem Nährstoffgehalt. Er braucht einen vor Wintersonne und Zugluft geschützten Platz.

Weitere Art *P. flexuosa* wächst breit aufrecht und kann innerhalb kürzester Zeit größere Flächen bedecken. Windschutz im Winter.

Schwarzhalmbambus, Schwarzrohrbambus
Phyllostachys nigra

Gestaltung Der Schwarzhalmbambus wächst aufrecht breit bis überhängend. Er fühlt sich an einem windgeschützten Einzelplatz wohl, an dem sein auffälliger Wuchs zur Geltung kommt. Auch für Topf und Kübel.

Pflege Pflanzen Sie den Schwarzhalmbambus an einen sauren bis alkalischen, mäßig trockenen bis frischen, durchlässigen, sandig-lehmigen und tiefgründigen Gartenboden mit einem mittleren bis hohem Nährstoffgehalt. Der Pflanzplatz beziehungsweise der Stellplatz des Kübels sollte sonnig bis halbschattig und geschützt liegen, eine Windschutzwand ist vorteilhaft. Diese Bambus-Art treibt erst spät aus und sollte wenig bis regelmäßig bewässert werden.

Zwergbambus
Pleioblastus pumilus (syn. *P. humilis* var. *pumilus*, syn. *Sasa pumila*)

Gestaltung Das Gras wird zur schnellen Bodenbegrünung verwendet und wächst unter Baumgruppen. Es passt gut in Japan-Gärten und an den Teichrand. Zwergbambus blüht nur alle 40 bis 100 Jahre.

Pflege Der Zwergbambus ist anspruchslos, bevorzugt aber frische Gartenböden mit mittlerem bis hohem Nährstoffgehalt. Frostschäden werden nach dem Rückschnitt im Frühjahr meist überwachsen. Der Zwergbambus bildet viele Ausläufer, dadurch entwickelt sich ein Dickicht. Er sollte daher nur mit Wurzelsperren in abgetrennte Gartenteile oder im eingesenkten Kübel gesetzt werden. Für kleine Gärten nicht geeignet. Im kontinentalen Klima nicht in die volle Sonne pflanzen.

Standort: sonnig, halbschattig, schattig **Wasserbedarf:** wenig, mittel, hoch

Weitere schöne Bambus-Arten

Name	Aussehen	Höhe	Verwendung
Schirmbambus *Fargesia nitida*	straff aufrecht, später überhängend	2,5 bis 4 m	sehr schattenverträglich, für Gewässerränder, Hecken, Sichtschutz
Gelbhalmbambus *Phyllostachys aureosulcata f. spectabilis*	locker, horstbildend	3 bis 5 m	Solitär
Grüner Bambus *Phyllostachys bissetii*	dicht, buschig verzweigt	2 bis 5 m	Solitär, Japan-Garten
Holzbambus *Phyllostachys bambusoides*	aufrecht	6 bis 10 m	Solitär
Bambus *Phyllostachys edulis*	dicht, buschig, dickhalmig	5 bis 7 m	Solitär, Hain
Flaumiger Bambus *Phyllostachys nigra* var. *henonis*	aufrecht, buschig, dicht, bis zum Boden belaubt	5 bis 6 m	Soliär, Hecke, Hain, Sichtschutz, Windschutz
Smaragdgrüner Bambus *Phyllostachys viridiglaucescens*	steif aufrecht bis weit überhängend	6 bis 10 m	Solitär, Hain, Hecke, Formschnitt
Goldgelber Bambus *Phyllostachys vivax* 'Aureocaulis'	aufrecht, dickhalmig	6 bis 9 m	Soliär, Hain, Formschnitt
Zwergbambus *Pleioblastus pygmaeus* var. *distichus*	aufrecht, dicht flächig	0,8 m	Formschnitthecken, Kübelkultur
Zwergbambus *Pleioblastus variegatus*	locker aufrecht	1 m	auch für alkalische Böden, Kübel, Flächenbepflanzung
Narihirabambus *Semiarundinaria fastuosa*	straff aufrecht	3 bis 5 m	Sichtschutz, Hecken
Dreikantbambus *Shibataea kumasaca*	buschig aufrecht, kaum wuchernd	0,8 bis 1 m	Solitär, niedrige Hecken, Kübel

Maketebambus
Pseudosasa japonica

Gestaltung Der straff aufrechte bis dichtbuschige Maketebambus wächst schnell. Sein auffallender Wuchs kommt in einer Einzelstellung optimal zur Geltung. Er wird an den Gehölzrand und in Japan-Gärten gepflanzt. Im Hintergrund platzieren.

200-300

Pflege Der Maketebambus bevorzugt schwach saure bis schwach alkalische, frische bis feuchte, durchlässige und humose Gartenböden mit mittlerem bis hohem Nährstoffgehalt. Die blühenden Pflanzen werden bis über den Boden zurückgeschnitten. Sie sollten vor den austrocknenden Ostwinden und vor Wintersonne geschützt werden. Der attraktive Maketebambus sollte regelmäßig bis häufig gegossen werden und kann bei zusagenden Bedingungen kleine Dickichte bilden.

Wiesenbambus
Sasa veitchii

Gestaltung Der breit buschige Wiesenbambus breitet sich schnell aus. Setzen Sie ihn in bunte Beet- und Staudenpflanzungen, Japan-Gärten oder an Teich- und Uferränder. Sein auffälliger Wuchs kommt am besten in Einzelstellung zur Geltung.

100-150

Pflege Der Wiesenbambus ist anpassungsfähig und gedeiht in frischen bis feuchten, fruchtbaren, humosen Gartenböden mit hohem Nährstoffgehalt. Der Wiesenbambus wuchert leicht und sollte daher zur Eingrenzung in einen großen, eingesenkten Kübel gepflanzt werden.

Weitere Art Der Palmblattbambus (*Sasa palmata* f. *nebulosa*) ist ideal zur Unterpflanzung von Bäumen. Er breitet sich schnell aus.

Bobbie James

Aussehen Die Triebe der Kletterrose 'Bobbie James' sind biegsam. Sie braucht einen Standort mit viel Platz, um sich entfalten zu können. Die ungefüllten, cremeweißen Blüten erscheinen einmal im Jahr und duften.

↑ 5–10 m | VI–VII

Gestaltung Wächst aufrecht, hängt in der Blütezeit über; kann Bäume und Pergolen beranken; hitzeverträglich.

Pflege Ein sonniger und luftiger Platz ist ideal, auch an einem halbschattigen Platz (mindestens 5 Stunden Sonne) kommt sie gut zu Recht. Achten Sie auf einen Standort ohne Staunässe und Wurzeldruck sowie genügend Nährstoffe. Nach der Blüte im Sommer auslichten, aber nicht zu kräftig zurückschneiden.

Crown Princess Margareta

Aussehen Diese Englische Rose ist eine bogig wachsende Strauchrose, die in milden Lagen als Kletterrose (bis 3 m hoch) gezogen werden kann. Die gefüllten, aprikosenorangen Blüten duften intensiv.

↑ 1,7 m | VII–X

Gestaltung Für Rosen- und Blumenbeete, als Kletterrose wächst sie auch an Wänden, Spalieren oder Rankgerüsten; ist hitzeverträglich.

Pflege Ein sonniger oder halbschattiger (mindestens 5 Stunden Sonne) Platz mit leichtem Wind, ohne Wurzeldruck oder Staunässe. Eine ausreichende Nährstoffversorgung ist wichtig. Rückschnitt erst nach einigen Jahren, alle 5 bis 7 Jahre werden alte Grundtriebe an der Basis entfernt.

Eden Rose 85®

Aussehen Diese Strauchrose aus dem Haus Meilland wächst aufrecht buschig bis leicht überhängend und blüht mehrmals im Jahr. Die rosettenartigen, hellrosa Blüten sind nostalgisch gefüllt und duften leicht.

↑ –1,5 m | VI–IX

Gestaltung Wirkt in einer Einzelstellung und Gruppenpflanzungen, auch in Kombination mit Stauden. In milden Lagen kann sie auch als Kletterrose gezogen werden; ist hitzeverträglich.

Pflege Liebt sonnige und nährstoffreiche Standorte, ohne Wurzeldruck oder Staunässe. Ein Rückschnitt ist, bis auf kleinere Auslichtungsmaßnahmen, erst nach einigen Jahren nötig, alle 5 bis 7 Jahre werden alte Grundtriebe an der Basis entfernt.

Golden Gate®

Aussehen Die Kletterrose von Kordes wächst aufrecht und klettert willig, auch in rauen Lagen, bis zu 3 Meter. Die gelben, offenen, halbgefüllten Blüten verblassen nur wenig; blüht mehrmals im Jahr. Die Blüten duften kräftig.

↑ –3 m | VI–IX

ADR 2006

Gestaltung Ideal geeignet zum Begrünen von Wänden, Pergolen und Obelisken.

Pflege Ein sonniger und luftiger Platz ist für diese attraktive Rosenzüchtung ideal, auch im Halbschatten mit mindesten 5 Stunden Sonne fühlt sie sich wohl. Ein Winterschutz ist empfehlenswert. Im Frühjahr werden dünne Seitentriebe auf 5 Augen eingekürzt. Junge, kräftige Langtriebe bleiben stehen.

Standort: sonnig, halbschattig, schattig **Wasserbedarf:** wenig, mittel, hoch

Grande Amore®

Aussehen Diese Kordes-Edelrose wächst breit buschig und verzweigt sich gut. Die leuchtend blutroten Blüten sind mittelgroß, duften zart und eignen sich für den Vasenschnitt. Sie blüht mehrmals im Jahr.

-0,8 m | VI IX

ADR 2005

Gestaltung Wächst in Gruppen in Beeten und Rabatten. Sommerblumen und Stauden sind geeignete Nachbarn. Kann auch in großen Kübeln auf Balkon oder Terrasse gepflegt werden.

Pflege Braucht einen sonnigen Standort mit leichter Luftbewegung. In Trockenperioden muss hin und wieder durchdringend gegossen werden, besonders im Kübel ist auf eine ausreichende Wasserversorgung zu achten. Ein Winterschutz ist empfehlenswert.

Inspiration®

Aussehen Diese Edelrose von Noack wächst buschig. Die die gut gefüllten Blüten zeigen ein lebhaftes Farbenspiel mit außen lachsrosa und innen gelblich gefärbten Blütenblättern. Sie blüht mehrmals im Jahr.

-0,8 m | VI IX

ADR 2005

Gestaltung Für Gruppenpflanzungen in Rosen- und Blumenbeeten in Kombination mit Sommerblumen und Stauden. Kann auch in großen Kübeln auf Balkon oder Terrasse gepflegt werden; ist hitzeverträglich.

Pflege Benötigt einen sonnigen, möglichst regenarmen Standort. In Trockenperioden muss hin und wieder durchdringend gegossen werden, besonders im Kübel. Ein Winterschutz ist empfehlenswert.

Königin von Dänemark

Aussehen Die historische Strauchrose wächst breit buschig und hängt über. Die leuchtend rosa, becherförmigen Blüten duften sehr gut, sind dicht gefüllt und hellen sich nach außen auf. Sie blüht einmal im Jahr.

1,5–2 m | VI VII

Gestaltung Für Gruppenpflanzungen, auch in naturnahen Gärten. Kann auch als Rosenhecke gepflanzt werden; ist hitzeverträglich.

Pflege Die Königin von Dänemark ist pflegeleicht und fühlt sich am einem sonnigen oder halbschattigen Platz mit mindestens 5 Stunden Sonne wohl. Sie braucht keinen Rückschnitt, bei Bedarf kann sie nach der Blüte etwas ausgelichtet oder in Form geschnitten werden.

KOSMOS®

Aussehen Diese Beetrose widmete Kordes dem Kosmos-Verlag. Sie wächst bogig überhängend bis breit buschig. Ihre cremeweißen, nostalgischen Blüten sind stark gefüllt. Die Knospen sind edelrosenartig. Öfterblühend.

-0,7 m | VI IX

ADR 2007

Gestaltung Um eine gute Fernwirkung zu erhalten, sollten mindestens drei Exemplare zusammen gepflanzt werden. Schön in Kombination mit Stauden. Kann auch in große Kübel für Balkon oder Terrasse gepflanzt werden.

Pflege Luftiger Platz in der Sonne oder im Halbschatten (mindestens 5 Stunden Sonne). Vermeiden Sie Wurzeldruck und Baumschatten. Gute Nährstoffversorgung für reiche Blüte. Winterschutz ist anzuraten.

Höhe: 5–10 m **Blütezeit:** VI IX in Monaten **Blütenfarben:**

Mirato®

Aussehen Die Kleinstrauchrose aus dem Hause Tantau wächst breit buschig und hängt bogig über. Die mittelgroßen, leuchtend pinken Blüten sind halbgefüllt. Sie blüht mehrmals im Jahr reichlich.

-0,7m | VI–X | ADR 2004

Gestaltung Mirato ist eine besonders gute Rose für den Hausgarten, in Beeten, Rabatten, auf Hängen und freien Flächen. Sie reinigt sich gut selbst und ist hitzeverträglich.

Pflege Ein sonniger oder halbschattiger Platz mit mindestens 5 Stunden Sonne ist ideal. Staunässe ist zu vermeiden. Achten Sie auf eine ausreichende Nährstoffversorgung. Sie kann im dreijährigen Turnus oder jährlich zurückgeschnitten werden.

Nostalgie®

Aussehen Diese Edelrose von Tantau wächst buschig. Ihre cremeweißen Blüten öffnen sich ballförmig und haben einen kirschroten Rand. Sie können für Vasenschnitt verwendet werden und duften. Blüht mehrmals im Jahr.

1m | VI–IX

Gestaltung Diese wunderschöne Rose besticht durch die einmalige Farbkombination der Blüten mit dem Laub und ihre schöne Wuchsform. Sie kann in Rosen- und Blumenbeete gepflanzt werden; sehr hitzeverträglich.

Pflege Ist für fast jeden sonnigen Standort geeignet. Die Blüten sind gut regenfest. Ein Winterschutz mit Anhäufeln und Fichtenzweigen ist ratsam. Schneiden Sie sie im Frühjahr bis auf 20 cm zurück.

Pepita®

Aussehen Diese Zwergrose von Kordes wächst kompakt und verzweigt sich gut. Die kräftig pinken Blüten sind stark gefüllt. Jede Dolde trägt 6 bis 8 Blüten. Sie blüht mehrmals im Jahr. Die Blüten sind regenfest.

0,5m | VI–X | ADR 2004

Gestaltung Pepita bleibt sehr klein und eignet sich hervorragend für Töpfe, Kästen, Kübeln und Einfassungen.

Pflege Ein Rückschnitt muss nicht in jedem Jahr erfolgen, hilft aber, die Pflanze jung und wüchsig zu halten. Besonders bei Verwendung als Kübelpflanze sollte für ausreichende Bewässerung und Winterschutz gesorgt werden. Spätestens nach zwei Jahren ist Umpflanzen in ein größeres Gefäß oder Erneuern der Pflanzenerde sinnvoll.

Red Leonardo da Vinci®

Aussehen Diese klein bleibende, pflegeleichte Beetrose von Meilland wächst aufrecht. Die johannisbeerroten Blüten sind stark gefüllt, duften gut und erscheinen reichlich mehrmals im Jahr.

0,6m | V–X | ADR 2005

Gestaltung Für eine optimale Fernwirkung sollten mindesten drei Exemplare zusammen gepflanzt werden. Sie passen gut in gemischte Staudenbeete, aber auch reine Rosenbeete. Für Gruppenpflanzungen; hitzeverträglich.

Pflege Ein luftiger Platz in der Sonne mit leichter Luftbewegung ist ideal. So können viele Krankheiten vermieden werden. Staunässe und stauende Hitze werden schlecht vertragen. Auf ausreichende Nährstoffversorgung achten.

Standort: sonnig, halbschattig, schattig **Wasserbedarf:** wenig, mittel, hoch

Rose de Resht

Aussehen Die historische Strauchrose kommt ursprünglich aus Persien. Sie wächst aufrecht buschig bis rundlich. Ihre gefüllten Blüten sind leuchtend rot bis purpurrot. und duften stark. Sie blüht mehrmals im Jahr.

1 m | VI–IX

Gestaltung Passen fast überall in den Garten, entweder einzeln oder in Gruppen gepflanzt. Sie können in Gehölzpflanzungen, Blumenbeeten, Rabatten und auch als Rosenhecke gesetzt werden.

Pflege Ein sonniger bis halbschattiger Platz mit mindestens 5 Stunden Sonne am Tag sind ideal. Erst nach 5 Jahren müssen alte Grundtriebe an der Basis entfernt werden. Dies alle 5 bis 7 Jahre wiederholen.

Schneeflocke®

Aussehen Die Kleinstrauchrose Noack wächst buschig bis kompakt. Die halb gefüllten Blüten sind leuchtend weiß und erscheinen mehrmals im Jahr. Die Blütendolden tragen bis zu 35 Einzelblüten, die leicht duften.

0,5 m | VI–IX

ADR 1991

Gestaltung Wächst flächig und verwandelt leicht ganze Bereiche in Blütenmeere. Für Blumenbeete, Hänge, Rabatten, Einfassungen und freie Flächen geeignet. Einzeln oder in Gruppen pflanzen; hitzeverträglich.

Pflege Diese pflegeleichte Rose fühlt sich an einem sonnigen oder halbschattigen Standort (mindestens 5 Stunden Sonne am Tag) wohl. Sie kann im dreijährigen Turnus, aber auch jährlich zurückgeschnitten werden.

Westerland®

Aussehen Die Strauchrose von Kordes wächst aufrecht buschig. Sie ist stark wüchsig. Ihre großen, gefüllten, Blüten erscheinen mehrmals im Jahr in großen Büscheln. Die Blüten sind lange haltbar und duften stark.

~1,5 m | VI–X

ADR 1974

Gestaltung In fast allen Bereichen erzielt sie schöne Effekte, sowohl als Einzel- als auch Gruppenpflanzung; hitzeverträglich.

Pflege Eine sehr pflegeleichte Rose, die sich sowohl an einem sonnigen als auch halbschattigen Platz mit mindestens 5 Stunden Sonne am Tag wohlfühlt. Erst nach 5 Jahren müssen alte Grundtriebe an der Basis entfernt werden. Diesen Rückschnitt alle 5 bis 7 Jahre wiederholen.

Westzeit®

Aussehen Die Beetrose von Noack wächst aufrecht buschig. Ihre halb gefüllten Blüten sind orange bis apricot und erscheinen mehrmals im Jahr. Ihre Blätter und Triebe treiben rötlich aus. Das Laub bleibt lange haftend.

0,7 m | VI–X

ADR 2007

Gestaltung Entfaltet durch ihre auffällige Blütenfarbe eine gute Fernwirkung im Garten. Wenn mehrere Exemplare zusammen gepflanzt werden, steigert sich diese Wirkung noch.

Pflege Sehr gesunde Rose, die sich an einem luftigen Platz in der Sonne mit leichten Windbewegungen wohlfühlt. Achten Sie auf eine ausreichende Nährstoffversorgung, die für die reiche Blüte und Gesundheit unerlässlich ist. Bei Trockenheit durchdringend gießen.

Höhe: 5–10 m Blütezeit: VI–IX in Monaten Blütenfarben:

Herbst-Anemone
Anemone hupehensis

Gestaltung Die aufrecht buschige Herbst-Anemone fühlt sich in bunten Beet- und Staudenpflanzungen oder am Gehölzrand wohl. Ihre Blüten locken Bienen in den Garten.

↑ 40-80 | VIII X

Pflege Die Herbst-Anemonen benötigen einen schwach sauren bis neutralen, frischen, durchlässigen, sandig-lehmigen Gartenboden mit mittlerem Nährstoffgehalt. Sie können durch Aussaat und Teilung vermehrt werden.

Weitere Art Die verwandte Filzblättrige Herbst-Anemone *(A. tomentosa)* blüht weiß und rosa. Sie ist wüchsig und kann sich rasch ausbreiten. Sie ist im Handel in vielen Sorten erhältlich.

Kissen-Aster
Aster dumosus

Gestaltung Die wichtigen Herbstblüher passen in den Vordergrund bunter Beet- und Staudenpflanzungen sowie in Steingärten. Die Blüten lassen sich für die Vase schneiden.

↑ 20-40 | IX X

Pflege Kissen-Astern bevorzugen durchlässige, mäßig trockene bis frische Gartenböden mit hohem Nährstoffgehalt. Der Spross wird im späten Herbst oder zeitigen Frühjahr zurückgeschnitten.

Weitere Art Die verwandte Berg-Aster *(A. amellus)* bevorzugt kalkreiches, durchlässiges Erdreich und liebt Sonne und Wärme. Sie blüht sortenabhängig in verschiedenen Farben von August bis September.

Bergenie
Bergenia-Sorten

Gestaltung In bunten Beeten können Sie Bergenien einzeln oder in Gruppen pflanzen. Und sie werden zur flächendeckenden Bodenbegrünung eingesetzt. Es gibt viele Sorten und Arten.

↑ 30-40 | IV V

Pflege Bergenien lieben durchlässige, frische Gartenböden mit hohem Nährstoffgehalt. Lassen Sie sie ungestört wachsen. Die Stauden sind insgesamt anspruchslos, können aber leicht wuchern. Auf eine gleichmäßige Bodenfeuchtigkeit ist zu achten. Staunässe wird genauso wenig vertragen wie Trockenheit.

Sorten 'Silberlicht' blüht weiß mit rotgrauem Auge, 'Abendglocken' in Karminrot und 'Morgenröte' in Rosa.

Karpaten-Glockenblume
Campanula carpatica

Gestaltung Die flach und kompakt wachsende Art kann in Töpfe und Kübel, als Einfassung und in den Steingarten gepflanzt werden. Die schönen Blüten locken Bienen an.

↑ 30 | VI VII

Pflege Glockenblumen lieben alkalische, frische, durchlässige und sandig-humose Gartenböden mit geringem Nährstoffgehalt. Auf eine gleichmäßige Bodenfeuchtigkeit ist zu achten. Staunässe wird genauso wenig vertragen wie Trockenheit. Glockenblumen können durch Aussaat oder Teilung vermehrt werden.

Sorten Schöne Sorten sind 'Blaue Clips' mit blauen Blüten, 'Weiße Clips' in Weiß, 'Abendglocken' in Karminrot.

Standort: sonnig, halbschattig, schattig **Wasserbedarf:** wenig, mittel, hoch

Großblumiges Mädchenauge
Coreopsis grandiflora

Gestaltung Die Klassiker beleben bunte Beet- und Staudenpflanzungen. Sie werden in Gruppen gesetzt, können auch in Töpfen kultiviert werden und sind Schnittblumen.

↑ 60-90 | VI/VIII

Pflege Diese Mädchenauge-Art möchte in durchlässigen, sandig-lehmigen, frischen Gartenböden mit mittlerem Nährstoffgehalt wachsen. Manchmal müssen die hohen Stauden gestützt werden. Den Spross schneidet man im späten Herbst oder zeitigen Frühjahr zurück.

Sorten 'Badengold', 'Schnittgold' und 'Sonnenkind' blühen goldgelb, 'Early Sunrise' (Bild) ist gefüllt. 'Sunray' hat gefüllte bis halb gefüllte Blüten.

Hoher Garten-Rittersporn
Delphinium-Elatum-Gruppe

Gestaltung Die auffälligen, straff aufrecht wachsenden Rittersporne sind die Blickpunkte in bunten Beeten und Rabatten. Die Blütenstände sind weithin sichtbar.

↑ 150-180 | VI/VII

Pflege Verlangt durchlässige, sandig-lehmige, frische Gartenböden mit mittlerem bis hohem Nährstoffgehalt. Ein Rückschnitt nach der ersten Blüte bis über dem Boden führt zu einer zweiten Blüte im Herbst. Nach Abwelken im Herbst wird zurückgeschnitten. Die Blütenstände müssen eventuell gestützt werden.

Sorten 'Finsteraahorn' blüht in Dunkelviolett mit brauner Mitte, 'Schildknappe' in Blauviolett.

Balkan-Kugeldistel
Echinops bannaticus

Gestaltung Die Balkan-Kugeldistel passt besonders gut in naturnahe Beet- und Staudenpflanzungen und in Bauerngartenrabatten. Sie können Einzelexemplare setzen oder Gruppen.

↑ 80-160 | VII/IX

Pflege Wählen Sie durchlässige, sandig-lehmige, frische Gartenböden mit mittlerem bis hohem Nährstoffgehalt für diese Pflanze aus. Die dankbare Staude ist pflegeleicht und unkompliziert, wenn sie den richtigen Platz bekommt. Verwelkte Blüten sollten zurückgeschnitten werden, da sie sich ansonsten stark versamen.

Weitere Art Die kleinere Griechische Kugeldistel *(E. ritro)* ist in Verwendung und Pflege ähnlich.

Großblumiger Frühlings-Enzian, Keulen-Enzian
Gentiana acaulis

Gestaltung Kompakt kissenförmig. Passt besonders gut in Töpfe und Kübel, als Einfassung, zum Gehölzrand und in den Steingarten.

↑ 15-20 | V/VI

Pflege Wählen Sie einen durchlässige, sandig-lehmigen, neutralen bis alkalischen, frischen Gartenboden mit ausgeglichenem Nährstoffgehalt aus. Sie kann durch Aussat und Teilung vermehrt werden. Ihre wunderschönen Blüten sind für den Vasenschnitt geeignet.

Weitere Arten Der Clusius-Enzian *(G. clusii)* ist kalkhold und bleibt sehr niedrig. *G. angustifolia* dagegen ist eine langstielige Art.

Höhe: ↑ 40-80 in cm **Blütezeit:** VI/IX in Monaten **Blütenfarben:**

Pracht-Storchschnabel
Geranium × magnificum

Gestaltung Der Pracht-Storchschnabel passt in naturnahe Beete und Staudenrabatten. Er liebt Gehölz- und Heckenränder und kommt auch an Schattenplätzen zu Recht.

↑ 40-60 | VI VII

Pflege Setzen Sie diese Pflanzen in durchlässige, humose, frische Gartenböden mit mittlerem bis hohem Nährstoffgehalt. Auf eine gleichmäßige Wasserversorgung sollte man achten. Die Staude kann nur durch Teilung vermehrt werden.

Weitere Arten Der Balkan-Storchschnabel *(G. macrorrhizum)* wächst bodendeckend und blüht von Mai bis Juli. Der Blut-Storchschnabel *(G. sanguineum)* wird bis zu 50 cm hoch.

Sonnenbraut
Helenium-Sorten

Gestaltung Pflanzen Sie diesen wunderschönen Blüher in Gruppen in bunte Beete und gemischte Rabatten. Die Pflanze mit Bauerngarten-Charakter lockt Bienen an.

↑ 70-150 | VII IX

Pflege Die Sonnenbraut bevorzugt sandig-lehmige, mäßig trockene bis frische Gartenböden mit hohem Nährstoffgehalt. Nicht zu trocken halten. Der Spross wird im späten Herbst oder zeitigen Frühjahr zurückgeschnitten. Vermehrung durch Stecklinge.

Sorten Früh blüht 'Moerheim Beauty' (kupferrot mit brauner Mitte), mittelfrüh 'Blütentisch' (goldgelb), spät 'Baudirektor Linne' (rot mit brauner Scheibe).

Taglilie
Hemerocallis-Sorten und -Arten

Gestaltung Die bekannten Blüher wachsen in bunten Beet- und Staudenpflanzungen, besonders gut in Bauerngartenrabatten. Sie werden meist nicht einzeln gesetzt.

↑ 50-110 | VI IX

Pflege Sandig-humose oder sandig-lehmige, frische Gartenböden mit hohem Nährstoffbedarf sind für Taglilien ideal. Verblühtes wird regelmäßig entfernt. Man kann im Frühjahr oder zeitigen Herbst pflanzen. Warmes Wetter verstärkt die Leuchtkraft der Blüten. Vermehrung durch Teilung im Frühjahr.

Sorten Es gibt mehr als 10 000 Sorten im Handel, das Sortiment wird ständig erweitert.

Funkie
Hosta-Sorten

Gestaltung Hostas wachsen in bunten Beet- und Staudenpflanzungen und eignen sich zur Unterpflanzung von Baum- und Strauchgruppen, auch einzeln oder in Gruppen für Japangärten.

↑ 10-120 | VII VIII

Pflege Funkien wollen auf sandig-humosen bis humosen, frischen Gartenböden mit mittlerem bis hohem Nährstoffgehalt wachsen. Sie sind schneckengefährdet. Die Pflanzen sind meist sehr wüchsig und lassen Unkraut keine Chance.

Weitere Arten Es gibt ein riesiges Angebot an Züchtungen und Sorten, zum Beispiel die Blaublatt-Funkie *(H. sieboldiana)* und die Schneefeder-Funkie (*Hosta × undulata* 'Univittata').

Standort: sonnig halbschattig schattig **Wasserbedarf:** wenig mittel hoch

Fackellilie
Kniphofia-Cultivars

Gestaltung Diese schönen Gruppenpflanzen mit den auffallenden Blütenständen wachsen in gemischten Beeten und Rabatten. Besonders gut wirken sie in Gärten mit Steppen-Charakter.

↑ -100 | VII IX

Pflege Fackellilien lieben durchlässige, mäßig trockene bis frische Gartenböden mit mittlerem Nährstoffgehalt. Vor winterlicher Staunässe und starken Frösten müssen sie geschützt werden. Am besten bindet man die Blätter zusammen und deckt sie ab, damit die Triebspitze trocken bleibt.

Sorten Beispiele sind 'Alcazar' in Feuerrot, 'Express' in Orangerot, 'Royal Standard' in Gelborange und 'Safranvogel' in Lachsrosa mit Cremegelb.

Orientalischer Mohn
Papaver orientale

Gestaltung Diese Mohn-Art fühlt sich in gemischten Beet- und Staudenpflanzungen wohl und wird dort nicht in den Vordergrund gepflanzt. Die Blütezeit ist nur kurz, aber einmalig schön.

↑ 60-100 | V VI

Pflege Geben Sie den Pflanzen durchlässige, trockene bis frische Gartenböden mit mittlerem Nährstoffgehalt. Staunässe wird nicht vertragen. Verblühtes kann man regelmäßig entfernen. Die Pflanze zieht nach der Blüte ein. Sie kann durch Aussaat und Teilung vermehrt werden.

Sorten 'Catharina', der karminrosa 'Rosenpokal', der leuchtend orangerote 'Sindbad' und die alte, bekannte, feuerrote Sorte 'Sturmfackel'.

Phlox
Phlox-Paniculata-Gruppe

Gestaltung Der Klassiker wächst in bunten Bauerngartenbeeten und gemischten Rabatten. Die hübschen Blüten locken Bienen an und eignen sich für den Vasenschnitt.

↑ 80-150 | VII X

Pflege Phlox bevorzugt sandig-humose, frische Gartenböden mit hohem Nährstoffgehalt. Bodentrockenheit sollte vermieden werden, daher sollte man in heißen Sommern immer regelmäßig wässern. Hohe Blütentriebe muss man eventuell stützen.

Weitere Arten Polster-Phlox (*P.*-Douglasii-Gruppe) wird nur 5 bis 15 cm hoch und eignet sich für Steingärten und Tröge. Kissen-Phlox (*P.*-Subculata-Gruppe) bleibt ebenfalls niedrig.

Kissen-Primel
Primula vulgaris in Sorten

Gestaltung Die Pflanzen findet man in Beeten und Rabatten, am Weges- und Treppenrand, vor Gehölzen und Hecken sowie in Natur- und Steingärten. Man kann Primeln gut in Töpfen kultivieren.

↑ 8-20 | III IV

Pflege Kissen-Primeln lieben sandig-humose oder sandig-lehmige, frische Gartenböden mit mittlerem Nährstoffgehalt.

Weitere Arten Schön sind die Kugel-Primel *(Primula denticulata)* mit den kugeligen Blütenständen und die Etagen-Primel (*P.*-*Bullesiana*-Gruppe) mit ihren in Etagen angeordneten Blüten. Die Teppich-Primeln (*P.*-*Juliae*-Gruppe) bleiben mit 5 bis 15 cm niedrig und blühen von März bis April.

Höhe: ↑ 40-80 in cm **Blütezeit:** VI IX in Monaten **Blütenfarben:**

Prächtiger Sonnenhut
Rudbeckia fulgida 'Goldsturm'

Gestaltung Die Staude wächst in gemischten Beeten und wird immer in größeren Gruppen gesetzt. Die Blüten werden gerne von Bienen besucht.

↑ 50-80 · VII X

Pflege Die Pflanzen lieben sandig-lehmige bis lehmige, frische bis feuchte Gartenböden mit mittlerem bis hohem Nährstoffgehalt. Der Boden darf nie austrocknen. Der Spross wird im späten Herbst oder zeitigen Frühjahr zurückgeschnitten. Verblühtes sollte man regelmäßig entfernen.

Weitere Art Der Lange Heinrich (*R. laciniata*) wird je nach Sorte 150 bis 200 cm hoch und blüht von Ende Juli bis September in Gelbtönen.

Sommer-Salbei
Salvia nemorosa

Gestaltung Ein klassischer, sehr beliebter Sommerblüher. Er wächst in gemischten Beeten, im Steingarten und auch in Töpfen und Kästen auf Balkon und Terrasse.

↑ 50-70 · V VIII

Pflege Geben Sie den Pflanzen durchlässige, frische Gartenböden mit mittlerem bis hohem Nährstoffgehalt. Ein Rückschnitt, kurz bevor die Pflanzen verblüht sind, führt zur Nachblüte. Abgestorbene Pflanzenteile werden im Herbst entfernt. Vermehrung durch Teilung.

Sorten 'Blauhügel' blüht von Juni bis Oktober in Blau und erreicht eine Höhe von 50 cm. 'Tänzerin' kann 70 cm hoch werden und blüht blauviolett.

Fetthenne
Sedum telephium

Gestaltung Für Steingärten oder Mauerkronen. Sie entwickelt schöne Blüten, die deutlich über dem Laub stehen. Man kann sie auch in Töpfen und Kübeln kultivieren.

↑ 40-60 · VII IX

Pflege Fetthennen lieben durchlässige, sandig-kiesige, trockene bis frische Gartenböden mit mittlerem Nährstoffgehalt. Der Spross wird im zeitigen Frühjahr zurückgeschnitten. Die Pflanze kann durch Aussaat und Teilung vermehrt werden.

Weitere Arten Die Weiße Fetthenne (*S. album* var. *album*) wird als Bodendecker verwendet und blüht zur gleichen Zeit. Die Kaukasus-Fetthenne (*S. spurium*) blüht weiß oder karminrot.

Woll-Ziest
Stachys byzantina

Gestaltung Der Woll-Ziest ist schon eine ungewöhnliche Pflanze mit den weißwolligen oder silbergrauen Blättern. Man setzt ihn in Beetpflanzungen, am besten in Gruppen.

↑ 10-40 · VII VIII

Er wird als Einfassung, auf Gräbern, in Steingärten und auf Trockenmauern verwendet.

Pflege Die Pflanze braucht durchlässige, mäßig trockene Gartenböden mit mittlerem Nährstoffgehalt. Der Spross wird im späten Herbst oder zeitigen Frühjahr zurückgeschnitten. Vermehrung durch Teilung.

Sorten 'Silvercarpet' ist ein dichter grauer Bodendecker, der kaum blüht.

Standort: sonnig · halbschattig · schattig **Wasserbedarf:** wenig · mittel · hoch

Weitere schöne Stauden

Name	Blüte	Wuchshöhe	Standort
Gold-Garbe *Achillea filipendula*	gelb, Juli bis August	80 bis 150 cm	sonnig
Berg-Steinkraut *Alyssum montanum*	gelb, April bis Mai	5 bis 20 cm	sonnig
Wald-Geißbart *Aruncus dioicus*	weiß, gelb, Juni bis Juli	150 bis 200 cm	halbschattig bis schattig
Garten-Astilbe *Astilbe-Arendsii*-Gruppe	violett, rosa, rot, Juli bis September	60 bis 120 cm	sonnig bis halbschattig
Gemswurz *Doronicum orientale*	gelb, April bis Mai	30 bis 40 cm	sonnig bis halbschattig
Feinstrahl *Erigeron speciosus*	blau, rosa, violett, weiß, Juni bis August	50 bis 70 cm	sonnig
Sonnenauge *Heliopsis helianthoides* var. *scabra*	gelb, orange, Juli bis August	60 bis 150 cm	sonnig
Brennende Liebe *Lychnis chalcedonica*	rot, Juni bis Juli	60 bis 80 cm	sonnig
Gold-Felberich *Lysimachia punctata*	gelb, Juni bis August	60 bis 100 cm	sonnig bis halbschattig
Monarde *Monarda*-Sorten	rosa, rot, auch weiße Sorten	70 bis 130 cm	sonnig
Bartfaden *Penstemon barbatus*	scharlachrot, März bis Mai	80 bis 100 cm	sonnig
Trollblume *Trollius*-Sorten	gelb, orange, Mai bis Juni	50 bis 70 cm	sonnig bis halbschattig

Verbene, Eisenkraut
Verbena bonariensis

Gestaltung Die Verbene wächst locker buschig und sollte am besten dicht gepflanzt werden, damit sie optimal zur Geltung kommt. Ihre violetten Blüten ziehen viele Insekten an.

120 VII X

Pflege Setzen Sie diese Verbenen-Art in normale Gartenerde mit mittlerem Nährstoffgehalt. Ein guter Winterschutz ist wichtig. Sie ist wenig frosthart. Die Verbene kann durch Aussaat vermehrt werden und sät sich im Garten selbst aus. Ihre schönen Blüten können für die Vase geschnitten werden.

Sorten Neben dieser Art gibt es im Handel viele Sorten, z. B. *V.*-Temari-Sorten wachsen buschig bis hängend.

Palmlilie, Yucca
Yucca filamentosa

Gestaltung Palmlilien sind Solitärstauden, brauchen also einen Einzelplatz. In gemischten Beeten sind sie sehr auffällig, auch wegen der Blätter und des Wuchses.

180 VII IX

Pflege Setzen Sie die Yucca in durchlässige, sandig-kiesige, trockene bis frische Gartenböden mit mittlerem bis hohem Nährstoffgehalt. Der Wasserbedarf der Palmlilie ist eher niedrig. Staunässe wird dementsprechend nicht vertragen. Eine lockere Fichtenreisig-Abdeckung im Winter schützt vor Frosttrocknis. Die Palmlilie blüht nach einigen Jahren zum ersten Mal. Sie kann durch Aussaat und Teilung vermehrt werden.

Höhe: 40-80 in cm **Blütezeit:** VI IX in Monaten **Blütenfarben:**

Schlangenwurz
Calla palustris

Gestaltung Dekorative, herzförmige Blätter, hübsche Blüten mit weißen Hochblättern und auffällige, rote, beerenartige Früchte im Spätsommer, gesamte Pflanze ist giftig, für kleine und große Gartenteiche geeignet, die mit Regenwasser gefüllt sind. Geeignete Nachbarn sind Sumpfdotterblume, Kalmus, Fieberklee und Binsen.

↑ 15-25 | VI–VII

Pflege Sumpfige Stellen am Teichrand, kalkarmes Wasser, Rhizom in Korb pflanzen, Vermehrung durch Teilung der Wurzelstöcke im Frühjahr.

Andere deutsche Namen Sumpf-Calla, Wasserschlangenwurz, Schlangenkraut, Drachenwurz, Schweinsohr.

Hechtkraut
Pontederia cordata

Gestaltung Besonders wegen der frischgrünen, glänzenden Blätter und der schönen Blüten eine Bereicherung für kleine und große Teiche. Sie sorgen für eine gewisse Ruhe.

↑ 50-60 | VI–IX

Pflege Für Teichränder an sumpfigen Stellen, Wassertiefe zwischen 10 und 50 cm (Pflanzung im Korb ist empfehlenswert), Pflanze ist nicht überall winterhart, daher Körbe vor dem ersten Frost aus dem Teich holen, hell, kühl und feucht überwintern, oberirdische Teile abschneiden und den Rest in ein feuchtes Substrat stecken.

Andere deutsche Namen Herzblättriges Hechtkraut, Herzförmiges Hechtkraut

Gemeiner Tannenwedel
Hippuris vulgaris

Gestaltung Am schönsten in der Sumpfzone; ist das Wasser zu tief, bilden sich schnell lange Unterwassertriebe aus. Sauerstoffspender, der wegen seines hohen Nährstoffbedarfes das Algenwachstum hemmt, Versteck und Nahrung für viele Tiere.

↑ 20-60 | VI–VIII Unterwassertriebe bis 200 cm

Pflege Anspruchslose Pflanze für Wasserrand und flaches Wasser, bevorzugt eher kalkhaltiges Wasser. Wegen des starken Wuchses ist eine Korbpflanzung empfehlenswert. Wenn die Pflanze sich zu üppig ausgebreitet hat, kann man sie zurückschneiden.

Anderer Name Gewöhnlicher Tannenwedel

Schmalblättriger Rohrkolben
Typha angustifolia

Gestaltung Wegen der starken Wüchsigkeit nur für größere Teiche geeignet, einzeln oder in Gruppen setzen, ideal für die Seiten und den Hintergrund des Teiches.

↑ 150-180 | VI–VIII

Pflege Pflegeleichte Pflanze für den Sumpfbereich von Teichen, kommt aber auch mit Wassertiefen bis 1 m zurecht, wächst sehr stark und muss daher in Körbe gesetzt und immer wieder einmal eingedämmt werden.

Weitere Arten Breitblättriger Rohrkolben *(T. latifolia)* nur für Teiche über 25 m² Wasserfläche zu empfehlen (Korbpflanzung), Zwerg-Rohrkolben (*T. minima,* 0,7 m) ist auch für kleinere Teiche geeignet (Korbpflanzung!).

Standort: sonnig, halbschattig, schattig **Wasserbedarf:** wenig, mittel, hoch

Weitere Pflanzen für den Gartenteich

Name	Standort	Blüte	Wuchshöhe
Gewöhnlicher Froschlöffel *Alisma plantago-aquatica*	sonnig bis halbschattig; Flachwasser, Teichrand	weiß, rosa, Juni bis September	20 bis 70 cm
Afrikanische Wasserähre *Aponogeton distachyos*	sonnig, für 20 bis 90 cm tiefes Wasser (nur bedingt frosthart)	weiß mit purpurn, duftend, Juni bis Oktober	20 bis 50 cm
Breitblättriges Wollgras *Eriophorum latifolium*	sonnig, Flachwasser (bis 10 cm tief), Teichrand	hübsche weiße Samenstände	40 bis 60 cm
Fieber-Quellmoos *Fontinalis antipyretica*	sonnig bis halbschattig, für 30 bis 70 cm tiefes Wasser	keine	5 bis 10 cm
Wassernabel *Hydrocotyle vulgaris*	sonnig bis halbschattig, feuchtes Ufer	weiß, Juli bis August	5 bis 20 cm, Bodendecker am Ufer
Flatter-Binse *Juncus effusus*	sonnig, Teichrand (bis 10 tief)	braun, Juli bis August	20 bis 80 cm
Fieberklee *Menyanthes trifoliata*	sonnig bis halbschattig, seichtes Wasser (bis 30 cm tief), sumpfige Stellen	weiß, rosa, Mai bis Juni	15 bis 25 cm
Sumpf-Vergissmeinnicht *Myosotis palustris*	sonnig bis halbschattig, feuchtes Ufer, Teichrand	hellblau bis violettblau, von Mai bis September	30 bis 40 cm
Seekanne *Nymphoides peltata*	sonnig bis halbschattig, Korbpflanzung im Wasser	gelb, Juli bis September	10 cm über Wasser
Wasser-Knöterich *Polygonum amphibium*	sonnig bis halbschattig, Schwimmblattpflanze für 20 bis 100 cm tiefes Wasser im Korb	rosa, Mai bis August	5 bis 15 cm über Wasser
Blut-Weiderich *Lythrum salicaria*	sonnig, Teichrand (bis 20 cm tief)	purpurrot, von Juni bis August	30 bis 100 cm hoch
Bach-Ehrenpreis *Veronica beccabunga*	sonnig, Flachwasser (bis 10 cm tief), Teichrand	blauviolett, Mai bis August	10 bis 50 cm hoch

Seerosen
Nymphaea-Arten und Sorten

Gestaltung Die Stars unter den Wasserpflanzen mit faszinierenden Blüten in vielen Farben und Größen. Bei der Arten- und Sortenauswahl ist auf die Teichgröße zu achten.

5-15 | VI VIII

Pflege Für Wassertiefen zwischen 30 cm und 2 m (je nach Art und Sorte), brauchen fünf bis sechs Stunden Sonne täglich, in kleinen Teichen in Körbe setzen; nicht in die Nähe von Wasserspielen, Speiern oder Wasserfällen, da Wasser auf den Blättern und Blüten nicht vertragen wird.

Empfehlenswerte Arten Zwerg-Seerose *(N. tetragona)*, die Kleine Seerose *(N. candida)* und die Duft-Seerose *(N. odorata* var. *minor)*.

Gelbe Teichrose, Mummel
Nuphar lutea

Gestaltung Hübsche Blüher für große Teiche, mit deutlich kleineren Blüten als Seerosen. Unterwasserblätter liefern unter Eis und Schnee wertvollen Sauerstoff.

15-20 | V VIII

Pflege Für Wassertiefen zwischen 50 und 200 cm, Korbpflanzung, nicht in die Nähe von Wasserspielen oder spritzendem Wasser setzen, weil die Blätter und Blüten das nicht vertragen. Mindestens fünf, besser sechs Stunden Sonne sind für eine üppige Blüte erforderlich.

Weitere Art Kleine Teichmummel *(N. pumila)* bleibt kleiner und eignet sich daher für kleinere Teiche, für eine Wassertiefe zwischen 25 und 80 cm.

Höhe: 40-80 in cm **Blütezeit:** VI IX in Monaten **Blütenfarben:**

Morgenstern-Segge
Carex grayi

Gestaltung Die Pflanze passt in bunte Beet- und Staudenpflanzungen. Sie wird am Teich- und Gehölzrand verwendet und kann einzeln oder in Gruppen gesetzt werden.

↑ 50-100 | V

Pflege Morgenstern-Seggen lieben durchlässige, frische bis feuchte Gartenböden mit mittlerem Nährstoffgehalt. Achten Sie auf genügend Bodenfeuchtigkeit und einen sonnigen bis halbschattigen Standort.

Weitere Art Es gibt viele schöne und empfehlenswerte *Carex*-Arten, zum Beispiel die Fuchsrote Segge *(Carex buchananii)* wird 40 cm hoch und verlangt einen sonnigen Platz in nährstoffreichem, durchlässigem Erdreich.

Hohes Pampasgras
Cortaderia selloana

Gestaltung Das Hohe Pampasgras wirkt durch seine Größe und die interessanten Blätter besonders schön. Es braucht einen Einzelplatz in der Sonne.

↑ 250 | IX–X

Pflege Durchlässige, sandig-lehmige, frische Gartenböden mit hohem Nährstoffgehalt sind der richtige Platz für diese Riesengräser. Geben Sie der Pflanze einen Schutz vor der Nässe im Winter.

Sorten 'Argentea' entwickelt große, silberweiße Wedel. 'Pumila' ist eine kompaktere, besonders frostharte Form, deren Blätter nur etwa 50 cm und die Blütenstände 120 cm hoch wachsen.

Blau-Schwingel
Festuca glauca (syn. *F. cinerea*)

Gestaltung Die Pflanze wird in bunten Beet- und Staudenpflanzungen verwendet. Man sollte immer Gruppen mit bis zu zehn Pflanzen zusammenstellen, um eine kleine Wiese zu schaffen.

↑ 40 | VI–VII

Pflege Der Blau-Schwingel möchte in durchlässigen, sandig-kiesigen, mäßig trockenen Gartenböden mit sehr niedrigem Nährstoffgehalt wachsen. Trockenheit wird vertragen. Die Art ist pflegeleicht und unkompliziert und gehört zu den meist verwendeten Gräsern.

Weitere Arten Der Bärenfell-Schwingel *(F. gautieri)* mit 15 cm hohen Polstern und 25 cm hohen Blütenständen liebt halbschattige Plätze.

Schnee-Marbel
Luzula nivea

Gestaltung Setzen Sie das Gras in Schattenbeete oder am steinigen Gehölzrand. Es passt gut in den schattigen Steingarten und zu Rhododendron.

↑ 40 | VI–VIII

Pflege Die Schnee-Marbel möchte auf durchlässigen, sandig-lehmigen, humosen, frischen Gartenböden mit mittlerem Nährstoffgehalt wachsen. Sie ist eine unkomplizierte und pflegeleichte Pflanze.

Sorten und Arten Die Weiße Hainsimse *(L. luzuloides)* wächst gut unter alten Gehölzen, genauso die Wald-Marbel *(L. sylvatica)*. Deren Sorte 'Marginata' besitzt hübsche, grüne Blätter mit cremegelben Randstreifen.

Standort: sonnig, halbschattig, schattig **Wasserbedarf:** wenig, mittel, hoch

Weitere schöne Gräser

Name	Aussehen	Höhe	Standort	Verwendung
Riesenschilf *Arundo donax*	aufrecht, horstbildend	2 bis 5 m	sonnig, Winterschutz nötig	Japangarten, Teich- und Uferrand
Haarschotengras *Bouteloua gracilis*	kompakt aufrecht, horstbildend	0,4 m	sonnig	Beete, Staudenpflanzungen
Zittergras *Briza media*	aufrecht buschig, horstbildend	0,5 m	sonnig	Magerrasen, Beete, Staudenpflanzungen
Plattenährengras *Chasmanthium latifolium*	aufrecht buschig, horstbildend	0,8 bis 1,2 m	sonnig bis halbschattig	Beete und Staudenpflanzungen
Goldbartgras *Chrysopogon gryllus*	locker, horstbildend	0,8 bis 1,2 m	vollsonnig	Beete, Staudenpflanzungen, Trocken- und Magerrasen
Langes Zyperngras *Cyperus longus*	locker buschig, horstbildend	0,8 bis 1,3 m	sonnig	Teich- und Uferrand
Rasen-Schmiele *Deschampsia cespitola*	überhängend, rasenartig, horstbildend	0,9 bis 1,2 m	sonnig bis halbschattig	Feuchtwiesen, Teich- und Bachrand
Blaustrahlhafer *Helictotrichon sempervirens*	dicht buschig, horstbildend	1,2 m	vollsonnig	Beete, Staudenpflanzungen, Felssteppen
Flaschenbürstengras *Hystrix patula*	aufrecht, horstbildend	0,9 m	sonnig bis halbschattig	Beete, Staudenpflanzungen
Wimpern-Perlgras *Melicia ciliatas*	buschig, horstbildend	0,3 bis 0,6 m	sonnig	Beete und Staudenpflanzungen
Orientalisches Lampenputzergras *Pennisetum orientale*	breit buschig, horstbildend	0,8 m	sonnig	Beete, Staudenpflanzungen, blüht lange
Goldbartgras *Sorghastrum nutans*	aufrecht buschig, horstbildend	1,5 m	sonnig	Beete, Staudenpflanzungen

Chinaschilf
Miscanthus sinensis

Gestaltung Setzen Sie das Gras in bunte Beet- und Staudenpflanzung. Es sollte nicht zu nahe an Teiche gepflanzt werden, um die Wandungen nicht zu durchbrechen.

↑ 250 | IX X

Pflege Das ausladende bis überhängende purpurne China-Schilf bildet Horste. Es benötigt einen schwach sauren bis schwach alkalischen, frischen, durchlässigen, sandig-lehmigen Boden mit hohem Nährstoffvorrat. Es sollte regelmäßig gegossen werden und kann geschnitten werden.

Sorten 'Grazielle' mit einer schönen Herbst- und Winterfärbung, 'Kleine Silberspinne' ist eine Sorte mit silbrigweißen Wedeln.

Moor-Blaugras, Blaugras
Sesleria caerulea

Gestaltung Für Beet- und Staudenpflanzung sowie im Steingarten. Damit die auffallenden Blätter zur Geltung kommen sollten mindestens 10 Exemplare zusammen stehen.

↑ 30 | VI VII

Pflege Das polster- oder horstbildende Moor-Blaugras benötigt einen schwach alkalischen bis alkalischen, frischen bis feuchten, durchlässigen, sandiglehmigen, kalkhaltigen Moorboden oder Trockenrasen. Es sollte regelmäßig gegossen werden und kann geschnitten werden.

Weitere Art Das Kopfgras *(S. autumnalis)* ist ein pflegeleichtes Gras, das etwas höher wird und nur wenig Bewässerung benötigt.

Höhe: ↑ 40-80 in cm **Blütezeit:** VI IX in Monaten **Blütenfarben:**

Hufeisenfarn
Adiantum pedatum

Gestaltung Dieser Farn fühlt sich auf nordseitigen Natursteinmauern wohl. Man findet ihn an Gehölzrändern, auch in Töpfen und Kübeln kann er gepflegt werden. Der Hufeisenfarn wirkt schön in Gruppen, kann aber genauso gut einzeln stehen.

↑ 30-50

Pflege Der Hufeisenfarn liebt saure bis schwach saure, humose bis sandig-humose, frische bis feuchte Gartenböden mit mittlerem Nährstoffgehalt. Das Erdreich sollte locker sein; wegen des flachen Rhizoms nicht zu tief pflanzen.

Weitere Art Der Himalaya-Frauenhaarfarn *(A. venustum)* ist ein hübscher und graziler Farn, der den Halbschatten liebt. Geben Sie dieser Art einen Winterschutz aus Fichtenreisig.

Hirschzungenfarn
Phyllitis scolopendrium
(syn. *Asplenium scolopendrium*)

Gestaltung Sie können den Farn zur Unterpflanzung von Baum- und Strauchgruppen verwenden oder an den Gehölzrand setzen. Neben Baumstümpfen oder zwischen Steinen sehen die Wedel sehr schön aus.

↑ 30-70

Pflege Die Pflanze liebt durchlässige, kalkreiche, humose, frische Böden mit mittlerem Nährstoffgehalt. Achten Sie auf ausreichende Bodenfeuchtigkeit und einen windgeschützten Platz. Ein Winterschutz ist anzuraten.

Sorten 'Crispa' (Krauser Hirschzungenfarn) ist eine attraktive Sorte mit auffällig gewellten Blättern. 'Angustifolia' (syn. 'Augustatum', Schmaler Hirschzungenfarn) mit sehr schmalen Blättern.

Heimischer Frauenfarn
Athyrium filix-femina

Gestaltung Der Heimische Frauenfarn wird als Unterpflanzung von Baum- und Strauchgruppen verwendet, außerdem steht er gut in der Nachbarschaft von Rhododendren. Diese Farnart wächst auch gut am Gehölzrand.

↑ 50-90

Pflege Setzen Sie den Heimischen Frauenfarn in saure bis neutrale, durchlässige, humose, frische bis feuchte (bis dauerfeuchte) Gartenböden mit mittlerem Nährstoffgehalt. Der Farn muss vor Austrocknung geschützt werden.

Sorten Viele Sorten mit abweichenden Wedelformen und Farben erhältlich: 'Cristatum' (Hahnenkamm-Frauenfarn), 'Cruciatum', (Kreuzfieder-Frauenfarn).

Japanischer Regenbogenfarn
Athyrium niponicum

Gestaltung Die Pflanze kann an den Gehölzrand, in einen Schattengarten oder zur flächendeckenden Bodenbegrünung gepflanzt werden. Auch zur Unterpflanzung von Baum- und Strauchgruppen oder neben Wurzelstubben geeignet.

↑ 40-70

Pflege Setzen Sie den Japanischen Regenbogenfarn in saure bis neutrale, frische bis feuchte, durchlässige und humose Böden mit mittlerem Nährstoffgehalt. Der Farn treibt spät aus und muss vor Ostwinden geschützt stehen.

Art Der attraktive Brokatfarn oder Japanische Regenbogenfarn (*Athyrium niponicum* 'Pictum') besitzt metallisch bläulich grau schimmernde Blätter.

Standort: sonnig · halbschattig · schattig **Wasserbedarf:** wenig · mittel · hoch

Rippenfarn
Blechnum spicant

Gestaltung Die Farn-Art wird zur flächendeckenden Bodenbegrünung verwendet. Man unterpflanzt Baum- und Strauchgruppen und setzt ihn ins Rhododendronbeet. Er kann an schattigen Plätzen gepflanzt werden und macht sich gut am Gehölzrand.

↑ 25-30

Pflege Der Rippenfarn liebt saure bis schwach saure, durchlässige, humose, frische bis gut feuchte Gartenböden mit niedrigem Nährstoffgehalt. Auf genügend Feuchtigkeit achten.

Sorte und Arten 'Cristatum' (Gabel-Rippenfarn) besitzt mehrfach eingeschnittene, gegabelte Wedelenden. Die Seefeder (*B. penna-marina*), auch Feuerlandfarn genannt, ist eine klein bleibende Art, die schattige, humose Plätze liebt.

Heimischer Straußfarn, Trichterfarn
Matteuccia struthiopteris

Gestaltung Der Heimische Straußfarn wird in Beeten mit Einfassung, in Teichnähe, am Gehölzrand, als Unterpflanzung von Baum- und Strauchgruppen verwendet. Bildet starke Ausläufer.

↑ 100-150

Pflege Geben Sie dieser Pflanze saure bis schwach saure, humose bis sandig-humose, frische bis feuchte Gartenböden mit niedrigem Nährstoffgehalt. Der Wasserbedarf ist hoch. Vorsicht, die Pflanze kann sich stark ausbreiten und sollte daher in einen eingesenkten Kübel gesetzt werden.

Weitere Art Der Amerikanische Straußfarn *(M. pensylvanica)* wird genauso wie der Heimische gepflegt und verwendet.

Königsfarn
Osmunda regalis

Gestaltung Der Königsfarn fühlt sich in Teichnähe und im Moorbeet wohl. Er passt in die Rhododendron-Anlage und unter Baumgruppen.

Pflege Die Pflanzen lieben saure bis neutrale, durchlässige, humose, frische bis feuchte Gartenböden mit mittlerem bis hohem Nährstoffgehalt. Für alle Arten von *Osmunda* gilt: Je feuchter sie stehen, desto mehr Sonne wird vertragen.

↑ 80-200

Sorten Es gibt einige Sorten. Zum Beispiel 'Gracilis', der Zwerg-Königsfarn, der kompakter wächst als die Art und mit etwa 60 cm kleiner bleibt. 'Purpurascens', der Purpur-Königsfarn, treibt mit purpurroten Stielen und rötlichem Laub aus.

Gemeiner Tüpfelfarn, Engelsüß, Gewöhnlicher Tüpfelfarn
Polypodium vulgare

Gestaltung Der Tüpfelfarn fühlt sich einzeln gepflanzt am Gehölzrand und im Schatten-, Rhododendron- oder Steingarten wohl. Er ist als Unterpflanzung von Baum- und Strauchgruppen geeiget.

↑ 20-40

Pflege Die Pflanzen benötigen einen sauren bis alkalischen, mäßig trockenen bis frischen, humosen bis sandig-humosen Boden mit hoher Luftfeuchtigkeit und wenig Nährstoffe. Im Halbschatten bis Schatten platzieren

Weitere Art Der Gesägte Tüpfelfarn *(Polypodium interjectum)* ist eine breit wachsende Art mit dekorativen, überhängenden dunkelgrünen Wedeln. Er ist auch für einen sonnigen Standort geeignet.

Höhe: ↑ 40-80 in cm **Blütezeit:** VI/IX in Monaten **Blütenfarben:**

Riesen-Lauch
Allium giganteum

Gestaltung Wirkt durch die auffälligen großen, runden Blütenstände, die bis zu 20 cm groß werden können und auf bis zu 1,5 m hohen Blütenstängeln stehen.

↑ 20-150 | VII–VIII

Pflege Diese Lauch-Art liebt einen sonnigen Platz mit durchlässigem Boden. Bei Staunässe gedeiht er nicht. Pflanzen Sie die Zwiebeln bereits im November. Eine zwei bis drei Zentimeter dicke Sand- oder Kiesschicht im Pflanzloch dient als Dränage. Sie werden 20 Zentimeter tief gepflanzt.

Sorte 'Globemaster' wird 90 bis 100 Zentimeter hoch. Die hellvioletten Blüten werden bis zu 25 Zentimeter groß.

Strahlen-Anemone, Schönes Windröschen
Anemone blanda

Gestaltung Strahlen-Anemonen wachsen bodendeckend in Steingärten und können so ganze Flächen in Weiß, Blau, Rosa oder Violett tauchen.

↑ 10-25 | II–IV

Pflege Die Pflanzen lieben durchlässige, humose, frische bis feuchte Gartenböden mit mittlerem Nährstoffgehalt. Auf ausreichende Feuchtigkeit sollte man während der Wachstums- und Blütezeit achten. Dieser schließt sich eine trockenere Ruhephase an. Winterschutz ist ratsam.

Weitere Art Die pflegeleichte Kronen-Anemone *(A. coronaria)* braucht einen sehr geschützten Standort. Sie blüht weiß, rosa, rot, purpurn und blau.

Gefleckter Aronstab
Arum maculatum

Gestaltung Der Aronstab wächst aufrecht und wird am besten an Plätzen, an denen er sich ausdehnen kann, gepflanzt. Ein Platz unter lichten Bäumen ist ideal. Auffälliges Laub.

↑ 60 | IV–V

Pflege Die Pflanzen lieben frische, humose bis lehmige, sandige Gartenböden mit hohem Nährstoffgehalt. Halten Sie den Boden leicht feucht, der Aronstab verträgt auch kurzfristige Trockenheit. Vorsicht: Die attraktiven Fruchstände sind giftig!

Weitere Art Der Italienische Aronstab *(Arum italicum)* trägt im Herbst einen feurig roten Fruchtstand. Er verträgt auch einen halbschattigen Standort.

Cusicks Prärielilie
Camassia cusickii

Gestaltung Die aufrecht wachsende Prärielilie kann in bunte Beet- und Staudenpflanzungen gesetzt werden. Ihre auffallende Blüten sind wunderschöne Blickpunkte.

↑ 80 | V–VI

Pflege Die Art liebt einen schwach sauren bis schwach alkalischen, frischen, durchlässigen, sandig-humosen Gartenboden mit mittlerem Nährstoffgehalt. Sie neigt zum Wuchern und ist bedingt frosthart und kann in milden Regionen auch ins Freiland gesetzt werden. Ein dicker Winterschutz ist trotzdem anzuraten.

Weitere Art Die Sorten der Leichtlins Prärielilie *(C. leichtlinii)* blühen cremeweiß, blau und violett.

Standort: sonnig, halbschattig, schattig **Wasserbedarf:** wenig, mittel, hoch

Blumenrohr, Canna
Canna indica

Gestaltung Nach dem Frost können diese auffälligen Pflanzen nach draußen – entweder im Kübel oder ausgepflanzt im Beet. Einige Sorten haben sehr dekoratives Laub.

↑ 120-220 | VIII – X

Pflege Das Blumenrohr liebt durchlässiges, frisches bis feuchtes Erdreich mit mittlerem bis hohem Nährstoffgehalt. Verwelkte Blüten müssen regelmäßig entfernt werden, um die Blühdauer zu verlängern. Vor dem ersten Frost schneidet man die Pflanzen 15 cm über dem Boden ab. Die Rhizome werden ausgegraben und frostfrei, fast trocken in Sand überwintert.

Sorten 'Cleopatra' blüht gelb, 'Delibab' orange, 'Black Knight' dunkelrot.

Schneeglanz
Chionodoxa luciliae

Gestaltung Der kompakt wachsende Schneeglanz hängt über und ist auch für Töpfe, Kübel und Steingärten geeignet geeignet. Die hübschen Blüten locken viele Bienen an.

↑ 15 | III – IV

Pflege Der Schneeglanz liebt saures bis schwach saures, frisches, durchlässiges, sandiges Erdreich mit mittlerem Nährstoffgehalt. Er kann gut an den Gehölzrand gepflanzt werden. Er ist empfindlich gegen Staunässe, ansonsten aber pflegeleicht.

Weitere Arten Große Sternhyazinthe *(C. forbesii)* blüht blau oder rosa mit weißer Mitte, die Kleine Sternhyazinthe *(C. nana)* blau mit weißer Mitte und ist für den Steingarten geeignet.

Herbst-Zeitlose
Colchicum autumnale

Gestaltung Die kleinen Zwiebelpflanzen fühlen sich im Steingarten wohl und können im Rasen ausgewildert werden. Sie sind pflegeleicht, aber auch sehr giftig – bitte Vorsicht!

↑ 20-25 | IX – X

Pflege Die Pflanzen lieben sandig-humose oder sandig-lehmige, frische bis feuchte Gartenböden mit mittlerem bis hohem Nährstoffgehalt. Sie entwickeln sich um so schöner, je ungestörter sie wachsen dürfen. Wenn sie im Rasen gepflanzt werden, muss man mit dem ersten Schnitt warten, bis die Blätter anfangen, gelb zu werden.

Sorten 'Album' blüht weiß, 'Alboplenum' hat weiße, gefüllte Blüten. 'Pleniflorum' ist amethystlila und gefüllt.

Garten-Montbretie
Crocosmia masoniorum

Gestaltung Die überhängende Garten-Montbretie bildet Horste. Sie passt in bunte Beet- und Staudenpflanzungen. Ihre dekorativen, großen Blüten können für die Vase geschnitten werden.

↑ 70 | VII – VIII

Pflege Die Garten-Montbretie gedeiht in sauren bis schwach sauren, mäßig trockenen bis frischen, durchlässigen Gartenböden mit mittlerem bis hohem Nährstoffgehalt.Sie sollte nach Absterben des Sprosses im Herbst zurückgeschnitten werden. Mäßig frosthart, ein geschützter Standort ist empfehlenswert.

Sorten Die früheste Sorte 'Lucifer' blüht scharlachrot, 'Voyager' ist eine gelbe, großblütige Sorte.

Höhe: ↑ 40-80 in cm **Blütezeit:** VI – IX in Monaten **Blütenfarben:**

Krokus, Frühlings-Krokus, Garten-Krokus
Crocus-Hybriden

Gestaltung Krokusse eignen sich hervorragend für den ersten Frühlingsgruß in Töpfen und Kästen. Schön auch im Rasen oder in Beeten.

↑ 10-15 | II-IV / IX-X

Pflege Lieben durchlässige, mäßig trockene bis frische Gartenböden mit gutem Wasserabzug und niedrigem Nährstoffgehalt. Wenn Krokusse im Rasen wachsen, muss man um die Pflanzen herum mähen. Die Samen werden durch Ameisen verbreitet.

Weitere Arten Es gibt viele Arten, z. B. die Frühjahrs-Krokusse *C. biflorus*, *C. chrysanthus* und *C. tommasinianus*. Zu den Herbstblühern zählen *C. speciosus* oder *C. pulchellus*.

Herbst-Alpenveilchen
Cyclamen hederifolium
(syn. *Cyclamen neapolitanum*)

Gestaltung Eine ungewöhnliche, pflegeleichte Staude mit hübschen Blüten, die sich am Gehölzrand wohl fühlt. Für Steingärten und kleine Gärten.

↑ 10-15 | IX / X

Pflege Die grazilen Blüher lieben durchlässige, humose, trockene bis frische Gartenböden mit mittlerem Nährstoffgehalt. Staunässe wird nicht vertragen. Wenn man die Pflanzen in Ruhe lässt, können sie verwildern. Vorsorglich werden sie in kalten Wintern durch Abdecken geschützt.

Weitere Art Das Vorfrühlings- oder Frühlings-Alpenveilchen *(C. coum)* blüht reinweiß bis rosarot schon im Februar und März.

Dahlien
Dahlia-Sorten

Gestaltung Dahlien sind beliebte Gartenpflanzen mit ganz unterschiedlichen Blütenformen und –farben für bunte Beet- und Staudenpflanzung. Auch in Töpfen und Kübeln.

↑ 60-130 | VII / X

Pflege Lieben durchlässige, sandiglehmige, frische bis feuchte Gartenböden mit hohem Nährstoffgehalt (Kalium betont düngen, weniger Stickstoff). Staunässe sollte vermieden werden und nicht über die Blüten gießen. Hohe Sorten benötigen eine Stütze. Verblühtes wird regelmäßig entfernt. Frostfrei überwintern: Spross vor dem 1. Frost 10 cm über dem Boden abschneiden und ausgraben. Im Kasten mit Torf oder Sand an einen gut durchlüfteten, frostfreien, kühlen Platz (5 °C).

Kleiner Winterling
Eranthis hyemalis

Gestaltung Winterlinge passen in Steingärten, vor Hecken, unter Gehölze und in Blumenbeete. Außerdem lassen sie sich in Kästen und Töpfen pflegen. Am besten setzt man sie in Gruppen.

↑ 5-10 | II / III

Pflege Der pflegeleichte Winterling liebt durchlässige, mäßig trockene, frische Gartenböden mit niedrigem Nährstoffgehalt. Die hübschen Winterblüher neigen an ihnen zusagenden Orten zum Verwildern. Sie können sich im ganzen Garten verbreiten, was aber sehr hübsch aussieht.

Weitere Art *E. cilicica* blüht gelb, etwa 14 Tage später als die genannte Art. Er ist etwas empfindlicher, aber insgesamt in Pflege und Verwendung ähnlich.

Standort: sonnig, halbschattig, schattig **Wasserbedarf:** wenig, mittel, hoch

Kaiserkrone
Fritillaria imperialis

Gestaltung Die Kaiserkrone passt gut in bunte Beet- und Staudenpflanzungen. Man pflanzt in kleineren und locker verteilten Gruppen, um Lücken zu vermeiden.

↑ 70-120 | IV/V

Pflege Liebt durchlässige, sandig-lehmige, mäßig trockene, frische Gartenböden mit mittlerem bis hohem Nährstoffgehalt. Feucht, aber keine Staunässe. Lassen Sie die Kaiserkronen die ersten Jahre ungestört wachsen. Sie zieht bald nach der Blüte ein. Vorsicht: giftig.

Weitere Art Die Schachbrettblume *(F. meleagris)* wächst an feuchten Stellen und entwickelt weiß-violett-gemusterte Blüten.

Kleines Schneeglöckchen
Galanthus nivalis

Gestaltung Schneeglöckchen sind unkompliziert und fühlen sich am Gehölzrand, vor Hecken, am Rand von Beeten und unter Gehölzen wohl. Man setzt sie in Gruppen.

↑ 10-15 | I/III

Pflege Schneeglöckchen gedeihen in sandig-humosen oder sandig-lehmigen, frischen Gartenböden mit mittlerem bis hohem Nährstoffgehalt. Da die Blätter lange grün sind, nicht als Rasenpflanzung, außer man mäht um die Pflanzen herum. Lückiger Rasen im Schatten ist wiederum geeignet. Ungestört wachsen lassen, dann verwildern sie sehr schön zu größeren Flächen.

Weitere Art Im Handel sind viele einfach und gefüllt blühende Hybriden.

Gladiole, Siegwurz
Gladiolus-Hybriden

Gestaltung Die schmal aufrecht wachsenden Klassiker setzt man in bunte Beet- und Staudenpflanzungen. Die Blüten locken Bienen an und eignen sich für den Vasenschnitt.

↑ 50-150 | VII/IX

Pflege Lieben durchlässige, sandig-humose, frische Gartenböden mit mittlerem bis hohem Nährstoffgehalt. Ein windgeschützter und sonniger Platz sollte gewählt werden. Die hohen Pflanzen brauchen eine Stütze. Schneiden Sie die Blüten nach dem Verwelken ab. Gladiolen sind nicht winterhart. Im Herbst nimmt man die Zwiebeln aus dem Boden und überwintert sie trocken, luftig und frostfrei. Grauschimmel, Blatt- und Stängelfäule sowie Blasenfüße können vorkommen.

Spanischer Glocken-Blaustern
Hyacinthoides hispanica

Gestaltung Eine hübsche Pflanze, die sich in waldartigen Gartenteilen wohl fühlt. Sie eignet sich auch für schattige Steingärten und Plätze im Mauerschatten.

↑ 20-30 | IV/V

Pflege Der Spanische Glocken-Blaustern liebt durchlässige, humose, frische Gartenböden mit hohem Nährstoffgehalt. Die Zwiebeln müssen nach dem Kauf so schnell wie möglich gepflanzt werden, weil sie leicht austrocknen. Wählen Sie einen geschützten Platz und lassen Sie sie mehrere Jahre ungestört wachsen. Vorsicht: Die Pflanze ist giftig.

Sorten 'Alba' blüht weiß, 'Rose Queen' rosa, eine blaue Sorte ist 'Blue Queen'.

Höhe: ↑ 40-80 in cm **Blütezeit:** VI/IX in Monaten **Blütenfarben:**

Hyazinthe
Hyacinthus orientalis in Sorten

Gestaltung Hyazinthen verströmen einen intensiven Duft. Im Garten werden sie in Gruppen in gemischte Beete und Rabatten gesetzt. Sehr hübsch wirken sie in Töpfen und Kästen.

↑ 20-30 | IV/V

Pflege Die Pflanzen lieben durchlässige, sandig-lehmige, mäßig trockene bis frische Gartenböden mit niedrigem Nährstoffgehalt. Vor strengem Frost und Nässe müssen die Pflanzen durch Reisig geschützt werden. Winternässe wird nicht vertragen. Im Winter können Sie die Zwiebeln zur Weihnachtsblüte im Haus vortreiben.

Sorten 'Woodstock' blüht purpurrot, 'Gipsy Princess' gelb, 'Peter Stuyvesant' dunkelblau, 'Gipsy Queen' orange

Garten-Lilie
Lilium-Hybriden

Gestaltung Die vielfältigen Garten-Lilien paasen in bunte Beete und Staudenpflanzungen. Ihre wunderschönen Blüten sind für Vasenschnitt geeigent und locken Bienen und Schmetterlinge.

↑ 30-150 | VI/IX

Pflege Lilien lieben durchlässige, sandig-lehmige, frische Gartenböden mit hohem Nährstoffgehalt. Staunässe wird nicht vertragen, nach der Blüte nicht mehr gießen. Verblühtes muss regelmäßig entfernt werden. Schutz vor Wind, Spätfrost, Schnecken und Wühlmäusen ist empfehlenswert. Hohe Sorten werden gestützt.

Weitere Arten Es gibt viele Arten und Sorten, z. B. die weiß blühende Madonnen-Lilie *(L. candidum)*.

Narzisse
Narcissus-Hybriden

Gestaltung Die Klassiker sind aus unseren Gärten nicht wegzudenken. Sie passen in bunte Beete, gemischte Rabatten, in Wiesen als Tuffs, in den Steingarten und in Kästen und Töpfe.

↑ -70 | III/V

Pflege Die bekannten Pflanzen lieben durchlässige, mäßig trockene bis frische Gartenböden mit mittlerem Nährstoffgehalt. Verblühtes wird regelmäßig entfernt. Das Laub muss man stehen lassen, bis die Pflanze eingezogen ist, also die Blätter verwelken. Wildnarzissen vermehren sich selbst auch über Samen. Vorsicht: giftig.

Sorten und Hybriden Narzissen werden in Gruppen unterteilt. Im Handel gibt es sehr viele Sorten und Hybriden.

Sibirischer Blaustern
Scilla siberica

Gestaltung Der Blaustern passt gut in bunte Beet- und Staudenpflanzungen, größere Gärten und Parks sowie in den Steingarten. Er verwildert zu wunderschönen Blütenteppichen.

↑ 20 | III/IX

Pflege Liebt schwach saure bis schwach alkalische, mäßig trockene bis frische, durchlässige, sandig-lehmige Gartenböden mit mittlerem Nährstoffgehalt. Ein sonniger Standort ist empfehlenswert, manche Arten vertragen aber auch Halbschatten.

Weitere Art Der kleine Blaustern *(S. biflora)* blüht im März/April enzian- bis türkisblau. Die alte Gartenpflanze steht in Deutschland unter Artenschutz.

Standort: sonnig, halbschattig, schattig **Wasserbedarf:** wenig, mittel, hoch

Weitere pflegeleichte Zwiebel- und Knollengewächse

Name	Blüte	Standort	Pflanzzeit
Gold-Lauch *Allium moly*	goldgelb, Mai bis Juni	sonnig bis halbschattig	Herbst
Herbst-Alpenveilchen *Cyclamen hederifolium*	rosa, September bis Oktober	halbschattig	Frühjahr
Sommer-Alpenveilchen *Cyclamen purpurascens*	rosa bis karminrot, Juli bis September	sonnig bis halbschattig, nicht winterhart	nach den Eisheiligen
Freesie *Freesia*-Hybriden	weiß, gelb, rosa, rot, violett, Juni bis August	sonnig	Frühjahr
Schachbrettblume *Fritillaria meleagris*	purpur mit Schachbrettmuster	sonnig bis halbschattig	Sommer
Gladiole *Gladiolus*-Hybriden	gelb, orange, purpur, rosa, rot, weiß, Juli bis September	sonnig, nicht winterhart	nach den Eisheiligen
Prachtlilie *Gloriosa superba*	rotgelb, Juli bis September	sonnig bis halbschattig, nicht winterhart	nach den Eisheiligen
Hyazinthe *Hyacinthus orientalis*	blau, gelb, rosa, rot, weiß, April bis Mai	sonnig bis halbschattig	Herbst
Märzenbecher *Leucojum vernum*	weiß, Februar bis April	sonnig bis halbschattig	Herbst
Feuer-Lilie *Lilium bulbiferum*	orange, Juni bis Juli	sonnig	Herbst oder Frühjahr
Garten-Lilien *Lilium*-Hybriden	in fast allen Farben, Juli bis September	sonnig	Herbst
Nerine *Nerine bowdenii*	rosa, weiß Oktober bis November	sonnig	Frühjahr, am besten frostfrei überwintern

Pfauenblume, Tigerblume
Tigridia pavonia

Gestaltung Diese anspruchsvolle Liebhaberpflanze kann in Beet- und Staudenpflanzung gesetzt werden. Auch in Topf und Kübel. Die auffallenden Blüten locken Bienen an.

60 VII–VIII

Pflege Pfauenblumen lieben schwach saure bis schwach alkalische, mäßig trockene bis frische, durchlässige Gartenböden mit mittlerem Nährstoffgehalt. Sie sind nicht frosthart und müssen frostfrei überwintert werden. Vor dem Herausnehmen im Herbst sollten sie zurückgeschnitten werden.

Sorten 'Alba' blüht weiß mit rot gesprenkeltem Herz, 'Aurea' goldgelb mit gesprenkeltem Herz, die Sorte 'Red Giant' rot.

Tulpen
Tulipa-Hybriden

Gestaltung Verschiedenen Farben und Blütenformen schmücken jede Gartenecke. Tulpen werden zu mehreren in Beete, vor Zäune, an den Rand von Wegen sowie in Töpfe und Kästen gesetzt.

30-60 IV–VI

Pflege Tulpen lieben sandig-humose oder sandig-lehmige, mäßig trockene bis frische Gartenböden mit mittlerem Nährstoffgehalt. Ein sonniger Standort ist empfehlenswert, manche Arten vertragen aber auch Halbschatten. Auf schweren, staunassen Böden können Tulpen nicht wachsen. Sie verschwinden hier schnell. Abgeblühtes wird immer sofort entfernt, damit die Kraft nicht in die Samenbildung geht. Das Laub muss man unbedingt stehen lassen, bis die Pflanze eingezogen ist.

Höhe: 40-80 in cm **Blütezeit:** VI–IX in Monaten **Blütenfarben:**

Leberbalsam
Ageratum houstonianum

Gestaltung Sommerblume mit fast kissenartigen Blüten, für Beete und Rabatten, als Begleitpflanze für Balkonkästen oder zur Unterpflanzung von höheren Pflanzen in Kübeln.

↑ 15-35 · V–XI

Pflege Der Lederbalsam ist pflegeleicht mit mittlerem Nährstoffbedarf, liebt durchlässiges Erdreich; Wasserbedarf ist mittel bis hoch, Staunässe wird allerdings nicht vertragen. Die Pflanze muss jedoch immer gut feucht gehalten werden, weil sie sonst leicht von Spinnmilben befallen werden kann.

Anderer deutscher Name
Blausternchen

Eis-Begonie, Semperflorens-Begonie
Begonia-Cultivars Semperflorens-Gruppe

Gestaltung Klassiker mit dekorativem, hell- bis bronzegrünem und auch kupferrotem Laub (sortenabhängig) für gemischte Beete und Balkonkästen.

↑ 20-30 · IV–X

Pflege Pflegeleichte Dauerblüher, lieben durchlässige, humose und frische Gartenböden mit mittlerem bis hohem Nährstoffgehalt. Ausgesät wird noch im Winter im Haus, ausgepflanzt werden darf wegen der Frostempfindlichkeit erst Ende Mai. Regelmäßig verblühte Pflanzenteile entfernen, um die Blütezeit zu verlängern. Nicht zu nass und nicht zu kühl.

Weitere Namen Beet-Begonie, Gottesauge

Goldmarie
Bidens ferulifolia

Gestaltung Sehr wüchsig, aufrecht buschig bis überhängend, für dekorative Ampeln, Kästen und Töpfe. Nur mit anderen stark wachsenden Pflanzen kombinieren (z.B. Hänge-Petunien).

↑ 30-45 · V–X

Pflege Reiche Blüte wird nur bei hoher Nährstoffversorgung erreicht, viel gießen (bei Trockenheit werden die Blüten abgeworfen), durchlässiges Erdreich, größere Töpfe wegen der Wachstums- und Wasseransprüche, frühzeitiges Entspitzen fördert buschigeres Wachstum. Wenn die Pflanze überwintert werden soll, darf ab August nicht mehr gedüngt werden.

Andere deutsche Namen Zweizahn, Goldzweizahn, Bidens

Pantoffelblume
Calceolaria integrifolia

Gestaltung Schön als Leit- oder Begleitpflanze in gemischten Kästen und Töpfen oder als Hänger in Ampeln, Bereicherung für bunte Beete und gemischte Rabatten.

↑ 20-100 · V–VI

Pflege Regengeschützter Platz, durchlässiges Erdreich, mittlerer Nährstoffbedarf, nicht über die Blüte gießen, regelmäßig Verblühtes entfernen, um die Blütezeit zu verlängern und gegen Botrytis (Grauschimmel) vorzubeugen. Wenn die Pflanze überwintert werden soll, stellt man die Düngung ab August ein.

Sorten 'Golden Nugget', 'Goldbouquet', 'Goldbunch', 'Brigra gelb', 'Brigra orange', 'Kentish Hero', 'Sunshine'.

Standort: sonnig · halbschattig · schattig **Wasserbedarf:** wenig · mittel · hoch

Zauberglöckchen
Calibrachoa

Gestaltung Petunienähnliche, 3 bis 4 cm große Blüten; intensiv blühende Begleitpflanze in Ampeln, Kästen und Töpfen, oft überhängend am Topfrand. Blüte regenfester als Petunien.

25-70 | V XI

Pflege Hohe Nährstoffansprüche, durchlässiges Erdreich, leicht saure Petunien-Erde beugt gelben Triebspitzen (Eisenmangel) vor. Pflanzen regelmäßig ausputzen und gleichmäßig gießen, Staunässe führt zu Erkrankungen im Wurzelbereich und welken Trieben bis hin zum Absterben.

Sorten-Serien Million Bells, Million Bells Trailing, Carillon, MiniFamous, Celebration, Sweetbells, Superbells, Dream Kisses.

Stauden-Mittagsblume
Delosperma cooperi

Gestaltung Mehrjährige, dekorative Ampelpflanze mit auffallenden Blättern und Strahlenblüten, für Unterpflanzungen, auch als Bodendecker für Steingärten und Trockenmauern.

10-15 | VI X

Pflege Schöne Polsterbildung an warmem, helle Standort; bevorzugt trockene bis mäßig trockene, durchlässige Erde, schwache lange Triebe im Frühjahr oder Herbst zurückschneiden, frostfrei überwintern, Vorsicht: Pflanze ist nässeempfindlich im Winter.

Weitere Arten *D. nubigenum* blüht gelb- bis orangerot, als Bodendecker oder Randbepflanzung fürs Freiland; *Delosperma deschampsii* blüht gelb.

Elfensporn, Doppelhörnchen
Diascia barberae

Gestaltung Pflegeleichter Dauerblüher für Ampeln, Kästen und Töpfe als Begleitpflanze; schön ist auch eine Unterpflanzung von höher wachsenden Balkon- und Kübelpflanzen.

20-50 | V XI

Pflege Durchlässiges, leicht saures Erdreich, mittlere Nährstoffansprüche. Staunässe und Ballentrockenheit werden nicht vertragen, frühzeitiges Entspitzen der Triebe für buschigeren Wuchs, im Sommer Verblühtes regelmäßig entfernen. Sollen die Pflanzen überwintert werden, ab August Düngung einstellen.

Weitere Art *D. elegans* bleibt mit bis zu 30 cm kleiner und ist auch gut für Ampeln geeignet.

Kapkörbchen
Dimorphotheca sinuata

Gestaltung Aufrecht wachsende einjährige Sommerblume mit margeritenähnlichen Blüten für Lücken- und Unterpflanzungen, auch für Beete und Einfassungen; Schnittblume.

25-30 | VII IX

Pflege Warmer und geschützter Standort, durchlässige Erde, wenig gießen, Staunässe und Nässe von oben werden nicht vertragen, ausgeglichener Nährstoffbedarf, frühzeitiges Entspitzen der Triebe bewirkt einen kompakteren und buschigeren Wuchs; abgeblühte Triebspitzen regelmäßig entfernen, um die Blütezeit zu verlängern; Blüten schließen sich bei Regen.

Weitere Namen Kapringelblume, Kapmargarite

Schlafmützchen, Goldmohn
Eschscholzia californica

Gestaltung: Einjährige Sommerblume mit mohnartigen Blüten, Lückenpflanze für Töpfe, Kübel und bunte Blumenbeete, besonders schön zu blau blühenden Pflanzen.

↑ 20-60 | VI–IX

Pflege Anspruchslos, geringer Nährstoffbedarf, durchlässige, mäßig trockene Erde, wenig düngen, warmer Standort, Aussaat kann im Frühjahr an Ort und Stelle erfolgen, Pflanze kann an günstigen Standorten verwildern, wird von Schnecken gemieden, alle Pflanzenteile sind schwach giftig.

Sorten 'Thai Silk Appleblossom', 'Thai Silk Inferno', 'Twister', 'Lemon Bush', 'Caniculata', 'Double Ballerina Mixed', 'Mission Bells', 'Monarch mixed'!

Kapaster, Felicie
Felicia amelloides

Gestaltung Rundlich buschig wachsende Balkonpflanze mit auffallenden blauen Blüten mit gelber Mitte, für Töpfe und Kübel, auch schön als Hochstämmchen.

↑ 30-50 | V–X

Pflege Schwach saurer, mäßig trockener bis frischer, durchlässiger, sandig-humoser Boden, ausgeglichener Nährstoffbedarf, Staunässe vermeiden. Entspitzen der Haupttriebe für buschigen Wuchs, verwelkte Blüten regelmäßig entfernen; Überwinterung hell, bei 6 bis 10 °C, dabei mäßig feucht halten; Vermehrung durch Stecklinge im Frühjahr möglich.

Sorten 'Felicitas Upright Azur Blue', 'Blue Daisy'.

Fuchsie
Fuchsia-Cultivars

Gestaltung Klassisches Ziergehölz mit auffälligen Blüten, als Hängepflanze für Ampeln oder als Leitpflanze in Blumenkästen, auch als Hochstämmchen schön.

↑ 30-120 | V–IX

Pflege Windgeschützter Standort, frische, durchlässige, humose Erde; hoher Nährstoffbedarf (öfters niedrig konzentriert düngen), für eine regelmäßige Wasserversorgung sorgen, laufend Verblühtes entfernen; ab August nicht mehr düngen, Pflanze vor dem Einwintern im Herbst oder Spätwinter in Form schneiden (nicht ins alte Holz); hell und frostfrei überwintern.

Weitere Arten: *Fuchsia magellanica, F. fulgens.*

Gazanie, Mittagsgold
Gazania-Cultivars

Gestaltung Farbenreiche und pflegeleichte Begleitpflanze für Kästen und Töpfe, gemischte Beete und Rabatten oder auch als Hängepflanze in Ampeln.

↑ 20-50 | V–X

Pflege Durchlässige, sandig-humose Erde, auf gleichmäßige Bodenfeuchte achten, hoher Nährstoffbedarf, Düngung ab August einstellen, wenn man die Pflanzen überwintern möchte. Überwinterung hell, bei mindestens 3 °C, dabei Gießmenge an Temperatur anpassen. Um die Blütezeit zu verlängern, regelmäßig Verblühtes entfernen.

Sorten 'New Magic', 'Talent Weiß', 'Daybreak Red Stripe'.

Standort: sonnig, halbschattig, schattig **Wasserbedarf:** wenig, mittel, hoch

Gundermann
Glechoma hederacea

Gestaltung Mehrjährige wintergrüne Blattschmuck- und Strukturpflanze für Gehölzränder, auch als Lücken- und Unterpflanzung für Kästen, Ampeln, Töpfe, Kübel.

Pflege Boden sauer bis schwach sauer, frisch bis feucht, humos, sandig-lehmig; ausgeglichener Nährstoffbedarf, auf ausreichende Bodenfeuchte achten, Pflanze wächst rasch und braucht Platz, kann stark wuchern, lange Triebe können in Form geschnitten werden. Der Gundermann ist leicht über Stecklinge zu vermehren.

Sorte 'Variegata' (Weißbunter Gundermann) hat weißgrün panaschierte Blätter.

Steppen-Strohblume, Currykraut
Helichrysum italicum

Gestaltung Kompakter, mehrjähriger Vielblüher mit auffallenden, silbriggrauen, filzig behaarten Blättern, Strukturpflanze für Lücken- und Unterpflanzungen, auch für Töpfe.

Pflege Boden schwach sauer bis neutral, mäßig trocken, durchlässig, sandig-kiesig; Staunässe vermeiden, ausgeglichener Nährstoffbedarf, Rückschnitt im Frühjahr fördert einen buschigen Wuchs, nach Regen verblühte Blüten entfernen, um Befall mit Grauschimmel zu vermeiden; nur mäßig frosthart, daher Winterschutz empfohlen.

Sorten 'Silbernadel' (auch als Gewürz zu verwenden).

Vanilleblume
Heliotropium arborescens

Gestaltung Leit- oder Begleitpflanz in bunten Blumenbeeten, Rabatten sowie in Kästen, große Exemplare sehen auch im Kübel sehr schön aus. Blüten duften nach Vanille, locken Bienen an.

Pflege Windgeschützer Platz, vor zu starker Mittagssonne schützen, sandig-humoses Erdreich, gleichmäßige Wasserversorgung, Staunässe und Ballentrockenheit werden nicht vertragen, frühzeitiges Entspitzen der Triebe führt zu einem buschigen Wuchs, Abgeblühtes muss regelmäßig entfernt werden, mittlere Nährstoffansprüche, bei nachfolgender Überwinterung nur bis August düngen, hell bei etwa 10 °C überwintern, dabei relativ wenig gießen.

Edellieschen
Impatiens-Neuguinea-Gruppe

Gestaltung Vielblüher, der als Begleiter, aber auch als Leitpflanze in Kästen und Töpfen verwendet wird, außerdem zur Unterpflanzung von höher wachsenden Arten.

Pflege Durchlässige, humose Erde, geringe bis mittlere Nährstoffansprüche, bei nachfolgender Überwinterung nur bis August düngen, auf gleichmäßige Wasserversorgung achten, Staunässe und Ballentrockenheit vermeiden, regelmäßig ausputzen, insbesondere nach einem Regenguß, um den Befall mit Grauschimmel zu vermeiden.

Sorten Viele Sorten mit Unterschieden in Wuchs, Blüten- und Blattfarbe.

Höhe: in cm **Blütezeit:** in Monaten **Blütenfarben:**

Fleißiges Lieschen
Impatiens walleriana

Gestaltung Aufrecht buschig wachsender unermüdlicher Blüher mit auffallenden Blättern als Begleit- oder Leitpflanze in Balkonkästen, Beeten und Kübeln.

↑ 30-60 | VI–IX

Pflege Windgeschützter Standort, frischer, durchlässiger und humoser Boden, ausgeglichener Nährstoffbedarf, regelmäßig bewässern, Staunässe und Ballentrockenheit unbedingt vermeiden, frühzeitiges Entspitzen fördert buschigen Wuchs. Fleißige Lieschen werden hell überwintert. Vermehrung über Stecklinge im späten Frühjahr möglich.

Sorten-Serien Accent, Lumina, Double Cheeky, Expo, Little Lizzy, Super Elfin.

Männertreu
Lobelia erinus

Gestaltung Klassische Ampelpflanze, aber auch schön als Begleitpflanze in Kästen, besonders am Rand. Die hübschen Blütchen locken Bienen in den Garten.

↑ 15-25 | V–X

Pflege Mittlerer Nährstoffbedarf, durchlässiges, humoses bis sandighumoses Erdreich, auf gleichmäßige Bodenfeuchtigkeit achten, Staunässe und Ballentrockenheit werden nicht vertragen, Rückschnitt nach der Blüte möglich, dann kommt es zu einer Nachblüte.

Sorten Es gibt sehr viele Sorten und Sorten-Serien. Sie unterscheiden sich in der Blüten- und Blattfarbe sowie dem Blühzeitraum.

Asiatischer Felberich, Goldkörbchen
Lysimachia congestiflora

Gestaltung Flach kriechender bis überhängender Wuchs, dekorative Ampelpflanze, auch für Lücken- und Unterpflanzungen in Töpfen, Kübeln und Beeten.

↑ 15-25 | V–IX

Pflege Frisches, durchlässiges, lockeres und humoses Erdreich, ausgeglichener bis hoher Nährstoffbedarf (Nachdüngung unbedingt erforderlich!), regelmäßig und viel bewässern, aber Staunässe sollte auf alle Fälle vermieden werden. Regelmäßig abgeblühte Blütenstiele entfernen, um die Blütezeit des Asiatischen Felberich zu verlängern.

Sorten 'Outback Sunset', 'Sonnengold', 'Lyssi.

Elfenspiegel
Nemesia fruticans

Gestaltung Für Ampeln, als Begleiter in Kästen und Töpfen sowie zur Unterpflanzung von höher wachsenden Arten im Kübel, auch in bunten Beeten und Rabatten.

↑ 30-50 | V–X

Pflege Mittlerer Nährstoffbedarf, leicht saures, durchlässiges, humoses Erdreich, Staunässe wird nicht vertragen (kann zu Wurzelschäden führen), Triebe entspitzen für buschigen Wuchs, Verblühtes regelmäßig zurückschneiden, kräftiger Rückschnitt bei Samenansatz fördert zweiten Blütenflor.

Weitere Art *Nemesia strumosa* ist eine buschig wachsende, einjährige Art, die nur kurz blüht.

Standort: sonnig, halbschattig, schattig **Wasserbedarf:** wenig, mittel, hoch

Ziertabak
Nicotiana × sanderae

Gestaltung Sommerblume mit auffallenden sternartigen Blüten für Gruppenpflanzungen in Kästen, Töpfen sowie gemischten Beeten und Rabatten.

Pflege Windgeschützter Platz, hoher Nährstoffbedarf, durchlässiges, humoses Erdreich, frühzeitiges Entspitzen führt zu buschigem Wuchs, Verblühtes ständig ausputzen, Rückschnitt der verblühten Triebe im Juli fördert Neuaustrieb und eine weitere Blüte.

Weitere Art *Nicotiana alata* wird bis zu 1,2 m hoch, eignet sich daher nicht für Kästen, blüht grünlich gelb, rosa, rot und weiß.

Hänge-Pelargonie
Pelargonium peltatum in Sorten

Gestaltung Balkonklassiker mit lang anhaltender, reicher Blüte, als Hänger für dekorative Ampeln und als Leit- oder auch Begleitpflanze in Kästen und Töpfen.

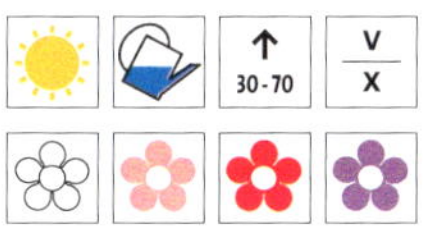

Pflege Pflegeleicht, mittlerer bis hoher Nährstoffbedarf, durchlässiges, sandig-humoses Erdreich. Verblühte Pflanzenteile immer wieder ausputzen. Bei nachfolgender Überwinterung ab August die Düngung einstellen, im Herbst vor dem Einwintern oder im Frühjahr Spross um etwa ein Drittel zurückschneiden.

Sorten 'Freestyle White', 'Happy Face Mex', 'Mexica Goldenit', 'Red Fox Labarta', 'Teske', 'Ville de Dresden'.

Stehende Pelargonie
Pelargonium zonale in Sorten

Gestaltung Klassiker für Balkon und Terrasse als Leit- oder Begleitpflanze in Misch- und Kastenpflanzungen. Attraktiver Schmuck auch in Töpfen und Kübeln.

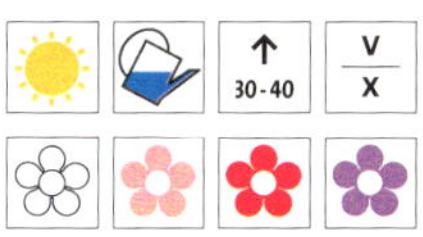

Pflege Durchlässiges, sandig-humoses Erdreich, mittlere bis hohe Nährstoffansprüche, verblühte Pflanzenteile regelmäßig entfernen zur Verlängerung der Blütezeit. Bei geplanter Überwinterung Düngung ab August einstellen, im Herbst vor der Überwinterung Pflanzen um etwa ein Drittel zurückschneiden.

Sorten 'Candyball', 'Fireworks'-Serie, 'Pisa', 'Rosecrystal', 'Ville de Paris', 'Vancouver Centennial'.

Pentas
Pentas lanceolata

Gestaltung Aufrecht buschige Pflanze mit auffallenden, sternförmigen Blüten für Töpfe und Kübel auf Balkon und Terrasse; ist auch fürs Zimmer geeignet.

Pflege Boden schwach sauer bis neutral, frisch, fruchtbar, durchlässig, hoher Nährstoffbedarf, regelmäßig bewässern, aber Staunässe vermeiden. Frühzeitiges Entspitzen der Triebe bewirkt einen kompakteren und buschigeren Wuchs; abgeblühte Blüten sind regelmäßig zu entfernen, um die Blütezeit zu verlängern. Die Überwinterung erfolgt hell, bei Zimmertemperatur. Eine Vermehrung von *Pentas lanceolata* ist durch Stecklinge im Frühjahr oder durch Aussaat möglich.

Höhe: 40-80 in cm **Blütezeit:** VI IX in Monaten **Blütenfarben:**

Hänge-Petunie
Petunia × atkinsiana

Gestaltung Dekorative, üppig blühende Ampelpflanze oder Begleitpflanze in Kästen und Töpfen, auch zur Unterpflanzung von höher wachsenden Arten geeignet.

15-100 | V–IX

Pflege Regengeschützter Standort, durchlässige und humose Erde, saure Erde schützt vor Eisenmangel-Symptomen (gelbe Triebspitzen, Blätter), in der Regel mittlerer Nährstoffbedarf, stark wachsende Arten benötigen mehr Dünger. Frühzeitiges Entspitzen für buschigen Wuchs, Verblühtes entfernen.

Sorten Ungefüllte und gefüllte, einfarbige und bunte Sorten mit kleinen und sehr großen Blüten.

Blaue Fächerblume
Scaevola saligna

Gestaltung Sehr beliebte Balkonpflanze für dekorative Ampeln und gemischte Kästen. In Töpfen, Kübeln und Balkonkästen wird sie als Begleitpflanze verwendet.

30-50 | V–X

Pflege Wetterfest, selbstreinigend, mittlere bis hohe Nährstoffansprüche, durchlässiges, leicht saures und humoses Erdreich, auf gleichmäßige Bodenfeuchtigkeit achten, Staunässe sollte vermieden werden. Frühzeitiges Entspitzen der Triebe bewirkt einen kompakteren und buschigeren Wuchs. Bei geplanter Überwinterung wird die Düngung ab August eingestellt.

Sorten 'Blue Horizon', 'Brilliant', 'Diamond', 'Saphira', 'Whirlwind Blue.

Silberblatt
Senecio cineraria

Gestaltung Blattschmuckpflanze mit silbergrauen, silbergrünen oder silberblauen Blättern, eignet sich für Ampeln, Kästen, als Unterpflanzung in Kübeln oder zur Beeteinfassung.

25-60 | VII–VIII

Pflege Pflegeleicht, durchlässiges Erdreich, niedrige bis mittlere Nährstoffansprüche, auf gleichmäßige Bodenfeuchtigkeit achten, auf keinen Fall zu nass halten, Triebe frühzeitig entspitzen, damit die Pflanze einen buschigen Wuchs entwickelt. Bei geplanter Überwinterung darf nur bis August gedüngt werden, frostfreie Überwinterung (hell, kühl).

Weitere Namen Greiskraut, Silber-Greiskraut

Bauernorchidee
Torenia fournieri

Gestaltung Aufrecht buschige Begleitpflanze für Kästen und große Töpfen, außerdem als Unterpflanzung in Kübeln, passt auch gut in gemischte Beete und bunte Rabatten.

20-30 | VI–VIII

Pflege Geschützter Standort ist wünschenswert, durchlässiges, humoses Erdreich, ausgeglichene bis hohe Nährstoffansprüche und Wasserbedürfnisse, auf gleichmäßige Bodenfeuchte achten. Frühzeitiges Entspitzen führt zum gewünschten buschigen Wuchs, Verblühtes sollte regelmäßig ausgeputzt werden.

Weitere Namen Torenie, Schnappmäulchen

Standort: sonnig, halbschattig, schattig **Wasserbedarf:** wenig, mittel, hoch

Weitere schöne Sommer- und Balkonblumen

Name	Standort	Blüte	Wuchshöhe
Pazifik-Margerite *Ajanja pacifica*	sonnig	gelb, August bis Oktober	20 bis 50 cm
Dukatenblume *Asteriscus maritimus*	sonnig	gelb, Mai bis Oktober	15 bis 20 cm
Gänseblümchen *Bellis perennis*	sonnig bis halbschattig	weiß, rosa, rot, März bis Juni	10 bis 20 cm
Blaues Gänseblümchen *Brachyscome multifida*	halbschattig	weiß, gelb, rosa, violett, blau Mai bis Oktober	30 bis 40 cm
Zigarettenblümchen *Cuphea ignea*	sonnig bis halbschattig	rot mit gelblichen oder grauweißen Spitzen, Mai bis September	30 bis 80 cm
Lakritz-Strohblume *Helichrysum petiolare*	sonnig bis halbschattig	weiß, unscheinbar, (silbergraue Strukturpflanze) August bis September	30 bis 80 cm,
Kapkörbchen *Osteospermum ecklonis*	sonnig	weiß, gelb, orange, rosa, violett, blau, Mai bis September	40 bis 100 cm
Zitronen-Duftgeranie *Pelargonium crispum* 'Variegatum'	sonnig	rosa, Mai bis August	30 bis 50 cm
Husarenknöpfchen *Sanvitalia procumbens*	sonnig	gelb, orange mit dunkelbrauner oder grüner Mitte, Juni bis September	20 bis 30 cm
Buntnessel, Coleus *Solenostemon scutellarioides*	sonnig bis halbschattig	weiß, violett, klein, (buntblättrige Blattschmuckpflanze), ganzjährig	30 bis 60 cm
Gelbes Gänseblümchen *Thymophylla tenuiloba*	sonnig	gelb, Mai bis Juli	20 bis 30 cm
Zinnie *Zinnia elegans*	sonnig	weiß, rosa, gelb orange, rot, Juni bis August	40 bis 80 cm hoch

Verbenen, Eisenkraut
Verbena-Cultivars

Gestaltung Hänger für dekorative Ampeln und Begleiter in Kästen und Töpfen, Unterpflanzungen im Kübel sind möglich, als Gruppenpflanze in Beeten und Rabatten.

20-70 | V X

Pflege Durchlässiges Erdreich, Nährstoffbedürfnisse mittel bis hoch, auf gleichmäßige Bodenfeuchtigkeit achten, Staunässe vermeiden. Regelmäßig verblühte „Blütendolden, ausputzen, um die Blütezeit des Eisenkrautes zu verlängern.

Sorten Viele Markenserien mit verschiedenen Blumendoldengrößen und unterschiedlichem Wuchs-Charakter, z.B. Lanai, Splash, Superbena, Tapien, Temari.

Stiefmütterchen
Viola × wittrockiana

Gestaltung Leit- und Begleitpflanze in Balkonkästen, verschiedenfarbige Sorten in kleinen Gruppen für Beete und Rabatten, passen auch in Steingärten.

20-25 | II-VI IX-XI

Pflege Pflegeleicht und unkompliziert, für durchlässige, sandig-lehmige, frische Gartenböden mit mittlerem Nährstoffgehalt, gleichmäßig feucht halten, Direktaussaat im Juni/Juli und im September an endgültigen Platz im Beet, Verblühtes regelmäßig ausputzen, im Winter ist eine Abdeckung mit Fichtenreisig empfehlenswert.

Weitere Namen
Garten-Stiefmütterchen

Höhe: 40-80 in cm **Blütezeit:** VI IX in Monaten **Blütenfarben:**

Schönmalve
Abutilon × hybridum

Gestaltung Pflegeleichtes Malvengewächs mit verschiedenen Blütenfarben und Blütenformen (meist trichterförmig), lange Blütezeit; wirkt sehr schön in Einzelstellung.

↑ 1,5-4 m | V / IX

Pflege Regengeschützter Standort, durchlässiges Erdreich, mittlerer Nährstoffbedarf bis August, danach Düngung einstellen, gleichmäßige Bodenfeuchtigkeit, Staunässe und Ballentrockenheit vermeiden, verwelkte Blüten entfernen, Formschnitt im zeitigen Frühjahr; Überwinterung bei mindestens 1 °C.

Weitere Art *A. megapotamicum* zeigt ihre gelbroten Blüten von Mai bis September.

Schmucklilie
Agapanthus-Hybriden

Gestaltung Am besten wirken diese ausladenden Kübelpflanzen in Einzelstellung, sehr schön wirkt auch je eine Pflanze rechts und links vor einer Treppe. Dekorative Früchte.

↑ -1,5 m | VII / IX

Pflege Bis zur Blüte mittlerer bis hoher Nährstoffbedarf, danach wird nur noch wenig gedüngt. Sandig-humoses bis sandig-lehmiges Erdreich ist von Vorteil. Staunässe wird schlecht vertragen, daher ist auf gleichmäßige Bodenfeuchtigkeit zu achten.

Weitere Arten *A. praecox* gibt es als blau und weiß blühende Sorten. *A. praecox* ssp. *orientalis* hat dunkelblaue Blütendolden. *A. campanulatus* ist eine Laub abwerfende Art.

Seidenbaum
Albizia julibrissin

Aussehen Ausladend strauchförmiger bis rundlich baumförmiger Wuchs, langsam wachsend, die gefiederten Blätter sind nachts in Schlafstellung gefaltet, Blüten duften zart.

↑ 5-6 m | VI / IX

Pflege Frischer, durchlässiger, sandig-kiesiger, humoser Boden, ausgeglichener Nährstoffbedarf, regelmäßig gießen, Staunässe unbedingt vermeiden (Gefahr von Wurzelschäden), Ballentrockenheit führt zum Abwerfen der feinen Fiederblättchen. Quer wachsende Triebe des Seidenbaumes werden im zeitigen Frühjahr in Form geschnitten.

Überwinterung Bei 10 °C an einem hellen Standort.

Scheinmalve
Anisodontea capensis

Aussehen Aufrecht buschig wachsende Pflanze aus Südafrika, auch als Hochstamm, mit behaarten Sprossen und Blättern und dunkel geaderter, rotpurpurner Blüte.

↑ 0,6-1 m | IV / X

Pflege Frischer, durchlässiger, sandig-humoser Boden, hoher Nährstoffbedarf, daher regelmäßig nachdüngen; regelmäßig gießen, empfindlich gegenüber Staunässe und Ballentrockenheit; bei zu dunklem Standort werden die Blätter gelb und fallen ab; quer wachsende Triebe im zeitigen Frühjahr in Form schneiden, Stecklingsvermehrung.

Überwinterung Bei 2 bis 10 °C an einem hellen Standort.

Standort: sonnig, halbschattig, schattig **Wasserbedarf:** wenig, mittel, hoch

Erdbeerbaum
Arbutus unedo

Aussehen Ausladend strauchförmig bis rundlich wachsende, immergrüne Mittelmeersträucher, schön in Einzelstellung; dekorative Blätter und Rinde, erdbeerähnliche Früchte.

↑ 3–8 m | X/XII

Pflege Frische, durchlässige, sandig-humose Erde, ausgeglichener Nährstoffbedarf, regelmäßig gießen, kein hartes Gießwasser verwenden, Staunässe vermeiden; gut schnittverträglich, Verjüngungsschnitt im zeitigen Frühjahr durchführen, nicht in das alte Holz zurückschneiden.

Überwinterung Relativ frosttolerant, daher in milden Regionen auch Auspflanzung im Garten möglich, sonst hell, bei 5 bis 15 °C überwintern.

Strauchmargerite
Argyranthemum frutescens

Gestaltung Als Busch oder Hochstämmchen (bis 1,20 m), im Einzelstand; oder in Gruppen, allerdings sollten sich die Blüten nicht berühren; im Balkonkasten als Leit- oder Begleitpflanze.

↑ 0,3–0,7 m | V/X

Pflege Pflegeleichte Pflanze mit mittlerem Nährstoffbedarf bis August, dann Düngung der Pflanzen einstellen, die überwintert werden; leichter, durchlässiger Boden, Wind wird vertragen; mehrmaliges Entspitzen führt zu kompaktem und buschigem Wuchs. Während der Wachstumszeit Verblühtes regelmäßig ausputzen, um Blütezeit zu verlängern.

Sorten 'Angelic Dark Pink', 'Butterfly', 'Edelweiß', 'Rosa Riviera', 'Sunlight'.

Aukube
Aucuba japonica

Gestaltung Schöne, immergrüne, breitwüchsige Blattschmuckpflanze für Einzelstellung im Kübel oder zusammen mit anderen Topfpflanzen. Vogelschutzgehölz, lockt Bienen an.

↑ 2–2,5 m | III/V

Pflege Anspruchslos, mittlerer Nährstoffbedarf, nur bis Ende August düngen; durchlässiges, sandig-humoses Erdreich; gleichmäßig feucht halten, Staunässe und pralle Sonne vermeiden; unerwünschte Triebe und Äste im Spätwinter herausschneiden. Überwinterung ausgepflanzt mit Winterschutz (frosthart bis –10 °C) oder hell, bei 5 °C.

Sorte 'Variegata' hat dicht gelb gesprenkelte Laubblätter.

Bougainvillee
Bougainvillea glabra

Gestaltung Kletternde, bedornte Kübelpflanze für mediterranes Flair auf Balkon und Terrasse; Farbwirkung kommt von farbigen Hochblättern, die die kleinen Blüten umgeben.

↑ 1,5–3 m | VII/IX

Pflege Durchlässiges, sandig-humoses Erdreich, hohe Nährstoffansprüche bis August, nicht zu viel Stickstoff düngen, ansonsten wird der Blütenflor beeinträchtigt; nach Bedarf gießen; Rankgerüst oder Stäbe erforderlich; vor starkem Regen schützen. Vor der Überwinterung lange Triebe zurückschneiden, so bilden sich kurze Seitentriebe, die später reichlich blühen.

Sorten 'Alexandra', 'Sanderiana', Variegata'.

Höhe: ↑ 5–10 m **Blütezeit:** VI/IX in Monaten **Blütenfarben:**

Engelstrompete
Brugmansia suaveolens

Gestaltung Beeindruckender Wuchs, wunderschöne, trompetenartige, duftende Blüten; Pflanzen brauchen einen Einzelplatz. Engelstrompeten sind sehr giftig.

1,5-4m VI IX

Pflege Durchlässige Topferde, wegen des sehr hohen Wasser- und Nährstoffbedarfes in einen großen Kübel setzen, darin ist auch der sichere Stand gewährleistet; hohe Nährstoffansprüche bis August; vor der Überwinterung die Krone auf die Hälfte bis zwei Drittel zurückschneiden.

Weitere Arten *B. sanguinea* (schmale, orangerote Blüten), *B. candida* (30 cm lange, weiße Blüten, in den Abend- und Nachtstunden intensiv duftend).

Zylinderputzer
Callistemon citrinus

Gestaltung Wirken schön in Einzelstellung, auffällige, zauberhafte flaschenbürstenartige Blüten von Mai bis Juli, Blätter duften beim Zerreiben nach Zitrone.

1-3m V VII

Pflege Durchlässiges bis sandig-humoses Erdreich, Nährstoffbedarf ist mittelhoch bis August, danach wird die Düngung eingestellt, regelmäßig gießen, Boden darf nicht austrocknen, Staunässe vermeiden; verwelkte Blüten abschneiden; Rückschnitt kann im Frühjahr erfolgen.

Weitere Arten *C. speciosus, C. rigidus* und *C. macropunctata* sind in Aussehen und Pflege *C. citrinus* ähnlich. Alle heißen Zylinderputzer.

Kamelie
Camellia japonica

Aussehen Breit strauchförmig bis ausladend wachsendes, immergrünes Blüten- und Ziergehölz aus Asien mit traumhaften einfachen oder gefüllten Blüten.

1,5-2,5 III IV

Pflege Frische bis feuchte, durchlässige, humose Erde; ausgeglichener Nährstoffbedarf; regelmäßig bis häufig gießen, dabei gleichmäßig feucht halten und enthärtetes Gießwasser verwenden. Schnitt im Frühjahr oder nach der Blüte auf Wegschneiden abgeblühter Triebspitzen beschränken.

Überwinterung Mäßig winterhart, bei 5 bis 10 °C an einem hellen Standort überwintern.

Gewürzrinde
Cassia corymbosa
(Sienna corymbosa var. *corymbosa)*

Gestaltung Immergrüne und lang blühende, breit strauchförmig bis ausladend wachsende Kübelpflanze; Blätter nachts in Schlafstellung gefaltet.

1,5-4m V IX

Pflege Durchlässige, sandig-humose Erde; Boden darf nicht austrocknen, sonst Blütenabwurf; mittelhoher Nährstoffbedarf bis August; Verwelktes entfernen; unerwünschte Äste im Spätwinter herausschneiden; hell, bei 5 bis 10 °C überwintern (mäßig gießen).

Weitere Art Kerzenstrauch, *S. didymobotrya* hat nach oben stehende, goldgelbe bis schwarzbraune Blüten, Blätter duften bei Berührung; Pflege wie oben.

Standort: sonnig halbschattig schattig **Wasserbedarf:** wenig mittel hoch

Roter Hammerstrauch
Cestrum elegans

Aussehen Breit strauchförmig bis ausladend wachsendes Ziergehölz aus Mexiko mit karmin- bis purpurroten Blüten, lange Blütezeit (im Wintergarten bis in den Winter).

1,5-3m VII IX

Pflege Standfesten Topf wählen, windgeschützt stellen; nahrhafte, humose Erde, hoher Nährstoff- und Wasserbedarf in der Hauptwachstumszeit; gelegentlich Verblühtes entfernen und lange Triebe entspitzen für Erhalt der kompakten Wuchsform und Förderung der Verzweigung.

Überwinterung Hell bei 5 bis 10 °C überwintern, wenig gießen, gut lüften, vorher oder am Ende der Winterruhe stark zurückschneiden.

Zwergpalme
Chamaerops humilis

Aussehen Aufrecht buschig wachsende Palme mit bläulich- bis graugrünen Blättern; für Einzelstand; Blüte bei älteren weiblichen Pflanzen; gelbe bis braune Beerenfrüchte.

2-3m

Pflege Robuste Anfängerpflanze, heller Standort, ausgeglichener, frischer, sehr durchlässiger, sandig-humoser Boden, ausgeglichener Nährstoffbedarf; wenig, aber regelmäßig gießen, Staunässe unbedingt vermeiden; abgestorbene Pflanzenteile regelmäßig entfernen, ansonsten die Zwergpalme nicht schneiden.

Überwinterung Spät einräumen, bei mindestens 3 °C an einem hellen Standort.

Orangenblume
Choisya ternata

Aussehen Kompakt strauchförmig wachsendes Blüten- und Ziergehölz mit auffallenden, glänzend dunkelgrünen Blättern und nach Orange duftenden Blüten in Dolden.

1,5-2m II VI

Pflege Schutz vor direkter Mittagssonne; leicht saurer, frischer, durchlässiger, humoser Boden, ausgeglichener bis hoher Nährstoffbedarf (Rhododendrondünger ist zu empfehlen); regelmäßig gießen, empfindlich gegenüber kalkreichem Gießwasser; gut schnittverträglich; kann ausgepflanzt werden.

Überwinterung Bei mindestens 3 °C an einem hellen Standort, gerne im ungeheizten Wintergarten.

Zitrone
Citrus × limon

Gestaltung Zitronenbäumchen und auch die anderen *Citrus*-Arten wirken sehr schön im Einzelstand; Blüten und Früchte entwickeln sich gleichzeitig an einer Pflanze.

2-4m I XII

Pflege Durchlässige, schwach saure Zitrus-Erde; bis August mittlerer bis hoher Nährstoffbedarf, dann Düngung einstellen; kein kalkhaltiges Gießwasser. Staunässe und Bodentrockenheit vermeiden. Schutz vor starker Sonneneinstrahlung. Formschnitt im Winter oder Frühjahr.

Weitere Arten Mandarine *(Citrus × reticulata)*, Orange *(Citrus × aurantium)*, Myrtenblättrige Sauerzitrone *(Citrus myrtifolia)*.

Höhe: 5-10m Blütezeit: VI IX in Monaten Blütenfarben:

Japanische Mispel, Wollmispel
Eriobotrya japonica

Aussehen Ausladend strauchförmiges Gehölz mit lederartigen Blättern, duftenden Blüten und gelben bis orangen, eiförmigen, essbaren Früchten, für die Einzelstellung.

3-8m | X–XII

Pflege Schwach saurer bis neutraler, frischer, durchlässiger, sandig-lehmiger Boden; hoher Nährstoffbedarf; regelmäßig gießen; schiefe oder quer wachsende Äste im Spätwinter herausschneiden.

Überwinterung Bedingt winterhart, kann in milden Regionen mit Winterschutz im Freiland gehalten werden oder hell, bei etwa 10 °C, überwintern (auch bei Zimmertemperatur möglich), Erde stets feucht halten.

Korallenstrauch
Erythrina crista-galli

Gestaltung Auffällige Blüten am Ende der Jahrestriebe, kommt im Einzelstand am besten zur Geltung, Äste und Blattstiele besitzen kräftige, dekorative Stacheln.

1,5-2,5m | VII–IX

Pflege Durchlässiges, sandig-humoses Erdreich, mittelhoher Nährstoffbedarf bis August, dann Düngung einstellen; auf gleichmäßige Bodenfeuchtigkeit achten, Staunässe vermeiden. Alte Blütentriebe werden im Herbst oder Frühjahr herausgeschnitten.

Weitere Arten Gattung mit 100 Arten an Laub abwerfenden, halb immergrünen und immergrünen Bäumen und Sträuchern; Sämlinge blühen erst nach Jahren.

Eukalyptus
Eucalyptus gunnii

Aussehen Aufrecht bis ausladend baumförmig wachsende Blattschmuckpflanze, Blattform variiert je nach Alter, dekorative Rinde und Früchte, unauffällige Blüte.

2-8m

Pflege Frischer bis feuchter, durchlässiger, sandig-humoser Boden; mittelhoher Nährstoffbedarf; regelmäßig bis häufig gießen (v.a. im Sommer). Schiefe Äste im Spätwinter herausschneiden oder kräftiger Rückschnitt im Frühjahr. Kann in milden Regionen mit Winterschutz auch im Freien bleiben oder Überwinterung hell und luftig bei 5 °C.

Weitere Art *E. globulus*, intensiver Eukalyptusduft von silbrig-grauen Blättern.

Echter Feigenbaum
Ficus carica

Gestaltung Breit stauchförmiges bis ausladend wachsendes Gehölz für Einzelstand; sehr dekorative Blätter, unscheinbare Blüten ganzjährig in Abständen, essbare Früchte.

2-3m | I–XII

Pflege Warmer Standort; frische bis feuchte, sandig-lehmige, sandig-humose Erde; mittelhoher Nährstoffbedarf bis August, danach Düngung einstellen; auf gute Bodenfeuchtigkeit achten, hoher Wasserbedarf im Sommer. Junge Pflanzen mehrfach stutzen für verzweigten Aufbau.

Überwinterung Nach Laubabwurf dunkel bei 0 bis 10 °C, in milden Regionen auch geschützt im Freien.

Standort: sonnig, halbschattig, schattig **Wasserbedarf:** wenig, mittel, hoch

Runde Kumquat
Fortunella japonica

Aussehen Aufrecht strauchförmig, dicht verzweigt wachsende Zitruspflanze, für Einzelpflanzung, glänzend hell- bis mittelgrüne Blätter, goldgelbe rundliche, essbare Früchte.

1,5-4 m | V VII

Pflege Schwach saurer, frischer, durchlässiger, sandig-humoser Boden; ausgeglichener bis hoher Nährstoffbedarf; regelmäßig gießen, kein kalkhaltiges Gießwasser verwenden; schiefe oder quer wachsende Äste im Spätwinter herausschneiden.

Überwinterung Frosthart bis –8 °C; bei mindestens 5 bis 10 °C an einem hellen Standort überwintern, ausgeprägte Winterruhe.

Gardenie
Gardenia augusta

Aussehen Strauchförmige, klein bleibende Liebhaberpflanze für Einzelpflanzung, schöne weiße bis cremeweiße, stark duftende Blüten; tiefgrüne Blätter.

-1,5 m | VI X

Pflege Halbschattiger, jedoch heller Standort; saures, frisches bis feuchtes, sandig-humoses Erdreich; ausgeglichener bis hoher Nährstoffbedarf; regelmäßig bis häufig gießen, nur kalkfreies Gießwasser verwenden, auf gleichmäßige Feuchte im Wurzelbereich achten. Schiefe Triebe im zeitigen Frühjahr auslichten, Verblühtes entfernen.

Überwinterung Bei mindestens 10 bis 13 °C an einem hellen Standort.

Chinesischer Roseneibisch
Hibiscus-Rosa-Sinensis-Hybriden

Aussehen Rundlich strauchförmig bis ausladend wachsend, schöne trichterförmige Blüten (ganzjährig bei ausreichend Licht und mindestens 15 °C), dunkelgrüne Blätter.

1-5 m | I XII

Pflege Pflegeleicht; frischer, durchlässiger, humoser Boden; ausgeglichener bis hoher Nährstoffbedarf; hoher Wasserbedarf, daher regelmäßig gießen, Trockenheit führt zu Knospenabwurf; regen- und windgeschützt stellen, pralle Sonne meiden. Leichter Rückschnitt, schiefe Triebe des Roseneibischs werden im zeitigen Frühjahr in Form geschnitten.

Überwinterung Bei mindestens 10 bis 13 °C an einem hellen Standort.

Kreppmyrte, Lagerströmie
Lagerstroemia indica

Aussehen Aufrecht strauch- oder baumförmig wachsendes, mediterranes Blüten- und Ziergehölz für die Einzelpflanzung, gekräuselte Blüten, dunkelgrüne Blätter.

2-7 m | VIII IX

Pflege Pflegeleicht, frischer bis feuchter, sandig-humoser bis sandig-lehmiger Boden, ausgeglichener bis hoher Nährstoffbedarf; regelmäßig bis häufig gießen; schiefe Äste im Spätwinter herausschneiden; kann auch ganzjährig im ungeheizten Wintergarten stehen.

Überwinterung Bei mindestens 3 °C, auch an dunklen Plätzen, in milden Regionen auch mit Winterschutz ausgepflanzt im Garten möglich.

Höhe: 5-10 m **Blütezeit:** VI IX in Monaten **Blütenfarben:**

Oleander
Nerium oleander

Gestaltung Die Blütenfülle des Oleanders ist schon von weitem sichtbar, für Einzelstand, braucht im Alter viel Platz und einen großen Kübel; Pflanze ist giftig.

2-5m VII IX

Pflege Mittlerer Nährstoffbedarf bis August, danach nicht mehr düngen; fruchtbare, durchlässige Erde; Verblühtes entfernen; unerwünschte Triebe im zeitigen Frühjahr herausschneiden, Pflanzen nicht zu stark zurückschneiden, da sie am zweijährigen Holz blühen.

Sorten 'Hawaii' (aprikot mit rosa Rand, einfach), 'Little Red' (rot, einfach), 'Madonna' (weiß, gefüllt), 'Petite Pink' (hellrosa, einfach).

Echte Olive
Olea europaea

Gestaltung Graugrünes, unterseits silbrig-grünes, immergrünes Laub; braucht insbesondere im Alter eine Einzelstellung, vermittelt mediterrane Stimmung.

3-5m V

Pflege Pflegeleichte und robuste Anfängerpflanze, die auch noch befriedigend gedeiht, wenn man sie vernachlässigt; geschützter Stand empfehlenswert; regelmäßig bis häufig gießen; von März bis August mittlerer Nährstoffbedarf, ab August nicht mehr düngen; Schnitt wird gut vertragen, schiefe Äste am besten im Spätwinter oder im zeitigen Frühjahr. Überwinterung hell, bei ca. 10 °C.

Weitere Namen Olivenbaum, Ölbaum.

Passionsblume
Passiflora caerulea

Aussehen Kletterpflanze, Gerüst nötig, auffallende, besonders große Blüten (Durchmesser ca. 8 cm) und orangegelbe Früchte, auch für den Wintergarten geeignet.

3-7m VI IX

Pflege Frischer, sandig-humoser oder sandig-lehmiger Boden; ausgeglichener bis hoher Nährstoffbedarf; regelmäßig gießen, in der Wachstumszeit immer leicht feucht halten, aber Staunässe vermeiden. Starker Rückschnitt vor Überwinterung, aus der Form geratene Ruten im zeitigen Frühjahr schneiden.

Überwinterung Bei 8 bis 10 °C an einem hellen Standort, wenig gießen; oder wärmer und sehr hell.

Echte Dattelpalme
Phoenix dactylifera

Aussehen Dekorative Liebhaberpflanze mit aufrecht säulenförmiger, palmenförmiger Krone und auffallenden matt- bis graugrünen Blättern, für Einzelpflanzung.

2-3m V VII

Pflege Anspruchsvoll; sehr heller Standort; frischer bis feuchter, sandiglehmiger oder lehmig-humoser Boden; ausgeglichener bis hoher Nährstoffbedarf; regelmäßig bis häufig gießen; Überwinterung bei 5 bis 10 °C an einem hellen Standort.

Weitere Arten Kanarische Dattelpalme *(P. canariensis)*: robuste, meistverkaufte Kübelpalme; Zwergdattelpalme *(P. roebelenii)*: max. 3 m hoch, grazile und weiche Fiederblätter.

Standort: sonnig halbschattig schattig **Wasserbedarf:** wenig mittel hoch

Weitere Kübelpflanzen

Deutscher Name	Standort	Blüte	Wuchshöhe	Überwinterung
Agave *Agave americana*	sonnig	gelbgrün, Juli bis August	1 bis 2 m	bei 2 bis 5 °C, trocken, luftig
Purpur-Zistrose *Cistus × purpureus*	sonnig	purpurrosa bis lilarosa, Mai bis August	bis 1 m	frostfrei im Haus oder ausgepflanzt im Garten mit Winterschutz
Zierbanane *Ensete ventricosum*	sonnig	weiß, mit dunkelroten Hochblättern, Juli bis August	2 bis 3 m	hell, bei 10 bis 12 °C
Strauchveronika *Hebe × andersonii*	sonnig bis halbschattig	weiß, rosa, violett, rot, August bis September	1,2 bis 1,5 m, ausladend	hell, luftig, bei 5 bis 10 °C, in milden Regionen mit Winterschutz im Freien
Wandelröschen *Lantana-Camara*-Hybriden	sonnig	weiß, gelb, orange, rot, auch mehrfarbig, Mai bis Oktober	0,3 bis 1 m (als Hochstämmchen höher)	hell, bei 5 bis 10 °C
Echter Lorbeer *Laurus nobilis*	sonnig	unscheinbar, weißlich, April bis Mai (Blattschmuckpflanze)	1,5 bis 3 m	hell, bei mindestens 3 °C, Blätter nicht beschädigen
Enzianstrauch *Lycianthes rantonnetii*	sonnig	blau, lila, Juni bis September	1 bis 2 m	hell, bei mindestens 5 bis 7 °C
Chilenischer Jasmin *Mandevilla laxa*	sonnig	weiß mit gelbem Schlund, trompetenförmig, duftend, Juli bis September	2 bis 4 m, windend kletternd	hell, bei mindestens 5 bis 7 °C
Eisenholzbaum *Metrosideros excelsa*	sonnig	rot, ungewöhnlich, Juli bis August	1,5 bis 2 m	hell, bei 5 bis 10 °C
Chinesische Klebsame *Pittosporum tobira*	sonnig	cremeweiß, süßlich duftend, Mai bis Juli	1,5 bis 4 m	hell und kühl, bei 5 bis 10 °C
Bleiwurz *Plumbago auriculata*	sonnig	weiß, lila, blau, Juni bis September	1,50 bis 2,50 m	hell, bei mindestens 3 °C
Granatapfel *Punica granatum*	sonnig	rot, orange, auch gelb, rosa, Juli bis September	2 bis 2,50 m	bei mindestens 5 bis 10 °C

Veilchenstrauch, Prinzessinenstrauch
Tibouchina urvilleana

Aussehen Aufrecht strauchförmiges bis schwach ausladendes Blüten- und Ziergehölz, besonders großblütig, Blüten veilchenähnlich, samtig.

↑ 2-5m | VII/IX

Pflege Pflegeleicht, schwach saures bis neutrales, frisches, durchlässiges, humoses Erdreich; hoher Nährstoffbedarf; regelmäßig gießen, am besten mit kalkarmem Wasser; Jungpflanzen für buschigen Aufbau mehrmals stutzen, unerwünschte Triebe im zeitigen Frühjahr in Form schneiden, abgeblühte Triebspitzen nach der Blüte entfernen.

Überwinterung Bei 10 °C an einem hellen Standort.

Hanfpalme
Trachycarpus fortunei

Gestaltung Langsam wachsende Blattschmuckpflanze, die aber auch bei uns blühen und fruchten kann; kommt im Einzelstand erst richtig zur Geltung, aufrecht palmenförmiger Wuchs.

↑ 5-10m | VI/VII

Pflege Anpassungsfähig, hitze- und kältetolerant; windgeschützter Platz; frische bis feuchte, durchlässige, fruchtbare Erde; trockene Blätter vorsichtig entfernen. Überwinterung in milden Regionen mit Winterschutz im Freien (frosthart bis –15 °C), sonst hell, bei ca. 8 °C.

Weitere Art Priesterpalme *(Washingtonia filifera)* für sonnige bis halbschattige Standorte, Überwinterung hell, bei 5 bis 10 °C.

Höhe: ↑ 5-10m **Blütezeit:** VI/IX in Monaten **Blütenfarben:**

Apfel
Malus domestica

Aussehen Baumförmig, spindelförmig bis breit ausladend, Kleinbaum bis Hochstamm, Größe ist variierbar durch verschiedene Unterlagen, weiße bis zartrosa Blüten im April/Mai.

↑ 2-6m ↔ 1,5-8m

Pflege Keine besonderen Bodenansprüche, möglichst durchlässiger Boden, ausgeglichener Nährstoffbedarf, selbstunfruchtbar, daher ist eine Befruchtersorte notwendig. Erziehungsschnitt in den ersten Jahren unbedingt erforderlich, später regelmäßiger Auslichtungsschnitt im Spätwinter.

Ernte Grüne, gelbe oder rote Äpfel von August bis Oktober (je nach Sorte), Lagerfähigkeit ist sortenabhängig.

Birne
Pyrus communis

Aussehen Baumförmiger oder kegelförmiger Kleinbaum bis Hochstamm, Größe variierbar durch verschiedene Unterlagen, weiße Blüten im April/Mai.

↑ 3-10m ↔ 1,5-6m

Pflege Keine besonderen Bodenansprüche (durchlässig, nicht zu alkalisch), regelmäßiger Wasserbedarf, ausgeglichener Nährstoffbedarf selbstunfruchtbar, daher Befruchtersorte notwendig. In den ersten Jahren Erziehungsschnitt, später Auslichtungsschnitt im Spätwinter erforderlich.

Ernte Grüne, gelbe oder bronzefarbene Birnen von August bis Oktober (je nach Sorte).

Quitte
Cydonia oblonga

Aussehen Baum- bis strauchförmiger Buschbaum für Einzelpflanzung; dekorative weiße bis zartrosa Blüten im April/Mai, Blüten- und Ziergehölz, viele selbstfruchtbare Sorten.

↑ 2-4m ↔ 2-3m

Pflege Geschützte Lage, Boden mittelschwer und durchlässig, ausgeglichener Nährstoffbedarf, regelmäßiger Wasserbedarf. In den ersten Jahren Erziehungsschnitt durchführen, bei älteren Quittenbäumen ist ein Auslichtungsschnitt im Spätwinter erforderlich.

Ernte Hübsche gelbe Früchte (apfel- oder birnenförmig) werden im Oktober reif; Verwendung im gekochten Zustand (nicht roh!).

Asienbirne, Nashi
Pyrus pyrifolia

Aussehen Baum- oder kegelförmiger Kleinbaum für Einzelpflanzung, dekorative Blätter und Blüten (weiß, April/Mai), Sortenbeispiele: 'Hosui', 'Chojuro'.

↑ 2-3m ↔ 1,5-2m

Pflege Keine besonderen Bodenansprüche (durchlässig, nicht zu alkalisch), ausgeglichener Nährstoffbedarf, regelmäßiger Wasserbedarf. In den ersten Jahren Erziehungsschnitt, später Ausdünnungsschnitt im Spätwinter. Wenig anfällig für Krankheiten und Schädlinge. Die Asienbirne ist selbstunfruchtbar, daher Befruchtersorte notwendig.

Ernte Berostete, bronzefarbene Früchte im September.

Standort: sonnig halbschattig schattig **Wasserbedarf:** wenig mittel hoch

Süßkirsche, Knorpelkirsche
Prunus avium

Aussehen Ausladender mittelhoher Baum für Einzelpflanzung, dekorative weiße Blüten im April, Blütengehölz, hübsche dunkle Rinde, weniger für kleine Gärten geeignet.

↑ 3-8m ↔ 3-6m

Pflege Keine besonderen Bodenansprüche (durchlässig), ausgeglichener bis hoher Nährstoffbedarf, regelmäßiger Wasserbedarf. Anfangs Erziehungsschnitt, später Auslichtungsschnitt im August. Viele Sorten sind selbstunfruchtbar, daher bei der Wahl der Befruchtersorte Gruppensterilität beachten.

Ernte Gelbrote, hell- bis schwarzrote Kirschen im Juni und Juli (Reifezeit je nach Sorte).

Sauerkirsche, Weichsel
Prunus cerasus

Aussehen Baumartiger Strauch oder Kleinbaum für Einzelpflanzung, weiße Blüten im April, Blütengehölz, es gibt selbstfruchtbare und selbstunfruchtbare Sorten

↑ 2-4m ↔ 2-3m

Pflege Keine besonderen Bodenansprüche (durchlässig), ausgeglichener bis hoher Nährstoffbedarf, wenig bis regelmäßig bewässern. In den ersten Jahren ist ein Erziehungsschnitt empfehlenswert, später ein Auslichtungsschnitt im August. Beim Kauf auf widerstandsfähige Sorten und klein bleibende Unterlagen achten.

Ernte Hellrote bis dunkelrote Kirschen im Juni/Juli (je nach Sorte).

Pflaume, Zwetsche, Reneklode, Mirabelle
Prunus domestica

Aussehen Baumförmiger, kegelförmiger Wuchs, hübsche weiße Blüten im April, Unterlage bestimmt den Wuchs, beim Kauf auf virusfreie Bäume achten.

↑ 4-5m ↔ 3-4m

Pflege Feuchter, gut durchlüfteter, humoser, nährstoffreicher Boden, ausgeglichener bis hoher Nährstoffbedarf, regelmäßig bis häufig bewässern, Schnitt nach der Ernte.

Ernte Zwischen Juli und September (je nach Art und Sorte), rundliche, weichfleischige Pflaumen; längliche, meist blaue Zwetschen mit festem Fruchtfleisch; rundliche, grüne bis rote Renekloden; kleine runde, gelbrote Mirabellen.

Aprikose
Prunus armeniaca

Aussehen Baumförmiger, kugelförmiger Kleinbaum, auch als Spalierbaum weiße Blüten im April (spätfrostgefährdet), auffällige Früchte, viele selbstfruchtbare Sorten.

↑ 2-3m ↔ 1,5-2m

Pflege Anspruchvoll, mäßig frosthart, warmer, (wind-)geschützter Standort erforderlich, gut durchlüfteter, sandiglehmiger, humoser Boden, ausgeglichener Nährstoffbedarf, wenig bis regelmäßig bewässern, Boden nicht austrocknen lassen. In den ersten Jahren Erziehungsschnitt, später Auslichtungsschnitt im August.

Ernte Orangegelbe Aprikosenfrüchte im Juli/August (am Baum ausreifen lassen).

Höhe / Breite: ↑ 5-10m ↔ 3-4m

Erdbeere
Fragaria × ananassa

Aussehen Kompakt bis flach wachsend, weiße Blüten von April bis Juni, selbstfruchtbar, auch für Kästen, Kübel und Töpfe geeignet, bildet Ausläufer (leicht zu vermehren).

↑ 15–25 cm ↔ 30 cm

Pflege Windgeschützter, warmer Standort, gut durchlässiger, humoser, nährstoffreicher Boden, ausgeglichener bis hoher Nährstoffbedarf, regelmäßig bewässern. Früchte mit Strohunterlage versehen zum Schutz vor Grauschimmel (Vorsicht bei feuchtwarmer Witterung).

Ernte Rote Früchte im Juni/Juli (einmal tragende Sorten), immertragende Monatserdbeeren blühen und fruchten bis Oktober.

Rote Johannisbeere, Weiße Johannisbeere
Ribes rubrum

Aussehen Aufrecht strauchförmig, unscheinbare Blütchen im April, auffällige Früchte, selbstfruchtbar, aber zusätzliche Befruchtersorte empfehlenswert.

↑ 1–1,2 m ↔ 0,8–1,2 m

Pflege Humoser, feuchter, gut durchlüfteter Boden, ausgeglichener bis hoher Nährstoffbedarf (hoher Stickstoffbedarf in den ersten Jahren, später Gefahr des Verrieselns bei zu viel Stickstoff), regelmäßig bewässern, Staunässe wird nicht vertragen. Nach der Ernte alle Basistriebe entfernen, die älter als vier Jahre sind; Erziehung als Busch, Hecke oder Spindel möglich.

Ernte Rote oder weiße Beeren in Trauben von Juni bis August.

Schwarze Johannisbeere
Ribes nigrum

Aussehen Aufrecht strauchförmig, unscheinbare Blütchen im April, auffällige Früchte, selbstfruchtbar, zusätzliche Befruchtersorte aber empfehlenswert.

↑ 1–1,2 m ↔ 0,8–1,2 m

Pflege Humoser, feuchter, gut durchlüfteter Boden, ausgeglichener bis hoher Nährstoffbedarf, regelmäßig bewässern. Nach der Ernte alle Basistriebe entfernen, die älter als vier Jahre sind.

Ernte Schwarze Beeren an traubenförmigen Fruchtständen im Juli, sehr hoher Gehalt an Vitamin C, gut geeignet für die Verarbeitung zu Marmelade, Likör und Saft oder zum Einfrieren.

Stachelbeere
Ribes uva-crispa

Aussehen Aufrecht überhängend bis flach wachsender Zwergstrauch, auch als Hecke oder Hochstämmchen (1,30 m), unscheinbare Blütchen von April bis Mai.

↑ 0,8–1 m ↔ 0,8–1 m

Pflege Humoser, feuchter, durchlässiger, mittelschwerer Boden, ausgeglichener Nährstoffbedarf, regelmäßig bewässern, Früchte vor Sonnenbrand schützen. Nach der Ernte alle Basistriebe entfernen, die älter als vier Jahre sind (fruchten am zwei- und dreijährigen Holz); selbstfruchtbar, zusätzliche Befruchtersorte ist empfehlenswert.

Ernte Grüne, gelbe oder rötliche, behaarte Beeren im Juli.

Standort: sonnig, halbschattig, schattig **Wasserbedarf:** wenig, mittel, hoch

Jostabeere
Ribes × nidigrolaria

Aussehen Aufrecht strauchförmig, unscheinbare Blütchen im April, auffällige Früchte, selbstfruchtbar. Robuste Sortenbeispiele: 'Jogranda', 'Jostine'.

Pflege Humoser, feuchter, gut durchlüfteter Boden, ausgeglichener bis hoher Nährstoffbedarf, regelmäßig bewässern. Ab dem dritten Jahr nach der Ernte alle Basistriebe entfernen, die älter als vier Jahre sind; fruchtet am ein- und mehrjährigen Holz.

Ernte Schwarzbraune bis schwarze Beeren in Trauben (Kreuzung zwischen SchwarzerJohannisbeere und Stachelbeere) im Juni und/oder Juli, hoher Vitamin C-Gehalt.

Himbeere
Rubus idaeus

Aussehen Strauchig aufrecht, weiße Blüten von Mai bis August, für den Gehölzrand, auch als Heckenpflanzung, auffällige Früchte, selbstfruchtbar.

Pflege Schwach saurer, durchlässiger, humoserer, sandig-lehmiger Boden, ausgeglichener bis hoher Nährstoffbedarf, regelmäßig bewässern. Abgetragene Ruten nach der Ernte entfernen. Bei der Sortenwahl der Himbeeren auf sommertragende ('Meeker', 'Rubaca', 'Tulameen') bzw. herbstragende Sorten ('Autumn Bliss', 'Himbo Top', 'Polka') achten bzw. diese mischen.

Ernte Rote Steinfrüchte von Juni bis Oktober

Brombeere
Rubus fruticosus

Aussehen Aufrecht oder rankend wachsende, überhängende Sträucher, für den Gehölzrand, auch als Hecke, weiße bis zartrosa Blüten von Mai bis August, selbstfruchtbar.

Pflege Durchlässiger, humoser, sandig-lehmiger Boden, ausgeglichener bis hoher Nährstoffbedarf, regelmäßig bewässern, mulchen. Abgetragene Ruten nach der Ernte entfernen, Brombeeren tragen vor allem an den Vorjahrestrieben Früchte. Bei der Sortenwahl gegebenenfalls auf dornlose Sorten achten: 'Loch Ness', 'Navaho'

Ernte Schwarze Beeren von Juli bis September.

Japanische Weinbeere
Rubus phoenicolasius

Aussehen Aufrecht strauchförmig bis überhängend, Ruten mit roten Drüsenhaaren und einzelnen Stacheln, vielblütige Rispen im Mai/Juni, Gehölzrand, als Hecke, selbstfruchtbar.

Pflege Durchlässiger, humoser, sandig-lehmiger Boden, ausgeglichener Nährstoffbedarf, regelmäßig bewässern, abgetragene Ruten nach der Ernte entfernen. Eine Vermehrung der Weinbeeren ist über Ausläufer und Absenker möglich.

Ernte Leuchtend hellrote bis dunkelrote, weiche, kugelige Beeren mit weinsäuerlichem Geschmack im Juli und August. Die Früchte können wie Himbeeren verwendet werden.

Höhe / Breite: 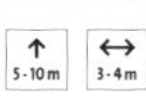

Heidelbeere

Vaccinium corymbosum

Aussehen Aufrecht strauchförmig, auch als Heckenpflanzung, weiße bis zartrosa Blüten im Mai. Selbstfruchtbar, zusätzliche Befruchtersorte jedoch empfehlenswert.

Pflege Heidelbeeren sind anspruchsvolle Moorbeetpflanze für feuchte, saure Böden (Rhododendronerde verwenden, eventuell in Kübeln pflegen), ausgeglichener Nährstoffbedarf, regelmäßig bewässern, in den ersten Jahren keine Schnittmaßnahmen erforderlich, später Auslichtungsschnitt. Sortenbeispiele: 'Duke', 'Patriot', 'Bluecrop'.

Ernte Blaue, bereifte Beeren im Juli und August

Preiselbeere

Vaccinium vitis-idaea

Aussehen Aufrecht strauchförmiger, dichtbuschiger Zwergstrauch, weiße bis rosafarbene Blüte von Mai bis Juni, selbstfruchtbar, zusätzliche Befruchtersorte empfehlenswert.

Pflege Anspruchsvolle Moorbeetpflanze für feuchte, saure Böden (in Rhododentronerde kultivieren), ausgeglichener Nährstoffbedarf, regelmäßig bewässern, nicht völlig austrocknen lassen, abgeerntete Triebspitzen abschneiden (Verjüngung kommt aus den bodennahen Knospen). Sortenbeispiele: 'Erntesegen', 'Red Pearl', 'Koralle'.

Ernte Erbsengroße, scharlachrote, runde Früchte im August/September.

Scharfzähniger Strahlengriffel, Mini-Kiwi

Actinidia arguta

Aussehen Schlingend wachsend (Gerüst!), Höhe und Breite variabel je nach Erziehungsform, dekoratives Laub, auffallende Herbstfärbung, weiße bis cremefarbene Blüten von Mai bis Juni.

Pflege Widerstandsfähig, anspruchslos, extrem frosthart (bis –30 °C), keine besonderen Bodenansprüche (durchlässig), ausgeglichener Nährstoffbedarf, regelmäßig bewässern, Auslichtungsschnitt erst nach einigen Jahren notwendig. Zweihäusige Pflanzen: männliche und weibliche Pflanzen werden oft in einem Container angeboten.

Ernte Glattschalige, braune, stachelbeergroße Früchte im Oktober.

Chinesischer Strahlengriffel, Kiwi

Actinidia deliciosa

Aussehen Schlingpflanze, Gerüst notwendig, Höhe und Breite je nach Erziehungsform, auffallender Wuchs, dekoratives Laub und auffallende Herbstfärbung, weiße bis cremefarbene Blüten im Juni.

Pflege Für warme, geschützte Lagen, bedingt frosthart, Winterschutz (Abdecken); Boden schwach sauer, locker, humos, nährstoffreich; ausgeglichener bis hoher Nährstoffbedarf, regelmäßig bewässern. Anfangs Erziehungsschnitt, später auf Zapfen zurückschneiden. Männliche und weibliche Pflanzen (zweihäusig), wenige selbstbefruchtende Sorten.

Ernte Behaarte, braune Früchte von Ende Oktober bis Anfang November.

Standort: sonnig, halbschattig, schattig **Wasserbedarf:** wenig, mittel, hoch

Tafeltraube
Vitis vinifera

Aussehen Rankende Pflanzen (Rankhilfe nötig) für Spaliere, Pergolen, Höhe und Breite je nach Erziehung unterschiedlich, unscheinbare Blütenstände im Mai, selbstfruchtbar.

Pflege Warmer und geschützter Standort, mäßig frosthart, keine besonderen Bodenansprüche (durchlässig), ausgeglichener bis hoher Nährstoffbedarf, geringer Wasserbedarf. In den ersten Jahren ist für die Tafeltraube ein Erziehungsschnitt erforderlich, später Zapfen- und Bogenschnitt. Bei Pflanzenkauf auf pilzfeste, robuste Sorten achten.

Ernte Grüne, gelbe oder blaue Trauben von September bis Oktober.

Walnuss
Juglans regia

Aussehen Breit ausladender Baum für Einzelpflanzung, grüne Blütenstände (weiblich) und männliche Kätzchen im Mai/Juni, selbstfruchtbar, Befruchtersorte empfehlenswert.

↑ 15-20m ↔ 8-10m

Pflege Keine besonderen Bodenansprüche (durchlässig), ausgeglichener Nährstoffbedarf, geringer Wasserbedarf. Anfangs Erziehungsschnitt, danach keine Schnittmaßnahmen mehr erforderlich. Meist keine Unterpflanzung möglich, da Walnussbäume Hemmstoffe abgeben. Sortenbeispiele: 'Nr. 120', 'Güls Mosel', 'Nr. 139', 'Weinheim'.

Ernte Grüne Früchte mit Walnüssen von September bis Oktober, Trocknung.

Gewöhnliche Haselnuss
Corylus avellana

Aussehen Strauchförmiges einheimisches Vogelschutzgehölz, einzeln oder in Gruppen pflanzen, wird auch in frei wachsenden Hecken verwendet.

↑ ~8m

Pflege Durchlässige, trockene bis feuchte Gartenböden mit hohem Nährstoffgehalt. Gegebenenfalls Verjüngungsschnitte erforderlich, dazu starke, alte Triebe entfernen. Verträgt Wind und Schatten. Kultursorten: 'Hallesche Riesennuss', 'Webbs Preisnuss', 'Daviana'.

Ernte Nüsse im September/Oktober, frühreife Sorten schon ab Mitte August, optimale Genussreife etwa drei bis vier Wochen nach der Ernte.

Edelkastanie, Esskastanie, Marone
Castanea sativa

Aussehen Breit ausladender Baum, für Einzelpflanzung in größeren Gärten, duftende, gelblich-grüne Kätzchenblüten von Mai bis Juni, einige Sorten im Handel erhältlich.

↑ 10-20m ↔ 10-15m

Pflege Keine besonderen Bodenansprüche (durchlässig), ausgeglichener Nährstoffbedarf, geringer Wasserbedarf. Anfangs Erziehungsschnitt, danach keine Schnittmaßnahmen mehr erforderlich. Selbstfruchtbar, zusätzliche Befruchtersorte jedoch empfehlenswert. Sortenbeispiele für Edelkastanien sind 'Nouzillard', 'Ecker'.

Ernte Stachlige Früchte mit Maronen im Oktober.

Höhe / Breite: ↑ 5-10m ↔ 3-4m

Kopfsalat
Lactuca sativa var. *capitata*

Anbau Kopfsalat wächst an einem sonnigen Standort in schwach saurem bis schwach alkalischem Boden, der frisch und fruchtbar sowie lehmig-humos sein sollte.
Die Aussaat erfolgt von Januar bis September unter Glas, ab April bis August direkt im Freiland, Keimtemperaturen um 15 °C. Jungpflanzen werden im Abstand von 30 × 30 cm gesetzt.

IV/X

Pflege Ein ausgeglichener bis hoher Nährstoffbedarf und regelmäßige Bewässerung sind wichtig. Auf Schnecken achten!

Ernte Köpfe und Blattrosetten können ab April bis Herbst geerntet werden. Folgeaussaaten im Abstand von drei Wochen ermöglichen laufendes Ernten.

Endivie
Cichorium endivia

Anbau Die Endivie braucht einen sonnigen Standort mit schwach saurem bis schwach alkalischem Boden, der frisch bis feucht, fruchtbar, lehmig-humos ist.
Ausgesät wird im März, dann besteht jedoch noch Schossgefahr der Pflanzen, besser ist Juni (auf Sorten achten). Jungpflanzen werden im Abstand von 30 × 30 cm gesetzt.

VI/IX

Pflege Der Nährstoffbedarf ist ausgeglichen, regelmäßig bewässern, anhaltende Blattfeuchte in der Erntephase vermeiden. Die Pfahlwurzeln der Jungpflanzen sind empfindlich gegen zu spätes Umsetzen.

Ernte Blattrosetten werden von Juni bis September geerntet.

Rauke, Ruccola
Eruca sativa, Diplotaxis tenuifolia

Anbau Die Rauke wächst an einem sonnigen Standort mit schwach saurem bis schwach alkalischem Boden, der frisch, durchlässig und sandig-lehmig ist. Die Aussaat erfolgt im Frühjahr direkt ins Freiland mit einem Abstand von 25 × 1 cm.

IV/X

Pflege Der Nährstoffbedarf ist ausgeglichen, die Bewässerung muss regelmäßig erfolgen. Auswachsende und blühende Pflanzen abschneiden, um das Austreiben junger, zarter Blättchen anzuregen. Wenig empfindlich gegen Schneckenfraß.

Ernte Frische Blätter werden ab Mai gepflückt.

Feldsalat, Ackersalat
Valerianella locusta

Anbau Feldsalat mag einen sonnigen Standort, mit neutralem, ausgeglichenem, frischem, fruchtbarem und lehmig-humosem Boden. Für die Herbsternte wird bis Mitte August im Abstand von 20 × 3 cm ausgesät, für die Sommerkultur kann ab März ausgesät werden. Ernte 2 bis 6 Monate nach der Aussaat.

Pflege Auf eine geringe bis ausgeglichene Nährstoffversorgung achten, eine ausreichende Bewässerung ist im Sommer notwendig, Trockenheit lässt die Pflanzen vorzeitig aufblühen.

Ernte Blattrosetten werden vor dem Schossen geerntet, er kann gut im Herbst, in günstigen Lagen sogar bis zum Frühjahr geerntet werden.

Standort: sonnig halbschattig schattig **Wasserbedarf:** wenig mittel hoch

Mangold
Beta vulgaris var. *vulgaris*

Anbau Das Blattstielgemüse gedeiht an einem sonnigen Standort, in frischem, durchlässigem, sandig-lehmigem Boden, ist jedoch anpassungsfähig. Die Aussaat erfolgt von Frühjahr bis Frühsommer direkt ins Freiland mit einem Abstand von 30 × 5 cm.

VI / X

Pflege Der Nährstoffbedarf ist ausgeglichen bis hoch, Mangold sollte jedoch unbedingt regelmäßig bewässert werden.

Ernte Es wird die ganze Pflanze geerntet oder auch nach Bedarf nur die äußeren Blätter. Die Erntezeit erstreckt sich von Juni bis Oktober. Rotstielige Sorten des Mangold sehen auch hübsch als „Zierpflanze" in gemischten Blumenbeeten, Bauerngärten und Rabatten aus.

Spinat
Spinacia oleracea

Anbau Spinat wächst an einem sonnigen Standort in saurem bis alkalischem, frischem, fruchtbarem, lehmig-humosem Boden.
Ausgesät wird ab Februar oder März im Abstand von 20 × 0,5 cm in mehreren Sätzen. Es kann bis August ausgesät werden. Achten Sie unbedingt auf schossfeste Sorten!

IV-VI / X

Pflege Das Gemüse benötigt eine ausgeglichene bis hohe Nährstoffversorgung während der Wachstumszeit. Es muss regelmäßig bewässert werden, insbesondere bei Trockenheit.

Ernte Ab April bis Juni und Oktober können einzelne Blätter mehrmals in Etappen über die Wachstumszeit geerntet werden. Äußerst kurze Kulturdauer.

Stangensellerie, Bleichsellerie
Apium graveolens var. *dulce*

Anbau Der Standort sollte sonnig sein, der Boden schwach sauer bis schwach alkalisch, durchlässig, sandig-lehmig. Der Anbau erfolgt mit Jungpflanzen ab März unter Glas, die von Mai bis Juni im Abstand von 30 × 35 cm ins Freiland ausgepflanzt werden können. Bei nicht selbstbleichenden Sorten werden diese in Furchen mit 25 cm Tiefe gesetzt.

Pflege Der Nährstoffbedarf von Stangensellerie ist hoch, er verlangt zudem häufiges Bewässern. Achten Sie auf trockene Blätter (Pilzkrankheiten).

Ernte Mehrmals über die Wachstumszeit können die Blattstiele geerntet werden, die roh als Salat oder gedünstet verwendet werden können.

Gemüsefenchel, Knollenfenchel
Foeniculum vulgare var. *azoricum*

Anbau Gedeiht an einem sonnigen Standort, mit neutralem, ausgeglichenem, frischem und durchlässigem, sandig-lehmigem Boden.
Aussaat ab Frühjahr direkt ins Freiland oder Jungpflanzen ab April im Abstand von 30 × 50 cm pflanzen.

VII / X

Pflege Der Nährstoffbedarf ist ausgeglichen bis relativ hoch, es sollte regelmäßig bewässert werden. Keine Wachstumsstockungen auftreten lassen, da sonst die Leitgefäße verhärten – dann ist der Fenchel kaum noch zu verwenden. Die Knollen in den Pflanzreihen leicht anhäufeln, damit sie weiß bleiben.

Ernte Die Knollen können von Juli bis Oktober geerntet werden.

Erntezeit: VI / IX in Monaten

Weißkohl, Rotkohl

Brassica oleracea var. *capitata*

Anbau Weiß- und Rotkohl möchte einen sonnigen Standort mit saurem bis schwach alkalischem, fruchtbarem, sandig-lehmigem Boden.
Ausgesät wird ab Februar in Saatkisten unter Glas, die eigenen oder zugekauften Jungpflanzen können ab April bis Juni im Freiland ins Beet gesetzt werden. Hierbei beträgt der Pflanzabstand 35 bis 50 × 40 cm.

VI / X

Pflege Kohl hat einen ausgeglichenen bis hohen Nährstoffbedarf, es sollten organische Dünger wie Kompost gegeben werden. Auf eine regelmäßige Bewässerung ist zu achten.

Ernte Von Juni bis Oktober. Extra Lagersorten mit guter Lagerfähigkeit sind im Handel erhältlich.

Kohlrabi

Brassica oleracea var. *gongylodes*

Anbau An einem sonnigen Standort mit schwach saurem bis schwach alkalischem, fruchtbarem, sandig-lehmigem Boden gedeiht Kohlrabi am besten.
Ab Februar können unter Glas die Jungpflanzen angezogen werden, die ab April bis Mai im Freiland ausgepflanzt werden. Zur Verfrühung der Ernte ist eine Vliesabdeckung notwendig, auch der Anbau im Gewächshaus ist möglich. Pflanzabstand 25 × 30 cm (große Sorten: 50 × 50 cm).

V / X

Pflege Ausgeglichener bis hoher Nährstoffbedarf bei regelmäßiger Bewässerung (Knollenbildung!).

Ernte Die Knollen werden ab etwa 5 cm geerntet, ab Mai bis Oktober. Auch die Blätter sind verwendbar.

Blumenkohl

Brassica oleracea var. *botrytis*

Anbau Blumenkohl benötigt einen sonnigen Standort mit schwach saurem bis schwach alkalischem, fruchtbarem, sandig-lehmigem Boden.
Jungpflanzen können ab März unter Glas angezogen werden und ab Anfang Mai ins Freiland, Pflanzabstand 40 × 50 cm.

VI / X

Pflege Der Nährstoffbedarf ist ausgeglichen bis hoch, er benötigt eine regelmäßige Bewässerung.

Ernte Von Sommer bis Herbst werden die „Blüten" des Blumenkohls geerntet, in den letzten Wochen vor der Ernte ist es ratsam, zwei bis drei Blätter umzuknicken, damit die Köpfe weiß bleiben. Es gibt schmackhafte Überwinterungssorten für Ernte im zeitigen Frühjahr – aber nur in milderen Lagen zu empfehlen.

Chinakohl

Brassica rapa ssp. *pekinensis*

Anbau Geben Sie diesem Gemüse einen sonnigen Standort mit schwach alkalischem, fruchtbarem, sandig-lehmigem Boden.
Ausgesät wird erst ab Juni bis Juli direkt ins Freiland, um ein vorzeitiges Schossen der Pflanzen zu vermeiden. Der Abstand beim Auspflanzen beträgt 30 × 40 cm.

X / IX

Pflege Der Nährstoffbedarf ist ausgeglichen bis hoch, es muss regelmäßig bewässert werden.

Ernte Im Herbst, Oktober bis November, können die Köpfe vom Chinakohl geerntet werden. Mäßige Fröste sind für die Pflanzen kein Problem. Bei kühler Lagerung hält sich das Erntegut noch bis zu zwei Monate.

Standort: sonnig · halbschattig · schattig **Wasserbedarf:** wenig · mittel · hoch

Tomate (Cocktailtomate bis Fleischtomate)

Lycopersicon esculentum

Anbau Sie benötigen einen sonnigen und warmen Standort mit neutralem, ausgeglichenem, frischem, tiefgründigem und fruchtbarem Boden.
Die Aussaat erfolgt ab März in Saatschalen unter Glas. Die Jungpflanzen können dann ab Mitte Mai ins Freiland, einen Stützstab geben. Der Pflanzabstand beträgt 60 × 40 bis 50 cm.

VI / X

Pflege Das Fruchtgemüse hat einen hohen Nährstoffbedarf und muss regelmäßig bewässert werden, vor Regen schützen, nur über den Boden gießen. Die Seitentriebe sind regelmäßig auszubrechen (entgeizen).

Ernte Im Freiland ab Juli bis Herbst. Fruchtgrößen sind sortenabhängig.

Salatgurke, Freilandgurke

Cucumis sativus

Anbau Auch dieses Fruchtgemüse ist wärmeliebend und benötigt einen sonnigen Standort. Der Boden sollte schwach sauer bis schwach alkalisch, frisch bis feucht, fruchtbar, lehmig-humos sein. Die Jungpflanzenanzucht beginnt ab März oder April unter Glas, die Auspflanzung im Mai erfolgt im Abstand von 100 × 30 cm. Salatgurken können an einem Spalier gepflegt werden.

VI / X

Pflege Eine gute Nährstoffversorgung ist wichtig, es muss regelmäßig bis häufig bewässert werden.

Ernte Ab Juni bis Oktober kann geerntet werden, abhängig von Gewicht und Größe, junge Gurken sind schmackhafter.

Zucchini

Cucurbita pepo var. *giromontiina*

Anbau Zucchini sind wärmeliebend, benötigen einen sonnigen Standort sowie schwach sauren bis schwach alkalischen, frischen bis feuchten, fruchtbaren, lehmig-humosen Boden. Ausgesät wird ab April in Saatkisten unter Glas, die Jungpflanzen kommen im Mai mit einem Pflanzabstand von 90 × 90 cm ins Freiland. Direktsaat ins Freiland ab Mitte Mai möglich (Folienabdeckung empfehlenswert).

VI / X

Pflege Der Nährstoffbedarf ist hoch, die Bewässerung muss regelmäßig bis häufig erfolgen.

Ernte Ab Ende Juni bis Oktober können die Pflanzen regelmäßig beerntet werden. Junge Zucchini sind schmackhafter als große, dicke.

Paprika, Chili

Capsicum annuum

Anbau Paprika ist wärmeliebend, benötigt einen sonnigen Standort und gedeiht optimal auf schwach saurem bis schwach alkalischem, frischem bis feuchtem, fruchtbarem, sandig-lehmigem Boden.
Ab Februar wird in Saatkisten unter Glas ausgesät, die Auspflanzung erfolgt je nach Witterung im Mai in geschützten Lagen im Abstand von 60 × 50 cm. Stützstab geben.

VIII / X

Pflege Der Nährstoffbedarf ist ausgeglichen bis hoch, es muss regelmäßig bewässert werden. Die erste Frucht, die sogenannte Königsblüte, wird ausgebrochen, um den weiteren Fruchtansatz zu stärken.

Ernte Früchte von August bis Oktober.

Erntezeit: VI / IX in Monaten

Stangenbohne
Phaseolus vulgaris var. *vulgaris*

Anbau Stangenbohnen wachsen an einem sonnigen Standort mit neutralem bis schwach alkalischem, frischem, fruchtbarem und humosem Boden. Die Aussaat erfolgt an Ort und Stelle direkt im Freiland ab Mitte Mai in sogenannter Horstsaat (3 Korn in ein Loch um die Stange) im Abstand von etwa 100 cm × 20 cm.

VII / IX

Pflege Die Stangenbohne zählt zu den Hülsenfrüchten, daher ist der Nährstoffbedarf gering. Aber auf eine regelmäßige Wasserversorgung achten.

Ernte Von Juli bis September Hülsen mit unreifen zarten Bohnen, reif als Trockenspeisebohne. Sie sollten in kurzen Abständen regelmäßig durchgepflückt werden.

Buschbohne
Phaseolus vulgaris var. *nanus*

Anbau Buschbohnen mögen einen sonnigen Standort mit einem neutralen bis schwach alkalischen, frischen, fruchtbaren und humosen Boden. Ab Mai bis Juni kann direkt ins Freiland ausgesät werden, Horstsaat je 3 Korn, 40 × 15 cm. Nicht tiefer als 2 cm.

VII / IX

Pflege Auch Buschbohnen haben einen geringen Nährstoffbedarf, sind jedoch regelmäßig zu gießen. Bohnen sind sehr kälteempfindlich, daher müssen die Aussaattermine unbedingt eingehalten werden.

Ernte Von Juli bis September, die Triebe dürfen bei der Ernte nicht verletzt werden. Die meisten Sorten können mehrfach durchgepflückt werden. Vor dem Verzehr sind sie ausreichend lange zu kochen.

Feuerbohne
Phaseolus coccineus

Anbau Die Feuerbohne mag einen sonnigen Standort mit neutralem bis schwach alkalischem, frischem, fruchtbaren und humosen Boden. Die Aussaat dieser Bohnenart erfolgt im April oder Mai direkt ins Freiland. Wie bei der Stangenbohne werden auch hier drei Samenkörner pro Stange gelegt, im Abstand von etwa 100 cm × 20 cm.

VII / IX

Pflege Der Nährstoffbedarf ist gering, aber auf eine regelmäßige Bewässerung achten.

Ernte Die Hülsen mit den unreifen Bohnen werden von Juli bis September geerntet. Die Pflanze macht sich mit ihren auffälligen, feuerroten Blüten auch gut als Sichtschutz.

Erbse
Pisum sativum ssp. *sativum*

Anbau Erbsen benötigen einen sonnigen Standort und einen schwach sauren bis schwach alkalischen, frischen, sandig-humosen bis sandiglehmigen Boden. Im Mai erfolgt die Aussaat direkt ins Freiland im Abstand von 15 × 5 cm. Die Saaterbsen kommen etwa 5 cm tief in die Erde und werden gut angedrückt.

VI / VIII

Pflege Der Nährstoffbedarf ist hoch, die Bewässerung sollte regelmäßig erfolgen. Man gibt ihnen zum Ranken eine leichte Stütze durch Maschendraht oder Reiser. In Doppelreihen gepflanzte Erbsen können sich gegenseitig stützen (Buscherbsen).

Ernte Im Sommer werden die Hülsen geerntet; die Blüten locken Bienen an.

Standort: sonnig halbschattig schattig **Wasserbedarf:** wenig mittel hoch

Weitere Gemüsearten

Name	Standort	Pflege	Anbau
Meerrettich *Armoracia rusticana*	sonnig	Nährstoffbedarf ausgeglichen bis hoch; Bewässerung regelmäßig bis häufig	Pflanzabstand 60 × 50 cm; Pflanzung von Wurzelstecklingen im Frühjahr oder Herbst
Brokkoli *Brassica oleracea* var. *italica*	Sonnig	Nährstoffbedarf ausgeglichen bis hoch, organisch düngen, Bewässerung regelmäßig	Pflanzabstand 40 × 40 cm; Aussaat ab April, Pflanzung von Mai bis August
Rosenkohl *Brassica oleracea* var. *gemmifera*	sonnig	Nährstoffbedarf ausgeglichen bis hoch; Bewässerung regelmäßig	Pflanzabstand 60 × 50 cm; Aussaat ab Februar in Saatkisten, Pflanzung von April bis Juni
Wirsing *Brassica oleracea* var. *sabauda*	sonnig	Nährstoffbedarf ausgeglichen bis hoch, organisch düngen; Bewässerung regelmäßig	Pflanzabstand 40 × 40 cm, Aussaat ab Februar in Saatkisten, Pflanzung von April bis Juni
Grünkohl *Brassica oleraea* var. *sabellica*	sonnig	Nährstoffbedarf ausgeglichen bis hoch; organisch düngen; Bewässerung regelmäßig	Pflanzabstand 50 × 10-50 cm, Direktsaat von Mai bis Juni
Erdbeerspinat *Chenopodium capitatum*	sonnig bis halbschattig	Nährstoffbedarf ausgeglichen; Bewässerung regelmäßig	Pflanzabstand 20 × 25 cm; Aussaat ab April oder Pflanzung
Endivie *Cichorium endivia*	sonnig	Nährstoffbedarf ausgeglichen; Bewässerung regelmäßig	Pflanzabstand 30 × 30 cm; Aussaat im März (aber Schossgefahr) oder nochmals im Juni
Chicorée *Cichorium intybus* var. *foliosum*	Sonnig	Nährstoffbedarf ausgeglichen; Bewässerung regelmäßig	Pflanzabstand 30 × 30 cm; Aussaat im April oder Mai
Topinambur, Erdbirne *Helianthus tuberosus*	sonnig	Nährstoffbedarf hoch; Bewässerung regelmäßig	Pflanzabstand 70 × 20 cm; Pflanzung von Rhizomknollen im Frühjahr, etwa bis 2 m hoch
Römischer Salat *Lactua sativa* var. *longifolia*	sonnig	Nährstoffbedarf ausgeglichen bis hoch; Bewässerung regelmäßig bis häufig	Pflanzabstand 40 × 40 cm; Aussaat in Saatkisten ab April, Pflanzung ab Mai
Pflücksalat, Schnittsalat *Lactuca sativa* var. *crispa*	sonnig	Nährstoffbedarf ausgeglichen bis hoch; Bewässerung regelmäßig bis häufig	Pflanzabstand 20 × 1 cm, Direktsaat ab März
Aubergine *Solanum melongena*	sonnig, wärmeliebend	Nährstoffbedarf ausgeglichen bis hoch; Bewässerung regelmäßig	Pflanzabstand 70 × 50 cm; Aussaat ab März, Pflanzung ins Gewächshaus ab April

Radieschen

Raphanus sativus var. *sativus*

Anbau In einem schwach sauren bis schwach alkalischen, frischen, durchlässigen, sandig-lehmigen Boden und an sonnigem Standort gedeiht das Radieschen am besten.
Die Aussaat erfolgt ab Februar im Gewächshaus oder Frühbeet unter Glas. Ab März kann im Freien direkt ins Beet ausgesät werden. Der Abstand beträgt 10 bis 15 × 2 cm.

IV / X

Pflege Der Nährstoffbedarf ist ausgeglichen, regelmäßig wässern! Gegen Erdflöhe ist häufiges Hacken und ausreichend feuchter Boden sehr hilfreich (durchlöcherte Blätter!).

Ernte Die Wurzelknollen können 4 bis 10 Wochen nach der Aussaat bereits geerntet werden, ab Ende April.

Knollensellerie

Apium graveolens var. *rapaceum*

Anbau Knollensellerie bevorzugt einen sonnigen Standort mit einem schwach sauren bis schwach alkalischen, frischen bis feuchten, durchlässigen, sandig-lehmigen Boden.
Die Jungpflanzenanzucht kann ab März unter Glas beginnen. Die Pflänzchen werden bis zur Auspflanzung ab Mai bis Juni ein- bis zweimal vereinzelt. Pflanzabstand 40 × 40 cm. Für eine gute Knollenbildung sind die Jungpflanzen möglichst hoch zu setzen.

IX / XI

Pflege Der Nährstoffbedarf ist ausgeglichen hoch, häufig bewässern. Auf gleichmäßige Bodenfeuchte ist zu achten, regelmäßig hacken.

Ernte Knollen von September bis November, gut lagerfähig.

Erntezeit: VI / IX in Monaten

Kartoffel
Solanum tuberosum

Anbau Kartoffeln sind wärmeliebende Pflanzen, die einen schwach sauren bis alkalischen, frischen bis feuchten, fruchtbaren und lehmig-humosen Boden brauchen. Pflanzkartoffeln werden ab April 5 bis 10 cm tief in den Boden gelegt. Vorkeimen ab Mitte März in flachen Kisten bei 15 °C ist empfehlenswert. Der Pflanzabstand beträgt 40 bis 50 × 30 cm.

VII / IX

Pflege Der Nährstoffbedarf ist ausgeglichen bis hoch, es muss regelmäßig bis häufig gegossen werden. Wenn sich die ersten Triebe aus der Erde schieben, müssen diese angehäufelt werden. Grüne Kartoffeln sind giftig!

Ernte Knollen von Juli bis Oktober (frühe und späte Sorten).

Pastinake
Pastinaca sativa

Anbau Sonnige Standorte mit schwach sauren bis schwach alkalischen, frischen, fruchtbaren, lehmig-humosen Böden sind optimal für Pastinaken.
Ab April kann im Abstand von 25 × 3 cm direkt ins Freiland ausgesät werden.

VIII

Pflege Der Nährstoffbedarf ist ausgeglichen bis hoch, die Bewässerung muss regelmäßig erfolgen, sonst blühen die Pastinaken-Pflanzen vorzeitig. In rauen Lagen ist eine Abdeckung der Pflanzen zum Beispiel mit Laub vorteilhaft.

Ernte Ab August werden die Wurzeln geerntet, der Geschmack der Pastinaken-Wurzeln erinnert an Möhren und Petersilie. Verwendung z. B. in Eintöpfen.

Kohlrübe
Brassica napus ssp. *rapifera*

Anbau Geben Sie der Kohlrübe einen sonnigen Standort mit schwach saurer bis schwach alkalischer, frischer, fruchtbarer, sandig-lehmiger Erde.
Die Kohlrübe wird im Frühjahr direkt ins Beet gesät. Pflanzabstand der Jungpflänzchen 50 × 40 cm.

X / XI

Pflege Der Nährstoffbedarf ist ausgeglichen bis hoch, es ist regelmäßig zu bewässern.

Ernte Die Kohlrübe wird von September bis November geerntet. Sie läßt sich frostfrei lagern und findet in winterlichen Gerichten und Eintöpfen Verwendung.

Möhre, Karotte
Daucus carota ssp. *sativus*

Anbau Möhren wachsen an einem sonnigen Standort mit schwach sauer bis schwach alkalischem, durchlässigem, sandig-lehmigem Boden, der für die Wurzelbildung nötig ist!
Von März bis Juni können die Samen direkt an Ort und Stelle im Freiland ausgesät werden. Der Aussaatabstand beträgt dabei 20 × 2 cm.

VI / X

Pflege Das Wurzelgemüse hat mäßige Nährstoffansprüche, ist aber regelmäßig zu bewässern. Sobald der grüne Wurzelhals aus der Erde schaut, werden die Möhren etwas angehäufelt. Gegen die Kohlfliegen helfen windige Lagen oder Insektenschutznetze.

Ernte Juni bis Oktober, späte Sorten gut lagerfähig.

Standort: sonnig, halbschattig, schattig **Wasserbedarf:** wenig, mittel, hoch

Zwiebel
Allium cepa

Anbau Zwiebeln bevorzugen einen sonnigen Standort und einen schwach sauren bis schwach alkalischen, frischen bis feuchten, durchlässigen, sandig-lehmigen Boden.
Im zeitigen Frühjahr kann bereits mit der Aussaat direkt ins Freiland begonnen werden, sobald der Boden abgetrocknet ist. Der Abstand beträgt 20 × 2 cm. Steckzwiebeln sind einfacher ab Ende Februar zu pflanzen im Abstand von 5 × 20–25 cm.

VIII / IX

Pflege Sie verlangen eine ausgeglichene Nährstoffversorgung bei regelmäßiger Bewässerung, die jedoch ab August einzustellen ist. Gegen Zwiebelfliegen helfen Insektenschutznetze.

Ernte Ab August bis September.

Lauch, Porree
Allium porrum

Anbau Lauch braucht einen sonnigen Standort und schwach saure bis schwach alkalische, frische bis feuchte, sandig-lehmige Böden.
Die Anzucht erfolgt in Saatkisten ab Februar direkt ins Freiland. Die auszupflanzenden Jungpflanzen sollten bleistiftdick sein, sie können ab Mai oder Juni in tiefe Pflanzlöcher. Pflanzabstand 15 × 25 bis 30 cm.

VII / XI

Pflege Lauch hat einen relativ hohen Nährstoffbedarf und muss regelmäßig bis häufig gegossen werden. Um weiße, lange Schäfte zu erhalten, muss man während der Wachstumsphase die Erde anhäufeln. Insektenschutznetze helfen gegen Lauchfliegen.

Ernte Ab August junge Lauchstangen.

Rhabarber
Rheum rhabarbarum

Anbau Rhabarber gedeiht sowohl an sonnigen als auch an halbschattigen Standorten. Der Boden sollte schwach sauer bis schwach alkalisch, frisch bis feucht, sandig-lehmig bis lehmig sein. Im Frühjahr oder Herbst werden Stecklinge gepflanzt, Abstand 120 × 80 cm.

V / VI

Pflege Das anspruchlose Gemüse hat einen hohen Nährstoffbedarf. Geben Sie organischen Dünger und achten Sie auf regelmäßige bis häufige Wassergaben.

Ernte Jeweils die äußeren Blattstiele können mit leichtem Druck von der Pflanze „abgedreht“ werden. Ab Mitte Juni sollte nicht mehr geerntet werden, da sich zu hohe Oxalatgehalte (gesundheitlich bedenklich) in der Pflanze bilden.

Artischocke
Cynara scolymus

Anbau Die anspruchsvollen Gewächse benötigen einen sonnigen und geschützten Standort sowie neutrale, ausgeglichene, mäßig trockene bis frische Böden, die durchlässig und sandig-lehmig sind. Jungpflanzen kommen im Mai ins Freiland und werden dort im Abstand von 100 cm × 100 cm gesetzt.

IX

Pflege Artischocken haben einen ausgeglichenen bis hohen Nährstoffbedarf und müssen eher wenig aber regelmäßig gegossen werden. Die Pflanzen sind nur mäßig frosthart.

Ernte Ab September werden die geschlossenen Blütenknospen geerntet. Die attraktiven Blüten dienen auch als Trockenblumen.

Erntezeit: VI / IX in Monaten

Schnittlauch
Allium schoenoprasum

Gestaltung Das intensiv duftende Küchenkraut ist zur Blütezeit ein Augenmagnet. Die rosa Blüten sind weithin sichtbar und locken Bienen und andere Insekten an.

↑ 20-30 VI VIII

Pflege Bevorzugt durchlässige, sandig-lehmige, frische bis feuchte Gartenböden mit mittlerem bis hohem Nährstoffgehalt. Kann im Winter auf der Fensterbank im Topf getrieben werden, um ihn ganzjährig verwenden zu können. Ist pflegeleicht, für Gartenanfänger gut geeignet. Schnittlauch wird durch Aussaat und Teilung vermehrt.

Verwendung Stiele von April bis September, nicht mehr nach der Blüte; als Würzkraut.

Dill, Gurkenkraut
Anethum graveolens

Gestaltung Dieses duftendes Kraut wird in Küchen- und Gemüse-, Bauern- und Staudengärten verwendet. Außerdem ist eine Topf- und Kastenkultur möglich.

↑ 60-100 VII VIII

Pflege Durchlässige, sandig-humose, mäßig trockene bis frische Gartenböden mit mittlerem bis hohem Nährstoffgehalt sind ideal. Kann durch Aussaat ab April vermehrt werden. Am besten sät man in Folge alle drei bis vier Wochen aus. Dill ist pflegeleicht und dankbar. Er ist auch für Garten-Anfänger gut geeignet.

Verwendung Ernten Sie die jungen Triebe und Dolden, wenn die Samen braun sind; als Würz- und Teekraut.

Estragon
Artemisia dracunculus

Gestaltung Estragon passt gut in Bauern-, Gemüse- und Kräutergärten. Er ist eine alte Pflanze und eignet sich auch für Anfänger. Man kann sie außerdem in Töpfen und Kübeln pflegen.

↑ 60-120 VII VIII

Pflege Durchlässige, mäßig trockene bis frische Gartenböden mit mittlerem bis hohem Nährstoffgehalt. Spross im späten Herbst zurückschneiden. Wird durch Ausläufer, Stecklinge und Teilung vermehrt.

Verwendung Frische Triebspitzen ab Mai; als Würz- und Heilkraut.

Weitere Arten Eberraute *(A. abrotanum)*, Wermut *(A. pontica)*, Beifuß *(A. vulgaris)*, ähnliche Ansprüche.

Borretsch
Borago officinalis

Gestaltung Borretsch ist eine hübsche, pflegeleichte Pflanze, die in Gemüse- und Kräuterbeeten, aber auch Staudenrabatten wächst. Lässt sich im Topf pflegen.

↑ 40-60 VI IX

Pflege Anpassungsfähiges und unkompliziertes Kraut für durchlässige, mäßig trockene bis frische Gartenböden mit mittlerem bis hohem Nährstoffgehalt. Borretsch versamt sich leicht im ganzen Garten. Die Pflanzen wachsen in Wegspalten und Ritzen und entfalten dort ihre hübschen Blütchen. Die Vermehrung erfolgt durch Aussaat ab April.

Verwendung Junge Blätter des blühendes Krauts; als Würz- und Heilkraut.

Standort: sonnig halbschattig schattig **Wasserbedarf:** wenig mittel hoch

Echter Lavendel
Lavandula angustifolia

Gestaltung Der Echte Lavendel wächst gerne in Kräuterbeeten, passt aber auch in bunte Beet- und Staudenpflanzungen und in Steingärten. Auch für Töpfe und Kübel.

↑ 70 VII VIII

Pflege Liebt durchlässige, mäßig trockene, leicht alkalische Gartenböden mit mittlerem Nährstoffgehalt, keine Staunässe. Muss frostfrei und hell überwintert werden. Davor bis zum alten Holz zurückschneiden.

Verwendung Junge Triebe bis zur Blüte; als Würz- und Duftkraut.

Weitere Arten Speick-Lavendel *(L. latifolia)*, Oregano-Lavendel *(L. multifida)*, Schopf-Lavendel *(L. stoechas)*.

Garten-Kresse
Lepidium sativum

Gestaltung Die Garten-Kresse kann ganzjährig auf der Fensterbank oder im Sommer im Garten gezogen werden. Auch für bunte Beet- und Staudenpflanzungen ist sie geeignet.

↑ 15 V VIII

Pflege Braucht einen sonnigen bis halbschattigen Standort und schwach sauren bis schwach alkalischen, frischen Gartenboden. Der Nährstoffbedarf sollte ausgeglichen sein. Sie keimt sehr schnell, ist pflegeleicht und gedeiht auch bei Garten-Anfängern. Kann im Winter auch auf der Fensterbank gezogen werden.

Verwendung Frische Blätter vor der Blüte; als Würz- und Heilkraut und für Rohkost.

Liebstöckel, Maggikraut
Levisticum officinale

Gestaltung Das intensiv duftende Küchenkraut passt in Kräuter- und Gemüsegärten. Es braucht einen Einzelplatz und lockt Bienen und Schmetterlinge an.

↑ 100-200 VII VIII

Pflege Gut fruchtbare, sandig-lehmige, frische Gartenböden mit mittlerem bis hohem Nährstoffgehalt. Ältere Pflanzen müssen eventuell gestützt werden. Der Spross kann im späten Frühling zurückgeschnitten werden. Vermehrt wird durch Aussaat (Frühjahr) und Teilung. Wächst auch in einem großen Kübel.

Verwendung Frisches Kraut, eine Pflanze ist ausreichend; als Würz- und Heilkraut.

Zitronenmelisse
Melissa officinalis

Gestaltung Das alte Heil- und Teekraut passt in Kräuter- und Gemüsebeete, kann aber auch in bunten Beeten und gemischten Rabatten wachsen. Auch für Töpfe und Kübel.

↑ 50-80 VI VIII

Pflege Ist anpassungsfähig, bevorzugt aber durchlässige, mäßig trockene bis frische Gartenböden mit mittlerem Nährstoffgehalt. Geben Sie ihr einen warmen, geschützten Platz. In rauen Lagen Winterschutz! Der Spross kann im späten Herbst zurückgeschnitten werden. Vermehrung durch Stecklinge und Teilung.

Verwendung Frische Triebe vor der Blüte, auch zum Trocknen; als Tee- und Würzkraut.

Höhe: ↑ 40-80 in cm **Blütezeit:** VI IX in Monaten **Blütenfarben:**

Pfefferminze
Mentha × piperita

Gestaltung Die seit Jahrhunderten angebaute Pflanze passt in Gemüse- und Kräutergärten. Sie kann auch erfolgreich in Töpfen und Kübeln gepflegt werden.

30-60 VII IX

Pflege Sandig-humose bis sandig-lehmige, frische bis feuchte Gartenböden mit mittlerem bis hohem Nährstoffgehalt; kann wuchern, daher sollte sie in eingesenkte Töpfe gepflanzt werden. Vermehrung durch Stecklinge, Ausläufer und Teilung.

Verwendung Junge Triebe, auch zum Trocknen; als Tee-, Würz- und Heilkraut.

Sorten und Arten Viele interessante *Mentha*-Arten im Handel erhältlich.

Basilikum
Ocimum basilicum

Gestaltung Basilikum wächst in Gemüse- und Kräuterbeeten, auch in bunten Beeten und gemischten Rabatten. Auch für Töpfe und Kästen auf Balkon und Terrasse.

30-60 VII IX

Pflege Die Pflanze bevorzugt durchlässige, frische Gartenböden mit mittlerem bis hohem Nährstoffgehalt. Geben Sie ihr einen warmen und geschützten Platz. Bei Frostbeginn wird Basilikum im Zimmer weitergepflegt. Vermehrung durch Aussaat (Frühjahr).

Verwendung Frische Blätter vor der Blüte; als Würz- und Heilkraut.

Sorten und Arten Viele interessante *Ocimum*-Arten im Handel erhältlich.

Oregano, Gewöhnlicher Dost
Origanum vulgare

Gestaltung Das bekannte Kraut passt in Gemüse- und Kräutergärten, wächst aber auch in bunten Beeten und Rabatten. Man kann Oregano auch in Töpfen und Kübeln kultivieren.

30-60 VII IX

Pflege Die Pflanze möchte auf durchlässigen, sandig-lehmigen, mäßig trockenen bis frischen Gartenböden mit mittlerem Nährstoffgehalt wachsen. Der Boden sollte nicht austrocknen. Vermehrt wird durch Aussaat (Frühjahr) und Stecklinge.

Verwendung Blätter und Blüten, auch zum Trocknen; als Würz- und Heilkraut.

Weitere Art Majoran *(O. majorana)* mit ähnlichen Pflegeansprüchen.

Petersilie
Petroselinum crispum

Gestaltung Petersilie ist ein typisches Kraut für den Gemüse-, Kräuter- und Bauerngarten. Sie lässt sich auch erfolgreich in Töpfen und Kästen auf Balkon und Terrasse pflegen.

15-25 VII VIII

Pflege Fruchtbare, durchlässige, frische bis feuchte Gartenböden mit mittlerem bis hohem Nährstoffgehalt. Geben Sie dem Küchenklassiker jährlich einen neuen Platz. Vermehrung durch Aussaat im März oder Juni. Es dauert, bis die Samen aufgehen!

Verwendung Blätter, auch zum Trocknen; Würzkraut.

Sorten Es gibt glattblättrige (mit intensiverem Aroma) und krause.

Standort: sonnig halbschattig schattig **Wasserbedarf:** wenig mittel hoch

Weitere Kräuterarten

Deutscher Name	Wuchs	Ernte	Verwendung
Knoblauch *Allium sativum*	20 bis 60 cm, einjährig	Juli bis September	frische Zwiebel, Blätter
Kerbel *Anthriscus cerefolium*	10 bis 20 cm, einjährig	Mai bis Oktober	frisches Kraut
Stangensellerie *Apium graveolens*	40 bis 60 cm, ein- bis zweijährig	Juli bis November	frische oder getrocknete Blätter
Beifuß *Artemisia vulgaris*	50 bis 150 cm, mehrjährig	Mai bis Oktober	frisches oder getrocknetes Kraut
Barbarakraut *Barbarea vulgaris*	30 bis 60 cm, zweijährig	November bis April	frisches Kraut
Gewürzfenchel *Foeniculum vulgare*	80 bis 200 cm, mehrjährig	August bis Oktober	frisches Kraut, getrocknete Samen
Ysop *Hyssopus officinalis*	40 bis 60 cm, mehrjährig	April bis Dezember	frische oder getrocknete Blätter
Majoran *Origanum majorana*	25 bis 40 cm, einjährig	Juni bis November	frisches oder getrocknetes Kraut
Portulak *Portulaca oleracea*	15 bis 30 cm, einjährig	Juni bis Oktober	frische Blätter
Salbei, Garten-Salbei *Salvia offininalis*	50 bis 70 cm, mehrjähriges	April bis Oktober	frische oder getrocknete Blätter
Bohnenkraut, Sommer- *Satureja hortensis*	10 bis 40 cm, einjährig	Mai bis September	frische oder getrocknete Blätter
Bohnenkraut, Berg- *Satureja montana*	30 bis 50 cm, mehrjährig	Juni bis Oktober	frische oder getrocknete Blätter

Rosmarin
Rosmarinus officinalis

Gestaltung Die Pflanze wird normalerweise in Töpfen und Kübeln gepflegt, weil sie nicht winterhart ist. Sie ist immergrün und ihre Blüten locken Bienen in den Garten.

100-150 V VI

Pflege Durchlässige Böden mit niedrigem Nährstoffgehalt, geschützter Platz. Im Herbst/Winter bis ins alte Holz zurückschneiden, vor dem ersten Frost in ein helles, frostfreies Winterquartier stellen. Vermehrung durch Aussaat (Frühjahr) und Stecklinge.

Verwendung Blüten und Kraut; Würz- und Heilkraut.

Sorten 'Benenden Blue' (blau), 'Majorca Pink' (hellrosa), 'Prostratus' (hellblblau).

Echter Thymian
Thymus vulgaris

Gestaltung Dieses duftende Kraut wächst in Kräuter- und Gemüsegärten, aber auch als Ergänzung in bunten Beet- und Staudenpflanzungen und Steingärten. Auch für Topf und Kübel.

20-30 VII IX

Pflege Bevorzugt durchlässige, sandig-kiesige, trockene bis frische Gartenböden mit niedrigem Nährstoffgehalt. Im Frühjahr leicht zurückschneiden. Vermehrung durch Aussaat (Frühjahr), Stecklinge, Teilung und Absenker.

Verwendung Kraut (zur Blüte); als Würz- und Heilkraut.

Weitere Art Zitronen-Thymian *(T. × citriodorus)* mit intensivem Zitronenaroma.

Höhe: 40-80 in cm **Blütezeit:** VI IX in Monaten **Blütenfarben:**

Service

Auf den folgenden Seiten finden Sie Adressen von Vereinen und Verbänden, Pflanzenanbietern, Zubehör- und Gartengeräteherstellern und Bodenuntersuchungsinstituten

Gartengestaltung und -beratung

Monarda Gartendesign
www.monarda.de

Gartenberatung
www.gartenberatung.info

Pflanzenliebhaber-Gesellschaften

(alphabetische Sortierung nach Pflanzengruppen)

DGGL – Deutsche Gesellschaft für Gartenkunst und Landschaftskultur e.V
Wartburgstraße 42
10823 Berlin
Tel.: 030 / 78 71 36 13
Fax: 030 / 7 87 43 37
E-Mail: bund@dggl.org
www.dggl.org

Europäische Bambus-Gesellschaft
c/o Edeltraud Weber
John-Wesley-Str. 4
63584 Gründau (Rothenbergen)
Tel.: 01 72 / 6 64 42 90
E-Mail: info@bambus-deutschland.de
www.bambus-deutschland.de

Internationale Clematis-Gesellschaft
c/o Walter Hörsch
Hagenwiesenstr. 3
73066 Uhingen
E-Mail: 4Schrecks@gmx.de
www.clematisinternational.com

Deutsche Dahlien-, Fuchsien- und Gladiolen-Gesellschaft e.V
c/o Bettina Verbeek
Maasstr. 153
47608 Geldern-Walbeck
E-Mail: info@ddfgg.de
www.ddfgg.de

Deutsche Dendrologische Gesellschaft e.V
Dr. Mirko Liesebach
Wilh.-Pieck-Str. 2A
15377 Waldsieversdorf
E-Mail: ddg_web@web.de
www.ddg-web.de

Deutsche Efeu-Gesellschaft
Geschäftsstelle
Hauptstraße 48
24890 Stolk
Tel.: 0 46 23 / 15 02
www.efeugarten.de

Deutsche Fuchsien-Gesellschaft e.V.
Geschäftsstelle
Renate Ripke
Linnenkämper Str. 10
37627 Stadtoldendorf
Tel.: 0 55 32 / 36 15
Fax: 0 55 32 / 50 43 56
E-Mail: R_Ripke@t-online.de
www.deutsche-fuchsien-ges.de

Gesellschaft der Heidefreunde e.V.
Geschäftsstelle
Berner Heerweg 431
22159 Hamburg
www.gdh.heidezuechtung.de

Deutsche Rhododendron-Gesellschaft
c/o Julia Westhoff
Marcusallee 60
28359 Bremen
Tel.: 04 21 / 3 61-30 25
Fax: 04 21 / 3 61-36 10
E-Mail: Julia.Westhoff@stadtgruen.bremen.de
www.bremen.de/info/stadtgruen/DRG

Gesellschaft Deutscher Rosenfreunde e.V
Geschäftsstelle
Waldseestraße 14
76530 Baden-Baden
Tel.: 0 72 21 / 3 13 02
Fax: 0 72 21 / 3 83 37
E-Mail: info@rosenfreunde.de
www.rosenfreunde.de

Österreichische Rosenfreunde in der Österreichischen Gartenbau-Gesellschaft
Parkring 12
A-1010 Wien
Tel.: +43 / (0)1 / 51 28-416
Fax: +43 / (0)1 / 51 28-417
www.garten.or.at

Gesellschaft Schweizerischer Rosenfreunde
Professor Dr. Theodor Zwygart
Schlossbergstrasse 23
CH-8820 Wädenswil
E-Mail: info@rosenfreunde.ch
www.rosenfreunde.ch

Gesellschaft der Staudenfreunde e.V
Geschäftsstelle
Evi Roth
Neubergstraße 11
77955 Ettenheim
Tel.: 0 78 22 / 86 18 34
Fax: 0 78 22 / 86 18 33
E-Mail: info@gds-staudenfreunde.de
www.gds-staudenfreunde.de

Gesellschaft der Wassergarten-Freunde e.V
Theo Germann
Am Rübsamenwühl 22
67346 Speyer
Tel.: 0 62 32 / 6 30 40
E-Mail: gaertnerei-germann@t-online.de
www.wassergarten.de

Vereine und Verbände

(www.gartenbauvereine.de)

Naturschutzbund Deutschland (NABU) e.V.
10108 Berlin
E-Mail: NABU@NABU.de
www.NABU.de

Bund für Umwelt und Naturschutz Deutschland (BUND) e.V.
Bundesgeschäftsstelle
Am Köllnischen Park 1
10179 Berlin
Tel.: 030 / 275 86-4-0
Fax: 030 / 275 86-40
E-Mail: bund@bund.net

Bund Deutscher Landschaftsarchitekten (BDLA)
Bundesgeschäftsstelle
Köpenicker Str. 48/49
10179 Berlin
Tel.: 0 30 / 27 87 15-0
Fax: 0 30 / 27 87 15-55
E-Mail: info@bdla.de
www.bdla.de

Bundesverband Deutscher Gartenfreunde e.V.
Platanenallee 37
14050 Berlin
Tel.: 0 30 / 30 20 71-40
Fax: 0 30 / 30 20 71-39
www.kleingarten-bund.de

Bund Deutscher Baumschulen
Bismarckstraße 49
25421 Pinneberg
Tel.: 0 41 01 / 20 59-0
Fax: 0 41 01 /20 59-31
www.bund-deutscher-Baumschulen.de

Zentralverband Gartenbau (ZVG) e.V.
Godesberger Allee 142–148
53175 Bonn
Tel.: 02 28 / 810 02-0
Fax: 02 28 / 810 02-48
E-Mail: info@g-net.de
www.g-net.de

Bund deutscher Staudengärtner im Zentralverband Gartenbau e.V.
Geschäftsführerin
Dipl.-Ing. agr. Bettina Banse
Godesberger Allee 142-148
53175 Bonn
Tel.: 02 28 / 8 10 02-55
Fax: 02 28 / 8 10 02-48
E-Mail: zvg.banse@g-net.de
www.stauden.de

Deutsche Gartenbau-Gesellschaft 1822 e.V
Lauenhaus
78465 Insel Mainau
Tel.: 0 75 31 / 1 52 88
Fax: 0 75 31 / 2 65 30
E-Mail: info@dgg1822.de
www.dgg1822.de

Bundesverband der Österreichischen Gärtner
Haidestrasse 22
A-1110 Wien
Tel.: +43 / (0)1 / 769 26 60
Fax: 43 / (0)1 / 7 68 89 90
www.gartenbau.or.at

Informationsstellen und Fortbildungsstätten

(www.gartenakademien.de)

Lenné Akademie für Gartenbau und Gartenkultur
Referat Gartenbau des Landesamtes für Verbraucherschutz und Landwirtschaft
Theodor-Echtermeyer-Weg 1
14979 Großbeeren
Tel.: 03370 / 15 27 11
Fax: 03370 / 15 75 91
E-Mail: referat.gartenbau@lvlf.brandenburg.de

Schulungszentrum für naturgemäßen Land- und Gartenbau (SNLG) e. V.
Poppenbüttler Hauptstraße 46
22399 Hamburg
Tel.: 0 40 / 6 02 07 33

Bildungsstätte Gartenbau Grünberg
Gießener Str. 47
35305 Grünberg
Tel.: 0 64 01 / 91 01-0
Fax: 0 64 01 / 91 01-91
E-Mail: info@bildungsstaette-gartenbau.de
www.bildungsstaette-gartenbau.de

Permakultur Akademie
Auf der Filzer Kupp 1
54329 Konz
Tel.: 07 00 / 73 76 25 85
E-Mail: info@permakultur-akademie.net
www.permakultur-akademie.de

LLH – Hessische Gartenakademie Zentrale
Brentanostraße 9
65366 Geisenheim
Tel.: 0 67 22 / 502-861/-862
Fax: 0 67 22 / 502-860
E-Mail: hessische.gartenakademie.gs@llh.hessen.de
www.llh-hessen.de

Dienstleistungszentren Ländlicher Raum Rheinland Pfalz
E-Mail: info@agrarinfo.rlp.de
www.agrarinfo.rlp.de

Bayerische Gartenakademie
Bayerische Landesanstalt für Weinbau und Gartenbau
An der Steige 15, 97209 Veitshöchheim
Tel.: 09 31 / 9801-0
Fax: 09 31 / 9801-100
E-Mail: poststelle@lwg.bayern.de
www.lwg.bayern.de

Bodenuntersuchungs-institute

Staatliche Bodenuntersuchungsinstitute
VDLUFA – Verband Deutscher Landwirtschaftlicher Untersuchungs- und Forschungsanstalten e.V
c/o LUFA Speyer
Obere Langgasse 40
67346 Speyer
Tel.: 0 62 32 / 136-121
Fax: 0 62 32 / 136-122
E-Mail: info@VDLUFA.de
www.vdlufa.de

Private Bodenuntersuchungsinstitute
Institut Koldingen GmbH
Breslauer Str. 60
31157 Sarstedt
Tel.: 0 50 66 / 9 01 93-0
Fax: 0 50 66 / 9 01 93-35
E-Mail: kolingen@agrolab.de
www.agrolab.de

Balzer Bodenanalyselabor
Oberer Ellenberg 5
35083 Wetter-Amönau
Tel.: 0 64 23 / 74 83
Fax: 0 64 23 / 31 97
www.eco-select.de

Ing. B. Riffel Bodenlabor
Weinheimer Landstr. 115
55232 Alzey
Tel.: 0 67 31 / 4 38 59

Institut Prof. Dr.Jäger
Ernst-Simon-Str. 2–4
72072 Tübingen
Tel.: 0 70 71 / 70 07-0
Fax: 0 70 71 / 70 07-77
E-Mail: Institut@InstitutDrJaeger.de
www.institutdrjaeger.de

Laboratorium Lacher
Niedermattenstr. 3
79238 Ehrenkirchen
Tel.: 0 76 33 / 98 22-34
Fax: 0 76 33 / 98 22-35
E-Mail: michael.lacher@laboratorium-lacher.de
www.bgkev.de/prueflabore

Agrolab GmbH
Schulstr. 1
85416 Langenbach / OT Oberhummel
Tel.: 0 87 61 / 76 13 21
Fax: 0 87 61 / 76 13 56
E-Mail: zentrale@agrolab.de
www.agrolab.de

Labor für Boden- und Düngemitteluntersuchungen
Dr. Dürr
Hagener Weg 27
89179 Beimerstetten
Tel.: 0 73 48 / 64 08
E-Mail: kontakt@labor-duerr.de
www.labor-duerr.de

Schweiz

UFAG Laboratorien
Kornfeldstr. 4
CH-6210 Sursee
E-Mail: info@ufag-laboratorien.ch
www.ufag-laboratorien.ch

Labor Roth A.G
Rieterstr. 102
CH-8002 Zürich

Amtliche Pflanzenschutzberatung

(www.pflanzenschutzdienst.de)

Sachsen
Sächsische Landesanstalt für Landwirtschaft
Fachbereich Integrierter Pflanzenschutz, Referat 63
Alttrachau 7
01139 Dresden
Tel.: 03 51 / 85 30 40

Berlin
Pflanzenschutzamt Berlin
Mohriner Allee 137
12347 Berlin
Tel.: 0 30 / 70 00 06-0
Fax: 0 30 / 70 00 06-55

Brandenburg
Landesamt für Verbraucherschutz, Landwirtschaft und Flurneuordnung
Pflanzenschutzdienst
Ringstr. 1010
15226 Frankfurt(Oder)-Markendorf
Tel.: 03 35 / 52 76 22
Fax: 03 35 / 5 21 73 70
E-Mail: poststelle.pflanzenschutzdienst@lvlf.brandenburg.de
www.lmur.brandenburg.de

Mecklenburg-Vorpommern
Landespflanzenschutzamt
Graf-Lippe-Str. 1
18059 Rostock
Tel.: 03 81 / 4 91 23-31 und -33
Fax: 03 81 / 4 92 26 65
E-Mail: poststelle@lps.mvnet.de

Hamburg
Institut für Angewandte Botanik
Pflanzenschutzamt Hamburg
Ohnhorststraße 18
22609 Hamburg
Tel.: 0 40 / 4 28 16-556
E-Mail: Pflanzenschutz@iangbot.uni-hamburg.de
www.pflanzenschutzamt-hamburg.de

Schleswig-Holstein
Pflanzenschutzamt
Westring 383
24118 Kiel
Tel.: 04 31 / 8 80 13 02
E-Mail: pflanzenschutz@pfs.alr-kiel.landsh.de

Bremen
Senator für Umweltschutz und Stadtentwicklung,
Pflanzenschutzdienst
Große Weidestr. 4–16
(Postanschrift: Hanseatenhof 5)
28195 Bremen
Tel.: 04 21 / 3 61 25 75

Lebensmittelüberwachungs-, Tierschutz- und Veterinärdienst Bremen
Findorffstr. 101
28215 Bremen

Niedersachsen
Landwirtschaftskammer Weser-Ems
Pflanzenschutzamt
Sedanstraße 4
26121 Oldenburg
Tel.: 04 41 / 8 01-0
Fax: 04 41 / 8 01-777
E-Mail: psa@lwk-we.de
www.lwk-we.de

Landwirtschaftskammer Hannover – Pflanzenschutzamt –
Wunstorfer Landstraße 9
30453 Hannover
E-Mail: Pflanzenschutz@Lawikhan.de
www.lwk-we.de

Hessen
Regierungspräsidium Gießen
Pflanzenschutzdienst Hessen
Schanzenfeldstr. 8
35578 Wetzlar
E-Mail: orthka@ulf.hessen.de
www.rp-giessen.de

Sachsen-Anhalt
Landespflanzenschutzamt
Lerchenwuhne 125
39128 Magdeburg
Tel.: 03 91 / 25 69-450 bis -453

Nordrhein-Westfalen
Landwirtschaftskammer
Nordrhein-Westfalen
Pflanzenschutzdienst
Siebengebirgsstraße 200
53229 Bonn
Tel.: 02 28 / 4 34-2101
E-Mail: Pflanzenschutzdienst@
lwk.nrw.de

Rheinland-Pfalz
Dienstleistungszentrum für den ländlichen Raum (DLR)
Rheinhessen-Nahe-Hunsrück
Rüdesheimer Str. 60–68
55545 Bad Kreuznach
E-Mail: agrarwirtschaft-5@dlr.rlp.de

Saarland
Landwirtschaftskammer für das Saarland
– Pflanzenschutzamt –
Dillinger Str. 67
66822 Lebach
Tel.: 06 81 / 6 65 05-0
Fax: 06 81 / 6 65 05-12
E-Mail: lwk-saar-martin@t-online.de
www.lwk-saarland.de

Baden-Württemberg
Landesanstalt für Pflanzenschutz
Reinsburgstr. 107
70197 Stuttgart
Tel.: 07 11 / 66 42-400
Fax: 07 11 / 66 42-499
E-Mail: poststelle.@lfp.bwl.de

Bayern
Bayerische Landesanstalt für Landwirtschaft
Institut für Pflanzenschutz
Lange Point 10
85354 Freising
E-Mail: Pflanzenschutz@
LfL.bayern.de
www.lfl.bayern.de

Staatliche Fachschule für Agrarwirtschaft Veitshöchheim
Bayrische Gartenakademie
An der Steige 15
97209 Veitshöchheim
Tel.: 09 31 / 98 01-0

Thüringen
Thüringer Landesanstalt für Landwirtschaft
Sachgebiet Pflanzenschutz
Kühnhäuser Str. 101
99189 Erfurt-Kühnhausen
Tel.: 03 62 01 / 8 17-0
Fax: 03 62 01 / 8 17-40
E-Mail: postmaster@
kuehnhausen.tll.de
www.tll.de

Naturgemäßer Gartenbau

GÄA – Vereinigung ökologischer Landbau e.V
Bundesgeschäftsstelle
Arndtstraße 11
01099 Dresden
Tel.: 03 51 / 4 01 23 89
Fax: 03 51 / 4 01 55 19
E-Mail: info@gaea.de
www.gaea.de

Permakultur Institut e.V.
Auf der Filzer Kupp 1
54329 Konz
Tel.: 0700 / 73 76 25 85
www.permakultur.de

Forschungsring für biologisch-dynamische Wirtschaftsweise e.V.
Brandschneise 1
64295 Darmstadt
Tel.: 0 61 55 / 84 12-0
Fax: 0 61 55 / 84 69 11
E-Mail: info@forschungsring.de
www.forschungsring.de

Naturgarten e.V
Verein für naturnahe Garten- und Landschaftsgestaltung
Kernerstr. 64
74076 Heilbronn
Tel.: 0 71 31 / 64 99 99 6
Fax: 0 71 31 / 64 99 99 7
E-Mail geschaeftsstelle@
naturgarten.org
www.naturgarten.org
www.naturnaher-garten.de

Arbeitsgruppe Biogarten
Birnbaum
CH-3436 Zollbrück
Tel.: +41 (0) 34 / 4 96 71 48
Fax: +41 (0) 34 / 4 96 80 30

Bio-Forum Möschberg
Zentrum für organisch-biologischen Landbau
Mostereiweg 1
CH-4934 Madiswil
Tel.: +41 (0) 62 / 9 65 07 82
E-Mail: bio-forum@bluewin.ch

Bioterra (SGBL)
Dubsstr. 33
CH-8003 Zürich
Tel.: +41 (0)44 / 4 54 48 48
Fax: +41 (0)44 / 4 54 48 41
E-Mail: service@bioterra.ch
www.bioterra.ch

VNG – Verein für naturnahe Garten- und Landschaftsgestaltung
Höhenstrasse 19
CH-9320 Arbon
E-Mail: vng.gl@vng.ch
www.vng.ch

Nützlinge

Katz Biotech AG
An der Birkenpfuhlheide 10
15837 Baruth
Tel.: 03 37 04 / 6 75-10
Fax: 03 37 04 / 6 75-79
E-Mail info@katzbiotech.de
www.katzbiotechservices.de
www.floranuetzlinge.de

ÖRE Bio-Protect GmbH
Neuwührener Weg 26
24223 Raisdorf
Tel.: 0 43 07 / 69 81
E-Mail: info@nuetzlingsberater.de
www.nuetzlingsberater.de

re-natur GmbH
Kräuter Park
Am Pfeifenkopf 9
24601 Stolpe
Tel.: 0 43 26 / 28 93 90
Fax: 0 43 26 / 28 93 91
E-Mail: kraeuterpark@re-natur.de
www.re-natur.de

W. Neudorff GmbH KG
Abt. Nutzorganismen
Postfach 12 09
31857 Emmerthal
Tel.: 0180 / 5 63 83 67
E-Mail: info@neudorff.de
www.neudorff.de

AMW Nützlinge GmbH
Ausserhalb 54
64319 Pfungstadt
Tel.: 0 61 57 / 99 05 95
Fax: 0 61 57 / 99 05 97
E-Mail: amwnuetzlinge@aol.com
www.amwnuetzlinge.de

STB-Control
Triebweg 2
65326 Aarbergen
Tel.: 0 61 20 / 90 08 70
Fax: 0 61 20 / 90 08 71
E-Mail: stb-control@gmx.de
www.stb-control.de

Sautter & Stepper GmbH
Rosenstr. 19
72119 Ammerbuch
Tel.: 0 70 32 / 95 78-30
E-Mail: info@nuetzlinge.de
www.nuetzlinge.de

Katz Biotech AG
Beratungsstandort Süd
Industriestr. 38
73642 Welzheim
Tel.: 0 71 82 / 93 53 73
Fax: 0 71 82 / 93 53 71
E-Mail: info@katzbiotech.de

Hatto und Patrick Welte
Maurershorn 10
78479 Insel Reichenau
Tel.: 0 75 34 / 71 90
Fax: 0 75 34 / 14 58
www.welte-nuetzlinge.de

Andermatt Biocontrol AG
Stahlermatten 6
CH-6146 Großdietwil
Tel.: +41 / (0)62917 50 05
Fax: +41 / (0)62917 50 06
E-Mail: sales@biocontrol.ch
www.biocontrol.ch

Bäume und Sträucher

Baumschule Schob
Lößnitzer Str. 82
08141 Reinsdorf b. Zwickau
Tel.: 03 75 / 29 54 84
Fax: 03 75 / 29 34 57
E-Mail: info@schob.de
www.schob.de

H. Lorberg Baumschulerzeugnisse GmbH & Co.KG
Zachower Str. 4
14669 Ketzin / OT Tremmem
Tel.: 03 32 33 / 84-0
Fax: 03 32 33 / 84-100
E-Mail: lorberg@lorberg.com
www.lorberg.com

Baumschule & Pflanzenhandel
Lorenz von Ehren GmbH & Co. KG
Maldfeldstraße 4
21077 Hamburg
Tel.: 0 40 / 7 61 08-0
Fax: 0 40 / 7 61 08-100
E-Mail: LvE@LvE.de
www.LvE.de

Hermann Cordes Baumschulen
Lülanden 4
22880 Wedel / Holstein
Tel.: 0 41 03 / 9 39 80
Fax: 0 41 03 / 53 40
www.cordes-apfel.de

Baumschule H. Hachmann
Brunnenstr. 68
25355 Barmstedt
Tel.: 0 41 23 / 20-55, -56
Fax: 0 41 23 / 66 26
E-Mail: info@hachmann.de
www.hachmann.de
www.japan-ahorn.de

Pflanzmich.de
Versandzentrum und Gartenmarkt
Burstah 13
25474 Ellerbek
Tel.: 0 41 01 / 37 80-0
Bestell-Hotline: 0 18 05 / 12 02 00
(12 Cent / Min.)
Fax: 0 41 01 / 37 80-20
E-Mail: service@pflanzmich.de
www.pflanzmich.de

Kordes Jungpflanzen Handels GmbH
Mühlenweg 8
25485 Bilsen
Tel.: 0 41 06 / 40 11
Fax: 0 41 06 / 40 12
E-Mail: info@koju.de
www.koju.de

Eggert Baumschulen
Baumschulenweg 2-6
25594 Vaale
Tel.: 0 48 27 / 93 26 27
Fax: 0 48 27 / 93 26 28
E-Mail: info@eggert-baumschulen.com
www.eggert-baumschulen.de

Baumschulen Böhlje
Oldenburger Str. 9
26655 Westerstede
Tel.: 0 44 88 / 99 86-0
E-Mail: info@boehlje.de
www.boehlje.de

Obstbaumschule
Dr. Ute Hoffmann
Brinkstr. 53
27249 Mellinghausen / Brake
Tel.: 0 42 72 / 96 22 44
Fax: 0 42 72 / 18 65

Baumschule Bruno Wenk
Dickenrück
36199 Rotenburg a. d. Fulda
Tel.: 0 66 23 / 2214
Fax: 0 66 23 / 58 04
E-Mail: Baumschule.Wenk@t-online.de

Artländer Pflanzenhof GbR
Fliegerhorst 2
49535 Badbergen
Tel.: 0 54 31 / 24 58
Fax: 0 54 31 / 90 43 53
E-Mail: info@pflanzenhof-online.de

Baumschulprodukte Herr GmbH
Baumschulenweg 19–25
53340 Meckenheim
Tel.: 0 22 25 / 9 20 80
Fax: 0 22 25 / 94 19 70
E-Mail: baumschuleherr@compuserve.de

Ahornblatt GmbH
Postfach 1125
55001 Mainz
Tel.: 0 61 31 / 7 23 54
Fax: 0 61 31 / 36 49 67
E-Mail: Nachricht@Ahornblatt-Garten.de
www.ahornblatt-garten.de

Bambus-Centrum Deutschland
Baumschule Eberts
Saarstrasse 3–5
76532 Baden-Baden
Tel.: 0 72 21 / 50 74-0
Fax: 0 72 21 / 50 74-80
E-Mail: info@bambus.de
www.bambus.de

Häberli Obst- und Beerenzentrum AG
August-Ruf-Str.12 a
78224 Singen
Tel.: 0171 / 9 97 34 11
E-Mail: info@haeberli-beeren.ch
www.haeberli-beeren.ch

Klaus Ganter
Qualitätsbaumschule KG
Baumweg 2
79369 Whyl am Kaiserstuhl
Tel.: 0 76 42 / 10 61
Fax: 0 76 42 / 26 85
E-Mail: info@ganter-baden.de
www.ganter-baden.de

Baumschule Baumgartner
Hauptstr. 2
84378 Nöham bei Pfarrkirchen
Tel.: 0 87 26 / 2 05
Fax: 0 87 26 / 13 90
E-Mail: baumgartner@baumgartner-baden.de
www.baumgartner-baumschulen.de

Rhododendren

INKARHO GmbH
Brannenweg 5a
26160 Bad Zwischenahn
Tel.: 0 44 03 / 91 69 45
Fax: 0 44 03 / 91 69 48
E-Mail: inkarho@t-online.de
www.inkarho.de

Rosen

David Austin Roses Ltd
Bowling Green Lane
Albrighton
Wolverhampton WV7 3HB, UK
Tel. 0044 / 19 02 / 37 63 00
Fax: 0044 / 19 02 / 37 21 42
E-Mail: deutsch@davidaustinroses.com
www.davidaustinroses.com

BKN Strobel
über Rosarot Pflanzenversand
Gerd Hartung
Besenbek 4b
25335 Raa-Besenbek
Tel.: 0 41 21 / 42 38 84
E-Mail: hartung-rosen@t-online.de
www.rosenversand24.de

W. Kordes' Söhne Rosenschulen GmbH & Co.KG
Rosenstraße 54
25365 Klein Offenseth-Sparrieshoop
Tel.: 0 41 21 / 4 87 00
Fax: 0 41 21 / 8 47 45
E-Mail: info@kordes-rosen.com
www.kordes-rosen.com

Rosen Welt Tantau
Tornescher Weg 13
25436 Uetersen
Tel.: 0 41 22 / 70-84
Fax: 0 41 22 / 70-87
E-Mail: tantau@rosen-tantau.de
www.rosen-tantau.com

Noack Rosen
Im Fenne 54
33334 Gütersloh
Tel.: 0 52 41 / 2 01 87
Fax: 0 52 41 / 1 40 85
E-Mail: webmaster@noack-rosen.de
www.noack-rosen.de

Rosenhof Schultheis
Bad Nauheimer Str. 3–7
61231 Bad Nauheim-Steinfurth
Tel.: 0 60 32 / 8 10 13
Fax: 0 60 32 / 8 58 90
E-Mail: infos@rosenhof-schultheis.de
www.rosenhof-schultheis.de

Rosen Union e.V
Steinfurther Hauptstraße 27
61231 Bad Nauheim-Steinfurth
Tel.: 0 60 32 / 96 53 01
Fax: 0 60 32 / 8 62 20
E-Mail: info@rosen-union.de
www.rosen-union.de

Clematis

Clematis-Kulturen
F. M. Westphal
Peiner Hof 7
25497 Prisdorf
Tel.: 0 41 01 / 7 41 04
Fax: 0 41 01 / 78 11 13
E-Mail: kontakt@clematis-westphal.de
www.clematis-westphal.de

Stauden

Kräuter- und Staudengärtnerei Mann
Schönbacherstr. 25
02708 Lawalde
Tel.: 0 35 85 / 40 37 38
E-Mail: info@plantasia.de
www.staudenmann.de

Alpine Staudengärtnerei
Siegfried Geißler
Gorschmitz Nr. 14
04703 Leisnig / Sachsen
Tel. + Fax: 03 43 21 / 1 46 23

Staudengärtnerei Alpine Raritäten
Jürgen Peters
Auf dem Flidd 20
25436 Uetersen
Tel.: 0 41 22 / 33 12
Fax: 0 41 22 / 4 86 39
E-Mail: info@alpine-peters.de
www.alpine-peters.de

Staudengärtnerei Ernst Pagels
Deichstraße 4
26789 Leer
Tel.: 04 91 / 32 18
Fax: 04 91 / 6 25 16
E-Mail: pagels-leer@t-online.de

Staudengärtner Klose
Rosenstraße 10
34253 Lohfelden / Kassel
Tel.: 05 61 / 51 55 55
Fax: 05 61 / 51 51 20
www.staudengaertner-klose.de

Arends Maubach
Stauden & Gartenkultur
Monschaustraße 76
42369 Wuppertal-Ronsdorf
Tel.: 02 02 / 46 46 10
Fax: 02 02 / 46 49 57
www.arends-maubach.de

Kayser & Seibert
Wilhelm-Leuschner-Straße 85
64380 Roßdorf
Tel.: 0 61 54 / 90 68
Fax: 0 61 54 / 8 20 69
E-Mail: info@kayserundseibert.de
www.kayserundseibert.de

Staudengärtnerei Gräfin von Zeppelin
Weinstr. 2
79295 Sulzburg-Laufen
Tel.: 0 76 34 / 6 97 16
Fax: 0 76 34 / 65 99
E-Mail: info@graefin-v-zeppelin.com
www.graefin-v-zeppelin.com

Staudengärtnerei Dieter Gaissmayer
Jungviehweide 3
89257 Illertissen
Tel.: 0 73 03 / 72 58
Fax: 0 73 03 / 4 21 81
E-Mail: info@staudengaissmayer.de
www.staudengaissmayer.de

Zwiebelblumen

Albert Treppens
Berliner Straße 84–88
14169 Berlin-Zehlendorf
Tel.: 0 30 / 8 11-33 36
Fax: 0 30 / 8 11-43 04
E-Mail: info@treppens.de
www.treppens.de

Küchengarten Reinhold Krämer
Waldstetter Gasse 4
73525 Schwäbisch Gmünd
Tel.: 0 71 71 / 92 87 12
Fax: 0 71 71 / 92 87 14
E-Mail: kuechengarten.kraemer@t-online.de

Blumenzwiebelversand Bernd Schober
Stätzlinger Straße 94a
86165 Augsburg
Tel.: 08 21 / 72 98 95 00

Grüner Tiger Versandhandel
(ökologischer Anbau)
Pfarräckerstr. 13
90522 Oberasbach

Kräuter und Duftpflanzen

Kräuter- u. Staudengärtnerei Mann
Schönbacherstr. 25
02708 Lawalde
Tel.: 0 35 85 / 40 37 38
E-Mail: info@plantasia.de
www.staudenmann.de

Die Kräuterei
Alexanderstraße 29
26121 Oldenburg
Tel.: 04 41 / 88 23 68
www.kraeuterei.de

Rühlemanns Kräuter u. Duftpflanzen
Auf dem Berg 2
27367 Horstedt
Tel.: 0 42 88 / 92 85-58
Fax: 0 42 88 / 92 85-59
E-Mail: info@ruehlemanns.de
www.ruehlemanns.de

Kräuterey Lützel
Im Stillen Winkel 5
57271 Hilchenbach
Tel.: 0 27 33 / 38 46
Fax: 0 27 33 / 1 26 79
www.kraeuterey.de

Otzberg Kräuter
Erich Ollenhauer-Str. 87a
65187 Wiesbaden
Tel.: 06 11 / 8 12 05 45
Fax: 06 11 / 8 46 05 58

Tausendschön
Hauptstraße 9
74541 Vellberg-Großaltdorf
Tel.: 0 79 07 / 89 79

Syringa Duft- und Würzkräuter
Bachstraße 7
78247 Hilzingen-Binningen
Tel.: 0 77 39 / 14 52
Fax: 0 77 39 / 6 77
E-Mail: info@syringa-samen.de
www.syringa-samen.de

Blumenschule Rainer Engler
Augsburger Straße 62
86956 Schongau
Tel.: 0 88 61 / 73 73
Fax: 0 88 61 / 12 72
E-Mail: info@blumenschule.de
www.blumenschule.de

Kräuter im Brunnenhof
Kornstraße 61
88370 Ebenweiler
Tel.: 0 75 84 / 32 33
www.brunnenhof-kraeuter-und-mehr.de

Raritätengärtnerei Treml
Eckerstraße 32
93471 Arnbruck
Tel.: 0 99 45 / 90 51 00
Fax: 0 99 45 / 90 51 01
E-Mail: treml@pflanzentreml.de
www.pflanzentreml.de

Kübelpflanzen

Versandgärtnerei Gottfried Koitzsch
Arheilger Straße 16
64390 Erzhausen
Tel.: 0 61 50 / 61 47
Fax: 0 61 50 / 8 23 29

Gärtnerei Baum
Scheffelrain 1
71229 Leonberg
Tel.: 0 71 52 / 2 45 57
Fax: 0 71 52 / 2 89 65

Flora Mediterranea
Königsgütler 5
84072 Au / Hallertau
Tel.: 0 87 52 / 12 38
Fax: 0 87 52 / 99 30
E-Mail: info@floramediterranea.de
www.floramediterranea.de

Flora Toskana
Schillerstr. 25
89278 Nersingen OT Strass
Tel.: 0 73 08 / 92 833 87
Fax: 0 73 08 / 92 833 89
E-Mail: info@flora-toskana.de
www.flora-toskana.de

Gartenteiche, Seerosen und Wasserpflanzen

Seerosengärtnerei Jürgen Peter
Hermann-Löns-Weg 121
42697 Solingen
Tel.: 02 12 / 7 85 29
Fax: 02 12 / 7 68 06
www.wasserpflanzen-peter.de

Orchideen-Moorpflanzen Maier
Hansell 155
48341 Altenberge
Tel.: 0 25 05 / 15 33
Fax: 0 25 05 / 39 67
E-Mail: anfrage@erichmaier.de
www.erichmaier.de

naturagart
Natur und Garten GmbH & Co.KG
Riesenbecker Str. 63
49479 Ibbenbühren-Dörenthe
Tel.: 0 54 51 / 59 34 10
Fax: 0 54 51 / 59 34 19
E-Mail: info@naturagart.de
www.naturagart.de

Oase GmbH & Co. KG
Postfach 2069
48469 Hörstel
Tel.: 0 54 54 / 80-0
Fax: 0 54 54 / 80-253
gebührenfreies Info-Telefon
aus Deutschland: 08 00 / 6 27 37 58
aus Österreich: 08 00 / 29 34 75
E-Mail: info@oase-pumpen.com
www.oase-pumpen.com

Epple Seerosen
Im Schemming 1 / 1
71726 Benningen
Tel.: 0 71 44 / 69 51
Fax: 0 71 44 / 1 72 27
E-Mail: info@seerosen-epple.de
www.seerosen-epple.de

Staudenkulturen & Wassergärten
Eckhard Schimana
Waldstr.21
86738 Deiningen
Tel.: 0 90 81 / 2 80 74
Fax: 0 90 81 / 2 80 75

Seerosen-Farm
Erhard Oldenhoff
Siglmühle 2
94051 Hauzenberg
Tel.: 0 85 86 / 16 93
Fax: 0 85 86 / 9 15 34
E-Mail: seerosen-farm@t-online.de
www.seerosen-farm.de

Accessoires und Gartenmöbel

Garpa
Garten & Park Einrichtungen GmbH
Kiehnwiese 1
21039 Escheburg bei Hamburg
Tel. 04152 / 925 200
Fax 04152 925 250
E-Mail: info@garpa.de

Car Selbstbaumöbel
Gutenbergstraße 9a
24558 Henstedt-Ulzburg
Tel.: 0 41 93 / 75 55-0
Fax: 0 41 93 / 75 55-15
E-Mail: office@car-moebel.de
www.car-moebel.de

Pötschke Ambiente GmbH
Beuthener Str. 4
41564 Kaarst
Tel.: 0 18 05 / 9 11-508
Fax: 0 18 05 / 9 11-520
E-Mail: ambiente@poetschke.com
www.poetschke-ambiente.de

Eschbach GmbH
Monte da Vinci
53819 Neunkirchen / Siegburg
Tel.: 0 22 47 / 96 93-0
Fax: 0 22 47 / 96 93-49
E-Mail: info@eschbach-accente.com
www.eschbach-accente.de

Trost GmbH & Co
Terracotta Rauenberg
Bottstraße 1
69231 Rauenberg
Tel.: 0 62 22 / 65-1
Fax: 0 62 22 / 65-247
E-Mail: info@rauenberger-terracotta.de
www.rauenberger-terracotta.de

Country Garden Versand GmbH
Nagolderstraße 27
72119 Ammerbuch-Pfäffingen
Tel.: 0 70 73 / 23 72
Fax: 0 70 73 / 91 51 29
www.country-garden.com

Die Gartengalerie
Monika Tittlbach
Wössinger Straße 15
75045 Walzbachtal-Wössingen
Tel.: 0 72 03 / 18 05
Fax: 0 72 03 / 63 36
E-Mail: info@gartengalerie.de
www.gartengalerie.de

RAUSCH CLASSICS GmbH
An der Tagweide 4
76139 Karlsruhe
Tel.: 07 21 / 9 61 69-0
Fax.: 07 21 / 9 61 69-69
E-Mail: verkauf@rausch-classics.de
www.rausch-classics.de

Liebenauer Landleben
Stiftung Liebenau
Siggenweilerstraße 11
88074 Meckenbeuren
Tel. + Fax: 0 75 42 / 10 12 96
E-Mail: info@liebenauer-landleben.de
www.liebenauer-landleben.de

Weishäupl Möbelwerkstätten GmbH
Neumühlweg 9
883071 Stephanskirchen
Tel.: 0 80 36 / 90 68-0
Fax: 0 80 36 / 12 56
E-Mail: kontakt@weishaeupl.de
www.weishaeupl.de

DENK Keramische Werkstätten KG
Neershofer Str. 123–125
96450 Coburg
Tel.: 0 9563 / 20 28
Fax: 0 95 63 / 20 20
E-Mail: info@denk-keramik.de

Register

Q

R

Impressum

Mit 443 Fotos von

David Austin Roses, Wolverhampton: 186 2.v.o
Michael Bauer, Baden-Baden: 230 3.v.o
Heiko Bellmann, Lonsee: 91 beide
Josef Bieker, Dortmund: 165
BKN Strobel, Pinneberg: 186 3.v.o, 188 u
Ursel Borstell, Essen: 232 2.v.o
Böswirth und Thinschmidt, Wien: 5 mi, 32 o, 34, 49, 78, 116, 143 u, 174/175
Helga Buchter-Weisbrodt, Rödersheim: 103 beide, 104 beide, 107 u, 159 li, 160 beide, 161, 162, 163 beide, 227 2.v.o
Compo, Münster: 155
Dieke van Dieken, Offenburg: 69, 75 re, 89, 99 li, 124 li, 146
Otmar Diez, Sulzthal: 173 li
Christel Eberle, Meersburg-Riedelsweiler: 225 3.v.o, 227 o
S. Eberts, Baden-Baden: 132, 133, 177 3.v.o, 184 3. v.o
Floragard, Oldenburg: 151
Florapress, Hamburg: 63 re, 168
Gartenschatz, Stuttgart: 9 o, 10, 12 o, 13, 17, 21 o, 51, 67 o, 73, 79, 85, 106, 111 li, 114 mi, re, 119 o, 121 beide, 124 re, 126 beide, 127, 128, 135 re, 136 beide, 145, 164, 166 re, 167, 175 o, 176 alle, 177 o, 2.v.o, u, 178 alle, 179 alle, 178 alle, 179 alle, 180 alle, 181 beide, 182 alle, 183 alle, 184 o, 2.v.o, u, 185 u, 187 u, 190 alle, 191 alle, 192 alle, 193 alle, 194 alle, 195 u, 196 alle, 197 beide, 198 o, 3.v.o, u, 199 beide, 200 alle 3 o, 201 alle 3 o, 202 o, 2.v.o, u, 203 o, 3.v.o, u, 204 alle, 205 alle, 206 alle, 207 u, 208 alle, 209 alle, 210 o, 3.v.o, u, 211 alle, 212 alle, 213 alle, 214 alle, 215 beide, 216 alle, 217 alle, 218 alle, 219 alle, 220 2.v.o, 3.v.o, u, 221 3.v.o. u, 222 alle, 223 alle, 224 o, 2.v.o, 3.v.o, 225 o, 2.v.o, 226 2.v.o, 227 u, 228 3.v.o, 229 2.v.o, 3.v.o, 230 o, 231 o, 3.v.o, u, 232 o, 233 alle, 234 o, 3.v.o, u, 235 o, 236 o, 2. v.o., u, 237 alle, 238 alle, 239 alle, 240 alle, 241 beide
Häberli Obst- und Beerenzentrum, Singen: 226 o, 226 3.v.o, u
Antje-Katrin Hansen, Hamburg: 156
Helmold & Hertrich, Hamburg 57 o
Engelbert Kötter, Walldürn: 81 li, 99 re
W.Kordes' Söhne, Klein Offenseth-Sparrieshoop: 186 o, 187 o, 188 2.v.o, 3.v.o, 189 3.v.o
Hans E. Laux, Biberach/Riß: 230 2.v.o
Dirk Mann, Lawalde: 75 li, 84, 221 o
Joachim Mayer, Gau-Algesheim: 224 u
Ulrich Mayr, Bavendorf: 227 3.v.o, 228 u
Noack Rosen, Gütersloh, 187 2.v.o, 189 2.v.o, 189 u
Thomas Proll, Barmstedt: 18 re, 135 li, 186 u
Wolfgang Redeleit, Bienenbüttel: 4 o, 8/9, 14, 15 u, 23, 28, 39 re, 40, 44, 50, 53, 55, 59, 61, 71 beide, 76 alle 3, 87, 101 beide, 130 re
Reinhard Tierfoto, Hans Reinhard, Heiligkreuzsteinach-Eiterbach: 12 u, 18 li, 25 re, 26, 31, 39 li, 43 re, 47, 48, 52, 68 li, 60, 64, 72, 77, 81 re, 83 beide, 108, 117, 120, 122, 123, 131, 141 li, 147, 148, 150, 166 li, 171, 185 o, 195 o, 198 2.v.o, 200 u, 201 u, 202 3.v.o, 203 2.v.o, 207 o, 210 2.v.o, 220 o, 221 2.v.o, 225 u, 228 o, 2.v.o, 229 u, 230 u, 232 u, 235 u, 236 3.v.o
Reinhard Tierfoto, Nils Reinhard, Heiligkreuzsteinach-Eiterbach: 27, 32 u, 36, 56, 68 re, 63 li, 139, 141 re, 143 o
Manfred Ruckszio, Taunusstein: 229 o
Christel Rupp, Offenburg: 159 re, 172
Gisela Sartorius, Bad Vilbel: 15 o
Christian Schultheis, Bad Nauheim-Steinfurth: 187 3.v.o, 189 o
Stiftung Liebenau, Meckenbeuren: 65
Friedrich Strauß, Au/Hallertau: 2/3, 4 u, 5 u, 24, 25 li, 66/67, 88, 153 beide, 173 re
Syngenta Seeds, Kleve: 231 2.v.o, 232 3.v.o, 234 2.v.o
Rosen Tantau, Uetersen: 188 o
Annette Timmermann, Kalübbe: 1, 4 mi, 5 o, 6/7, 20/21, 22, 29 li, 29 re, 33, 35, 37, 41 li, 41 re, 43 li, 45, 46, 57 u, 118/119, 130 li, 134, 138
Andreas Vietmeier, Münster: 92 alle 3, 93, 94 beide, 95 beide, 96 beide, 97

Mit 33 Illustrationen von
Hans Häckel, Haag: 16
KOSMOS: 42, /Reinhild Hofmann 144, / Wolfgang Lang 137 alle 6, 11 beide, 105 alle 4, /Horst Lünser 107 o, 109 alle 4, 110 alle 4, 111 re alle 3, 112 alle 3, 129, /Christian Rost 114 li alle 3

Umschlaggestaltung von eStudio Calamar, Spanien, unter Verwendung eines Fotos von mauritius-images /Botanica.

1. Auflage

ISBN: 978-3-440-11262-5
Lektorat: Angela Beck, Carolin Krank, Dr. Folko Kullmann
Grundlayout und Produktion: Atelier Reichert, Stuttgart
Gestaltung: Atelier Reichert, Stuttgart
Printed in Slovak Republic / Imprimé en Slovaquie

Alle Angaben in diesem Buch sind sorgfältig geprüft und geben den neuesten Wissensstand bei der Veröffentlichung wieder. Da sich das Wissen aber laufend in rascher Folge weiterentwickelt und vergrößert, muss jeder Anwender prüfen, ob die Angaben nicht durch neuere Erkenntnisse überholt sind. Dazu muss er zum Beispiel Beipackzettel zu Dünge-, Pflanzenschutz- bzw. Pflanzenpflegemitteln lesen und genau befolgen sowie Gebrauchsanweisungen und Gesetze beachten.